新商业变革

数字经济时代的思维模式

邢志新 ◎著

郑州大学出版社

图书在版编目（CIP）数据

新商业变革：数字经济时代的思维模式／刑志新
著. — 郑州：郑州大学出版社，2020.11（2021.5 重印）
ISBN 978-7-5645-7336-2

Ⅰ. ①新… Ⅱ. ①邢… Ⅲ. ①商业经营－研究
Ⅳ. ①F715

中国版本图书馆 CIP 数据核字（2020）第 186880 号

新商业变革：数字经济时代的思维模式
XIN SHANGYE BIANGE：SHUZI JINGJI SHIDAI DE SIWEI MOSHI

策划编辑	郜 毅 王 峰		封面设计	周 浩
责任编辑	郜 毅		版式设计	凌 青
责任校对	胡佩佩		责任监制	凌 青 李瑞卿

出版发行	郑州大学出版社有限公司		地　　址	郑州市大学路 40 号（450052）
出 版 人	孙保营		网　　址	http://www.zzup.cn
经　　销	全国新华书店		发行电话	0371-66966070
印　　刷	河南龙华印务有限公司			
开　　本	710 mm×1 010 mm　1 / 16			
印　　张	23.5		字　　数	360 千字
版　　次	2020 年 11 月第 1 版		印　　次	2021 年 5 月第 2 次印刷

书　　号	ISBN 978-7-5645-7336-2		定　　价	68.00 元

本书如有印装质量问题，请与本社联系调换。

目　　录

绪 论

让他人伟大,你更伟大

将增长融入社会

2020 年 8 月 25 日，习近平总书记在经济社会领域专家座谈会上指出："加快形成以国内大循环为主体、国内国际双循环相互促进的新发展格局，是根据我国发展阶段、环境、条件变化作出的战略决策，是事关全局的系统性深层次变革。"他还强调："我们要坚持供给侧结构性改革这个战略方向，扭住扩大内需这个战略基点，使生产、分配、流通、消费更多依托国内市场，提升供给体系对国内需求的适配性，形成需求牵引供给、供给创造需求的更高水平动态平衡。"

与其说双循环的新发展格局是对外部压力的一种回应，不如说是中国经济的一次重大超越。循环意味着流动，包括内部流动、外部流动、内外之间流动，即让一切经济要素开放、公平地流动，从而提高整体经济的效率，激发全社会的创新精神。尤其是内循环，它依靠内生的力量。改革开放 40 多年来，中国已成为世界第二大经济体，拥有最完整、最大规模的工业供应体系，以及形成超大规模消费市场的人口及财富基础，总体具备了以国内经济循环为主体的条件。但是，一直以来为世界打工的模式使得我国产业链、供应链的运行和发展存在多方面现实难题，只有激发各环节主体发展活力，形成开放式、协同化、网络化的融通发展模式，带动产业链上下游、产供销、大中小企业共同提升创新能力，才能充分发挥超大规模的市场优势。因此，通过供给侧结构调整重构竞争力模式至关重要。然而也有人说，虽然消费在 GDP 中扮演的角色越来越重要，2019 年对 GDP 的贡献已经达到了 58%，但是消费也面临很大的困境，因为很多人消费能力不足。之前福耀集团董事长曹德旺就说过，我们 14 亿人中，有 12 亿人都没有消费能力。虽然略有夸张，但并不完全脱离现实。毕竟，据数据显示，我们有 6 亿人的月收入不到 1 000 元。因此，必须提振需求侧，才能带动供给侧。

毛主席在《矛盾论》中指出，在人类认识史上存在两种宇宙观，一种是形而上学的宇宙观，认为发展是减少和增加，是重复；另一种是唯物辩证法的宇宙观,认为发展是对立的统一。"减少和增加"的宇宙观下,需求和供给是鸡生蛋蛋生鸡的问题;唯物辩证法的宇宙观下,需求和供给是对立统一的。"唯物辩证法的宇宙观主张从事物的内部、从一事物对他事物的关系去研究事物的发展,即把事物的发展看做是事物内部的必然的自己的运动,而每一事物的运动都和它的周围其他事物互相联系着和互相影响着。"事物发展的根本原因,不是在事物的外部而是在事物的内部,在于事物内部的矛盾性。

老子说:"反者道之动,弱者道之用。天下万物生于有,有生于无。"2020年1月在瑞士召开的达沃斯论坛讨论了全球社会发展的新指针——包容性增长。会议指出:全球环境的不断恶化昭示了迄今为止的扩张主义的经济增长的极限。为了谋求人类社会与地球环境和谐、可持续的发展,有必要重新思考"增长"的含义。在这里,要强调的是"No one will be left behind",即任何一个人都不会被落下的包容性,在包容性中追求增长,即"包容性增长(inclusive growth)"。在通过不断推进均一化和效率化谋求经济增长的前提下,"差异"往往容易被抛弃。但如果能活用这种"差异",就能发掘出新的全球价值创造和增长的源泉。如此一来,思考的方向就会改变。每个人的个性差异、地域的多样性,便会拥有新的意义。相对于"扩张性增长","包容性增长"是"反",均一化和效率化下"被抛弃的差异"是"弱"。"差异"被活用后成为价值创造和增长的源泉,就是老子所言的"反者道之动,弱者道之用。天下万物生于有,有生于无"。扩张性增长和包容性增长,是两种宇宙观下的增长。前者从事物的外部推动发展;后者从事物内部的矛盾性推动发展。也可以这么认为:从扩张性增长转向包容性增长,是世界范围内的新发展格局。

事实上,2 500年前商圣范蠡就已经明白什么是包容性增长。范蠡出生于河南南阳,他经商的陶朱地区当时靠海。他发现沿海地区"盐以米价",内陆却"盐以金价",由于盐家家户户都要吃,米价的盐被卖成了金价,他认为于穷人而言这是一种不公,便"反者道之动",产生了"供给侧结构改革"的想法——均衡盐价。但是,盐价降下来后商人们赚不到钱也不行。他在海边观察了三天三夜,有了"新"发现:海边不仅产盐,还产鱼,受制于当时的运输条件,内陆的富人有钱却吃不到海边产的鱼,成了"弱者"。"弱者道之用",

他告诉盐商，在贩盐的同时可以捎带卖咸鱼，盐不加价，咸鱼却可以高价卖给有钱人，并且用盐"引流"，干的还是"订单农业"，由此成功扩大了内需。

"范蠡贩盐，大利藏于咸鱼中"，即咸鱼（需求）牵引盐（供给），盐（供给）创造咸鱼（需求）的动态平衡。之所以能形成动态平衡，在于因"反者道之动、弱者道之用"而生的差异被活用后成为价值创造和增长的源泉，并且活用的差异还能让人们在获利的同时积德行善：商人因为卖鱼、富人因为吃鱼而让穷人吃上了便宜的盐。人皆有恻隐之心，越是不起眼的盐，越是能激发人的本能的同理心，越是会因为自己的善举而觉得活出了意义。"有了这份意义后，无论卖鱼的还是吃鱼的，都会忠于范蠡所打造的"陶朱公"品牌——像学步时候的小孩那样，越付出越满足。付出与满足，在传统商业世界里是一对矛盾，付出越多，满足感越少；在范蠡义中取利的模式中却互为同根：越付出，越满足；越满足，越付出。更为重要的一点在于，这个具有共性的意义可以将多元化的人们整体关联起来。动态平衡的前提，必然是整体关联。

人们常说，世上最难的事莫过于"将自己脑袋里的东西装进别人脑袋里，将别人口袋里的东西装进自己口袋里"。之所以难，就在于是从外部推动。明知道难，又何必偏执呢？庄子说："枢始得其环中，以应无穷。是亦一无穷，非亦一无穷也。故曰：莫若以明。"是时候向范蠡学习了：要让他人接受你的想法，要赚他人的钱，首先要想办法让他人"明"，即让他人活得更有意义，这叫"让他人伟大，你更伟大"，也叫"集义生气，义中取利"。当前任何一项供给侧结构改革任务，都可以给人们指明方向，成为让人们活得更有意义的精神和社会价值之源，数字化又恰恰为多元化的人们发挥各自优势参与社会创造了条件。至于需求侧，最应该满足又未被满足的美好生活向往的需求，自然是行动的基点，成为让人们创富的商业价值之源。

什么是包容？当孩子的表现和自己的预期有差异的时候，作为父母，不是从外部推动孩子朝着自己的预期发展，而是进入孩子的内心世界，帮助他找到和个人意义有关的自我预期，孩子便会回到学步的阶段——遇到再大的挫折和痛苦，也会因为从发展自己行走潜能中获得的满足而继续学步。当夫妻之间有差异的时候，无数事实证明，想要改变对方是不可能的，必须先改变自己，自己改变了、发展了，对方便会像学步的小孩那样，进入"意义学习"。从一般意义上来说,由于男强女弱,根据能力越强、责任越大的原则,男人更应该主动改变自己,这就是包容。已经有了一定经济基础的人也是一样,能力越强,责任越大,就越应该包容差异,不能再以自我为中心,从外部推动人们去达到自己的目标,而是要帮助人们建立与个人意义有关的目标,从人的内部的矛盾性推动发展。

"事物矛盾的法则,即对立统一的法则,是自然和社会的根本法则。"然而,矛盾的同一性是有条件的。在对立的双方不具备相互转化或互为依存的条件的时候,人们不会选择不利于自己的法则。例如,经济条件不好的家庭,在面对内外部各种压力的时候,很难在包容中培养小孩和处理夫妻关系。同理,经济条件不好的年代,人们谁都不比谁强,除了圣人,很少有人能真正做到包容。"穷则独善其身,达则兼济天下",说的正是这个道理。当年雷·克拉克建立麦当劳快餐帝国的时候,他和当时的美国都还处于创富阶段;而霍华德·舒尔茨开星巴克连锁店,却是富中求贵,因为在此之前,星巴克已经从送咖啡机卖咖啡豆的模式中赚足了第一桶金。我们都知道,麦当劳卖标准,追求的是均一化和效率化,其门店的所有设计都是为了让你尽快离开;星巴克却将心注入,关注到了"差异",它设计的"第三空间",让你觉得星巴克真的很在乎你。

除了星巴克,数字经济的开创者苹果和微软也是包容性增长的企业。然而,包容性增长于美国人而言,是个别企业家的"基因突变";于中国而言,却是"不远复"。爱因斯坦说:"想要用造成问题的思维方式来解决这个问题,是不可能的。"当年的微软、苹果和星巴克,想要解决IBM和麦当劳这些扩张性增长的公司造成的问题,但是用造成问题的思维方式来解决这些问题,是不可能的。机缘巧合之下,它们分别从各自的日本师傅那里学来了另外一种思维和经营方式。比较陶朱公和麦当劳,我们不难发现,前者的目标是要让社会更加公平,增长是实现目标的条件和手段,目标实现后又有助于促进增长,后者则是以增长为目标,为增长而增长,并且以社会资源(如土地溢价产生的收益)为条件。换言之,陶朱公的做法是将增长与社会相融合,增长为社会服务,发展后的社会再为增长服务,增长与社会是相辅相成的;麦当劳则是将社会嵌入增长之中,让社会为增长服务,将社会绑架于增长之中,一切都是为了让自己更强大。

2019 年 8 月 19 日,181 家美国顶级公司首席执行官在美国商业组织"商业圆桌会议"上联合签署的《公司宗旨宣言书》中宣称:公司的首要任务是创造一个更加美好的社会。要了解麦当劳式的扩张性增长究竟造成了什么问题及其陷入的困境,我们不妨以西医为例,管中窥豹。医学的现代化实现了医院的信息化和规模化,却导致高新技术的过度应用;医学的专业化让分科越来越细化,却导致专科医生匠人化,失去了整体性,反而易导致错诊;医学的精细化让分子基因诊断、分子基因治疗成为可能,客观上增进了学科发展,却有很多现象解释不清楚,也与所要达到的目的渐行渐远;医学的商业化则使医院成为人均产值最高和投资热点行业,完全改变医院和医生的初衷。与此同时,慢性疾病已成为人类健康和生命的主要威胁,虽然各国医疗卫生界均投入了大量人力和财力,但总体上控制不住慢性病的发展,医疗费用消耗已远远大于社会经济发展速率。这就是将社会嵌入了增长之中所造成的后果。

中医注重"内部的矛盾性",具有整体观,并且自古中医就奉行"悬壶济世",将自己融入社会之中。但是,发展中医必须要用强大的现代科学技术体系来使中医从古代的自然哲学式的、思辨式的论述中解脱出来。"要换装,变成用现代科学语言表达的唯象中医理论,即完全从现象来总结、概括,得出系统的理论。"这是钱学森的建议,他定义中医为尖端科学、顶级的生命科学,主张由多个领域专业人士——尤其是优秀的理工类人才——参与研究中医这门系统科学。例如,《黄帝内经》中的阴阳五行学说,质疑中医的人反对五行关系,为了解决这个问题,就要研究人体,研究人体里心肝脾肺肾都有哪些生命动力元素。习总书记指出:"中医药凝聚着深邃的哲学智慧和中华民族几千年的健康养生理念及其实践经验,是中国古代科学的瑰宝,也是打开中华文明宝库的钥匙。"

中医药换装为新医学,任重而道远;中国古人将增长融入社会的商业实践,也是美丽瑰宝,经由微软、苹果和星巴克等公司的换装,已经成为指导新商业变革的新商学。

人文是科技之缰

在进入新商业之前,有必要先搞清楚一个问题:为什么中国古代会出现思辨式的自然哲学,而西方却一度执着于从事物的外部推动发展呢?也就是说,从事物的外部推动发展的思维方式,究竟是如何形成的呢?不搞清楚这个问题,人们对于新的增长方式的必要性、重要性和可行性,就不会有充分和深刻的认识。一方面,还是会像工业化那样,把形而下的东西当成"形而上学";另一方面,即使接受了新增长理念,吸收了新商业理论,也还是容易走上"形而上学"——这本来就是一套形而上的理论,没有搞清楚事物本质的主观意愿,很容易走上"形而上学"。

人类大多数痛苦的根源在于恐惧。英国著名作家萧伯纳有一句话似乎可以解释恐惧的来源:一个人的脚跟没有实实在在地站稳,扫帚柄掉在身上也会惊慌失措。从某种意义上说,历史尤其是历史中的制度建设,在很大程度上就是恐惧与回应这种互动过程的产物。在一个转型中的社会,如何对恐惧做出回应,在很大程度上决定着历史的进程。恐惧来自无知,最困扰人们的无知莫过于对死亡的无知。在中国人而言,"不知生、焉知死","知之为知之,不知为不知,是知也",知与不知对立统一;在西方,却先后经历了"不知而知""不知为知"和"知而不知"三个阶段。

柏拉图在《克拉底鲁篇》引述了苏格拉底的老师赫拉克利特的名言:万物流变,无物常住。这句话很好地揭示了现象世界的特征,但哲学家的思想从来不会以此为归宿,赫拉克利特的"逻各斯学说"认为:"一出于万物,万物出于一。"意味着"一"是对流变多样世界的深入和把握,是在对世界的"经验""经历"中实现的超越和思想。然而,当时的雅典人对知识的态度却是"不知而知"。他们不相信人类有可能洞悉整全的知识,无论是自然的知识、神的知识还是人事的知识,即使诸神也不能把握这种知识。今天,西方深刻缅怀的雅典文明,即伯克利执政的黄金时期,代表着民主制度最伟大的成就,但对于死亡和战争,伯克利的理念却是:"我们不可能用知识或者技术来克服，而只能用我们的伦理品质来面对，我们能够选择或者知道的，就是究竟以勇敢的方式面对，还是以屈从的方式面对；用高贵的方式来面对，还是以耻辱的方式来面对。"这种伦理品质的养成，在于"在我们这里，每个人所关心的，不仅是他自己的事务，而且也关心国家的事务：就是那些最忙于他们自己事务的人，对于一般政治也是很熟悉的——这是我们的特点：一个不关心政治的人，我们不说他是一个注意自己事务的人，而是说他根本没有事务。"在伯克利看来，人的高贵在于他们拥有了参与城邦政治的生活方式，并因此为城邦承担了无限的责任。

然而，全盛时期的雅典，虽然形成了"以高贵的方式面对死亡"的品质——类似于孟子说的"舍生而取义"，但是，"克己"方面却未能做到始终如一。在全希腊的城邦抗击波斯帝国的入侵中，雅典因为其英勇表现而取得了霸主地位，建立了雅典帝国之后，威胁到斯巴达等城邦的利益，于是这些城邦结成盟国，挑起对雅典帝国的战争。这一次，雅典将士们慷慨赴死的战争不再是为了捍卫一种高贵的生活方式，而是为了维持一个帝国的存在。战争的第二年，瘟疫开始在雅典蔓延，在伯克利死于瘟疫之后，雅典被盟国击败。经历多少代的努力才成型的生活方式在瘟疫面前不堪一击，胜利最后交给了野蛮人，并引发了持续100多年的乱局。

乱局中诞生了一种呼声：全希腊城邦不要再争抢彼此有限的资源，应共同向外征服殖民，去抢波斯抢亚洲，希腊才会获得和平富强。第一个发出这个呼声的，是伊索克拉底，而在"大希腊"的道路上，亚里士多德走得更远。受马其顿之邀，亚里士多德按照希腊文明的最高标准塑造了亚历山大。学成之后的亚历山大一边残酷征服各地，一边传播希腊文明。也就是说，西方帝国主义暴力征服＋文明传播的方式，是亚里士多德发明的。针对马其顿的扩张，伊索克拉底提出的唯一要求是，对波斯人可以用"强迫"的手段，但对希腊人要用"说服"的手段。亚里士多德说得更为明确：马其顿对亚洲人可以像"主人"（对奴隶）那样统治，但对于希腊各城邦的人，要像"头领"（对追随者）那样对待。然而，马其顿拥有强力，如何保证它对雅典只用"说服"而不用杀戮？反过来，善于雄辩的雅典，又岂能甘心被马其顿"说服"？公元前338年，雅典不服马其顿，起兵挑衅，被马其顿打得大败。马其顿胜利后的第九天,伊索克拉底突然停止进食——死于马其顿阵前的雅典青年尸体,使他明白了日后仍会重复的悲剧。他既珍视自由,又渴望统一。团结统一带来的暴力,会破坏自由;但自由产生的混乱,又会破坏团结统一。理想与现实,矛盾与痛苦,想不通就绝食而终。

伊索克拉底死前的矛盾在他死后愈演愈烈,希腊城邦再无团结。当罗马征服了希腊世界之后,为了免于无知带来的恐惧与混乱,西方选择了"不知为知"——通过全能上帝的启示获得知识。然而,基督教启示知识在14世纪肆虐欧洲的黑死病面前彻底崩溃,大量亲人朋友的死亡使得人们更关心现实世界,而不是那些虚无缥缈的精神世界以及来生。神本主义弱化,人本主义随之兴起,《十日谈》就是例证。旧时代的"政治正确"消亡了,取而代之的是对现实的认识,理性知识就此有效地填补了启示知识所留下的知识真空。

"知识就是力量""敢于认识一切",人类不仅用理性的眼光审视世界,而且用理性的技术建构世界;不仅用科学技术改造出一个人化的自然秩序,而且用法律技术创造出一个社会生活和政治生活的秩序。就连死亡也不再是一个偶然的事件,可以用医疗技术并加以克服。但是,这种理性主义的技术思路并不能真正消除人们对死亡的恐惧。一方面,技术在克服恐惧的过程中会不断生产出新的恐惧,如对核辐射、生化武器和人工智能的恐惧就是技术发展带来的副产品;另一方面,无论理性的知识如何发展,它本身必然是相对的和有限的,它不可能穷尽所有的知识。

技术理性主义的本质就是虚无主义,坚信人类通过理性把握全部知识的可能性让理性自身深深陷入对"知"本身的迷信之中。正是这样一种对"知"的信仰,反过来摧毁了对整全知识的把握,因为现代人会简单地将人类理性所能把握的知识当成整全的知识,就像基督教将上帝的启示当成整全的知识一样。它既不能为人类生活提供整全的知识图景,也无法为人类提供安身立命的根本,而是把人的生活压缩为一种机器人的生活。然而,理性知识的兴起恰恰是为了克服启示知识的不足,对技术理性主义的批判并不意味着再次逃入启示知识,而是要用新的知识来替代。事实上,早在启蒙运动时期,西方就开始从两个方面汲取营养以弥补技术理性知识的不足:一个是西方的传统文化——古代的罗马和希腊文化,特别是古希腊文化;另一个是东方文化,特别是中国文化。

当传教士们把中国的文化带回欧洲后,欧洲的启蒙思想家就感觉到这是一个以人为本、以人的自我提升为主的文化,和以神为本的欧洲文化不一样。因此,他们就自然而然地接受并吸收了中国文化的精神养料,最终发展成近代西方的人本主义。也就是说,中华文化根脉中蕴含的人文精神,在启蒙运动时期帮助西方"上薄拜神教",告别了"不知为知"。轻视"拜神教"的西方矫枉过正,又走向了工具理性主义主导的"知而不知"的"拜物教"。两次世界大战之后,西方的思想家痛定思痛,提出要发展新人本主义,并且再一次在东方的古老文明中寻找解决方案。在这个过程中,来自中国的人文精神又起到了"下防拜物教"的作用。人文精神突出的特点是注重人的精神生活,以人为本的观念是它的核心,天人合一的思想体现了它的精髓,表现在思维方式上,就是"整体关联、动态平衡"的人文思维。这些观念、思想和思维可以使人不受神、物的支配,凸显人的自我价值。

自 20 世纪 80 年代以来,重大的技术变革使生产力得到极大的解放,引起全球社会经济的空前大繁荣。随之出现的金融危机却让人们意识到科技是人类的解药,也是人类的毒药,需要对科技的高速发展心存警惕。有人反思:如果把世界想象成一列火车,我们全体人类正坐在这列火车上,向着未知,呼啸前行。这个时候,我们是为速度欢呼,还是追问我们正驶向何方?言下之意,如果没有人文的缰绳,完全由经济驱动的科技就将成为脱缰野马。这样的文明将其组成部分的利益置于特权地位,而很少或根本不关心其所在的整个生态系统。因此,可持续发展的有效方法就是把注意力从极端的自我利益转移到对彼此、整体、其他物种和我们所处的生态系统的管理上。以人为本的包容性增长就此被提上了日程。

包容性增长以人为本,视个体的差异为价值创造和增长的源泉。马克思主义的根本就是以人为核心,以现实的人为出发点,以全人类的自由解放为归宿的人本主义。马克思和恩格斯早就认为,未来的社会将是一个"每个人自由发展是一切人自由发展的条件的联合体"。这个联合体,就是包容性增长的联合体,然而,每个人自由发展和一切人自由发展是一对矛盾,在不具备相互转化、互为依存的条件的情况下,人们将马克思和恩格斯的理想当作乌托邦。随着科技进步,尤其是近年来数字技术的发展和应用,矛盾着的双方相互转化的条件成熟了,互相联结、互相贯通、互相渗透、互相依赖等互为存在的条件具备了,从此,"每个人自由发展是一切人自由发展的条价的联合体",不再是乌托邦,也不是未来时,而是正在进行时。

百年未有之变局

变革到来之前,由于惯性使然,一场智能制造大赛已经席卷全球,"第四次工业革命""先进制造业国家战略""工业 4.0""工业互联网""5.0 社会"等概念层出不穷。面对这一形势,中国也吹响了迎战集结号,继"制造业2025"之后,又推出了"新基建"。然而,中国产业的这次转型升级不仅与西方发达国家不同,在很大程度上也区别于我们以往的历次转型尝试。与西方相比,中国的工业升级是"工业 3.0""工业 4.0"乃至部分行业的"工业2.0"同步进行,这种复杂性是中国工业升级区别于发达国家的本质特征。与此同时,面向智能制造的产业升级不再是某项单一技术甚至某个产业的升级,而是以新的运行方式和更紧密的产业互动重塑整个工业体系。因此,这次转型升级不再只是引进几条生产线或是新一代产品设计这么简单;也不是某些经济学家建议的像华为那样,到俄罗斯数学家的论文里找算法,再投资做成自己的专利和产品;更不是某些投资机构说的那样,"泡沫是前进的方式",中国正迎来史上最大的科技泡沫。以内循环为例,它对于从系统层次把握顶层设计的能力提出了更高的要求。所有这些,要求我们必须改变过去"跟跑模式"的惯性思维。跟跑者的视角始终是"自下而上"的,要改变"跟跑模式"的思维,首先要改变跟跑者的视角,变"自下而上"为"自上而下",并且要以成为全球体系的建设性的支持方为目标。

自上而下看,新一轮的产业变革不同于以往任何一次工业革命。它是人类现代商业文明的进化,"是百年未有之变局",是要改变受金钱统治的人的发展方式,即实现人的解放。在马克思看来,工业化时代人的异化"在于巨大的物的权力不归工人所有，而归人格化的生产条件即资本所有，这种物的权力把社会劳动本身当作自身的一个要素而置于同自己相对立的地位"。1932年，马克思的1844年经济学哲学手稿也称《巴黎手稿》问世后，异化概念几乎成了国际哲学界的常用词。法国哲学家列斐伏尔在《日常生活批判》一书中开始了批判现代社会的日常生活和现代性异化之旅，并对异化的含义做出了更为宽泛的解释："异化不仅被定义为人在外部物质世界或不确定的主体性中丧失他自己，它首先应该被定义为个体在客观化和主观化进程中的分裂，即两者统一的破坏。"数字经济时代，由物质承担价值的旧有形式的资本集约型社会，将向由知识和信息以及活用它们的服务来承担价值的知识集约型社会转换，在知识集约型的社会中，物的权力即使不归劳动者所有，也不再会将"社会劳动本身当作自身的一个要素而置于同自己相对立的地位"，个体将因此摆脱异化、实现客观化和主观化的统一，迎来解放。

以摆脱异化、实现人的解放为目标的商业文明，在有着以人为本的优良传统的中国历史上曾经出现过，在以神为本、以物为本的西方历史上却不曾有过。西方发达国家正在努力弥补人文的短板，正如我们努力弥补科技的短板，彼此相向而行，共创人类新文明。文化是多元的，文明只有一元，因为文明是对文化的最高归类，是人们文化认同的最大范围。所谓文明的冲突，和所谓的修昔底德陷阱一样，是伪命题。修昔底德写《伯罗奔尼撒战争》，其本意是在告诫人们，造成当年那场战争的根源，在于雅典帝国在"克己"方面没有做到一致，身为雅典第一公民的伯克利说一套做一套，"诚"没有了，与他所引以为傲的品质相悖，病毒来袭，是对他领导下的雅典帝国的惩罚，这才是修昔底德想要告诉世人的。《文明的冲突》作者亨廷顿说得更明白："西方赢得世界不是通过其思想、价值观或宗教的优越，而是通过它运用有组织的暴力方面的优势。西方人常常忘记这一事实；非西方人却从未忘记。"而法国总统马克龙最近直言："西方霸权的终结，不在于经济衰落，不在于军事衰落，而在于文化衰落。当新兴国家找到了自己的国家文化而逐渐摆脱西方过去灌输的哲学文化，而西方的价值观无法再输出时，西方的衰落就此开始。"中国与西方真应该坐下来好好谈谈心，厘清来龙去脉。

以物为本的工业化讲标准，以人为本的数字化讲差异；物有标准，人没有标准,只有差异。扩张性增长的工业化,追求均一化和效率化,差异往往容易被抛弃;包容性增长的数字化,差异才是价值创造和增长的源泉。但是,讲差异的数字化,并非没有标准,而是以价值理念为标准。理念让人们形成与个人意义有关的自我预期,产生自我概念的差异,组成概念的矛盾运动,推动思想的发展,实现客观化和主观化的统一,进而让超越物理距离的多样化的人们共同参与社会,其结果便是实现更为包容的良性社会的可能性进一步变大。而理念的形成和传递,一点都离不开人文精神,正如要建立和掌握理论,必须要有科学精神。

100 年前,胡适与李大钊便有著名的"问题与主义"之争,毛泽东综合了一下:高举主义的旗帜,从解决问题入手。五四运动之后,毛泽东回到湖南,从事国内问题的研究与革命活动。当时,在胡适主编的《每周评论》上,展开了关于"问题与主义"的论战,胡适主张"多研究些问题,少谈些主义"。毛泽东虽然没有参加这场论战,但他在长沙组织了一个"问题研究会",亲自为之拟定章程,并提出首批亟待研究的几十个"问题"——大都是胡适提出的需要研究的问题。然而,如果没有李大钊喊出来的"那有着诗一样心趣的平民主义者想朝着太阳飞,抟扶摇直上腾九天",年轻人参与社会、为社会做贡献的意识未必会开启。今天人文与科技、理念和理论之间的关系,就是当年问题和主义之间的关系。

看清楚了这一点,我们发展产业的思路就会发生变化。例如,面对美国的断供,有人慨叹华为的无"根"之痛。诚然,现代社会尤其是数字化的社会,"根"技术是社会生长的能量之源,也是文明运转的轴承,它像承载着基因密码的"种子",可以长成参天大树。典型的"根"技术包括:个人电脑之"根"——微软 Windows 操作系统,智能手机之"根"——安卓和 ios 操作系统,计算机芯片之"根"——ARM 架构,软件服务之"根"——Linux 开源体系,各类硬件系统之"根"——Raspberry Pi,万维互联之"根"——TCP/IP 协议,金融加密系统之"根"——RSA 算法,加密货币之"根"——以太坊的 ERC20 协议,等等。然而,根也好,种也罢,离不开水土的涵养和阳光的照耀。2005 年,钱学森教授感慨说:"这么多年培养的学生,还没有哪一个的学术成就,能够跟民国时期培养的大师相比。"钱老又发问:"为什么我们的学校总是培养不出杰出的人才?"与其用跟跑者的思维临渊羡鱼,不如从引领者的角度退而织网。事实上,钱老的问题中就包含了答案:现在的教育缺少了人文。人文才是让种子生根的水、土和光。

就数字经济的发展历程而言,微软和苹果的成功在于人文与科技双轮驱动。乔布斯的名言"Stay Hungry, Stay Foolish",取自《全球目录》这本杂志。这是全世界最早视科技为改变人类生活方式、提升创造能力的工具的媒体,也是当时唯一横跨科技与东方文化、公社社会理论的刊物。其主编斯图尔特·布兰德1957年进入斯坦福大学,读生物学。18世纪60年代,社会上的有识之士都在寻找认知这个世界的方法:科技与人类到底是一种什么关系? 人们是否可以像上帝一样活? 像上帝一样俯瞰这个世界、理解这个世界完整的运转规则、上帝般无所不能、对地球的未来负责? 这成了布兰德终其一生的核心观念,他的雄心是:理解整个世界是怎样运转的,并让它们为自己所用。他认为技术既是社会转型的力量,也可以是文化创作者的工具。正是这一思想,使得他成了"科技的游吟诗人"和"狂热的科技传道者",他是新技术、新趋势的探路者,是现在与未来的连接者,是美国科技界的思想启蒙者,深深影响了包括乔布斯在内的美国科技人。在布兰德推荐的"理解完整的系统"的一份书单中,《道德经》赫然在列。最后一期《全球目录》杂志的封面上方是一弯新月和一点星光,下面是一条乡间小道,当中是一行字:"Stay Hungry, Stay Foolish。"所以,这句话实际上是"和光同尘"的英译。

因为和光同尘,没有"根"技术的乔布斯在施乐实验室中看到了计算机的未来,"山寨"了施乐领先世界PC市场十年的新技术,造成了"工业史上最严重的抢劫"。乔布斯不仅承认这种说法,而且带着他一贯的骄傲语气:"毕加索不是说过吗,'好的艺术家只是照抄,而伟大的艺术家窃取灵感'。在窃取伟大灵感这方面,我们一直都是厚颜无耻的。""我们从不为自己偷学伟大创意而惭愧。"比乔布斯更加"厚颜无耻"的则是盖茨:"我们都看中了一个富有的邻居,这个邻居叫施乐,既然你能先偷施乐,为什么我不可以偷你的呢?"这是当乔布斯质疑盖茨窃取自己的创意的时候盖茨说的话。然而,曾经是"强盗"和"小偷"的他俩,为何能够赢得全世界人民的尊敬呢? 难道仅仅是因为"成王败寇"?

庄子说"万物皆种也,以不同形相禅"。今天的"根"技术,未必不能成为明天的"根"技术的"种"技术,因为数字经济时代需要的"根"技术,远远不只是我们现在看到的这些。当我们将社会嵌入增长之中、以跟跑者的眼光看出去,并且是"自下而上"地看,我们看到的就是眼前的这些"根"技术;当我们将增长融入社会之中,我们会发现,要解决当今人类所面临的问题,还有大量的"根"技术等待着我们去研发。这就是"山寨照抄"和"窃取灵感"的本质不同——窃取灵感的人必然是有灵魂的。

当前社会转型遇到的种种问题,都有助于我们"窃取灵感"。以最为棘手的养老问题为例,扩张性增长下的康养地产,满足的是物质层面的客观需要,而老年人期望生活有质量、安全有保障,不会成为别人和社会的拖累,也不会因失能让自己脱离社会。期望得不到满足,老年人和他们的子女们就不会有幸福感,反倒会让人觉得地方政府和房地产企业"换张皮"继续卖地,除了卖地,啥都不会。这样的话,如何能够体现"为人民执政,靠人民执政"的理念呢?

以人民为中心的养老产业,需要实事求是。我国目前面临两大社会难题,一是总体人均医疗资源不足,2019 年千人医生数仅 1.79 人;二是老龄化问题突出,2019 年 65 岁及以上人口占比高达 12.6%。老中青三代人都面临着各自的医疗健康困境。家庭医疗健康服务可通过补充现有基层医疗体制的不足,同时通过降低社会医疗健康成本、增加社会净效益的方式来提高居民福祉。从预防保健到医疗照顾再到健康维持,家庭医疗健康服务包含对每一个家庭成员的全方位生命健康服务。从每个家庭成员的可能遗传疾病、早年社会经历到其目前具体的心理社会因素分析,从而全面掌握该家庭成员的健康状况。一旦家庭成员出现症状,家庭医疗健康服务会通过问诊、辅助医学指标分析,综合其之前的健康状况而得到其目前的大致疾病判断。如果疾病不重,则可提供药物治疗建议;如果疾病很重,则可通过家庭医疗健康服务进行大医院的就诊服务。在平日里,家庭医疗健康服务也会为家庭每个成员制订具体的家庭健康计划,如饮食和运动计划等。

我国对于家庭医疗健康服务总体政策导向积极,从上级医院、基层医院到家庭,从家庭医生到家庭个人,都做出了较为清晰的规划,致力于使上级医院与基层医院之间建立合作关系,医生与居民之间建立服务关系,搭建社区居民与社区医护人员、医疗服务机构之间信任的桥梁,改变社区居民的就医习惯,逐步引导社区居民进行有序医疗。问题在于,社区首诊、分级诊疗、双向转诊等政策均在初期起步阶段,无监督措施,无政策保证,政府没有明确政策规定居民就医必须在社区首诊,也没有对不同级别医疗机构之间的双向转诊做出相应规定。这在一定程度上制约了医院、社区到家庭的分级医疗健康服务的推进。

整体推进有难度,可不可以先从老年人的家庭医疗健康服务切入呢?就"利"而言,降低老年人慢病的医保支出符合各方利益诉求。就"义"而言,中华有孝文化。一旦实现,老龄化不仅不再是问题,还成为推动社会发展的"新能源"。这就是理念。理念先行,再针对具体问题在医院、社区、家庭和服务机构之间建立系统——当前最主要的矛盾就在于如何让资源被合理有效地共用。我们知道,智能手机上的操作系统让电信、手机厂商、应用开发商、广告商和用户的资源得以共用。健康中国"以普及健康生活、优化健康服务、完善健康保障、建设健康环境、发展健康产业为重点",五个领域之间一定需要一个让资源共用的操作系统。否则每个领域各自建的系统就像一根根的烟囱,是在用工业化的思维干数字化的事,好比100多年前的大清王朝用农业化的思维干工业化。从老年人家庭医疗健康服务切入开发的操作系统,不仅可以让资源共用,还可以为新时代的"赤脚医生"赋能,只要有一颗关爱老人的心,高职毕业的年轻人,就可以胜任家庭医疗健康服务。这个操作系统基于Windows、安卓和ios等"根"技术,却自成一体,其核心不是数字科技,而是融合了中华民族独有的、蕴含生命智慧的健康科技,我们称之为健康科技操作系统,实现的是健康管理数字化。

被推迟的东京奥运会的主题口号"激情相聚"("United by Emotion"的非官方翻译),是在向全世界传递日本"5.0社会"的价值理念。所谓"5.0社会",是继狩猎社会、农耕社会、工业社会、信息社会之后,人类社会出现的第五种社会形态。这个口号,包含着对一个新社会的期待,那个社会将在网络空间和物理空间的融合中实现,尊重并活用多样化的个性。然而,5.0社会语境下的"Emotion",如果搞个翻译大赛的话,一定是中国人翻译得最好。懂得"大家的心在一起"的中国人相信"人心齐,泰山移",人心之所以齐,是因为不齐,有不齐就会有矛盾,是矛盾运动造成了相反相成。"反者道之动,弱者道之用",这个理论对于中华民族在其悠久历史中胜利地克服所遭遇的许多困难,贡献很大。由于相信这个理论,我们即使在繁荣昌盛时也保持谨慎,即使在极其危险的时也满怀希望。新发展格局的形成,需要再次凭借这种"看待世界、看待社会、看待人生的独特价值体系、文化内涵和精神品质"。

文化也是种资本

具体到企业层面,几十年前,管理大师彼得·德鲁克就提出了领先时代的观点:"企业有且只有两个基本职能:营销和创新。"工业化时代,营销和创新是中国企业的短板;数字化时代,营销和创新将会成为中国企业的强项。这是因为人文和科技融合之后,人文为科技赋能,科技让人文落地。人文通过理念制造差异,再由科技来兑现承诺,人文和科技双轮驱动价值实现。在理念先行这条路上,大部分的西方人即使吸收了中国的人文思想,也还停留在中国3 000年前的水平上。例如,在被问到如何平衡保护知识产权和承担社会责任的时候,研发出瑞德西韦的美国制药企业的CEO说"患者是第一位的",他说的再有社会责任感,我们能够用"先天下之忧而忧,后天下之乐而乐"形容他吗?相信全中国的老百姓都不会同意。他们惯用的这一招,我们可以用姜太公的兵法来解释,叫作"绝利一源,用师十倍"。之所以说"惯用",是因为在此之前,他们曾经以一己之力消灭了丙肝,并且因为没有了丙肝患者而导致公司股价一度遭受重创。然而,虽然绝了丙肝药这一源的利,换来的市场美誉度和知名度却让他们在乙肝药的推广中"用师十倍",而我们都知道,乙肝患者的数量远远大于丙肝患者的数量。

姜太公之后的3 000多年,人文在中华大地上不断孕育和成长,较之于"致良知","绝利一源"只能算小学生的水平。中国的企业家一旦从"马上赚钱""业绩就是尊严,其他都是扯淡""别扯那些没用的,拿结果说话"中觉醒,多学一点"无用之用",多明白一些"不知而知",多提高一点"感性素质"

和"感性智慧",我们的强项就会被激活,创新和营销的活力便会随之而来,大量令人感动的品牌也会被创造出来,还是一样可以"马"上赚钱。但此马非彼马,它是商圣范蠡发明的"马"。与同一时期的雅典执政官伯克利相比,范蠡的做法无疑更加高明,他不是让人们在参与政治中培养伦理品质,而是让人们在参与商业中培养伦理品质。范蠡的作用相当于"操作系统"——让资源得以共用,从而使得人们为了共同的目标和相互的利益而在一起生存。那个时代虽然没有科技,但是有文化,文化是人们统一的认知,其最高含义是人们为了共同的目标和相互的利益一起工作并让资源共用,而不是仅仅追求个人的利益最大化。因此,文化才是最大的操作系统。这种"马"上赚钱的方法由日本企业于 20 世纪 70 年代传到了美国,微软和苹果的商业模式,源头在范蠡,并且对于打通内循环有着十分重要的现实意义。以家装行业为例,20 多年高速发展的房地产市场已经孕育出了一批技术创新型企业,但是技术创新是一回事,做品牌是另一回事。相比较技术创新,品牌更是一个系统工程,涉及市场(Marketing)、活动(Seminar)、合作伙伴(Partner)、销售(Sales)和服务(Service)等五个方面。工业化时代做品牌,一靠资金投入,二靠时间沉淀;数字化时代做品牌,却可以"四两拨千斤"。前提是要有范蠡这样的人,为大家提供一个让资源得以共用的操作系统。

说到品牌,我们会用"认真"形容德国品牌,用"浪漫"形容法国品牌,用"奢华"形容意大利品牌,用"细致"形容日本品牌,用"大而强"形容美国品牌,也就是说,品牌反映了民族文化传统的特质。中华优秀传统文化不适应于工业化,所以进入工业化时代以后,中国的优秀品牌凤毛麟角,以至于中国企业突围只能完全靠"亮剑"。但是,数字化时代,品牌突围靠的是"人文"。数字化时代的品牌建设在于挖掘人的精神、文化等价值内涵,在于用价值理念增加与消费者的共情能力,增强消费者的黏性。工业化时代,满足的是需要;数字化时代,满足的是想要。需要是头脑里的要,是人为制造出来的要;想要是心里面的要,是内心生发出来的要。工业化时代是以物为本"找差异";数字化时代则是以人为本"体差异"。找差异,AI 可以帮忙;体差异,只能靠人。因为 AI 有芯、无心,人有心、有情、有义、有爱。

汉武帝时期,董仲舒提出"体阴阳",他说通过阴阳之气可实现天与人的合一。今天我们"体差异",通过差异之"气"可实现客户与用户合一。马克思说:"任何商品都是使用价值和价值的对立统一体。"对立性体现在商品的价值和使用价值不能为同一人所有,意味着如果商品生产者在获取价值后要对商品的使用价值加以利用,就必须再创造价值。这个价值的载体凝结了劳动却不具备使用价值,所以不能成为商品,即不具有商业价值,却具有精神价值或社会价值。例如,苹果手机售出后,获得使用价值的客户即成了用户,但用户会与苹果公司一起持续创造价值。而诸如冰箱、洗衣机、燃气灶等家用电器,厂家却未能发挥出用户的价值。归根到底是因为这些厂家不会"体差异",乔布斯是通过禅修学会了"体差异",通过"体差异"为苹果手机赋予了精神价值。这是一种与科学相反的方法,却不是反科学。"玉必有工,工必有意,意必吉祥",良渚遗址出土的 5 000 年前的玉器,其价值实现的方式却与苹果手机是一样的。

客户与用户合一,除了有助于建立品牌,还可以让"客户少花钱,厂家多赚钱"。"少花钱"不是"花少钱",而是相对于价值少花了钱。苹果手机如此,良渚遗址出土的玉器亦如此,"人养玉三年,玉养人一生",便是这个道理。工业化时代的企业只有客户思维,只有"客户多花钱",才能让"厂家多赚钱"。互联网公司带来了一种新的"商业模式",叫"通过用户带客户"。投你所好搞个工具让你用,用着用着你成了用户,它们再通过用户带来广告商、商家和游戏商。这个有使用价值的工具凝结了人们的劳动,却如森林中的野果,让人们伸手可得。用户的数据却成了互联网公司与其客户交易的商品,并通过那个投其所好的工具的价值而对"商品"的使用价值保留持续利用的"权利"。用户思维的经营方式比传统企业客户思维的经营方式先进,然而,造成的问题也显而易见:它让"用户少花钱",也让"厂家少赚钱"。

创新源自正反合,任何创新都是一正一反再一合的过程。以客户为中心的客户思维没有错,即使是互联网企业的用户思维,最终也要从客户方获利才能维系自己的生存。因此,客户思维的经营方式在正的位置上,用户思维的经营方式在反的位置上。将它们双方各自的优点提炼出来,再加以融合,就是"客户与用户合一"。实现"客户与用户合一",其实很简单。你只要把客户当作人,不要再把他们当作上帝就行。既然是人,人和动物的本质区别在于人是有精神生活的。所以,以人为本,就要以人的精神生活为本。就像是交朋友,朋友有两种,一种是"找差异"型,一种是"体差异"型。好朋友会花心思体会你内心的差异并想办法给你惊喜。这样的朋友,有一天他开口找你帮忙办点事,不是他推着你,而是你主动将自己推了过去。然而,工业化主导的现代社会的生活中,"体差异"的朋友越来越少,"找差异"的朋友越来越多。现在的年轻人,就连谈婚论嫁,也变成了"找差异"的"资源整合"。

工业化时代,之所以中国的企业在创新和营销两个方面都低西方企业一等,归根到底在于我们的文化不适应于工业化。文化的不适应又决定了组织能力的先天不足,而组织能力也是一种资本,叫"组织资本",企业的所有资本之和乘以企业的组织资本,等于企业可扩张的边界。意味着,在工业化时代,组织资本决定企业的可扩张边界,如果企业的组织资本为零、为负,那么,无论企业有多么优秀的战略,企业的可扩张边界就为零、为负。例如,某互联网公司近年来各项战略性新业务不仅收效甚微,更有屡败屡战的味道,其原因就在于勒索营销下扭曲的价值观导致公司的组织资本为零,甚至为负。战略思维和组织能力的关系,很像性格和个人能力的关系。性格制约个人能力,个人能力也制约性格;战略思维制约组织能力,组织能力也制约战略。思维决定行为,行为决定习惯,习惯决定性格,性格影响能力,能力反作用于性格并决定命运。

以包容性增长为目标的数字化时代,"可扩张边界"成了伪命题,组织资本因此不再决定可扩张的边界,而是决定可包容的范围——它有限但无界,取决于将自己推出去形成的一轮轮波纹状的社会关系有多广,也就是交心的朋友有多少。包容性增长需要"用户与客户合一",与之匹配的组织就应该是"员工与老板合一"——每一个员工在企业中都是一个自组织,员工和组织之间不再是管理与被管理的关系,而是赋能与被赋能的关系。这样的组织结构好像把一块石头丢在水面上所发生的一圈圈推出去的波纹。每个人都是他所在圈子的中心,被圈子的波纹所推及的就会发生联系,每个人在同一时间某一地点所动用的圈子是不一定相同的。

具有这种组织形态的公司让"组织"从名词变成动词,公司治理的重心从静态的组织结构转向动态的组织过程,强调价值理念和信息的不确定性。就像古人治水,例如都江堰,是让水依照本性从一地运行到另一地。水的本性是往低处流,人的本性是往高处走——不是地位的提升,而是精神层面的自我提升。在理念影响下成为自组织的员工,会在不断突破自我的过程中推着自己从一地运行到另一地。这样的组织,就跟江湖一样,是"每个人自由发展是一切人自由发展的条件的联合体"。因此,搞明白古人治水的智慧和方法,数字经济时代的公司治理也就清楚了。工业经济时代的公司治理就像是筑大坝,殊不知,发明这种公司治理体系的美国,在过去 25 年里,近900 座水坝已经被拆除了。

美国人曾经很好奇,为什么没有经受过正规商科教育的中国企业家们能够将企业做大?他们为此专门做了研究,结论是中国的企业靠文化弥补了制度的缺陷。法国社会学家布尔迪厄在其名著《区隔》中,提出文化也是一种资本,可以和经济资本、社会资本一样发生功用。商圣范蠡的经营之道就在于文化资本,于他而言,文化即业务,文化虽不能当饭吃,却可以让饭吃得更香,经过代代传承,这样的经营之道已经留在了民族的基因里。只不过,"规模经济做大"的工业化时代,中华优秀传统文化被中国企业用来追赶和跟跑,一定程度上说,是对文化资本的透支;"范围经济做优"的数字化时代,中华优秀传统文化将与经济增长同频共振,文化资本为产业发展赋能,产业发展为文化资本增值。这是因为,中华优秀传统文化在农业经济中孕育而生,而农业经济和数字经济都是重视连接的范围经济,要连接,就要以人的精神生活为本,区别只是范围大小的不同。换言之,农业经济、工业经济和数字经济,是一正一反再一合,创新源自正反合。

一场大疫给人们带来的最大意义往往在于:在生死面前,有些人会穿越过去的概念、理论或辩论,打开意识、看到真相。如奥巴马所言:"病毒大流行,在以各种方式提醒我们,什么才是真的,什么才是重要的。"战疫之后的我们应该看到什么是真的,什么才是重要的。真正的文化自信,在于用中华优秀传统文化的价值理念来有效填补理性知识留下的价值真空,在中华传统文化中寻找精神滋养,感受传统文化的无穷魅力,并将文化资本价值最大化。创新源自正反合,中华优秀传统文化是正,西方工业时代的文化是反,一正一反再一合，新商业文明呼之欲出。《世界是平的》的作者托马斯·弗里德曼疾呼：新冠病毒肺炎疫情将成为"公元前和公元后"那样的历史分期的起点，即 B. C. —Before Corona 和 A. C. —After Corona。病毒来袭让我们意识到了久违的生存法则：我之所以为我，是因为你。我们需要彼此，才能成为我们。我们有一种责任，通过加入整体，去克服共同面临的困难和威胁，这是我们的力量和生存的关键所在。这种生存法则于西方人而言尚且陌生，于中国人而言却是伟大的回归。

第 一 章

对标新指针:差异创造价值

抖音 CEO 张一鸣有一个非常著名的观点,他认为:"一个 CEO 应该是优秀的 HR,公司成长、业务增加,核心的关键是让优秀人才的密度超过业务复杂度的增加,和优秀的人做有挑战的事。"红杉资本把他的观点总结为"提升优秀人才密度是王道"。

"和优秀的人做有挑战的事",是所有卓越公司的共同特征,但"提升优秀人才密度"是否必是王道,就值得商榷了——不是所有卓越的公司都是只有狼(张总在演讲中用狼类比优秀人才),而没有兔子。能力越大,责任越大,越是卓越的公司,越是有责任让不优秀的人变得优秀,让优秀的人更加优秀。

谁在创造价值

现如今,满城尽是短视频。短视频是继文字、图片、音频、传统视频之后一种新兴的互联网内容传播形式。它融合了之前的几种传播形式,更加直观立体地满足用户的表达需求,以"秒"为单位,依托于移动智能终端实现快速拍摄和即时美化,在社交媒体平台上进行即时分享和获取互动。由于商业变现方式从早期单一的流量补贴到现在的品牌广告、直播带货、知识付费等越来越多样,以及商业生态从制作工具到拍摄公司、艺人机构、院校专业等越来越完整,2018 年以来,短视频进入"全面繁荣期",行业参与者越来越丰富。据不完全统计,2019 年中国短视频用户超过 8.5 亿。

短视频长度一般在 15 秒到 5 分钟之间,短小精悍,但内容丰富,既有娱乐幽默、社会热点、广告创意、才艺展示,也有知识分享、技能学习、街头采访、公益教育等,节奏快而内容紧凑,灵动有趣。人们在观看短视频的同时喜欢通过点赞、分享、交互等进行社交。有些人想要打造个人品牌,期待自己能成为带货达人、商业网红,而短视频正好符合他们个性化和多元化的自我展示需求,运用自身创造力和凸显个性风格的制作编辑手法,再加上个人观点和解说,可以制作出让人耳目一新的短视频内容。短视频已经超越一般的娱乐休闲项目,发展成为一种全民生产、参与、共享的文化现象。普通人在短视频平台上的走红靠的不是偶然,而是令人信服的一技之长或是苦中作乐的精神品质。从中也能归纳出与其相对应的主导文化类型:美容美妆视频的火热传达出人们追求美、欣赏美的价值追求;实用技能视频凸显了人们面对日常生活的伟大智慧;烹饪美食视频的火爆表达着人们对生活饮食的更高品位;娱乐恶搞视频则展现了人们在工作之余解压放松的行为方式。

存在即合理,却不一定是真理。网络短视频创造出琳琅满目的文化产品供人选择,然而人们对短视频所谓不可分割的依赖,更多并非来源于深度的思考。在这个省略了文化思考、建构过程的快节奏平台,短视频逐步沦为人们学习工作之余追求短时间视觉刺激的工具。而且,短视频平台有意识地以"上瘾"为手段,让你在短暂的快乐中失去思考。快乐获得的时间越短暂就越廉价,多数人在廉价的快乐中麻木自己,人们便在这种始于无意识的追求中"作茧自缚"。

黑格尔提出"存在即合理",意在批判康德把理念理想与现实世界割裂开来的思想,是为了建立主观性与客观世界的同一,将理想贯彻到现实之中,而不是为糟糕的世界做辩护。

哈佛大学教授凯斯·桑坦斯在《信息乌托邦》中指出:"信息传播中,公众自身的信息需求并非全方位的,公众只注意自己选择的东西和使自己愉悦的领域,久而久之,会将自身桎梏于像蚕茧一般的'茧房'之中。""抖音",还有它的好兄弟"今日头条",所做的是投用户所好,让这个"茧房"越来越结实。当我们看抖音或者今日头条时,只要看过某一方面的内容,以后就会不断收到针对同一偏好的内容推送,而不感兴趣的,就不会再出现。美其名曰:算法推送。

有人说,"算法推送"精准拿捏人性,更符合人性,这个"最先进的机制",是抖音母公司"字节跳动"与生俱来的优势,是流淌在这个公司基因里的东西,无论传统互联网公司怎样迭代自己的功能,字节跳动都可以轻松地对它们实施"降维打击"!没错,以BAT为代表的传统互联网服务,是把东西摆在我们面前,让我们挑选。"算法推送"则直接把你的"最爱"呈现在你面前,让你不需要再去费心地做"选择"了。然而,这究竟是更符合人性,还是在毁灭人性呢?

白岩松讲过一个"花刺子模国王"的故事:"据野史记载,中亚古国花刺子模有一古怪的风俗,凡是给君王带来好消息的信使,就会得到提升,给君王带来坏消息的人则会被送去喂老虎。于是将帅出征在外,凡麾下将士有功,就派他们给君王送好消息,以使他们得到提升;有罪,则派去送坏消息,顺便给国王的老虎送去食物。"他的意思是,在强大的人工智能帮助下,抖音和今日头条正在把人们训练成一个个"花刺子模国王"。

玩抖音的人,会越玩越沉迷;看今日头条的人,则会越来越片面。困在系统里的人远远不只外卖骑手。然而,困于外卖系统的骑手是迫于生存压力,困于抖音和今日头条的人则因为人性。人们之所以喜欢看和自己观点一致的信息,是因为人的大脑会把旧认知当作"自己人"。对大脑来说,它就是"我"的一部分,我为什么要否定自己呢? 所以,大多数的情况下,大脑会选择对新认知进行扭曲,要么,选择性地吸收对自己有利的新认知,要么,把新认知朝着对自己有利的方向理解,无论它是不是曲解。这就使得每个人都活在自己的世界里,用自己的标准去度量这个世界,就像一个照相机的取景框一样,从自己的角度和高度去拍照,自然只能看到自己原有世界的风景,大部分的人都用同一个框过完了这一生,这个框就是自己的世界观。世界观来自哪里? 观世界才会有世界观。人们对世界的理解是建立在已有的知识经验背景之上的,因此,有必要学会多主动探索,多深度思考,不要满足于被推送来的、只能巩固旧知识的浅薄内容和浮夸资讯。什么叫"主动探索"和"深度思考"呢? 一位英国教育学家说:"英国的教科书说英国最伟大,法国的教科书说法国最伟大。应该让学生同时读到这两本教科书。"有人提问:"那学生到底该相信谁?"这位教育家回答:"学生谁也不信了,教育就成功了。"

而抖音却"顺应人性",它的算法把我们不喜欢的内容非常高效地屏蔽掉了。它取悦我们,也在驯化我们。起初,我们是主人;后来,我们是奴隶。人工智能是把刀,而且是把非常锋利的刀。用得好,会大大提高我们切肉的效率;用得不好,会把我们自己割得遍体鳞伤。技术本身无所谓善恶,问题在于创造技术的人。如果创造它的人认知有偏差、行为有偏执,甚至有意识地在利用人性的弱点,那么使用它的人在认知和行为上就难免会出现偏差和偏执,平台和算法就会放大人性之恶。在一次采访中,张一鸣说:"机器加算法会越来越聪明,但它始终很单纯。"而主持人追问:"我怎么能保证它始终单纯? 因为机器和算法的背后还有你。"张总回答:"我也始终很单纯。"主持人继续问:"谁能保证你一直单纯呢?"

关于"提升优秀人才密度是王道"的观点,张一鸣的认知是这样的:一个平台型或者一个大型公司,肯定要尽可能地吸收生产要素,变成一个很强大的系统。只有吞吐量大的系统才是好系统,才能创造很大的价值。所以保持复杂度低、团队规模小不是想做大事业的公司的解决办法。大多数公司的常规做法是,公司复杂度提高后,规则提高,流程增加,通过规则和流程防止出乱子、出问题。这能解决眼前的问题,但其实有很大损失。因为从制定规则的部门的角度来讲,为了少出问题,肯定让流程和规则越细越好,但这会导致弱化很多最优解的可能。因为我们面对的情况可能是弹性、灵活的。如果有很多限制,员工就会不想去找最优解。尤其当行业出现重大变化,公司不能靠惯性前进的时候,累积的规则流程制度是特别大的问题。当然,还有一种比较糟糕的情况,连流程也没有,就会变得很乱。有流程的公司往往不会乱,只会很慢,很僵化。另外一种方法是提高人才的密度,增加有大局观、有很好的价值观、知识和能力很全面的人才。如果招的人才理解力极差,那么公司的制度就得定得非常详细。但是如果面对一群高素质的人才,就可以让规则定得很简单,简单成少数原则。大家照着原则而不是规则来配合,甚至只要知道"目标",结合常识就可以行动。

讲真,"优秀人才密度大"、规则定得简单的公司,在业务复杂度增加的情况下,一定不会乱? 如果不会乱,抖音母公司字节跳动的餐饮管理三年内何以能贪污 1 000 万? 抖音一个食堂抠出来的油水,比一个中等规模的制造型企业三年的净利润都多,如果张总觉得还不够乱的话,我们的心就要乱了。至于公司有了细的规则和流程之后,是否一定会"导致弱化很多最优解的可能"? 我们也简单举一个反例。苹果给每个用户设备分配了一个随机的设备标识符,又称为"广告客户标识符"(IDFA),通常,广告商通过 IDFA 来跟踪用户数据以投放个性化广告。但现在苹果修改了操作系统,ios 14 将要求开发人员必须通过提示询问用户:你希望分享你的 IDFA 吗? 2017 年 9

月，作为 ios 11 升级的一部分，苹果推出了最新的反广告技术：它的 Safari 浏览器，会删除所有 30 天以上的 Cookie。这意味着苹果向每一个单一重新定位提供商的商业模式宣战了，因为通过设置 Cookie，第三方广告网络可以跟踪用户在其投放广告的所有网站上的浏览活动。此外，2014 年，苹果在 ios8 上将 MAC 地址设为私有，这一决策的目的是希望把获得更多隐私的消费者的需求置于需要更多数据的广告商的需求之上。如此不厌其烦地设定细的规则和流程，并不惜与"友商"为敌，就是为了守住苹果创始人乔布斯先生的一颗初心：为科技注入人性！

像苹果这样主动承担社会责任的企业，在美国远不止一家。就连逐利的医保领域，也有着一家没有任何股东的非营利机构，这家机构叫"美国蓝十字蓝盾医保联合会"（以下简称双蓝）。作为一家已经沉淀了近百年历史的医保与健康促进机构，双蓝的服务遍布美国五十个州及美联邦全域，致力于与各个利益相关方——参保人、医院、医生、保险公司和政府部门——合作。论其营收规模，可与沃尔玛等量齐观；比数字技术的运用，阿里远不及它。只因为双蓝是一家没有股东的非营利机构，从未进过福布斯排行榜或者资本市场，国内很少有人会关注这家公司。更鲜有人知道双蓝于近期向美国政府建议的，旨在为美国人提供可负担的高质量医疗服务和保障体系的未来医疗保障体系。

我们都听说过奥巴马医改法案。作为美国第一个真正意义上的全民医保法案，奥巴马医改主要解决三个问题：①通过强制购买保险来覆盖剩余1/6的未参保群体；②严禁保险公司拒绝和歧视参保人群，从而保障公平性；③加大中高产阶级税收从而提高联邦政府的医疗保障。和我国 2019 年底开启的医保谈判引起的药品大幅降价情况类似，奥巴马原意也是希望通过政府的力量介入医疗费用，从而影响医疗服务和药品价格（这也是利益集团反对全民医改的重要原因之一），但这种控费需要时间来发酵，而中产阶级税负加重和保险公司支出增加，却是短期的问题。更多的参保人意味着更高的赔付金额，保险公司只能将保费压力转嫁到平时的保险费用上，以至于出现男性必须购买乳腺癌和宫颈癌保险项目的乱象。而对于中产阶级来讲，一边是更高的税收，另一边是不断提高的保险费用。到最后出现戏剧性的一幕:很多健康人群宁愿交罚金也要拒绝参加医疗保险。尽管如此,奥巴马医改法案还是让很多平时没有医保的人拥有了医保。根据数据显示,美国未参保人数从 2010 年的 4 650 万,降低到了 2018 年的 2 790 万。

但美国毕竟没有公立医院体系,强制约束医疗服务价格自然是"臣妾做不到",而制药公司不断创新的基础,又恰恰是高昂的医疗费用。所以看似坚实的医改法案,其实只有"提高医疗保险的覆盖率和赔付率"这一条路,这无法解决日益高涨的医疗费用问题。当然,即使这样的全民医保法案,也仍然会不断遭到共和党的攻击。2016 年特朗普上台后第一件事情就是筹划废除全民医保,因为无法通过立法来废除奥巴马医改法案,特朗普便用行政手段来四处破坏,导致的结果就是美国未参保人数停留在 2 600 万 ~ 2 700 万的水平上,无法进一步下降。所以"美国依然是唯一没有全民医保的发达国家"。

在我国,全民医保在争议声中覆盖了 99% 的中国人,这也是医改 17 年来实打实的成绩。

但光有全民覆盖的医保还不够,绳子的另一头是"物美价廉"的公立医院。没有后者,再充沛的医保资金也会捉襟见肘。从某种程度上来说,中国老百姓目前的医疗满意度,一方面取决于财政资金调配和全民医保覆盖,另一方面取决于对公立医院的压强式"成本管理"。而在"小政府"的观念下,到底是建立以税收为基础的全民医疗,还是让没有保险的人自找出路,美国的精英们永远会选择后者。问题的关键在于如何在现有的体系下将医疗服务的价格降下来。

双蓝提出的未来医疗保障体系是由一系列非常细的规则和流程形成的一揽子方案,包括:①施行奖励措施,确保医疗安全性。美国各级政府和医疗机构应当努力减少导致成千上万患者死亡的医疗差错、医疗感染及并发症等医疗事故。②改革激励机制,促进优质服务。改革美国医疗服务和保障体系现有的激励机制,实现医疗服务最优化,并抑制无效、有害、不必要的医疗服务。③加强基础医疗护理,降低医疗费用。更加关注基础护理,确保专业医疗团队能够及时提供必要、准确的医疗服务,进而改善医疗效果,降低医疗费用。④倡导健康的生活方式。当前美国医疗费用支出的 75% 被用于慢性病的治疗,如果能够激励并帮助患者养成健康的生活方式,更好地管理个人健康,对于医疗资源无疑是最大的节省。

美国每年的医疗支出都超过 2.5 万亿美元,成为美国家庭、商业机构及政府巨大的财务负担。2009 年 6 月 1 日,刚刚过完百年庆典的通用汽车向纽约法院递交了破产申请,最终拿了政府 301 亿美元援助。人们复盘发现,高昂的医疗保险福利支出是压死通用的最后一根稻草:2008 年,通用汽车每年在员工医疗方面的支出高达 450 亿美元,足足占到营业收入的三分之一。这其中有相当比例的费用其实是浪费所致。数据显示,美国 30% 的医疗费用都浪费在无效或重复治疗之上,患者只有 50% 的机会获得最有效的医疗服务,数以亿计美元的无效医疗费用却使得成千上万的患者遭受医疗差错所带来的病痛与伤害,而这种情形完全可以避免。

不断攀升的医疗费用影响着每一个美国人。人们必须行动起来,提高医疗质量,控制医疗费用,从现在着手,构建美国未来的医疗保障体系。这就是双蓝的信念。双蓝认为,未来的医疗保障体系应当提供安全、优质的医疗服务,减少不必要的医疗花费,倡导并激励参保人养成健康的生活方式。为此,必须解决当前医疗服务体系所存在的棘手问题,而不是继续徒劳地变换各利益相关者的支付比例。例如,一旦由政府部门社会保障体系所支付的医疗费用减少,所有的参保人都将受到影响,据有关调查,由于老遗残医疗关怀计划和低保医疗救助计划中政府支付比例较低,商业保险公司不得不向医疗机构多支付 15% 的费用,而这些多支付的费用最终还是转嫁于普通患者和投保人。

为此,双蓝建议政府采取一种综合性的解决方案。以"加强基础医疗护理,降低医疗费用"为例,双蓝注意到尽管整合式医疗体系能够提升医疗质量并节省医疗费用,但在现实的医疗服务体系中,这种模式并没有得到足够的关注和普及。例如按项目付费的"老遗残医疗关怀计划",平均每个患者一年要看四个科室的七个大夫,这些医生和科室之间几乎没有信息交流和分工协作,导致每年数百万享受"老遗残医疗关怀计划"和低保医疗救助计划的患者不得不继续忍受多余甚至有害的治疗。建立一支强大的基础医疗队伍是提高医疗协作性、降低总体医疗费用的关键,但是专家们承认目前仍面临相当大的困难。在美国,目前只有37%的医生从事基础医疗卫生服务,美国只有8%的医学院毕业生进入家庭医疗领域。为实现最佳的目标——医疗质量提升且医疗费用降低——必须将医疗服务提供者的分工协作机制纳入美国整体的医药体制,必须将发展基础医疗卫生放在首位。只有这样,医疗服务效率才能提高,老百姓才能病有所医,免受在不同医院和医生之间的奔波之苦。

针对上述问题,双蓝给出的方案是美国版"赤脚医生"——建立"管健康"而不是"管疾病"的初级保健网络。"赤脚医生"源自著名的"626指示"。1965年6月26日,毛泽东在同他的保健医生谈话时,针对农村医疗卫生的落后面貌,指示卫生部"把医疗卫生工作的重点放到农村去",为广大农民服务,解决长期以来农村一无医二无药的困境,保证人民群众的健康。在626指示中,毛主席说:"医学教育用不着收什么高中生、初中生,高小毕业生学三年就够了。主要在实践中学习提高,这样的医生放到农村去,就算本事不大,总比骗人的医生与巫医的要好,而且农村也养得起。""现在那套检查治疗方法根本不适合农村,培养医生的方法,也是为了城市,可是中国有五亿多农民。脱离群众,工作把大量人力、物力放在研究高、深、难的疾病上,所谓尖端,对于一些常见病,多发病,普遍存在的病,怎样预防,怎样改进治疗,不管或放的力量很少。尖端的问题不是不要,只是应该放少量的人力、物力,大量的人力、物力应该放在群众最需要的问题上去。"双蓝的初级保健网络中的服务人员并非医学院毕业生,他们经过基础培训,在系统的赋能下,即可上门提供初级保健服务。这套系统也是基于算法,核心是积百年经验沉淀下来的、经过上亿人验证的两套指数:健康风险评估指数和疾病严重指数,每一套指数都由两百个以上指标构成。健康风险评估指数将人群分为低危、中低危、中高危和高危四类,疾病严重指数针对中低危和中高危人士给出就医路径。依靠初级保健网络,双蓝形成了以患者为中心的医疗之家(Patient-centered Medical Home, PCMH)的商业模式。最为关键的,双蓝的系统除了算法,还有业务流程、最佳实践和远程协同工具,在系统的赋能下,社区内的初级保健工作者就像是海军陆战队的特种兵,各级、各类医疗和健康服务机构,是航母、空军和坦克部队,系统居间协调,为特种兵提供精准火力支撑。

在倡导健康生活方式方面,双蓝的目标是减少慢性病患者。在美国,逾
1.33 亿人——平均每两位成年人中,就患有至少一种慢性病。除此之外,美
国的 1/4 人口中,每三位老年人就有两位患有多种慢性病。调查研究表明,
美国每年用于慢性病的治疗费用大约是 1 000 亿美元,其中大部分费用是可
以避免的。任何可以控制慢性病增长的创新举措都是极有价值、值得投入
的。为此,双蓝提倡通过整合式医疗管理慢性疾病。例如,针对企业"高危
人群"占据企业 65% 医疗费用的现象,双蓝开展了"医疗之家"和"集中式门
诊"。通过提供高度个性化、协作式的医疗服务,改善员工的健康和企业的
生产力,增强患者和医院的满意度并降低整体医疗费用。参加该计划的企
业员工能够获得 7×24 小时的医疗服务,并且有专业医护人员帮助他们制订
全面的医疗计划。双蓝向医疗机构提供患者理赔记录,以帮助其明确当前
医疗和目标医疗之间的差距。该项计划不仅提高了患者和医院的满意度,
而且患者的生理功能和心理功能分别提升了 14.8% 和 16.1%。六个月内员
工因病缺勤率下降 65.5%,整体医疗费用相比实验对照组降低 20%。得益
于该计划的实施,医院急诊次数、住院人次和住院天数都不同程度地得到
降低。

读者一定会好奇,一家企业何以能挑战全世界各国政府都做不成的事
情? 有道是"没有金刚钻,不揽瓷器活",从双蓝成立的那一天起,它就一直
在挑战不可能。当时正值美国大萧条时期,双蓝的创始股东之一是一家医
院,他们过度投资的床位卖不动了,而另外一位创始人却看到了用这些闲置
资产帮助买不起保险、看病难的人的可能性。他发明了区别于"现金给付"
的商业保险体系——"服务性给付"。所谓"服务性给付",说白了就是"先
充值、再理发"的模式。和理发店的不同之处在于,收钱的是双蓝,看病的费
用却由医生依各人的情况而定。并且,每一位医生在行医过程中,都曾经在
允许患者住院治疗时,由于知道患者拥有保险,同在诊所或病人家里相比可
以更方便地接受检查,而并不是由于他确信患者的情况显示住院治疗更为
有利。也就是说,服务性给付模式能否兑现,非常难以预测。却使像理发这
样业务流程并不复杂的行业,全中国有那么多的理发店,也没见哪个第三方

跳出来干个理发行业的"支付宝"来。但双蓝就是干成了。

20世纪30年代的美国,买得起商业保险的都是有钱人。当时私有化的行医过程中,医生可以根据患者的支付能力自由定价,但实际上这种自由为医生带来了更大的道德与责任负担。即便医生知道面前的患者付不起钱或只能付得起小部分钱,他们也会接收。因为他们可以向富有的患者收取数额高于平均水平的钱来补偿这部分损失。医生必须判断患者的收入水平,并将其与其他患者对比,从而决定对特定患者收取多少费用——整个过程中,医生都试图在良知和经济之间寻找平衡。

双蓝推出的"蓝十字计划"把医生们整体关联起来,由双蓝在穷人和富人之间做动态平衡,这就消除了医生定价个人化的负担,同时又解决了患者欠费的问题。医生们不必再自己做出决策,又因为计划提高了贫困者给付医疗账单的能力,所以自从双蓝推出蓝十字计划之后,医生们做得更好了。在当时,蓝十字计划就像是建立了一座"社会力量的发电厂",让医师们在理念的感召下认识到他们有责任让自己的特殊才能得以被所有人共享——医师必须认识到,他的知识建立在无数先人的努力之上,因此这些知识不能被据为己有。一位医师就如同一名管家,他永远不能忘记主人随时会召唤他,让他去报账。越来越多的医生意识到他们是生活在社会中的"社会人"。他们开始明白他们不能忽视自己的职责,并开始主动遵守这些"教义"。而且,蓝十字计划还让医生们意识到,对社会责任的忽视只会导致政府接管现有组织和机构。

实际上,在双蓝履行"服务性给付"的过程中,有时详细审查的结果并不像正义战胜邪恶的剧情那样令人满意,而是使人们逐渐意识到使用与过度使用的界限是多么难以确定,以至于在某些州,蓝十字计划把93%的保费收入用于提供给付——并不是计划的无效率,而是增长的成本和使用率迫使费率上涨。即便是这样,双蓝不仅坚持了下来,还向最为复杂的老年健康领域发起挑战。因为它通过数据分析发现,参保人被给予的待遇越高,那些被遗漏的老年人和贫困者的困境就越明显,贫困者和失业者被私有健康保险的团体市场拒之门外。他们的福祉依赖于医院、医师和私人慈善基金提供的免费服务,以及诸如工人补偿、伤残保险和福利计划组成的安全网。更棘手的问题在于老年人的健康管理,无论以前是否享有体面的收入,当老年人到了退休年龄的时候,收入减少和脆弱的抗病能力就使得承保老年人成为难题。

双蓝试图在该领域有所作为。它允许参保人在退休后,将他的企业团购账户转移为个人账户,不过条件是提高费率。20世纪50年代,一些工会组织顽固地讨价还价,以便让这个费率的增加值尽可能地小。但是除非年轻的工会成员愿意补贴年长者,否则没有办法降低退休人员的参保费率。这意味着"每个儿子应该赡养一位父亲,但不必然是他自己的"。也意味着,只有当双蓝强大到能够在其辖区范围内实行统一费率,并通过用得自低风险群体的盈余补贴老年人群体,从而降低了总体费率的情况下,退休人员人才能支付得起个人保险。然而,如此的善行是要付出代价的。在许多严格遵守统一费率的计划中,每从老年人手里收上来一美元,就要为提供给付和抵补管理成本而花掉两美元。这导致费率增长高达三分之一,也使得蓝十字计划受到越来越多的参保者质询,诸如"为什么你们不对医师的过高的要价采取行动?"或者"是时候了,你们应当制止住院费用的上涨"。

双蓝没想过要为难医院和医生,经过周密分析之后,双蓝向联邦政府提交了关于医疗救助计划的议案,并获得肯尼迪总统的支持。肯尼迪遇刺后,副总统约翰逊临危受命,并打出了一张情怀牌——"对肯尼迪最好的怀念,就是通过他的社会改革法案"。借着美国民众对肯尼迪的怀念,约翰逊在第二年大选中实现了碾压式的胜利,众议院和参议院中民主党人数也超过共和党两倍之多。有了这样一个千载难逢的机遇,约翰逊开始全力推进老年医保法案的改革。1965年7月30日,《社会保障法案修订案》正式通过,美国有史以来首部社会性医疗保险得以正式诞生。在此之前,从老罗斯福总统开始,民主党历任总统都为全民医保做出过努力,为了纪念前辈们的努力,约翰逊专门邀请了81岁高龄的杜鲁门亲自出席仪式。仪式上,约翰逊用了72支签字笔签署了这部老年医保法案,并将这些笔发给了国会中为推动医改做出过贡献的人,接着将美国第一张联邦医疗保险卡,赠送给杜鲁门。

该法案将中低等收入、不符合公共福利受助条件的65岁及以上老人纳入政府医疗费用援助对象。医疗救助计划提高了地方的积极性,并最终使部分地区的健康服务质量显著提高。以得克萨斯州为例,双蓝以低于其商业性竞争者的叫价中标,承诺只保留 3% 的盈余作为管理费。这是个相当冒险的决定。最终得州蓝十字计划在财务上获得成功,以致给付被扩大,而且两年内有 100 000 美元的盈余被返还给州政府。消费者的利益也没有被克扣。蓝十字计划为每次患病提供 15 天的所有医院服务,记录显示,它支付了这 15 天内 92% 的医院收费,以及这 15 天之外的 82% 的医院收费。医院报告说,它们在保持收支平衡方面没有问题,患者及其家属也大多心存感激。蓝十字计划 25% 的资金由德州政府提供,75% 的资金由联邦救助金提供——向蓝十字计划每人每月支付 8.68 美元。

　　然而,这项措施的效果是视州政府提供配套资金的能力而定的,许多州根本没有钱或不愿把钱花在健康服务方面。压力仍在继续,但双蓝相信"如果每个州都像得克萨斯那样做,我们在承保老年人方面将不会再遇到任何问题,这是可以做到的……如果你能一次性地承保所有亚健康群体"。最终,他们做到了,但是,你能猜到发生了什么? 当联邦政府社会保障总署越来越多地了解情况,它越认为双蓝作为中间商的角色应该被削弱:"非常感谢你最初帮助了我们,但是现在我们使该计划在华盛顿,在全国各个地方都建立起来了,除去一些小小的不便之外,我们自己完全能应付。"于是,蓝十字计划继续向前,这一次,它要挑战的是未来医疗保障体系。

　　从双蓝身上,我们似乎看到了一种久违的精神。不过,或许有人会说,双蓝毕竟是家非营利性机构,它主动承担社会责任属于理所应当,和商业化运营的公司不具备可比性。然而,抖音这样的公司,真的不需要向双蓝学点什么吗?

　　短视频已经是一种文化现象,并且正在影响一代人的人生观、价值观。当大量视听信息以狂野的方式涌入民众视野时,青少年的理性思维难免被狂热的低俗价值观入侵,从而替代原先主导的社会主义核心价值观。文化自信是一个民族、一个国家对自身文化价值的充分肯定和积极践行,并对其文化的生命力持有的坚定信心,网络短视频作为当下大众精神文化来源的一种途径,也该被纳入文化自信的考量范围之中,应该让作为文化的短视频发挥出"见贤思齐"的作用。短视频平台作为一个由企业、用户和社会共同构成的文化动态整体,必须承担应有的社会责任。

也有人会说,抖音的"非遗合伙人"(以下简称"非遗")计划,已经在为祖国的文化事业做贡献了啊!没错,非遗凝聚了世代相传的文化血脉,连接着过去与现在。在抖音平台上,非遗通过短视频的方式能够呈现相对完整的发展过程,同时还能生动体现现实中非遗扎根的原生环境。此外,短视频极大降低了非遗记录与传播的门槛,以大众化的信息接收方式完成非遗从传统到现代的过渡,从而进入现代文化生活。而且,抖音运用"内容传播+商品售卖"的方式,从线上和线下两个维度,把非遗和生活连接起来。借此,非遗得以在精神层面上打破了时空界限,给更广大的人群传递和赋予相应的文化记忆,提升了非遗的文化影响力。

无论是精神支持的点赞行为还是花钱买下非遗产品的支付行为,网民们都真真切切地关注并参与非遗的保护,但这一场"非遗热"的掀起和延续,不可避免地是在商业逻辑下展开的。因此,在全民狂欢之下,如果像抖音这样的平台不能够坚守社会主义核心价值观,只是一味地利益驱动,一场政绩、商人与传承人的"共谋"就会不可避免,"伪非遗"也会乘机而上,为非遗数字化生态的构建埋下隐患。

民间艺术家刘锡诚先生认为,不论采取何种形式,非遗保护都必须"以非遗项目的核心技艺和核心价值得到完整性的保护为前提,而不是以牺牲其技艺的本真性、完整性和固有的文化内涵为代价"。其中指出了非遗原真性的关键——"核心技艺"和"核心价值",对应的是非遗所承载的"非物质"的工艺技巧、匠心精神以及"文化 DNA"。这意味着,"文化细节"才是非遗传承的关键所在。例如油纸伞的制作,民谚道:"工序七十二道半,搬进搬出不肖算。"这"七十二道半"的工序要全部呈现出来,那将是一部纪录片的容量。对大部分现代城市居民来说,快节奏的生活让他们更倾向于碎片化的娱乐,就短视频的呈现和传播绝不可能将这些"文化细节"一一展现。因此,"七十二道半"的工序只能压缩到大致的几步"号竹—做骨架—上伞面—绘花—上油",工序部分的压缩,"文化细节"的忽略,消解了不同地区、不同风格、不同特色的油纸伞的区别,更消解了"核心技艺"和"核心价值"。

资本主义国家的医保联合会双蓝是一家非营利机构,坚守着自己的核心价值观;社会主义国家的文化平台抖音却是一家"狼性十足"的商业公司,并体现着"资本来到世间,从头到脚每个毛孔都滴着血和肮脏的东西"。

马克思说:"任何商品都是使用价值和价值的对立统一体。"一方面,二者相互依存、不可分割。没有使用价值的东西即使凝结了人类的劳动,也不能成为商品;有使用价值而没有凝结人类劳动的物品,如森林中的野果,人们伸手可得也不能成为商品。另一方面,二者之间又相互排斥、相互矛盾,商品的使用价值和价值不能同时为一个人所占有。诚如毛主席所说:"市场交易,买者如果不丧失金钱,就不能取得货物,卖者如果不丧失货物,也不能取得金钱。"在双蓝的模式中,买者(买保险的人)丧失了金钱,取得了服务,而非货物;卖者(双蓝)没有丧失货物,而是输出了服务,取得了金钱。在抖音的模式中,买者(抖音)丧失了极少的钱(开发和运营抖音平台的费用),却取得了海量短视频内容;卖者(短视频提供者)丧失了货物,却只有挤到头部的那一批取得了金钱,而且像部分非遗传承人这样通过内容传播+商品销售的方式取得的金钱,还是对上千年沉淀下来的文化资源的透支。这就是抖音的生意经:作为买者的它丧失极少的金钱,取得了海量"货物";作为卖者的劳动者丧失了"货物",却很少取得金钱。马克思还说过:"具体劳动创造商品的使用价值,抽象劳动创造商品的价值。"抖音内容生产者创造的价值是如此之低,以至于很少有人能够"价值变现",意味着他们的劳动中具体劳动的"密度"远远大于抽象劳动的"密度"。即使是具有抽象劳动的非遗产品,也被他们卖成了具体劳动。事实上,短视频凭借其"短小、有趣、社交"这三大核心要素,正在日益成为市场营销人员、新媒体营销人员、品牌商、企业商家极为重要的营销推广渠道。同时,它还正在成为企业家和个人创作者等重塑和提升个人品牌的重要途径。那么,抖音是否有责任提升为它创造价值却没有实现价值的那部分人的抽象劳动密度呢?抖音是不会这么做的,因为这样做的话,会降低抖音"优秀人才的密度",使得抖音的"原材料采购成本"增加,收入减少。现状是,因为大部分短视频制作者的抽象劳动程度低,他们生产的内容,除了满足人们短时间的视觉刺激需要,不能够为商品赋予文化内涵以提升商品的价值。他们的价值就在于为抖音引流,抖音再依靠流量从广告和带货中获益。算法推送好比"大水漫灌",算法赋能方能"静水深流"。然而,对于习于抢钱和开赌场的人来说,让他们种地,太难了。

假如马克思和毛主席两位老人家在世,他们会做何感想呢? 他们一定会说:这是比资本主义更恶的"新封建主义"。所谓的互联网科技公司把控着技术红利和数据资源,成为互联网上的"封建地主"。而广大劳动者和用户,正变成为地主服务的"互联网农民",不仅被剥夺剩余价值,就连衣食住行和日常起居都在为企业和资本提供数据、创造价值。如同封建社会的地主占据生产资料,农民除了在地主的盘剥下过活而别无更好的选择一样,"互联网农民"已经离不开地主提供的一切,否则就是自绝于现代社会。这种新封建主义正在塑造一种新的主奴关系,在这种关系下,大多数人都将成为没有财产且不由自主的下层人民,只能通过为少数精英提供服务来维持生存。新封建主义加速极端不平等是毋庸置疑的,区别只是在于地主中,有些是善良型的,有些是恶霸型的。

在美国,哈佛商学院教授肖沙娜·朱伯夫在她的新书《监视资本主义》中将通过监视获取数据、通过数据获取利益的做法称为"监视资本主义",并指出监视资本主义违反了早期资本主义模式的一些核心原则。和"新封建主义"一样,都是披着科技的外衣,开着历史的倒车!

价值的本质

那么,究竟什么是价值呢? 价值是世界的存在意义,是自然的存在意义、社会的存在意义、个人的存在意义的整合。价值的高低基于人们的评价——人类揭示价值、建构价值世界的特殊认识活动,而这种认识活动又基于价值论。问题在于,在价值哲学的发展过程存在四种不同的价值论:①主观主义价值论,认为价值是主观的产物,其通常从人的情感、心灵、兴趣的角度去理解价值;②客观主义价值论,认为价值是实在的,其认为价值是通过情绪的直观,在爱与恨中,在偏好选择中,显示给我们的,是在对对象的直觉中直接呈现给我们或给予我们的;③过程哲学价值论,它从有机体相互作用、按主体活动的目的、过程来理解价值;④实践哲学价值论,从实践尤其是从实践的结果或实践的标准出发,有利于科学地把握价值的本质。

杜威的价值哲学被称为价值哲学哥白尼式的革命。这场革命是从哲学的根基出发的。杜威价值哲学理念有三点,体现在他的著作《评价理论》中:哲学必须以人类事务为研究对象;价值问题是人类生活的核心问题;哲学必须为人类提供智慧。他认为:人类行动的根本难题是价值选择;价值选择的根本难题是价值判断;因此哲学研究的核心问题是价值判断。在这个意义上,哲学就是关于批判的批判,就是关于如何形成能有效指导行动的价值判断的理论。

实际上,价值论的许多争论起源于价值的不同定义,起源于人们对于价值概念的不同理解。从物理学角度定义价值,可以把价值论建立在自然科学的基础之上,使之具有高度的精确性、客观性和公理性,从而使价值论普遍存在的模糊性、主观性和歧义性自然而然地得到化解。由于社会事物的一切运动与变化,在本质上都基于价值关系的运动与变化,因此价值论是社会科学的基础理论,将价值论建立在自然科学的基础之上,就可以大大促进社会科学与自然科学的融合与统一。

难点在于,社会是由人这个生命体构成的。关于生命机体,19世纪存在着两种对立的发展观。一种是以物理学的热力学第二定律为依据推演出的退化观念体系。它认为,由于能量的耗散,世界万物趋于衰弱,宇宙趋于"热寂",结构趋于消亡,无序度趋于极大值,整个世界随着时间的进程而走向死亡。另一种是生物学以达尔文的进化论为基础的进化观念体系,它指出,进化的结果是种类不断分化、演变而增多,结构不断复杂而有序,功能不断强化,整个自然界和人类社会都是向着更为高级、更为有序的组织结构发展。

显然,物理学与生物学、社会学中的这两种观点至少表面上在发展观上是根本对立的。难道生命系统与非生命系统之间真的有着完全不同的运动规律吗?为此,物理学家普利高津创立了"耗散结构论",他认为,无论是生命物质还是非生命物质,都应该遵循同样的自然规律,生命的过程必然遵循某种复杂的物理定律。耗散结构论可概括为:一个远离平衡态的非线性的开放系统(不管是物理的、化学的、生物的乃至社会的、经济的系统)通过不断地与外界交换物质和能量,在系统内部某个参量的变化达到一定的阈值时,通过涨落,系统可能发生突变即非平衡相变,由原来的混沌无序状态转变为一种在时间上、空间上或功能上的有序状态。这种在远离平衡的非线性区形成的新的稳定的宏观有序的结构,由于需要不断与外界交换物质或能量才能维持,因此被称为"耗散结构"(dissipative structure)。耗散结构论认为,耗散结构的有序化过程往往需要以环境更大的无序化为代价,因此从整体上讲,由耗散结构本身与周围环境所组成的更大范围的物质系统,仍然是不断朝无序化的方向发展,仍然服从热力学第二定律。由此可见,达尔文的进化论所反映的系统从无序走向有序,以及克劳修斯的热力学第二定律所反映的系统从有序走向无序,都只是宇宙演化序列中的一个环节。生命机体是一种远离平衡态的有序结构,它只有不断地进行新陈代谢,才能生存和发展下去,因而是一种典型的耗散结构。人类社会是一种高度发达的耗散结构,具有最为复杂且精密的有序化结构和严谨协调的有序化功能。

基于耗散结构论,无论是物理学意义上的价值还是社会学意义上的价值,其实质都是让系统从无序走向有序的广义负熵所对应的能量(即广义负熵能或广义有序化能量)。任何形式的价值都可以直接或间接地折算成一定数量的有序化能量。在自然科学家看来,人类的发展过程实际上就是有序化的增长过程,人类的一切生产与消费实际上就是"负熵"的创造与消耗;在社会科学家看来,人类的发展过程实际上就是本质力(即劳动能力或社会生产力)的增强过程,人类的一切生产与消费实际上就是"价值"的创造与消耗。然而,无论是自然科学家还是社会科学家,既不承认"负熵与价值毫不相干",也不承认"负熵就是价值,价值就是负熵"。而当价值被理解为广义负熵所对应的能量(即广义负熵能或广义有序化能量)时,"负熵"与"价值"就联系起来了。

19世纪末20世纪初是物理学革命风云际会的时代,奥地利物理学家薛定谔无疑是这个需要巨人、也产生了巨人的时代的骄子——他是波动力学之父,是量子力学集大成者之一。多少有点出人意料的是,正是他,后来从物理学闯入生物学,在1944年出版了《生命是什么》一书。这本书试图从量子力学、热力学以及化学理论中寻找到一个大问题的答案:生命是什么? 在薛定谔看来,不论是有机体的活动还是我们的思想意识本身,都是一个"有秩序的体系"。"一个生命有机体无时无刻不在生产着熵或者是在增加正熵,同时它们不断趋近熵的最大值,在这一缓慢过程之后就是生命体最危险的状态,即死亡。那么,如何才能摆脱死亡,一直保持生命的存在状态? 从环境里孜孜不倦地汲取负熵恐怕是唯一的办法了。"

美国著名的精神科医师大卫·霍金斯博士,本身也是位哲学博士,运用人体运动学的基本原理,经过20年长期的临床实验,其随机选择的测试对象横跨美国、加拿大、墨西哥、南美、北欧等地,包括各种不同种族、文化、行业、年龄的人群,累积了几千人次和几百万份数据资料,相关试验的概念和理论都经过运动机制学超过25年实践的检验。经过精密的统计分析之后,发现人类各种不同的意识层次都有其相对应的能量指数,人的身体会随着精神状况而有强弱的起伏。

霍金斯博士把人的意识映射到1~1 000的范围,任何导致人的振动频率低于200(2万赫兹)的状态会削弱身体,而从200到1 000的频率则使身体增强。霍金斯博士发现,诚实、同情和理解能增强一个人的意志力,改变身体中粒子的振动频率,进而改善身心健康;而邪念则会导致最低的频率;渐高依次是恶念、冷漠、痛悔,害怕与焦虑,渴求,愤怒和怨恨,傲慢,这些全都对人有害;信任的频率在250,对人有益;再往上的频率依次是温和、乐观、宽容,理智和理解,关爱和尊敬,高兴和安详,平静和喜悦;宁静在600,开悟在700~1 000。他遇到过的最高最快的频率是700,出现在他研究德蕾莎修女(获1997年诺贝尔和平奖)的时候。当德蕾莎修女走进屋子里的一瞬间,在场所有人的心中都充满了幸福,她的出现使人们几乎想不起任何杂念和怨恨。

研究表明,能级250是一个人过上有意义、顺意生活的开端。因为这是一个人出现自信的能级。当某人的能级由于外在条件而降到200以下,他就开始丧失能量,变得更加脆弱,更加为环境所左右。一个人有时候的能级高,其他的时候低。他的能级水平是所有这些时候的平均数。能级的起伏跟一个人的心境直接相关。这也就解释了为什么"人逢喜事精神爽"。研究还发现,大多数的流行歌曲和电影都会将人的能级降到200以下。为什么大多数人根本没有去接触经典(文学著作、音乐、绘画名作等)？是因为他们的能量水平和经典的能量水平根本不匹配，无法与经典保持共振，也就理所当然地不会去接触经典了。1994 年的测量结果显示，世界上 85% 的人能级都处于 200 以下，全人类的平均意识能级为 207。

意识是指在任何一种体验中识别固有属性的能力，本质上，一个系统能够感受到某件事物，我们就认为该系统是有意识的。但是不同的系统对于同一件事物的感受能力是不同的。例如，当你意识到自己开的玩笑冒犯到别人时，你会感到尴尬，但目前的计算机却体验不到这种情绪。美国威斯康星大学精神病学家和神经科学家朱利奥·托诺尼创建的集成信息论，采用了更基本的方法诠释意识。集成信息论认为，任何具有内禀因果力的机制都具有意识，因为这类机制的状态既承接了过去，又会产生未来。内禀因果力并不是虚无缥缈的概念，它能精确地评估任何系统。当前状态的特定起因(输入)与响应(输出)越明确，内禀因果力就越强。例如，"人逢喜事精神爽"，喜事是输入，精神爽是当前状态，意识层次对应的振动频率是响应。在相同输入的情况下，一个系统的集成信息能力(集成信息值)越强，系统的内禀因果力就越强，意识也就越强。

由于大脑皮层神经元的异质性，以及输入和输出连接的密度重叠，大脑皮层的集成信息值非常高。此外，科学实验还证明，无论计算机的处理器是在计算还是在模拟，集成信息值都与处理器的运行软件无关。两个执行相同输入和输出操作的计算机网络，由于采用不同线路配置，可具有不同的集成信息值，其中一个可能为 0，而另外一个是正数。尽管从外部看，它们可能一样，但其中一个网络能够感受到一些事物，另一个却可能如僵尸般没有任何感受。这种差异与计算机内部的线路有关。简言之，意识能感知存在，而非执行某些行为。

科幻小说中经常出现这样的场景：死者的神经连接组被上传到云端，他们能继续生活在数字化的来世中。但集成信息论对此的解读截然不同：虚拟人感受不到任何东西。它只是表现得像人类，但其实没有任何内在感觉，是"深度伪造"的人类终极版。要创造人的意识，人的大脑的内禀因果力是不可或缺的，并且这种力无法通过软件模拟，必须是基础物理机制的一部分。模拟不具备因果力,正如电脑上可以模拟暴风雨,但它不会淋湿任何东西。然而,科学家们是不会善罢甘休的,理论上,他们可以构建出超越数字模拟的、有可能产生人类水平的意识的神经形态硬件。尽管如此,计算机依旧只是超级精巧的机械,像幽灵一般的躯壳内却没有人类最珍视的东西:有关生命本身的感受。

霍金斯实验中的能级数值,反映的正是人感受生命本身的意识的强弱。根据集成信息论,意识的强弱取决于内禀因果力的集成信息值。因此,要提升人对于生命本身的意识,需要改变人体的集成信息值。而霍金斯发现,诚实、同情和理解能改变身体中粒子的振动频率,进而改善身心健康,这表明,诚实、同情和理解可以提升人体的集成信息值,让人的状态从无序化走向有序化。由于这些品质的形成有赖于环境的熏陶,因此薛定谔说的从环境里孜孜不倦地汲取负熵以维持生命的状态,在霍金斯的实验中得到了体现,环境中那些有助于品质形成的能量,就是广义负熵能,即价值。

如果请霍金斯团队针对国内短视频平台做一次专题研究,估计平台上大部分内容的数值会在流行音乐的基础上再降三五个等级。不仅如此,为了维持自身的有序化,短视频平台需要从环境中孜孜不倦地吸取负熵,张一鸣透露的经营要诀就是明证:"通过构建好的配置,配置好的生产要素,让公司有最高的 ROI(投资回报率),并且给每个人提供好的 ROI,所以公司的核心竞争是 ROI 的水平而不是成本水平。只要 ROI 好,薪酬越多,说明回报越好,这跟投资一样。"这又是一个偏差的认知带来的偏执的行为,因为单看 ROI,抖音永远意识不到它的社会成本——为社会制造的熵增有多大!

就这一点而言,现在的短视频平台和过去几十年那些靠透支自然资源、破坏自然生态换取高 ROI 的企业相比,有过之而无不及。自然生态要山清水秀,文化生态也要山清水秀;自然生态是金山银山,文化生态也是金山银山。它们不直接创造价值,却为人类社会发展持续提供广义负熵能。被煤老板们破坏的自然生态,还可以通过植树造林来恢复;被抖音破坏的文化生态,又有谁来"植树造林"呢?

关于广义负熵能和价值的关系,在实践中早已被中国古人所运用。比如桑蚕文化,在桑蚕和丝绸的生产体系中,没有为人类社会制造正熵,吸收的广义负熵能也只不过是大自然的光。之所以会如此,在于古人改变自身集成信息值的能力有限,在乎感受生命本身的古人,提升意识的办法只能靠改变输入。越是自然的东西(输入),他们的响应(输出)会越明确,越是会获得温和、宽容、关爱、安详、平静和喜悦的感受。在劳动和合作的过程中培养的诚实、同情和理解等品质,促进了集成信息值的提升,又进一步增强了感受。总之,以感受生命本身为本,从人的精神内部推动发展,在共同参与中实现价值,是桑蚕文化的本质。其价值之源不是资源,而是因人而异的差异,是人们对生命本身主观感受的差异。由差异创造的广义负熵能,为生命补充负熵,继而创造更大的价值,以此循环往复、螺旋上升、生生不息。可见,桑蚕文化之所以作为汉文化的主体文化,正在于它完美体现了以人为本的文化及其价值实现的过程。

在社会和谐时期以人为本的文化创造价值、维持着社会的平衡;在不以人为本、社会进入无序化的年代,以人为本的文化(人文)精神会推动社会再平衡。当我们读《可爱的中国》,感动我们的除了浓浓的爱国精神,还有暖暖的人文精神。因为爱同胞,所以爱祖国;因为爱祖国,所以更爱自己的同胞。村上春树说:"以卵击石,鸡蛋和高墙,我永远只站在鸡蛋的这一边,无论鸡蛋多么错误,或高墙多么正确,那都交给时间和历史去评判。"为什么即使鸡蛋是错误的,他也支持鸡蛋这么做呢?因为以卵击石是一种品质,可以为人的精神生活赋能,帮助人们意识到生命的本身。

美国双蓝所做的,也是以卵击石。起步阶段的双蓝,凭借的就是理念和信念。如今的双蓝,它赖以生存和发展的生产资料就是数据。也就是说,和抖音一样,双蓝就是一家数据驱动的算法公司。不同之处在于,双蓝不需要像 TikTok(抖音海外版)那样想尽办法追踪用户数据,以至于被美国政府"抓包"而受到侵犯用户隐私的指控,它用系统为线下的初级保健网络赋能,再通过有温度的人的服务来获取它想要获得的数据。而抖音(以及 Facebook)这样的互联网平台公司,不仅不重视线下人的服务,还要让人成为它的长工,实则是"作茧自缚",因为不能让人自由发展,你又如何能自由发展呢?抖音将数据转变为智能,充其量是家互联网公司;双蓝将智能转变为智慧,是真正意义上的数字化企业。互联网公司用投其所好的服务换取数据,数字化企业用具有人文(公共)精神的服务获取数据。两者都是区别于工业化时代"买与卖"的"施与报",但前者还是从事物外部推动发展,后者是从人的精神内部推动发展。

由双蓝的系统赋能,从人的精神内部推动发展形成的初级保健网络,是一张"健康光网",实际上就是"新基建"。新基建之所以"新",在于它在互联互通的基础上更上一层楼:通过网络空间与现实物理空间的融合,产生有望提高我们生活质量的服务,让超越物理距离的多样化的人们连接起来,能够发挥各自的优势参与社会,共同解决现代社会所具有的一些问题。"老基建"中的高速、高铁、桥梁和电信等,促进了人们的联通。联通方便联系,有助于增强人们之间的"relationship";连接才能真正增进人们之间的"关系"——美国人很清楚他们讲的关系不是中国人讲的关系,所以他们翻译关系一词的时候,用的是拼音"guanxi"。关系是有人文的 relationship,关系的世界里,大家和而不同、有差异却又不分彼此,人们因共同的理念走到一起。

也就是说,"老基建"是"硬基建","新基建"是"软基建"。软是绝对的,硬是相对的。绝对的做成相对的,容易;相对的做成绝对的,难。软的做成硬的,容易;硬的做成软的,难。比如说,大家都知道大于 7 纳米的芯片我们已经可以生产了,7 纳米的我们做不出来,而国外已经开始导入 5 纳米的芯片,芯片越小,就越软,也就越难。像抖音那样把软的(文化内容)做成硬的(算法推送),容易;像双蓝这样把硬的(治已病)做成软的(治未病),难。之所以说双蓝"以卵击石",就在于它勇于挑战不可能——把硬邦邦的、治已病的西医给做软了。"新基建"之"新",绝不等于数字技术等新一代"硬"科技的运用,而是要将人性注入科技。人性也是一样,善是绝对的,恶是相对的。绝对的变为相对的,容易;相对的变为绝对的,难。唯有迎难而上,用人文为科技赋能,用科技让人文落地,新基建才能落地。

只要愿意,短视频平台也能够参与到新基建之中。例如抖音,它只要变"算法推送"为"算法赋能",立刻就可以升级为数字化企业,因为短视频制作者、网红和粉丝们,在抖音的赋能下,可以形成一张"文化光网",为美好生活引源头活水。事实上,抖音海外版 TikTok 与抖音就完全是两种不同运作模式。这说明,字节跳动的可塑性,还是很强的。

2019 年法国的一部名叫《给我翅膀》的影片讲述了一个人文与科技之旅的故事。科斯迪安是一名鸟类研究学者,对于鸟类学的热爱让他将毕生的精力都投入这个领域。失去了父母的白额雁由于无法学习迁徙的技巧而濒危,科斯迪安决定驾驶轻航,指引幼鸟们从挪威迁徙到法国,因为只要成功迁徙一次,鸟儿就会记住路径。然而,在向巴黎博物馆申请经费时,科斯迪安却遭到了拒绝,他因此不得不伪造了文件。上中学的托马斯沉迷于网络游戏,离异的妈妈带他来到父亲科斯迪安的农舍度假。刚开始,这个男孩并不理解为什么科斯迪安总是如此关心鸟类,但随着时间的推移,托马斯也渐渐被神奇的鸟儿所吸引。当科斯迪安伪造文件一事被发现之后,托马斯驾驶轻航踏上了引导鸟儿迁徙的旅途。旅途自然是艰辛的,然而当他领着鸟儿飞的短视频被一位小女孩拍下并在网络上分享之后,立刻引发了众人的关注。之后,他自己也不断通过短视频分享旅途中的自然风光、与鸟儿伴行的亲密时光并提出需要的帮助。父亲的初心就这样被传播开了,每一个分享短视频的人,也都因为参与了保护濒危鸟类而为平淡的生活增添了一份意义——鸟儿迁徙了一次就能够记住路线,这是鸟的天赋;人回了一次家能够铭记终身,这是人的天赋。

由人组成的"光网",是经济内循环中的微循环。中西医结合的研究表面,人体微循环和经络之间有着紧密的联系,微循环堵住,经络一定不会通畅。"血为气之母,气为血之帅","气行血行",经络不通,气就不会顺,血也就不会畅。不仅我们每个人受益于微循环,我们的祖国在站起来的过程中就曾受益于微循环。抗战末期,八路军和新四军都穿上了布鞋,而大多数的国民党军队的士兵还穿着草鞋。八路军和新四军的布鞋是哪里来的呢?是农村里的妇女做的。过去战争题材的电影中经常会出现农村妇女做布鞋的场面,只是当年我们未曾想过她们对于战争的重要性。有多重要呢?国民党军输就输在了这草鞋上。如果是你,战场上看到对面的共军都穿上了布鞋,而国军兄弟们的草鞋从北伐、抗战一直穿到国共全面内战,哪里还有士气可言呢?这些农村妇女们,她们虽不能在战场上冲锋陷阵,却织成了一道光网保障供给。她们之所以任劳任怨,使命必达,就在于她们回到了家。

人生的意义在于自我实现。所谓自我实现,关注的是人的精神和心灵以及自我潜能的实现,所以,它可让你不再受困于物质和欲望的束缚,也可让你的人生不再局限于一场游戏之中。倘若你将自我实现作为人生的意义,那么,你的人生目标就会永无止境,绝不会腻烦无聊,因为你是在用自己的天赋和热情去代替终有一日归于无聊的享受和没有止境的物欲追求。因此,人需要主动探索自己的内心,找到自己的天赋和热情,找到自己未被发挥出的潜能,并最终找到自我实现的具体目标与路径。从而,人需要持续地探索、学习和觉察。所谓价值,就在于帮助人们自我实现。

从山顶之上看峡谷与在森林之中看峡谷,风景是完全不同的。虽然置身于森林之中,你仍能看见山顶,但你没法知道你身在其中的森林在更广阔的空间是如何分布的,正如置身于钢铁森林般的现代都市中,我们会经常晕头转向,而站在高楼上便一目了然。这与我们生活在快节奏的技术时代同理,我们的注意力逐步地分散到许多主题上,花样繁多的技术和信息不停地侵入我们的思想,成功与否常常取决于我们集中注意力的能力,而这种注意力的集中充其量相当于我们在峡谷中的树林里和都市中的高楼中站在地面所看到的最好的路。这便是"不识庐山真面目,只缘身在此山中"。

我们因此生活在一个"自下而上"的世界里。当我们有时间从琐碎的生活中走出来时,我们希望的是放松而不是试图思考伟大的思想,或获得更广阔的视野。注意力是有价值的、有限的,并且被许多即时的问题所耗散。然而,我们的环境正受到经济以及无法摆脱的文化变化的影响,我们生活在一个正在发生巨大变革的时代里,这样的环境要求我们摆脱"自下而上"的心态,寻求"自上而下"的方法,以便为我们和孩子们将来生存的社会建立一种发展趋势。建设这样的社会给了我们奋斗的目标,而一旦拥有这样的目标,我们就不再把注意力集中在个别的问题上。"一个有孩子的人是不会不屑这个世界的,因为我们把孩子带来这个世界。为了孩子,我们关心这个世界,思索它的未来。"这是昆德拉说的。

开放银行

数字经济引领时代,金融科技抢占先机,眼下全世界范围内"非数字经济原任民"基本上都在金融领域内，国内的佼佼者非蚂蚁集团莫属。通过支付宝平台上线的个人碳账户"蚂蚁森林"，用户绿色出行、在线缴纳水电煤、网络购票等行为节省的碳排放量，可以被计算为虚拟的"能量"，用来在手机里养大一棵棵虚拟树。虚拟树长成后，蚂蚁集团和公益合作伙伴就会在地球上种下一棵真树。截至 2019 年底，蚂蚁森林用户已超过 3.5 亿，累计减排近 300 万吨，累计种植和养护真树超过 5 500 万棵，守护保护地近 4 万亩。目前，蚂蚁森林已经成为全球最大的个人参与环境治理平台，亿万网友可通过支付宝 App 里面的蚂蚁森林实时查看自己的树，在太空中，遥感卫星也能清楚地看到蚂蚁森林种植前后地块的变化。通过"蚂蚁森林"服务及其蕴含的价值理念，蚂蚁集团与各生态场景跨界融合，一方面大大提升了运营效率，另一方面获得了丰富的用户数据，以至于 7 000 人的蚂蚁集团市值赶上了拥有 40 万员工的国内某商业银行。

以蚂蚁金服为代表的国内外互联网金融企业的优势既在于强大的数字技术实力，也在于传递出来的品牌精神，以及随之提升的服务理念。在这样的竞争形势下，银行业为了保持竞争力，必须走"金融脱媒"路线。这要求银行业既要夯实其数字化能力基础，又要升级服务理念，积极主动推进金融服务与各生态场景的跨界融合，为消费者提供更优的服务体验。为此，2016 年英国率先推出开放银行的概念，很快，开放银行就成为全球银行业转型的一股新浪潮。欧洲银行管理局认为，开放银行是"连接两个世界"的一场运动，使客户在其他服务的场景下享受银行服务成为可能，通过彼此的基础设施将银行和非银行机构的创新功能连接起来。当一个事件被称为"运动"的时候，其背后一定蕴含着深刻的社会意义，代表一种社会思潮。从美国人对开放银行的定义中，我们可以对这场运动有进一步的认识。美国波士顿咨询公司认为，开放银行是为顺应银行平台与第三方平台的一体化趋势，以客户需求为导向，以生态场景为触点，以 API/SDK 等技术为手段，以服务碎片化、数据商业化为特征，通过与第三方数据、算法、业务、流程等的融合，实现业务驱动的应用架构转型，从前台到后台的整体体系升级，从而变成新时代银行。这个定义中的核心要点是"银行平台与第三方平台的一体化"。一体化平台，通常是指将多种服务集成到一个平台上，提供一体化服务；平台一体化却是个新概念，实际上就是将客户平台（客户价值系统）和用户平台（用户价值系统）一体化。而所谓的"连接两个世界"，就是连接用户和客户这两个世界。

回顾发展历程，商业银行的进化可以归纳为以下三个阶段：一是产品导向阶段。此阶段，不少客户的基础金融服务需求尚未被满足，各银行提供标准化的、同质化的基础金融产品和服务。这些产品服务被"推销"给客户，客户被动接受这些同质化的产品服务，此时，客户的选择和控制权极其有限。这一阶段，银行展业的重心在于拓展传统实体网点服务，通过异地扩张、追求规模效应，以触达尽可能多的客户。二是渠道导向阶段。此阶段，产品日益丰富，渠道呈现多样化，客户在产品和渠道层面拥有了一定的选择权。客户作为银行产品销售反馈链条的节点，成为银行营销人员的关注焦点。随着移动互联网、互联网金融的演进，银行纷纷开始自建渠道、场景，通过网上银行、手机银行等触达客户。市场细分和分销是撬动银行经营成功的重要杠杆。在此阶段，银行秉持的依旧是以"自我"为中心的服务理念，试图通过各种方式将客户引入自己的 App 或其他渠道中，服务客户、提升客户体验、增加客户黏性，最终将客户沉淀在自己的渠道或场景中。但这种"引进来"的服务模式最大的问题是，无形中会增加客户在各类账户和服务之间切换和管理的成本。三是客户导向阶段。此阶段，客户可以在产品和渠道上进行即时的、连续的、充分的选择，即客户可以自主控制自身购买金融产品和服务的内容、时间、地点，客户具有最大化的选择和控制权。银行服务理念从"引进来"转向"走出去"，银行与银行之间、银行与其他金融机构之间，与跨界企业之间实现数据共享、场景融合、共同携手联合创新。银行在面向客户服务的场景中开始退居后方，金融服务被微型化、组件化，以便与场景无缝对接融合，从而实现"无界、无限、无感"的全新客户体验。目前，已有部分领先银行迈入客户导向的初级阶段，致力于为客户提供差异化的金融产品服务，满足客户的个性化需求。而开放银行模式对应的是客户导向高级阶段——客户与用户合一的阶段。开放银行时代，用户在选择上可以达到 3A（anytime, anywhere, anything），在体验上可以达到"三无"，即"无界、无限、无感"。

以新加坡星展银行为例。2006 年，星展银行推出"带动亚洲思维"（living，breathing asia）的品牌战略，仅仅过了 12 年，2018 年星展银行便推出了新品牌战略"银行融入生活"（Live more，Bank less）。这个新品牌的承诺勇敢而直接，揭示出在数字经济时代，银行服务的"以人为本"体现在不断追求更简单、更顺畅，轻松易用，目标是与客户融为一体，让银行服务隐形，成为客户生活中自然的组成部分，让客户感觉不到它的存在，从而让客户可以有更多时间花在自己在乎的人和事上。相比于"带动亚洲思维"，"银行融入生活"明显体现了以人为本，升级了服务理念，而转型成为"提供银行服务的科技公司"，则是品牌承诺的兑现方式。

从 2018 年至今，星展银行先后在新加坡推出了数字化汽车市场、房产市场、电力市场、居家养老服务市场等，客户可以在星展银行平台上买卖汽车、租房、选择供电商和养老服务商。以居家养老服务为例，星展银行向居家养老服务机构开放数据，让老年人和他们的子女可以用信用卡积分兑换居家养老服务，通过"积分换服务"，让银行的客户成为银行的用户——居家养老服务机构之于星展银行，就像 App 应用之于智能手机。反观国内银行的做法，父亲节这天，发了这么一条短信："长辈健康是福，尽孝就在当下。XX 银行携手全国 200+城市 14 家三甲医院及专业体检机构，6 月 19 日前登录 XX 银行 App 生活频道，即可预约领取一份常规体检套餐。关爱父母、关心自己。健康才是父亲节最好的祝福。"区别在哪里呢？没有理念又缺少体系的服务，让人感觉就是套路。真正的开放银行，是银行在理念先行的情况下，将自己做成了"智能手机"——在银行平台之外，做了一个为生态场景赋能的操作系统，在理念的影响下，依靠操作系统让客户成为用户，再让用户推着自己成为忠诚客户，用户和客户因此合一。苹果手机的成功就在于理念+系统，在于人文与科技的结合，开放银行也是一样。

与苹果手机的不同之处在于，开放银行中作为触点的生态场景从线上走到了线下，"脱虚向实"。与为线上场景赋能的互联网金融平台相比，开放银行无疑具有更强大的生命力：一方面线上的场景是有限的，线下的场景是无限的；另一方面，为线下的商业生态场景赋能，既要共享数据、算法和交易，又要共享流程和其他业务功能，为整个商业生态系统的客户、员工、第三方开发者、供应商和其他合作伙伴提供服务,而基于业务流程的服务,涉及领域知识和行业诀窍等众多"隐性知识",需要时间来沉淀,是互联网企业的薄弱之处。因此,一旦商业银行觉醒,互联网金融平台很难与商业银行竞争作为触点的线下生态场景。就好比做鞋子的都会穿鞋,穿鞋子的未必都会做鞋。懂金融的都会玩互联网,玩互联网的未必都懂金融。商业银行通过开放银行转危为安,保险、证券和投资银行领域,也有类似的做法,例如,本质上就是一家金融科技公司,它发明的"服务性给付"的双蓝模式,就是通过客户价值系统和用户价值系统,将客户与用户合一。

所以说,数字经济引领时代,金融科技抢占先机。数字经济是多种技术综合创新的结果,也是一种新型技术经济范式,需要更高级的协作与共享,而金融连接各行各业,它可以延展并赋能到其他行业,在赋能的过程中实现以客户体验为核心的流程再造。同时,金融基本上只有数字,天然就非常适合去做数据驱动。金融数据被各行各业深度接受,具有无限的价值,因为由数据驱动的金融产品创新,是大势所趋。

为了进一步理解什么是"金融脱媒"、什么是"脱虚向实"的平台一体化,我们再来看一个生产性金融服务的例子。荷兰合作银行是一家专注于农业领域的合作制银行,1898 年由荷兰农民发起成立,经过 100 多年的发展,已经成为全球农业和食品行业的领袖银行。自成立以来,荷兰合作银行持之以恒地为覆盖整个农业产业链的企业提供资金、知识和专业网络,处在全球农业行业的核心地位,荷兰 40% 的食品和农业产业链从荷兰合作银行取得融资。国土面积很小的荷兰其农产品出口量居全球第二,仅次于美国,荷兰合作银行在其中发挥了很大作用。此外,它还和全球的联盟银行共同为亚非拉超过 200 万农户提供资金。

荷兰合作银行在 100 多年的历史中积累了大量全球农业的客户和信息,并从中获得了大量行业洞见,例如,它在全球 15 个办公室聘用了 80 位研究专家,研究覆盖整个农业价值链。同时,荷兰合作银行以建立圆桌会议形式,强化业内专业权威地位,它参与多个全球可持续性生产圆桌会议,包括GRSB(牛肉)、4-C 协会(咖啡)、RSPO(棕榈油)、RTRS(大豆)和 Bonsucro(糖)等。在专业基础上,荷兰合作银行做了多种针对性的创新,偿还金额与农业季节性挂钩的农业贷款;又如,创设了农村经理制度,在 40 多个农业产业聚集地安排了 100 多名农村经理,向农户提供金融之外的农业知识和解决方案。在广泛聚集地金融资源和行业资讯地基础上,荷兰合作银行借助大数据、人工智能等数字技术,打造"全球农场"在线平台,从社群、在线工具和信息三方面服务和赋能会员农场主。其中,工具部分聚焦土壤地图、市场分析等最贴近农场主生产决策地洞察。目前,"全球农场"已经吸引了全球超过 6 000 家农场入会。

与此同时,荷兰合作银行还积极推动不同机构和组织间的交流,如通过"虚拟农场俱乐部"平台以社交网络方式促进客户之间的交流;定期举办会议,就近期银行发展、流程、产品等进行讨论,寻求参会成员意见;为大型企业提供农业领域的专业权威资讯服务;与各大国际非营利性组织进行合作;帮助中小型农场提升收入,等等。由总行、106 家成员地方银行、世界各地的合作银行、研究机构和非政府组织组成的战略联盟,允许中小型银行撬动联盟伙伴的信息、资金、技术和人才,承接单一银行无法承接的业务,更好地服务现有客户。同时,联盟形式的合作也不会对现有银行业务模式造成重大改变。

总之,荷兰合作银行也是通过客户价值系统和用户价值系统形成了"服务性给付"模式——成为荷兰银行的客户,可以获得荷兰银行百年沉淀的农业知识服务。陆游曾经在《示子遹》中写道:"汝果欲作诗,工夫在诗外。"现在的商业银行要做好银行业务,功夫在银行之外。

国内开放银行实践方面,目前,工商银行 API 开放平台已对外开放 700 多项 API 服务,为 1 000 多家合作方提供服务,涵盖账户管理、资金结算、商户收单、网络融资、投资理财、跨境财资、商户运营和安全认证等 9 大类别。同时,工商银行还打造了三大类 API 行业解决方案,包括高校市场、汽车行业和零售餐饮。

2018 年 7 月 12 日,浦发银行于北京发布了 API Bank(无界开放银行)。API Bank 以数据、能力、模型等 API 为黏合剂,把金融服务与各行各业连接起来,围绕用户端到端的场景化需求,结合银行和跨界生态伙伴各方优势,实现产品和服务的快速创新。在 API Bank 项目建设过程中,浦发银行针对

API 的两大最终用户群——第三方开发机构或人员和最终使用场景消费者，联合业务部门、架构师、工程师、第三方业务机构、专业咨询机构等，共同梳理和设计了 API 和 API 的主要业务场景组合。目前，浦发银行 API Bank 已开放了针对 20 多个具体场景服务的 API 组合，包括：网贷产品、跨境电商、集中代收付、公共缴费、企业在线融资、出国金融等。截至 2018 年底，不到半年的时间，浦发银行共计发布了 230 个 API 服务，与中国银联、京东数科、携程、万科等共计 86 家合作方应用对接，服务逾 800 万用户，日交易量峰值超 100 万笔。以浦发银行网贷产品为例，目前该行已通过 API 形式实现输出灵芝快贷、盈利贷等十多个网贷产品。根据网贷产品类型，又可划分为产品定制化信息推送以及网贷公共服务。网贷服务包含在线额度授信、在线贷款支用、在线还款三大主要场景流程，每一场景流程都包含多个 API 接口的交互节点。仅"在线额度授信"流程，就包含网贷定制化产品信息推送、网贷准入校验、网贷授信申请、网贷申请列表查询、授信/支用列表查询、授信/支用合同生成、授信/支用合同签订 7 个具体 API 接口的交互。

新网银行是全国第三家基于互联网模式运营的数字银行，注册资本 30 亿元，由新希望集团、小米、红旗连锁等股东发起设立，于 2016 年 12 月正式开业。从开业之初，新网银行便坚持"数字普惠、开放连接"的特色化经营定位。为了让金融服务触达普惠客户，作为没有存量客户，没有大量网点铺设，自身也没有互联网场景和流量的新进互联网银行，新网银行选择了"开放连接"之路。一是与互联网平台连接，将金融服务嵌入场景，迅速积累客户量；二是与金融机构连接，新网银行平台充当互联网平台和其他金融机构的连接者，盘活金融机构资金；三是与数据服务商连接，通过接入信用信息基础数据库、客户申请过程数据、经过客户授权的第三方数据等，将数据汇聚在新网银行，对数据进行清洗精炼，整合挖掘形成对客户的完整准确的画像，进而实现对客户的精准销售，精准定价。

比照商业银行进化三阶段，不难发现国内银行正处于客户导向的初级阶段：银行服务理念已经从"引进来"转向"走出去"，银行与银行之间、银行与其他金融机构之间，与跨界企业之间实现了数据共享、场景融合、共同携手联合创新。并且，银行在面向客户服务的场景中开始退居后方，金融服务被微型化、组件化,以便与场景无缝对接融合,为客户提供差异化的金融产品服务,满足客户的个性化需求。

然而,开放银行模式对应的是客户导向的高级阶段——实现客户与用户的合一。以这个标准看,国内的商业银行都还不是开放银行,因为只有客户价值系统,而没有用户价值系统。系统的背后,则是品牌理念和服务理念的缺位。没有理念,就很难活用差异,也就失去了价值创造和增长的源泉。理念离不开人文,换句话说,只有科技和人文双轮驱动,才能成就开放银行。如果认为有了数字科技公司就转型成为开放银行,就好比郭德纲说的"火箭要烧煤才能点火起飞",是个笑话。数字科技驱动的银行是数字化银行,人文和科技双轮驱动的开放银行是银行数字化。数字化银行,是数字技术化的银行;银行数字化,是银行融入数字化的生活。

即使在没有数字技术的年代,共产党人凭借自身的使命感和人文情怀,也已经在 20 世纪 40 年代干成了"开放银行"。根据欧洲银行管理局的定义:开放银行是"连接两个世界"的一场运动,使客户在其他服务的场景下享受银行服务成为可能,通过彼此的基础设施将银行和非银行机构的创新功能连接起来。当年在中共中央尤其是毛主席的直接指导和支持下,中共山东省委和当地精英一起成立的北海银行就符合这个标准。北海银行以田赋收入为保证发行纸币,以解决抗日游击队的供应问题,但无意中把金融运营和国家税收融合在一起,一个作为客户价值系统,一个作为用户价值系统。

为了保证金融业务正常运营,就必须解决税收系统存在的问题。在此之前的税收系统成形于明末张居正的"一条鞭法",完成于清初的"摊丁入亩",是明清中央政府的主要税入。它将人丁、田亩和钱银相连,根据田亩数向田主征银两。这个系统貌似合理,但内容粗陋,漏洞繁多,影响了整个政权系统的运行。田赋系统的最大问题是没有数据更新的子系统,没有延续不断地跟踪并登记人口与土地的变化,这导致田主与交税人分离的情况逐渐出现,造成严重的社会后果:田主千方百计地把自己的赋税义务转移到佃户身上,出现应交税的人不交税,而应免税的人被征税的情况。除此之外,田赋是按田亩数而不是耕田的产量征收。不仅如此,田赋只统计户主,而不包括妇女和其他家庭成员。由于这些制度上的漏洞,田赋征收成为一个官府腐败的滋生地和农村矛盾激烈化的源泉。清廷和民国政府都清楚地了解田赋系统的缺陷,但迟迟未能着手解决。

中共山东省委意识到田赋问题的重要性后,引进了累进税系统,即收粮多的人多交粮,收粮少的人少交粮,所征收的公粮数量是按亩产累计与家庭所有人口的平均值。这个系统虽然有许多缺陷,但与过去简陋的系统相比,是一大进步。既得了民心,又让山东省委准确地了解所辖区域所拥有的人力、物力资源,从而建立起一整套独立于货币的粮食系统。这个粮食系统的建立与田赋整理工作融为一体,继而带动了金融业务的开展。

同时,为维护自己的"北海币",中共山东省委财经局把滨海区盛产的海盐运到内地销售,以吸收国民政府发行的法币,再以北海币及北海银行的信贷控制了辖区内棉花、花生油和盐生产与销售过程。这三样产品不仅是中国人民日常生活所必需的,也是日本工业生产中的关键性原料。此时日本政府正倾全国之力于太平洋战场,无暇顾及山东,日本商社与山东抗日根据地的工商部门接洽,商讨这些产品的交易问题。由于日本是处于被动的一方,掌握主动权的中共不仅能够获得包括武器在内的禁运品,而且可以调节北海币与法币、伪币之间的汇率,缩小农产品与工业品之间的"剪刀差",把与根据地以外地区的贸易变成自己主要的财政收入来源,同时解决根据地的就业问题,让根据地内的普通民众生活水平高于国民政府控制区。中共山东抗日根据地故而出现经济繁荣、愈战愈强的局面,其储备了充足的物资,为日本投降后进军东北并迎接新四军北上进入山东做好了充分准备。

而这一切的基础,就是共产党人以老百姓为根本,先为人民服务解决人民关切的田赋问题,再发展金融业务:农民在理念的感召下参与了田赋改革,再将农产品供给山东省委领导的信贷公司,从北海银行获得北海币,山东省委再维护好"北海币",始于农民、终于农民的闭环系统完美构成。之所以能够实现这样的创举,在于共产党人关注到了被历代统治者视而不见的差异,并用共产党人的理念和身体力行,激活矛盾运动。李大钊在《平民主义》中曾经写道:"那有着诗一样心趣的平民主义者,想朝着太阳飞……抟扶摇直上腾九天。"这个理想激励了无数的年轻人。其中一批人于20世纪40年代来到山东抗日根据地,他们由内向外推着自己向前,并带动农民也从内向外推着自己向前。陈毅说过,"淮海战役的胜利是人民用小推车推出来的"。也就是说,这一推,推出了淮海战役的胜利和全中国的解放。

再往前追溯,南宋时期朱熹推出的社仓法,也出现了开放银行的实践。乾道四年(1168),为了革除旧仓储赈济制度与青苗法之弊,更有利于防灾救荒,朱熹以历代仓制与青苗法的经验作为借鉴,在福建路崇安县境建起了第一所社仓。当时,建宁府一带大饥,他一面请县府救济,同时劝豪民发藏粟以赈之。至秋,灾民喜获丰收,于是如数归还官府赈米 600 石。随之,朱熹即以此设仓于社,藏粮于乡,以备饥歉。此后,社仓法不断改进,日益完备。文天祥指出:"社仓之法,阜陵下之四方,而周人委积之意,复续于二千岁之后文公请也。"黄宗羲也说:"乾道四年,建州饥,先生请于府,贷粟散给,民多免死。社仓之法始此。"朱熹更明确指出:"乾道四年,建人大饥,熹请于官,始作社仓于崇安县之开耀乡。"经过 14 年的实践,朱熹详奏条规,请诏天下。随后,各建社仓之州县,皆仿朱子法设仓于社,并经孝宗特谕成为一种定制,形成了一整套系统的设置和管理方法。

朱熹相当重视社仓地点的选择,选址必须遵循两个基本原则:一是必须建立在"社",以便社民就近贷还;二是因地制宜,不侵占耕地。从他所有关于社仓的文章来看,他主张民众贷还仓米应是"无远劳之患"。另外,鉴于当时农民少地的情况,他主张建仓不应侵占耕地、加重农民负担。他认为:"所谓社仓者,聚可食之物,于乡井荒闲之处而主之。"因此,他主张建仓要因地制宜、因陋就简,方便实用,以减少百姓、官府支钱做仓的负担,用祠堂、寺庵、书院等闲散公房为仓。

当时仓粮的来源,主要有官府贷米、富豪义捐、百姓筹集或靠专有仓田收租备粮等多种形式。朱熹办的第一个社仓就是以县府借贷的六百解官米为本而创设的。特别是淳熙八年(1881)孝宗下诏令诸州县建立社仓后,许多富户、贡士大量献米,兴办社仓。同时,也有一些地方是依靠乡民自己筹集。

对于社仓的管理,朱熹确立了一套较为完善的管理办法。对社仓粮米收支手续及其秩序、安全防守,甚至对仓房及其用具的修理、使用等都有较明确的规定。据《社仓事目》载,他在吸取青苗法"其职之也,以官吏而不以乡人士君子"的教训的同时,规定每一社仓必须选一名品行端正而家中稍殷实的人为社首,收支时"务要均平,不得循私容情,别生奸弊"。开仓须由仓子负责,有社首和社副的监督,其他人不得开仓或入仓。关于贷还办法,朱熹克服了青苗法"其行之也,以聚敛亚疾之意,而不以惨怛忠利之心"的弊病,对支贷、赈济的对象、数量、时间及其偿还办法等都做了详细而合理的规定。贷还皆以实物计。支贷数量由自己呈报的人口而定,大人一石,小孩减半。荒年酌情增加。官吏一律不得勉强多借或少贷。赈济支贷的对象既明确又具体,强调的是接济贫穷农民。至于支贷时间,规定每年借贷一次,"逐年五月下旬,新陈未接之际,预于四月上旬申府乞依例给贷"。若支发不时,须予以批评或惩处。归还时出息二分,若遇小饥,准减一半,大饥则可全免。如"收到息米十倍本米之数,即送元米还官,却将息米敛散,每石只收耗米三升"。若是本米由富豪义捐,社民义聚,就不收息米。可见此法条制清楚,责任分明,且借贷者负担轻而实惠。

朱熹社仓法与王安石青苗法相比,青苗法动机虽好,实施却有问题。第一,青苗法的贷款是金钱而不是实物,而当青黄不接时与丰收时物价差别很大;第二,青苗法是自上而下的国家强制行为,它的实施者是国家官吏,而不是民众推举出的有公信度的人;第三,王安石整个新法的目的是国家聚天下之财,青苗法也为此而服务。

社仓法也取20%的利率,这和青苗法相同,但社仓法"小饥则驰半息",大饥干脆不收息,这和青苗法不顾农民的实际情况强行收取利息不同。而且,社仓法规定借贷和还贷都以实物,因此不受"钱重物轻"的影响让农民负担额外的利息。更重要的一点在于,社仓法虽然是自上而下的设计,实施的过程却是自下而上——由社民自行管理。社民选举出品行端正的人为社首和社副,作为责任人接受每一个社民的监督,政府和官吏不得插手社仓事宜,免除了"吏缘为奸"之弊。社仓粮源初期由乡绅担保向义仓借来,等于是把义仓里的"死米"变成了"活米",之后再由丰年社民还贷的米积累。

朱熹社仓法和王安石青苗法最根本的区别在于他们彼此相信的"理"不一样:一个是以国为本,一个是以民为本。从他们的诗作中也能看出两人的区别。朱熹最为人熟知的诗句"问渠那得清如许,为有源头活水来",从社仓

法的设计来看,朱熹是把老百姓当作源头活水,更准确地说,是把老百姓主
观期望和客观条件之间的差异当作源头活水,这和北海银行的做法如出一
辙;而王安石曾有诗云"民为财富才发奋,国有朝气方生机",青苗法的设计
思路,也确实如此。不同的"理"产生了不同的制度设计。王安石的青苗法,
像是工业化时代的银行,只有借贷业务;朱熹的社仓法,则像数字化时代的
开放银行:它通过提升服务理念将客户和用户合一了,富人们为社仓捐米,
一方面可以收息,另一方面又参与了赈灾。一个是客户价值系统,一个是用
户价值系统,物质和精神价值双丰收。

与后世被丑化、被脸谱化的腐儒形象不同,朱熹是个精明强悍的行政人
员,也是一个管理经济的高手,朱熹当时就以善于理财而闻名于世。他最早
为宋孝宗所知,不是因为他的道德文章,而是他干练的吏才。杨万里举荐朱
熹,有一句评语"临事过于果锐",是说朱熹做事过于雷厉风行。就连毛主席
也曾经用朱熹的吏才教育过领导干部。

1959 年 6 月 30 日,正在庐山的毛泽东对地方接待人员讲了个"朱熹下
轿伊始问志书"的典故。说的是朱熹初到南康郡(今江西省星子县)走马上
任,一下轿,就开口问迎接他的当地官员是否带来《南康郡志》,迫切地想通
过"方志"在最短时间内了解治下的人文风土。讲了这个典故,毛泽东要求
看《庐山志》。当地的干部很快从庐山图书馆借来了民国时期吴宗慈修的
《庐山志》。毛泽东看了目录后又要求把吴宗慈编的《庐山志续志稿》也借
来。随后还对工作人员说:"庐山的山名由来,众说不一。我们对历史的态
度要严肃,不能含糊!"时隔两年后的 1961 年夏天,毛泽东在庐山美庐别墅
中留影,影像中他捧在手上凝神细读的,依然是吴宗慈的《庐山志》。

至于朱熹的经济才能,应该是遗传了他外祖父的基因。南宋时期拥有
巨资的徽商开始出现,朱熹的外祖父祝确就是其中一位。从他的祖父开始,
祝家经营商店和客栈,人称"半州"。"世以货力顺善闻于州乡,其邸肆生业
几有郡城之半,因号'半州祝家'。"方腊之乱时,祝氏家业被焚荡,祝确因而
家道中落。"所不朽者,垂名万世;敦谓公死,凛凛犹生。"是辛弃疾对他的
评价。

当然,朱熹最重要的身份还是"理学家",他最为著名的论断是"理在事

先,理在事中"和"理一分殊"。"理在事先"的理,是理念。黑格尔认为,理念完全是自己与自己同一的思维,理念同时又是借自己与自己的对立以实现自己。黑格尔还认为,在中国儒家精神中,若个体与唯一的本体相对立,则个体本身就没有任何价值,而只有当个体与本体合二为一时,它才具有意义。在这一条件下,作为本体的抽象实体占据统治地位,个体的意识只具有否定的消极作用,只有处于无意识状态才能获得其价值。因此中国传统的儒家精神中个别的主观意识与客观实体之间并没有真正意义上的区别,更没有这两者的完全分裂对立,但世界历史就是在主观性与客观性的斗争中获得发展的。故而黑格尔认为中国客观的存在和主观运动之间缺少一种对峙,无从发生任何变化。在这一判断上黑格尔认为中国只有朝代的轮回,而无真正的历史。然而,唯物辩证法告诉我们,人在实践中会因为理念形成自我概念的差异,"人的概念的每一差异,都应把它看作是客观矛盾的反映。客观矛盾反映人主观的思想,组成了概念的矛盾运动,推动了思想的发展"。这便是"理在事先"的理,存在的必要性和意义。"理一分殊"的理,也是理念。社仓法、北海银行、星展银行与荷兰合作银行,都蕴含了以人为本的理念,因为服务对象的不同,各自的价值理念却不尽相同。社仓法照顾到的是"不与民争利、藏富于民"的诉求;北海银行是"农民当家做主";星展银行的"银行融入生活"和荷兰合作银行的"全球农场",顺应了数字化时代。关于"理一分殊",朱熹给了一个"月印万川"的比喻:"如月在天,只一而已,及散在江湖,则随处可见,不可谓月已分也。"意思是说只有一个月亮悬于高天之上,但月亮的光辉却洒到所有的江河湖海。而马克思和恩格斯所构想的"每个人自由发展是一切人自由发展的联合体",可以理解为"分殊是理一的条件的联合体",一切人自由发展是目标,每个人自由发展是条件;理一是目标,分殊是条件。

同一个月亮的光辉也洒在了乔布斯的身上。他因为担心被 IBM 技术垄断后每个人不能自由发展,发誓要将人性注入科技。两次人机交互的革命都始于他,不是巧合。

再以谷歌安卓为例,它起源于开源软件运动。开源软件运动是在这样一种社会思潮的影响下横空出世:如果软件费用高昂,一切人在网络空间中自由发展就会成为空谈。对于当时那些擅长软件开发的人,他们每个人已经足够自由,必然要追求一切人自由发展,否则他们会觉得人生没有目标、没有方向、没有意义,会陷入虚空,不会快乐;但是软件完全免费,创造不了商业价值,又不利于每个人自由发展。最终由开源软件运动孕育的 Linux 成就了谷歌安卓,而谷歌坚守使命,将技术和自身擅长的广告业务相结合,创新了商业模式:广告平台向广告商收取服务费,形成客户价值系统创造商业价值以保障每个人自由发展;安卓系统是一个具有公共精神的服务平台,为各生态场景赋能,形成用户价值系统,它不直接创造商业价值,但保障一切人自由发展。

开放银行从苹果和谷歌那里吸收来的,正是"每个人自由发展是一切人自由发展的条件"的理念,并通过"客户与用户合一"的方法加以实现。

对于当下的中国金融业而言,开放银行最大的价值在于其提升的服务理念可以克服金融短期化和投机化对实体经济造成的危害。当年,日本的主办银行对企业的贷款动辄 5 年、10 年甚至 30 年,企业依据这样的资本期限所安排的实业发展规划,在金融市场化、自由化过程中泡汤了。因为金融投机盛行、金融短期化趋势使得主办银行的资金周转出现了严重的问题,尤其在亚洲金融危机期间,发生了严重的流动性危机。企业已经把长期贷款使用出去了,不可能归还银行;银行的存贷款期限错配越来越严重,结果是资金链断裂。加上企业间交叉持股,所以危机蔓延和传导得十分剧烈。最终拖垮了日本经济,一蹶不振。所以,经济学家吴敬琏认为,摧毁日本经济的关键问题是金融,是金融市场化、自由化过程中,至高无上的金融资本脱离了为实体经济服务的重心的必然结果。现在,日本开始实行"安倍经济学"。"安倍经济学"的核心是治理通缩,压低日本实体经济的融资成本,向市场输送长期流动性,让金融市场更加有利于资本的形成,并借以培育日本新的实体经济快速发育。这当然不是一年两年的事情,日本卧薪尝胆,正在准备弯道超车。

就当前的国内情况而言,既要重视金融资本脱离了为实体经济服务的事实,更要重视实体企业自身脱离了为实体经济服务的事实。很多企业做大做强之后,就会成立集团公司,然后在集团公司内部成立一个独立的财务公司。财务公司专门给集团内部的公司服务,吸收它们的存款,给成员公司发放贷款,帮他们进行结算。财务公司本质上是一家金融机构,它的成立是要银监会审批的。但它不是银行,它只能吸收集团成员的存款,不能像银行一样吸收个人存款,所以它是非银行金融机构。我们做一个假设,有一个大制造业公司叫××集团,每年营收几千亿,利润几百亿,品牌全国知名,所以很厉害。××集团每年的采购量很大,每年过千亿。很多中小企业都打破头皮要和它做生意,争相供货。××集团就对供应商们说:既然你们都想和我做生意,原来给我1个月账期,现在就供货2个月后,我再给你们支付货款吧。供应商们不得不答应,不然生意就没得做了,你不做,大把人在后面排队等着做呢。过了一段时间,××集团又不满意了,对供应商们说:这样吧,2个月之后,我也不给你汇款了。我给你一张6个月的银行承兑汇票,6个月到期之后,你去银行拿钱就行了。供应商们这下就难受了,原来我2个月就能拿到货款,现在一下变成了8个月。但是没办法,生意还是得做啊。供应商一下子资金紧张了,为了尽快拿到钱,他们可以拿着这张6个月的银行承兑汇票,去银行贴息,换成现金。比如,你拿到一张100万的6个月银行承兑汇票,你为了尽快拿到现金,按照3%贴息,银行可以马上给你97万元。供应商本来已经微利,结果又被扣了3%。又过了一段时间,××集团又对供应商说:这样吧,2个月之后,我也不给你6个月的银行承兑汇票了。我下面有一家××财务公司,我给你一张他们开出来的6个月商业承兑汇票。6个月之后,你去××财务公司领钱就行了。供应商们有些傻眼了,××财务公司开的商业承兑汇票,银行是不认的,你没法拿去银行贴现了。现在着急用钱怎么办?××财务公司对供应商说:你可以来找我贴现啊,很优惠的,6%贴息率。供应商没办法,去外面民间短期借贷,每个月起码1.5%,半年就得9%,算一算,还是去××财务公司贴现划算。供应商手上100万元的商业承兑汇票,瞬间就变成了94万,供应商的日子就更难过了。供应商就向××集团抱怨:我们日子苦啊,利润又不高,账期又长,我们缺钱周转啊。××集团就对供应商说:没钱是吧,从供货到我给你汇票,这两个月累积了不少应收款吧。这样,我给你介绍一个新朋友,我们成立的××金融公司,你把这些应收款抵押给××金融公司,它给你放款,月息1%。时间到了之后,我把应收款打给金融公司就行了。供应商说：好啊好啊，实在是太好了，这个金融工具真香，盘活了我的应收款，实在太感谢了。××金融公司说：不用客气，帮助中小企业解决融资难的问题，是我们金融公司义不容辞的责任嘛。供应商拿到从××金融公司贷款出来的钱后，仔细一想：不对啊，这本来就是我应该准时拿到的货款，被××集团压榨截留之后，再通过财务和金融公司给我，还收了我的利息。我这不是赔了夫人又折兵吗？没错，现实就是如此荒唐。原本做生意，就是一手交钱一手交货，但大企业的话语权实在太大了，中小企业在账期方面一让再让，导致中小企业资金周转困难。大企业却又成立了财务公司、金融公司，给供应商提供汇票贴现服务，并发明应收款抵押贷款等金融工具，取了一个高大上的名字叫"供应链金融"，美其名曰：帮助中小企业解决融资难的问题。可中小企业资金困难的根源是什么？根源就是大企业给逼的啊！

大企业不光欺负供应商，正所谓"店大欺客"，大企业还欺负客户。从理论上来说，代理商、经销商是大企业的客户，大企业把产品卖给他们，他们再卖给顾客。正常企业，是会给经销商账期的，比如企业把货卖给经销商，经销商给30%的预付款，剩下的70%发货后1个月付完。大企业的品牌知名度很高，很多经销商抢着要代理。××集团就对经销商们说：从今天开始，先打全款，再发货，你们干不干？经销商们说：大哥，不行啊，我们没有这么多流动资金付全款啊。××集团对经销商说：我给你介绍我们旗下的金融公司，你给它交点保证金，他们就会把全部货款打给我。相当于我的金融公司给你提供贷款，月息1%，你卖多少货就从他们仓库提多少货，收到钱了再还给金融公司就行了。这又发生了前面的荒唐事，本来企业应该给经销商一定的账期支持，结果大企业话语权太大了，直接把账期给取消了。然后又成立金融公司，给经销商提供预付款融资，又赚了中小企业的利息。这就是大企业的生意内幕：在整个产业链的上游和下游，拥有绝对的话语权。他们对上游企业延长应付账款，对下游企业加大预付款和库存量，尽可能把所有现金都留在公司内部。实际上，如果大企业能尽快给供应商支付货款，减少经销商的预付款，就能最大限度地减轻中小企业的资金压力。但是对于这些大企业来说，我凭本事欠的钱，为什么要这么早给你们？我凭实力能尽快收回的钱，为什么要给你们账期？我把这些钱存给我的财务公司，然后再给你们放贷"吸血",难道不好吗？成立财务公司,用你们的钱,再生钱,躺着赚钱,得了利;给中小企业贷款,解决中小企业融资难的困局,还得了名。这名利双收,一鱼两吃的事,岂不美哉？最惨的就是处于中下游的中小企业,敢怒不敢言。有人会说,中小企业可以不做他们的生意啊。这话说得容易,丢了这种大客户,还能上哪儿去找？这种过千亿的客户,中国有几家啊？这些大企业的财务公司成立之后,名义上是给中小企业融资,实际上成了中国经济的"吸血鬼"。中小企业的利润本来就很低,被大企业扒掉一层皮之后,还要被它们的财务公司吸一道血,生存环境就更加恶劣了。

连接社会服务与制造业

数字经济时代,金融科技之所以能够抢占先机,是因为金融行业具有连接各行各业的能力以及本身就有数字经营的特点。对于那些既没有能力连接各行各业,又没有条件开展数字经营的行业——尤其是制造业——应该如何迎接挑战、转危为机呢？他山之石,可以攻玉,我们先了解一下日本、美国和德国的做法。

日本提出的5.0社会是一种网络空间与物理空间高度融合的"超智慧"社会形态,简单而言就是精准服务——将必要的物品向必要的人,在必要的时间进行必要的提供。它与德国提出的工业4.0最大的不同就是着眼于社会而不仅仅是工业。实现超智慧社会,就是将各种"物"通过网络连接,在将它们高度系统化的同时,推进众多不同的系统联合协调,在联合协调的系统之间促进跨领域利用,不断催生新价值和新服务,也就是我们常说的物联网。在物联网中,被改造的每个物联设备都成为收集并产生数据的节点,而这一数据将是百亿甚至万亿的级别。这也意味着我们进入了一个全新的时代,不是通过人来创造数据,而是通过无处不在的物联设备来创造数据。如此一来,企业将通过物联网收集到比以往任何时候都更多的数据,而企业的管理者也要重新学习和适应新形式下的数据情报功能和分析系统,以提升人们的生活质量,为人们的生活服务。举个停车的例子,政府通过联网的压力传感器获取数据,然后推算出各个停车场的车辆情况,最终把结果提供给想要停车的人。避免出现进了停车场以后发现停满了车的情况,从而为人们的生活提供便利。由这种理念构成的社会,就是所谓的"超智慧"社会。

在这方面,日立集团已经取得了不俗的成绩。日立开展的业务涉及电力、能源、产业、流通、水、城市建设、公共、医疗健康等领域,通过与客户的协创提供优质解决方案。为了强化既有产品组合并协助新的解决方案与服务的开发,日立建立了物联网核心平台 Lumada。Lumada 采用开放式、自适型的软件架构,可加速物联网解决方案的开发,并为客户与合作伙伴提供客制化与协同开发所需的灵活支持。Lumada 的出现是为了实现整体价值链的最优化:为社会基础设施建设、工厂、物流、店铺等各行业的运营改善提供技术支援,兼容各种平台,形成全球性的协作。以养老服务为例,针对老龄化挑战,健康养老服务机构可以用 Lumada 平台轻松搭建数据驱动的运营系统,以确保必要的物品,向必要的老人,在必要的时间进行必要的提供。而用了日立系统的服务机构,自然会从日立采购健康服务设备。日立公司也会根据数据分析不断提升服务。这里的 Lumada,实际上就是和开放银行系统一样的为生态场景赋能的操作系统。

对于日本社会来说,老龄化、低生育率和长寿是面临的重要挑战,日本人希望的未来社会是解放人力的社会,5.0 社会就是在日本这样的现状与认识之下提出的。有些问题放在中国绝不可能发生,解决手段也行不通。但是其中以人为本、重视个人定制、精准服务的理念,是值得我们重视的。尤其是运用信息技术和数字技术从解决社会问题出发创造新场景、新服务,将服务产业与制造业融合,为企业带来新的发展空间,这个思路和做法更加值得我们学习。因为中国当前的社会问题无疑比日本社会还要多,其中任何一个社会问题也许就是某个制造行业的机会。

至于由美国 GE 公司提出的工业互联网,它和德国工业 4.0 有异曲同工之妙,目标都是让虚拟现实交互系统(CPS)的设计成为智能制造和智能工厂的核心。这意味着生产制造系统的复杂性和不确定性达到了前所未有的程度。CPS 追求的是生产制造系统的数字化与虚拟化,以及数字虚拟工厂与实际工厂之间的紧密对接和高度一致,其本质是以万物互联为基础、对数字计算和物理过程两方面的协调管理。CPS内部的广泛联结和虚实协同使系统复杂性大幅度上升,这使系统架构——系统层次的设计方案的形成需要大量的认证、实验和测试。在这一过程中,系统架构变得越来越重要。不同CPS及相应的产业生态系统对市场主导地位的争夺也将成为智能制造时代产业竞争的核心:如果在系统层次(系统框架、发展方向)上受制于人,对任何局部技术和解决方案(如机器人、传感器等)的攻关都将事倍功半。然而,掌握并升级这种系统架构,恰恰是以局部性能指标和核心技术"点"为努力方向的"跟随模式"所无能为力的。

再者,熟练劳动力日益短缺,以及由此带来的劳动力成本持续上升,是西方国家推动智能制造、工业4.0和工业互联网的一个重要内因,但在中国,这个内因却成了不折不扣的伪命题,因为巨大的工农差距从根本上构成了"机器换人"的硬性约束。以"跟随模式"发展工业智能化,进而效仿西方"机器换人",放弃智能制造技术路线主导权的后果,是将后续的知识密集型服务(维护、咨询、升级)拱手让于西方跨国公司。在这种情况下,"机器换人"只能导致中国经济内部就业岗位的净减少,而在目前的就业形势下,这种就业净减少所引发的连锁反应显然不只是单纯的经济问题。

即使是德国和美国,他们在参与CPS系统竞争、谋求核心技术时也结合各自国情,选择了完全不同的发展路径。在贡献了"工业4.0"的概念之后,德国人承认他们其实"还有很长的一段路要走":无论是魏德米勒的智慧工厂还是博世力士乐的思考型工厂,都是一种将来时的概念。在概念成真的路上,德国将充分发挥自身在传统"现实"部分——机械和机电一体化产业尤其是自动化和精密制造领域——的全产业链优势,在"现实"部分横向集成的同时推进"虚拟"部分的纵向集成(智能生产)和虚拟—现实交互的深化(智能工厂)。其中以西门子、通快、奔驰为代表的工业巨头深入参与国家战略、迅速调整组织结构,积极尝试勇于探索,以期将自己的优势带进智能制造时代。美国人贡献了CPS概念,也深知自己在"现实"部分的劣势,因而将"再工业化"作为近期的重点任务。因此,美国人一方面巩固自己在"虚拟"方面的长期优势,立足于研发实力和软件、通信等行业的积累,扣住了"工业互联网"这个"虚拟"部分的终极主题;另一方面则在"现实"部分尤其是新硬件领域持续发力，努力填平研发与制造之间的断层。为了达到这一目标，美国详细确认了先进制造业所涉及的一系列产业与技术领域，摸清了自己在制造业尤其是高端制造业领域的家底，并发起了国家制造创新网络，以此动员和组织政产学各方面。

因此，在制造业数字化突围的道路上，中国一定要告别过去习以为常的"跟跑模式"，开始用战略性思维进行中国版智能制造的顶层设计。充裕的劳动力资源、层次丰富的国民工业体系、强大的动员能力、巨大的国内市场潜力以及众多的差异性，这些在全球范围内都是独一无二的国家优势，再加上一大批自主创新技术成果和优秀的传统文化，使中国完全有资格对未来制造业给出一个自己的定义。战略性思维的要害在于打破对竞争对手优势的迷信，转而从赢得未来竞争的高度出发，最大限度地挖掘内在优势，并以此为基础发展和建设自己的独特性，从而在竞争中"你打你的、我打我的"，甚至"以己之长、攻彼之短"。正是因为采取这种战略性思维，日本企业才没有被二战后美国企业巨大的技术优势吓倒，而是从自身国情出发，积极另辟蹊径，最终在消费电子和汽车等领域成功取代了美国。

在中长跑比赛中实力相对较弱但又想冲击金牌的选手，通常会采用"跟跑模式"。过去中国参加的是一场中长跑，因此"跟跑模式"奏效。邓小平同志的女儿问他长征时是怎么坚持下来的，他回答："跟着走！"当年被邓小平同志树立起来的典型"傻子瓜子"，起到的作用正是带着大家"跟着走"。在那个思想还没有开放的年代，当邓小平同志喊出"让一部人先富起来"，相信的人并不多。有一天报纸上出现了"傻子瓜子"创富的新闻，"傻子"都能富，我为什么不能富？于是大家就开始跟着走了。

搞深圳特区，思路还是"跟着走"。一方面，各地政府"跟着特区走"；另一方面，大家跟着往南边走。例如，村里有一个胆大的率先去了深圳。年底回老家过年，同村的人见他赚到钱了，过完年，一群人便跟着他南下。这群人中有一个比较机灵的，干着干着，他琢磨着自己也可以当老板，于是在附近办了一个厂。厂子做起来了，其他人觉得你能办厂，我也能啊，于是接着跟。我们能够有今天，离不开这些有勇气"跟着走"的人，正如当年长征的勇士们，没有他们，就没有我们今天的幸福生活。更离不开邓小平同志的英明决策,他在当时抓住了难得的历史机遇,带领我们走向了一个正确的赛道。

然而,当今的中国参加的不再是中长跑比赛,而是足球联赛。足球场上,你没法再跟着走;即使是平常的训练,也没法跟着走。任何一支优秀的足球队,都会有自己的风格;没有风格的足球队,就会被淘汰。而风格一定是在"你打你的、我打我的"过程中练就而成的。当然,"跟着走"也是一种风格,但那是中长跑赛场上的风格,不适用于足球这个赛场。

既然说到了足球,我们就先以中国足球为例说明战略性思维的重要性。事实上,我们每个人都没有资格嘲笑中国足球,因为摸摸良心问问自己,作为个体的我们,有自己的风格吗?当我们还习惯于"跟着走"的时候,中国足球起码已经在尝试改变。虽然是屡败屡战,但是失败就是财富,因为任何创新,都是正反合的过程。这里的正,自然是中国人自己的文化,这里的反,则是失败的教训。世界上所有足球强国队所体现出来的风格,就是这个国家文化的风格。德国、法国、意大利、英格兰、西班牙、巴西、阿根廷,以及已经进入世界足球强国行列的日本和韩国,都是如此。对于中国足球来说,当务之急是要将反面的教训和中国文化的"正"合起来。

足球发源于中国,中国古代发明的任何一项文化活动,目的都在于"教化"。因为"以人为本"的观念、"天人合一"的思想、"整体关联、动态平衡"的思维,百姓日用而不知,需要"以文化之"。最显著的例子是围棋,它两个眼做活的游戏规则,训练的其实是"连接"的基本功;它提倡的"本手",是"本分之手",训练的是局部与整体的平衡感。今天人工智能虽然可以轻松击败世界一流棋手,但它是"知其然,不知其所以然",更何况,人类下围棋,本来就不是为了争个输赢。中国古人发明的足球,作用也是一样。先秦时期,人们自称为"朕"。朕的象形字左面是"舟",右面是"火",其寓意不难理解,就是说每个人都是舟,有责任把以火为象征的温暖与光明传递给他人。这是人文始祖们的良苦用心。因为同样的用心,古人发明了足球,让人们在游戏的过程中享受着作为"朕"的快乐。

即使是现代足球,也是品质培养的重要手段。西班牙有一家业余足球俱乐部,他们通过 40 年的数据积累证明了一件事:在足球场上善于传球的人,其职业生涯发展优于那些在球场上不善于传球的人。以"青训"闻名的德国门兴格拉德巴赫俱乐部,他们在青训中提出 11 种可以通过足球提升的品质,并以"小马驹"的形象呈现出来,孩子们一边练着球,一边培养品质。而一名优秀的球员,比如梅西、C罗、小罗、大罗等,他们持球的时候是无比自由的;传球的时候,经常是简单的一脚传球就能够化繁为简,带动整个球队;当他们无球的时候,看似闲庭信步,实际在分析场上的差异,再找准合适的位置融入球队。

我们都知道,日本足球的崛起在于"青训",我们经常会说"日本球员的身体素质不好,他们靠的是整体(意识)",却不知道他们青训的指导思想是我们老祖宗传下来的"整体关联、动态平衡"。是时候文化自信了,连中国足球的复兴文化都可以助一臂之力,何况产业呢?

中国足球的崛起靠"守正创新",参加"德美日中联赛"的中国制造业,也必须"守正创新"。2018 年 4 月 20 日,习近平总书记在全国网络安全和信息化工作会议上指出:"要发展数字经济,加快推动数字产业化,依靠信息技术创新驱动,不断催生新产业新业态新模式,用新动能推动新发展。要推动产业数字化,利用互联网新技术新应用对传统产业进行全方位、全角度、全链条的改造,提高全要素生产率,释放数字对经济发展的放大、叠加、倍增作用。"简言之,数字产业化、产业数字化,就是发展中国智能制造的战略性思维,其中有"道"。

数字产业化可以对应于日本提出来的 5.0 社会,目标是借助社会服务为智能制造业建立一个有组织的市场,为培育 CPS 创造有利的发展环境;产业数字化对应于德国提出的工业 4.0 和美国提出的工业互联网,目标是立足于国内市场逐步形成中国版的 CPS。日本的 5.0 社会相当于为制造型企业建立生态场景触点,问题在于日本的社会环境过于有序,能找到的"差异"实在有限。也就是说,在数字化的包容性增长时代,他们将再次面临"资源"匮乏的窘境。工业互联网按照美国人擅长的操作系统赋能的方式在做,但是美国是"虚拟"强,"现实"弱,难以形成闭环;德国的工业 4.0 则刚好相反,"现实"强,"虚拟"弱。中国则是全要素具备,虽然"现实"部分弱于德国,但是"形而上决定形而下",只要数字产业化能够做好"形而上","形而下"的部分就会迎刃而解。

　　昆山有一家制衣企业叫腾飞科技,它花了八年多的时间构建了一个面向未来的科技、智能、健康相融合的技术生态。目前腾飞正在依靠自主创新从 OEM 和 ODM 转型成为自主品牌企业。一定程度上而言,腾飞已经通过新技术的应用,全方位、全角度、全链条地改造了生产流程,例如 3D 打印等数字技术在腾飞已经运用得非常成熟。问题在于数字产业化。投放广告砸品牌的年代已经过去,他们的方法是连接社会服务并提出"让关爱无处不在"的理念。借助于可穿戴技术,腾飞研发的智能胸罩和智能服装,具有健康监测和数据采集的功能。它们还开发了系统和医院的院内系统对接,为医院提供心血管病人的数据,既有助于医院的服务从院内延伸到院外,也为心血管病人上了一道"保险"。上了年龄的妈妈穿上腾飞科技的衣服,子女无论身在何处都可以随时掌握妈妈的健康状态并及时找到关爱的方案,比如通过平台联系一位医生远程给妈妈做个问诊,就是"让关爱无处不在"。这样一来,品牌不仅有了温度,也有了传播的广度和深度。这就是数字产业化——依靠信息技术创新驱动催生出来的新业态和用新动能推动的新发展。

　　然而,要真正实现"让关爱无处不在",单靠腾飞一家企业的努力是不够的,它毕竟没有日立公司积累那么多年的厚实家底。最理想的做法是像开放银行那样,有一家核心企业把自己做成带有操作系统的"智能手机",腾飞只要专注于做好应用即可。否则,难以想象一家制造型企业开发的系统能够连接全国所有医院的系统,因为还有可靠性、成熟性和可扩展性等方面的问题,实时管理几万人与实时管理数百万人所面临的挑战,存在指数级的差异。

　　和健康有关的社会服务领域,最有机会将自己做成"智能手机"的是保险公司,但国内目前是找不到双蓝那样的保险公司的,不过,可以利用保险公司逐利的心态闯出一条路。保险公司不是想卖 95 块钱一年一人的意外险和健康险吗?我来帮你卖!联手红十字会帮你把这个保险卖给买不起你这个保险的人——快递小哥。谁来买?谁来卖呢?保险公司自己的业务员就可以把这个"创新"的险种卖给保险公司自己的老客户。例如平安,这家已经贵为全球 30 强的公司,它的产品多得不计其数,有钱的客户多得不计其数,业务员也多得不计其数,让平安的那些有钱的客户在买平安产品的同时顺带手做点公益,没有谁会反对。关键是要落到实处,不能把这个事情变成业务员做业务的敲门砖,不能让有心助人的人一片好心落了空,这就需要数字化做保障了。假设在保险公司、业务员、投保人、被保险人、受益人和红会之间有一套双蓝系统,投保人为快递小哥捐了一份健康险之后,就会有人为快递小哥服务,用健康风险指数和疾病严重指数把快递小哥的健康数据画像做出来,再和医院系统打通,小哥需要就医的时候,及时提供寻医路径,而捐助的人也能第一时间获得小哥就医信息。这样一来,是不是就可以将好事做好了呢?平台的盈利模式采用"合同健康管理",即设定一个赔付目标额度,再从节省的赔付中支付一部分给平台。以人为本,回归人性,用人之心,借术之明,创利于民。如果只是借人之名,玩术之明,那就不利于民了。

假设以上方案顺利落地,试想一下接下来会发生什么?捐助人发现快递小哥居然享受到了他不曾有过的服务,是不是也想要有一个自己家人的健康数据画像呢?中国版的双蓝便推广开了。这个时候,像腾飞这样的制造型企业就不用再自研系统了,做好擅长的便好。这是区别于日本5.0社会的、走群众路线的连接社会服务与制造业。

再以汽车制造业的数字化转型为例。2019年6月,上汽大众推出一个叫"深藏BLUE"的营销策划,配合上汽大众首款蓝色乘用车的发售,其意图是通过这款蓝色大众车"试水"定制化的新车服务,以顺应年轻人个性化的需求。实际的效果显示,"深藏BLUE"的市场宣传,帮助上汽大众成功地从天猫、京东等线上平台引流到线下4S店,再通过线下的互动圆满完成了销售目标,但是定制化服务的目标并没有实现。因为单靠"深藏BLUE"的营销策划,没有办法在互联网上保持用户的活跃度;没有活跃用户,就不可能通过数字化运营沉淀数据;没有用户数据,个性化需求和复杂的供应链系统就难以匹配。简单的定制颜色的想法都没有办法落地,更不要说定制车型了。

传统的营销策划是工业化时代的产物,工业化早期重科技轻人文的毛病,西方一直在加以修正,但对于定位为"跟跑者"的国内企业,仍然在亦步亦趋。例如,"深藏BLUE",从跟随者的角度看,这是一个无可挑剔的"大概念"范畴的营销策划;但是从引领者的角度看,这个方案的缺陷在于缺少人文关怀。既然要为客户提供个性化服务,那就一定要真正以人为本。

以人为本的基本逻辑是不要在乎自己有什么和要什么,而是聚焦于客户和伙伴内心要什么、怕什么——这就是关注差异。车企最重要的伙伴是汽车4S店,蓝色车的客户群体显然是年轻人。过去,车企和4S店之间谈不上伙伴关系,而是厂商和经销商之间的博弈关系,和客户之间也只有买卖关系。现在,车企需要主动琢磨客户有哪些实际的问题需要他帮忙解决,4S店有哪些闲置的资源可以被价值最大化。甚至还可以站在更高的层面考虑,有哪些社会问题,车企可以参与进去。为什么会考虑到社会问题呢? 这是人文思维必然的逻辑结果——当你开始思考客户和伙伴的需求时,你会发现其实自己对客户和伙伴的了解实在太少,毕竟过去光顾着琢磨如何"把自己的想法装进他们的脑袋里,把他们的钞票装进自己的口袋里了"。这样一来,一方面,客观环境的变化逼着自己必须站在客户和伙伴的角度思考他们的"想要";另一方面,自己对于客户和伙伴了解的又实在太少。而只要改变的愿望足够强烈,便会反求诸己,因为自己也是开车和卖车的人,也是客户和伙伴的一部分。通过推己及人,便会和社会问题关联上了。

在中国,分级诊疗体系虽然提倡了很多年,但一直没有能够真正落地。原因在于医院靠创收才能生存和发展,服务量越大,收入就越高。而病人对基层诊所本来就不信任,大医院又来者不拒,由此导致基层越来越弱,大医院越来越强。这是一个很难解决又必须解决的社会问题,并且是发达国家也没有完全解决好的社会问题。新冠肺炎疫情在武汉暴发初期,恐慌想救命的人们之所以都涌向大医院造成"挤兑",归根到底还是因为分级诊疗制度的缺位导致人们只相信大医院,不信任基层医疗机构。

最近,上海和广东分别开始了互联网医院的试点,但只能针对慢性疾病和常见病提供复诊。对于年轻父母来说,分级诊疗的缺位带来的一大困扰是上班时间请假陪感冒发烧、过敏哮喘的孩子排队看医生。那么,能否用4S店晚上闲置的空间开展远程诊疗服务呢? 年轻的父母下班后可以带着孩子来4S店,通过可以传输医学级影像和听诊的远程诊疗辅助设备连接远端的医生,这样一来,不仅4S店的闲置空间得到了利用,而且医生的碎片化时间也得到了利用,一举多得、多方受益。再进一步,切入远程医疗之后的4S店,能不能既给车子又给车主做"保养"呢？能不能既卖车险，又卖健康险呢？能不能帮助保险公司连接医生，让医生从治已病转向治未病，从院中服务向院前和院后服务延伸呢？这样一来，保险公司卖了保险还可以让人不生病、少生病、晚生病，从而减少理赔支出呢？减少的理赔支出可不可以分一部分给4S店和医生呢？如果可以做到，便创造了一石三鸟的价值：消费者花了本来应该花的钱，得到本来得不到的惠；4S做了本来应该做的事，赚了本来赚不到的钱；厂家赋了本来应该赋的能，引来本来引不来的流。

单个4S门店显然不具备这样的资源整合的能力，但是车企和汽车连锁销售集团公司，肯定有能力牵头做这件事，而且不用自己开发系统，和专注于健康医疗领域的企业合作，大家数据共享就行。当然，也不是每一家车企都适合这么干，之所以是上汽大众，在于他们的品牌叫"大众"。这个品牌，是一个有初心的品牌，本意就是"让大众服务于大众"。找回了初心，品牌理念和服务理念也就得以提升，"深藏BLUE"就不再是一个大概念式的营销，而是一个制造差异的情境——这个BLUE，深藏着一个蓝色奇迹的情怀，这个蓝色奇迹，就是中国版的蓝十字计划，它可以让大众成为"社会力量的连接器"。

卖重型卡车的现在可以为买车人贷款提供担保服务，为卡车提供为期三年的保险服务，向买车人卖意外险，向买车人家庭卖财产险，为卡车提供救援服务，开发买车人家属的寿险，利用GPS电子锁服务，等等。汽车4S店跨界做健康服务，为什么一定需要提升品牌理念呢？这是因为客户对汽车品牌和汽车4S店有固有的认知，这个认知是不可以通过说服和教育被改变的，而是要想办法让客户自己说服自己。理念的作用就在于它会给客户一个和个人意义有关的自我预期，唤醒客户的意识，而不是改变客户的认识。创意出"深藏BLUE"的策划师很有才华，也很有情怀，在他的心目中，"深藏BLUE"可以像迪士尼城堡那样深植于人们内心，而他也知道，前提是"大众"品牌要有温度，这个温度只能靠为品牌注入精神，提升品牌理念。

2018年5月28日，习近平总书记于两院院士大会上的讲话中提到，"我们迎来了世界新一轮科技革命和产业变革同我国转变发展方式的历史性交汇期，既面临着千载难逢的历史机遇，又面临着差距拉大的严峻挑战。我们必须清醒地认识到,有的历史性交汇期可能产生同频共振,有的历史性交汇期也可能擦肩而过"。参与历史性交汇期的不仅是科学家,从一定意义上说,企业家才是主力军,这支主力军不仅需要科学思维,还要有人文精神,因为品牌理念的提升,靠的是人文。

人文和科学一样,素养的养成非一朝一夕之功,但有方法可循,也有定理和公理。比如,老子说"有之以为利,无之以为用",就是一个从"天人合一"这个"公理"推导出来的定理,如果一时还难以理解和证明"天人合一",那就先从定理开始。还是以车企参与远程医疗服务为例,分级诊疗这个社会问题对于车企本来就是个"无",4S店晚上闲置的空间也是个"无",然而一旦发挥"无用之用",就能解决无米(数据)之炊的大问题。数字是数字产业化的条件,数字产业化是产业数字化的条件,产业数字化是"历史性交汇期产生同频共振"的条件,这是一条清晰的逻辑线,困难在于,数字从哪里来? 数字从"无"中来。

庄子和惠施出游,在濠水的一座桥梁上交谈。庄子看着水里的鲦鱼跃出说:"鲦鱼悠然自得,这是鱼的快乐啊。"惠子说:"你不是鱼,怎么知道鱼的快乐呢?"庄子说:"你不是我,怎么知道我不知道鱼的快乐呢?"惠子说:"我不是你,本来就不知道你;你本来就不是鱼,你不知道鱼儿的快乐,也是完全可以断定的。"庄子说:"请回到我们开头的话题。你说'你哪里知道鱼的快乐',就是已经知道了我知道鱼跃出水面的快乐而问我,我是在濠水桥上知道的。"《庄子》的这个寓言,也是一个思维训练的方法,参透了,就理解了"无",理解了"天人合一"。"你哪里知道鱼的快乐?""我是在濠水桥上知道的。"用科学思维看,这是庄子在诡辩;用人文思维看,庄子要破除的正是逻辑本身:惠子是二分的,庄子是齐一的;惠子是主客对立的,庄子是心物圆融的;惠子是不可知论者,庄子是亲证主义者。其中的关窍,即发生亲证与否。是否能领会到"鱼之乐",在于物我之间是否"触几相契"。人与人的相知起于相悦,人与物亦然,一旦切入,即刻发生。事实上,一切美感和乐感的发生,就在于"触几相契"。这个"几"无限趋近于无,而美感与乐感,却是数字的源头,所以才有"数字从'无'中来"之说。

数字经济时代是人的感性需求全面升级的时代,因此,数字经济时代也可以被称为感性经济时代。有人说在需要感性智慧的领域国人的竞争力明显不足,根本原因是从业者缺乏感性智慧,如果领导干部和企业家的感性素质低,他工作越努力,产生的破坏越大。但是人文主义一直存在于国人的意识之中,也是不争的事实。几年前,一群上海中学生就曾经通过"触几相契"连接了两个世界。起因是这几位"00后"当时在为申请国外的大学做准备,需要有社会公益活动的经历。他们的共同爱好是足球,并且有一个自己的球队。偶然的机会,他们了解到安徽金寨县的光爱学校专门招收全国各地的特困生。于是他们推己及人,想到自己有球队,那里的同龄人也应该有个球队,就产生了帮助光爱学校建足球队的想法。一个足球队有两个要素是必备的:场地和教练。光爱学校有一个荒废多年的球场,这个好办,几个中学生在腾讯公益平台上发起募捐筹钱,修好了球场。问题在于教练稀缺。校园足球热的年代,上海的足球教练无论如何也不会愿意去贫困县做教练。如果是他们自己轮流去金寨做教练,次数去少了,对光爱学校的球队帮助不大;去多了,又会影响自己的学业,毕竟来回一趟,即使是高铁时代,也要七八个小时。在困难面前,他们居然想到了去非洲喀麦隆找教练! 对于喀麦隆的年轻人,金寨就算是天堂了,很快有人来报名。他们再通过公益平台筹资支付教练的工资。最后还有一个语言问题。没关系,金寨的同学可以反过来教喀麦隆教练学中文,将来这些学生毕业后,或许还会有人去喀麦隆做老师、教中文,对于光爱学校的孩子,这是一个不错的就业机会。金寨和喀麦隆,两个相对落后的地区,差异一旦被唤醒,就会在矛盾的运动中连接起来,新的价值就这样产生了。从中受益的不仅是这几位上海中学生和光爱学校的学生,还有中国其他贫困地区热爱足球的孩子们,因为这是一个可以复制的模式。

让这些不同背景的年轻人连接起来的,除了足球,还有什么呢? 在非洲,近几年流行一种通过互联网向世界传播乌班图(Ubuntu)心态的文化,乌班图是祖鲁语,大致可以翻译成"人道待人,天下一家",也就是"以人为本,天人合一"。虽然在当时,这几个上海中学生根本不知道什么叫乌班图,但这就是庄子说的"知之濠上也"。

老子的"有之以为利,无之以为用",一度被中国的互联网企业运用到极致。中国的互联网产业之所以能够异军突起，很大程度上是因为老子的这句话，因为所谓的互联网思维——羊毛出在猪身上，狗来买单，就是"有之以为利，无之以为用"的通俗版。和实体企业相比，早期的互联网企业完全是一个"无"的存在，什么都没有。因为什么都没有，才会"无之以为用"——做个互联网应用给用户用，比如百度的搜索工具、阿里的支付宝、腾讯的QQ和微信，都是"无之以为用"。用着用着，用户来了，有了用户后，通过用户带客户，"有之以为利"。实体企业不会用"无之以为用"，是因为他们意识里没有，为什么意识不到呢？是因为实体企业有一个"有"，导致他们执着于"有之以为利"。

然而，"无之以为用"的运用，需要结合价值理念。互联网企业的"无之以为用"，出发点是"去中间化"，"去中间化"之后让自己成为"中心化"的存在。数字化企业的"无之以为用"，是用具有人文（公共）精神的服务为线下服务商赋能，大家一起以用户为中心，在共同的价值理念下全心全意为用户服务。数字化企业也是这样，真正以用户为中心，是一个无我的存在，但越是具有公共精神的人，最终越是会成为生态系统内的核心。去了中间化，成为中心化；去了中心化，一定是核心化。数字化的商业生态系统，是去中心化的核心化。之所以无我，是因为数字化要发挥人的积极能动性，价值理念下形成的差异，人们会推着自己走，无我的我，只要赋能就好。

曾经互联网企业的初心也是以用户为中心，但因为"去中间化"、不重视线下服务商的积极能动性、迷信机器，而导致自己"不接地气"，走向了以自我为中心。关键的区别还在于，数字化企业的数据通过赋能和共享获得，作为生产资料创造出新的价值，买卖的是最终创造出来的价值，而不是数据。没有了买卖，也就没有了伤害。零恶行+盈利，是数字化企业的基本特征。互联网企业之所以以贩卖流量为盈利模式，是因为它们的流量本来就是烧钱买来的，有买就会有卖。

互联网发展的历史表明，依赖技术本身是无法解决科技对商业、社会和公民带来的一系列问题的。当下的全球互联网巨头既然富可敌国，如果能开始拥抱"公共精神"，就有可能解局。数据应该是共享的，资本不应该仅仅追求利润的最大化，还要能更好地挖掘社会资本和人力资本。垄断流量的企业去思考基业长青，不仅是要努力让自己的企业变成百年老店，而且要有更高远的立意——如何让这个社会变得更好。因为能力越大，责任越大。如果说"你会因为拥有权力而受到尊敬，但你只能因为使用那些权力的良好动机而受到赞赏"，那么互联网企业会因为拥有数据而受到尊敬，但它只能因为使用那些数据的良好动机而受到赞赏。诚信问题是互联网时代不可避免会出现的问题，但是信息时代的第二个时期，也就是数字化时代，将是智慧时代：在这个时代，"诚之者，择其善而固执之"。例如，有一家叫极飞的无人机企业，它是互联网创业公司，但是已经做到了因为良好的动机而受到人们的赞赏。

2017 年，为了应对棉农用无人机喷洒脱叶剂的爆发需求，极飞通过互联网，第一次从全国调度上百个作业队、超千架植保无人机，喷洒棉田面积超过 200 万亩，从此引发每到棉花成熟季，全国各地无人机赴疆下乡大规模作业的潮流。2018 年，极飞秋收起"翼"累计作业面积近 670 万亩，与 2017 年同比增长 155%；2019 年仅用了三周时间，便完成了 1 500 万亩的喷洒。

极飞最早是在 2013 年开始关注无人机喷洒脱叶剂的应用场景的。当时，棉农主要使用人工、拖拉机两种方式来喷洒。人工喷洒非常麻烦，因为人一走进棉田，一不小心就会碰掉"棉桃"，加上雇工喷药的费用，成本比手工采棉还要高；拖拉机喷洒脱叶剂，费用相对比人工便宜，但进入棉田后就会大量压坏棉花，导致棉田减产。以 1 000 亩的棉花田为例，如果使用拖拉机进行喷洒脱叶剂，来回至少需要各开 3 趟，一趟下来就会压坏大约 1 亩棉花，总共 6 趟机车，将会造成 5 ~ 6 亩的棉花损失，以每亩棉田 400 千克的产量、每千克 8 元的价格计算，拖拉机喷洒脱叶剂造成的损失为 1.6 万 ~ 1.92 万元。此外，施药精准程度、作业效率及天气等因素，很大程度上影响着棉农一整年的收成。

为了解决棉农的难题，极飞研发并制造了利用 RTK（real - time kinematic，实时动态差分技术）来实现高精度自主飞行的植保无人机，并搭载了自主设计的 iRASS 离心雾化喷洒系统，实现了高效、精准的农业植保喷洒。极飞称这一切得益于全自主飞行的智能设计，一台 P30 植保无人机，能每小时喷洒超过 150 亩的农田，相当于 60 个人工的效率。无人机要精准飞防,必须要满足两个要求:飞得准、喷得准。普通的 GPS 定位技术,实际上由于对流层、大气折射等客观因素,与地面的真实位置存在米级的误差,而 RTK 则能通过计算,得到卫星定位的修正信息,进一步将定位精度提升至厘米级,从而让无人机能够严格按照农田路线精准飞行,避免重喷、漏喷导致的作物损害。极飞自主研发的 iRASS 离心雾化喷洒系统,能将药液形成微米级雾化颗粒(90~300 微米),并借助无人机螺旋桨的下压风场强力控制药液漂移,让雾化药液颗粒能够均匀地附着在植株表面及叶背上,实现精准的喷洒效果,显著提升农药使用率,相比传统植保器械,每亩棉田喷洒的脱叶剂可节省 30% 以上。

近年来,随着国家对棉花补贴政策的调整,棉花收购价格开始下降并与国际市场接轨,我国棉花产业面临着美棉、澳棉、非洲棉等海外市场的激烈竞争和挤压,品质低、成本高已成为产业的软肋。通过新型农业科技,促进新疆棉花生产降本增效,成为我国棉花产业优化升级与可持续发展的关键。棉花生长全程要打 8~10 次药,包括化控药剂缩节胺、叶面肥、灭虫药、脱叶剂等,1 500 亩的种植面积一年农药成本需要 8 万左右。利用无人机精准施药技术来管理棉田后,药肥使用率大大提高,打药成本降到 3.8 万。从优质的品种选择,到精细化的棉花管理,再到高效、精准的脱叶与采收,亩产可以达到 450~500 千克,比当地平均亩产足足高出 50~100 千克。遵循市场规律,让棉花产业回归到良性发展的轨道上,也正是我国棉花产业可持续发展,和将来能参与国际竞争的重要基础和保障。在这样的大环境下,具备可持续发展的价值观、专业的生产技能、科学的思维的职业农民,将是中国棉花产业的希望。

从棉花开始,到水稻、小麦等大田作物,再到果园、茶树等经济作物,极飞五年前与新疆棉花的合作,促成了农业无人机技术的普及,也敲开了智慧农业的大门。作为智慧农业领域的探索者,极飞的长远计划,是让人类的农业生产方式,从盲目、粗放、只追求效率,向智能、精准和可持续发展转型。

为了实现这一长远计划,极飞做了四件事。一是研发精准农业设备,如植保无人机、智能播种无人机等,让农业生产中的种、管环节更精准、高效。截至 2019 年 9 月 21 日,极飞植保无人机全球累计作业面积已超过 3.1 亿亩,累计节省了 429 万吨农业喷洒用水,减少了 1.86 万吨农药与化肥的滥用。二是建设数字农业基础设施,让农田机械化、农事服务标准化成为可能。目前,极飞通过 RTK 厘米级高精度定位的农田导航网络,已经实现了植保无人机、智能播种无人机的全自主作业,与此同时,极飞科技也成为全球农业领域规模最大的北斗卫星定位使用者。未来在全世界,将有更多利用新能源、无人驾驶的农业设备接入极飞的农田导航网络,共同实现标准化、可计量的规范农事服务。三是连接土地作物、农民与消费者,通过农田智能相机、传感器等获取气象及土壤信息,建立数据模型及预警体系指导农业生产,同时通过农业物联系统,打造农产品溯源"区块链"。四是培育农业 AI,极飞的农业无人机、机器人、农业物联设备与农田传感器,在帮助农户管理农田的同时,也产生了丰富的农业生产数据。基于超过 3.1 亿亩农田地理信息数据、气候土壤数据及作物生长数据,极飞农业人工智能 XAI 利用深度学习与图像识别技术,为农业生产提供科学指导,包括农田边界识别、果树统计识别、杂草识别、病虫害识别、棉花吐絮识别等,目前 XAI 查准率与查全率已超过 98.60% 与 98.04% 。

智慧农业在中国农村的普及,也让数据成为最重要的生产资料及农村新金融发展的基础。精准农业设备、智能硬件的普及,能够让农情监测、农事管理变得更加科学便捷,生产过程中的数字化记录可以帮助农户以更低的成本获得平等的授信、贷款和保险支持。2017 年,极飞科技与蚂蚁金服联手发布"植保无人机信用租"新模式,极飞用户可凭借一定的芝麻信用分,以远低于市场价的押金,租用最先进的植保无人机设备。2018 年,极飞联合中国人保财险、平安产险、招商银行等金融保险领域合作伙伴,基于数据化授信,为农户及参与者提供便捷、平等的农险理赔及信贷支持,让中国农村中"有信用的人先富起来"。极飞组织的秋收起"翼"是一场从城市转向农村的技术革命,正以日益猛烈的态势改变着中国的农业生产与世界各地人们的生活。

工业化是客户思维,互联网是用户思维,数字化是客户与用户合一的思维。工业化以大规模机器生产为特征,注重连续性和可预测性,目标是规模经济做大,以标准共享、单边合作和流水线为特征;信息化是通信现代化、计算机化和行为合理化的总称,以信息共享、双边合作和数据线为特征;数字化打破区域和时间限制,融合离散资源,目标是精准服务,范围经济做优,以价值共享、多边合作和群众路线为特征。经济内循环,要靠数字化。数字化是工业化的进化,比拼的不是肌肉,而是智慧。工业化下,需求和供给是鸡生蛋蛋生鸡的问题;数字化下,需求和供给是阴阳,"需求牵引供给,供给创造需求"。数字化也不同于互联网。互联网添堵,数字化补气、通经络,打的是太极。

第 二 章

老树开新花:生生不息的模式

网络空间与现实物理空间的融合,使得超越物理意义上的距离将人们连接在一起,让多元化的人们能够发挥各自的优势参与社会、实现价值,从而实现人类在包容差异性中追求发展的梦想,这是全球社会的新指针。这个新指针,就是非洲祖鲁语里的乌班图:人道待人,天下一家。事实上,在没有网络空间、交通不发达的年代,中国的古人们就已经通过人道待人、天下一家,做到了让多元化的人们发挥各自的优势参与社会。有商圣之誉的范蠡,是其中最为杰出的代表。

商圣范蠡

范蠡虽出身贫寒,但聪敏睿智,胸藏韬略,在移居越国后,开始了他辉煌的"三迁"人生历程:入越为将,出齐拜相,居陶为商。"三迁皆有荣名"是司马迁对范蠡"三迁"的评价。一迁,入越为将。据《史记》记载,周景王二十六年(前494年),吴越夫椒之战,越王勾践大败,仅剩五千兵卒遁入会稽山。在勾践无路可走即将亡国之时,范蠡毅然决然陪同勾践夫妇在吴国为奴三年。二迁,出齐拜相。在帮助勾践击败吴王之后,因为担心"飞鸟尽,良弓藏,绞兔死,走狗烹",范蠡浮海出齐,改名换姓,自称鸱夷子皮,苦身戮力躬耕海畔。父子共同治产,没有几年,就治产数十万。"齐人赏其贤,拜为相。"由布衣荣升国相,是范蠡宽厚仁爱、广施恩惠、泽被百姓、受人敬仰的佐证。三迁,居陶为商。范蠡知道自己从一介布衣升到国相这一高位是为不易,但身居高位久受尊名,是为不祥,便留下相印,带着家人再次离开,迁至定陶。在这个居于"天下之中"经商治产。没出几年,积资又成巨富,遂自号陶朱公。

尽管范蠡"三迁"荣名立身,在政治、军事、经济等领域多有建树,与先秦诸子相比毫不逊色,但终因其"辞官下海"违背了封建社会的主流思想,正史鲜有记载,而司马迁也只把他列入《史记·货殖列传》之中。根据司马迁的记载,被困于会稽的勾践采用计然的策略治国十年,让越国富有了,能够用重金收买士兵。范蠡协助勾践雪耻了之后,感叹道:"计然的策略有七条,越国只用了其中五条,就实现了雪耻的愿望。既然施用于治国很有效,我要把它用于治家。"

在计然给勾践的计策中有这么两条:出售粮食,每斗价格二十钱,农民会受损害;每斗价格九十钱,商人要受损失。商人受损失,钱财就不能流通到社会;农民受损害,田地就要荒芜。粮价每斗价格最高不超过八十钱,最低不少于三十钱,那么农民和商人都能得利。粮食平价出售,并平抑调整其他物价,关卡税收和市场供应都不缺乏,这是治国之道。至于积贮货物,应当务求货物的完好牢靠,不要使用需要支付利息的钱。买卖货物,凡属容易腐败和腐蚀的物品不要久藏,切忌冒险囤居以求高价。"范蠡贩盐,大利藏于咸鱼中",就是受这两条的启发。

均衡盐价,盐价低了,盐商赚不到钱,不会有人跟着他干。贩卖咸鱼,咸鱼容易腐败,不易久藏,鱼贩子也不会跟他干。但范蠡却相反相成,用盐引流干成了"订单农业",其中的秘诀就在于"反者道之动,弱者道之用",让吃不到鱼的人帮助吃不上盐的人。这里的"反",表面上看是反其道而行之,把"金价"的盐卖成"米价",实际上反的却是司空见惯,变"不公"为"公";这里的"弱",并非是处于弱势群体的穷人,而是有钱却吃不到鱼的富人。

关于公平性,美国艾默里大学曾经用猴子做过实验。他们把一群猴子分别放进一个用铁栅栏相隔的笼子,然后每个笼子放上一些塑料玩具块,再教会猴子用塑料玩具块和工作人员交换食物(一般是黄瓜)。结果发现,当易货贸易公平进行时,两个笼子里的猴子没有出现什么问题。也就是说,当两个笼子里的猴子分别用塑料玩具块从工作人员手里得到相同的食物时,它们表现得很平静。但是当这种易货贸易不公平进行时,它们的反应是出人意料的。在一次试验中,在两个笼子里的猴子分别用它们的塑料块玩具换取工作人员手中的食物时,工作人员故意给出不同的食物,一节黄瓜和一串熟透的红葡萄。这时没有得到红葡萄的笼子里有半数的猴子,不再用塑料玩具块换取食物了,它们表现出不满情绪。更有意思的是,工作人员进行了更加不公平的试验:一只笼子里的猴子不需要用塑料玩具块交换就能得到葡萄,而另一只笼子里的猴子拿塑料玩具块交换只能得到一节黄瓜。这时被不公平对待的笼子里的猴子几乎都不再与工作人员进行交易,而是开始表现出撒野行为，而且不再听从工作人员的指挥。

可见，越是处于弱势的一方，越是想要公平，公平对于他们的意义越大。在英国，流传着这样一个故事：亚瑟王快被人灭国了，那个帝国的国王派人来告诉他，只要他能够答对国王的问题，就放过他。这个问题是：女人最想要的是什么？亚瑟王想不出来，有人告诉他有个巫婆很厉害，让他去问巫婆。巫婆答应帮他，却要求跟他手下十二圆桌骑士中最帅气的一个结婚，亚瑟很犹豫，因为那个巫婆是个奇丑无比的老女人。可是骑士听说以后，却去跟巫婆说答应娶她。然后巫婆告诉亚瑟王：女人最想要的是掌控自己的命运。亚瑟王把答案告诉了国王，国王很满意，就放过了他。在骑士和巫婆结婚当天，骑士很不情愿地走进新房，却发现一个绝世美女在等他。那个美女告诉骑士，她就是巫婆，但是她每天只能有一半时间是美女形态，另一半时间是丑女形态，她问骑士，究竟是想白天带着美女出现在朋友面前晚上面对一个丑陋的巫婆，还是白天带着丑陋的巫婆出现在朋友面前晚上面对一个美女呢？骑士想了想，说：女人最想要的是掌控自己的命运，所以我把选择权交给你。女巫听了很高兴，便决定以后一直用美女形态出现。女人之所以要掌控自己的命运，就在于相对于男人，女人处于弱势一方，掌控自己的命运更有意义。

红军下井冈山转战于福建和江西期间，毛主席坚持一边作战，一边"打土豪，分田地"。同志们不理解这样做的必要性。刚好有一个老农路过，毛主席问老农有没有分到田，老农说分到了。毛主席又问："白狗子回来了怎么办？"老农回答："扛起锄头和他们干。"耕者没有其田的年代，田对于老农的意义相当于掌控自己的命运。

在范蠡的年代，盐之于穷人的意义相当于田之于老农，照顾到这样的意义，就是"义"。只有讲"义"，才有公平可言。公平不是平等。成人、少年和小孩看球赛，前面有一块板阻挡了视线，给他们一个同样高低的凳子，这叫平等，成人和少年站上去，成人更高，少年刚好可以看到球赛，小孩站上去却还是看不到球赛。把成人不需要的那个凳子给小孩，小孩和少年、成人便都能看到球赛了，这才叫公平。

区别于英国绅士对待女人的"义"，中国人的智慧在于"集义"，即不仅自己行义,还能够激发大家一起行义。集义生气,义中取利,"利者,义之和也",才是中国人独有的智慧。这样的智慧,自然是不能用于对待女人的,你不可能让一群男人对同一个女人长时间地行义。那么,为什么盐商和鱼商能够被范蠡"均衡盐价"的理念激发起来呢?毕竟这些人并非受到不公的"弱者"。这就要说到民间第一财神比干了。

比干幼年聪慧,勤奋好学,20 岁就以太师高位辅佐帝乙,又受托孤重辅帝辛。比干从政 40 多年,主张减轻赋税徭役,鼓励发展农牧业生产,提倡冶炼铸造,富国强兵。商末帝辛(纣王)暴虐荒淫,横征暴敛,比干叹曰:"主过不谏非忠也,畏死不言非勇也,过则谏不用则死,忠之至也。"遂至摘星楼强谏三日不去。纣问何以自恃,比干曰:"恃善行仁义所以自恃。"纣怒曰:"吾闻圣人心有七窍信有诸乎?"遂杀比干剖视其心,终年 64 岁。

据民间传说,姜子牙离开朝歌时,曾去相府辞行,见比干气色晦暗,知其日后必有大难,便送比干一张神符,叮嘱在危急时化灰冲服,可保无虞。比干入朝前知己必难,便服饮姜子牙所留符水,所以在剖心后能不流血而前行。后传说,比干因服了姜子牙灵丹妙药并未死去,而是来到民间广散财宝。比干生性耿直中正,公正无私,心被挖空后成了无心之人。正是因为无心无向,办事公道,所以被后人奉为财神。当时传说在比干荫佑下做买卖的人,无偏无向,公平交易,互不坑骗。也就是说,通过比干的故事,公平的价值观,被植入了商人的心中。有了共同价值观,才容易达成共识,范蠡振臂一呼,才能够一呼百应,集义生气。

懂得集义生气的还有中医。医者仁心,天底下的医生都是讲仁义的。但只有中医懂得集义生气。质疑中医的人反对阴阳五行,却无法忽视这样一个现象的存在:我们生活的地球,原来是没有生命的,只有碳、氢、氧、氮、硫、磷这六大元素,我们身上到处都有这六大元素,可是这些元素当初在地球上几十万年也不反应。研究发现,当这六大元素遇到钪、钛、钒、锰、钼、锌、铬、钴、镍、铁、铜等元素后,通过这些元素的催化激活反应速度才会加快,因此,这些元素被称为"生命动力元素"。人体的心肝脾肺肾里这些动力元素分布量是不一样的,对这些元素分布量用量子化学范畴的"生命动力统计力学"进行统计后,就会看出为什么相生,为什么相克,以及相生和相克的关系。关于阴阳,钱学森曾经用当代量子化学语境加以解释:高氧化电位的一些元素(钪、钛、钒、锰、钼、锌)的正电荷离子群可作为阳精,低氧化电位的一些元素(铬、钴、镍、铁、铜)的正电荷离子群可作为阴精。他说三高(指高脂、高糖、高血压)问题,可能与阳精催化能力偏高有关,而癌症则可能与阴精催化能力偏高有关。这些已经从多数患者的血清生命动力源的元素分析中,得到了进一步的验证。中医药的基本原理,就在于对生命动力元素的调动,集义生气。

义是私利的对立面,因此,义中取利就是义与利的对立统一,集义生气是实现对立统一的方法。姜太公《阴符经》有云"绝利一源,用师十倍"。被越王勾践拜为上将军(相当于总司令)的范蠡,对姜太公兵法了然于胸,"兵阴阳",就是后人对范蠡兵法做的总结。用在经商上,"阴"是义,"阳"是利;"绝利一源"是"阴","用师十倍"是"阳"。范蠡的贡献在于,一方面他将兵法转化为商法,一方面在姜太公兵法的基础上更进一步,将孔子说的"君子喻于义,小人喻于利",干成了可以复制的义中取利的模式。

从孔子开始,义利之辩在中国延续了两千多年。孔子之后,孟子说:"生,亦我所欲也;义,亦我所欲也;二者不可得兼,舍生而取义者也。"董仲舒说:"天之生人也,使人生义与利。利以养其体,义以养其心。心不得义不能乐,体不得利不能安。""正义不谋利。"到了陆象山那里:"人之所喻,由其所习;所习,由其所志。志乎义,则所习者必在于义;所习在义,斯喻于义矣。志乎利,则所习者必在于利;所习在利,斯喻于利矣。"义利之辩,似乎被儒家越辩越不明白了。

可能孔子早就意识到了义利的问题不是辩出来的,而是干出来的,所以在讲完"君子喻于义,小人喻于利"之后,他特别举了两个例子。第一个故事是说:鲁国有一个规定,如有鲁国人在外国做奴隶,而被本国人赎回的,鲁国国君都会给赎买者以奖励。有一次孔子的学生子贡赎回了一些鲁国奴隶,但他没有申请奖励。当他高兴地将这件事告诉老师,希望得到老师的表扬时,孔子长叹说:"你如此做,只能证明你个人道德高尚。但你的行为却让那些本来可以领到奖励的人,因为你的原因而不好意思去申请奖励,从而不会有更多的人去他国赎回鲁国的臣民。我只是担心鲁国多了你一个高尚道德的人,却使得更多的鲁国臣民得不到解救。"第二个故事是说,有个人救了邻居家落水的孩子,邻居为了感谢他,送给他头牛,他接受了,还被孔子表扬了。这两个故事表达的意思很明确,"君子喻于义",并不是要君子舍利而取义,而是要做到"义中取利"。

但孔子自己毕竟是老师,没有把"义中取利"干明白,以至于他的学生之中,即便是孔子最为得意的门生之一、那个被他批评救人不应该不拿奖励的子贡,也似懂非懂,后来又做了一件让司马迁不得不为他大书特书的事。司马迁在《史记》中记载:"子贡一出,存鲁,乱齐,破吴,强晋,霸越。"就过程和结果而言,子贡的才华尽显无疑;缺憾在于,身为"物以稀为贵"的首倡者的子贡,在布局这件大事的同时,也做好了发战争财的准备。大战之前,囤积了大量的军需物资;大战之后,赚得盆满钵满。虽然富可敌国,但子贡终究只是在民间被封为财神,民间的财神有很多,能称得上商圣的,只有范蠡一个(北宋时期皇帝还封了白圭为商圣,但那是为了鼓励商人们帮助朝廷打仗,就连关羽也在那个阶段被封为财神,因为皇上要用关羽的忠义去影响商人们)。人民群众的眼睛毕竟是雪亮的。

当时,齐国大夫田常企图在齐国作乱,取国君而代之。但此时齐国内部还有高、国、鲍、晏等四大家族,是田常篡位绕不开的阻碍。于是,他决定调虎离山,把这些反对派支出去。田常利用国君,以国君的名义命令高氏和国氏去攻伐鲁国。鲁国只是春秋时期的小国,早已没了周公时的风光,面对强大齐国的入侵,根本无力抗衡,形势极为危险。此时的孔子听到这个消息后忧愁不已,就把弟子们叫来商量对策。子贡和孔子说他有办法,孔子就派了他去齐国。到了齐国,子贡见到田常,替他叹息道:"您攻打鲁国是不对的啊。鲁国是一个难以攻打的国家啊,这个国家的城墙又薄又矮,国土狭小,君主愚昧,大臣无能,百姓又厌烦战争,实在是个不好攻打的国家啊。您不如去攻打吴国,吴国这个国家城池又高又厚,国土广阔,兵器装备又好,士兵士气饱满,国力雄厚且大臣们都是聪明尽责的人,这是个多么容易攻打的国家啊。"田常一听,当时就愣了,心想这人脑子没毛病吧,怒火顿生,只能压住心火含蓄地说:"先生认为难的却是平常人认为容易的,先生认为容易的却是平常人认为难的,您为什么用这么奇怪的理论来教导我呢?"于是子贡说:

"我听说,一个国家有严重的内部矛盾,一定要去攻打强大的国家;如果这个国家面临严重的外部矛盾,就应该找弱小的国家下手。现在您的问题是内部矛盾啊!您三次被齐王册封都没有成功,那就是因为国内有反对派。现在被您支出去的对手如果灭了鲁国,那就是立功啊,他们建功立业了地位就会更加稳固,这对您是大大的不利啊;如果他们攻打吴国呢,肯定会失败的,到时候对手被削弱了,您想控制齐国那不是很容易嘛。"田常一听,还真是这么回事,当时就服了。但是一想,不好办啊,便问子贡:"先生,我都已经让他们去攻打鲁国了,现在忽然改变命令,他们肯定要怀疑的啊,这怎么办呢?"子贡说:"这都是小事儿,您先让军队暂时停下来,我去说服吴王让他派兵救鲁国,到时候您再让国、高二人去对付吴军。"田常握着子贡的手说:"都靠先生您了啊!"

子贡到了吴国,对吴王夫差说:"我听说王者不绝世,霸者无强敌,现在齐吴两国都是超级大国,如果齐国灭了鲁国,实力就会更强大,对您很不利啊,您应该派兵救鲁国。这样的话,您也会赢得极好的名声,再加上打败了齐国,晋国必然会害怕您,到时候天下诸侯都会臣服于您,您肯定能成就霸业的!"夫差说:"您说得很对,但是我听说越国的勾践现在很不老实,肯定要找我复仇,这样吧,我先带兵灭了越国,再去攻打齐国。"子贡说:"您不能这样,等您灭了越国,齐国也就灭了鲁国,到时候您既没有好名声也难以打败齐国,这对您的霸业大大不利啊。这样吧,我去一趟越国,让越国出兵随您出征,到时候您又能追求霸业又能削弱越国。"夫差高兴地拍着大腿说:"好啊,太好了。"

到了越国,子贡对越王勾践说:"我前几天去吴国请求吴王救鲁,吴王说要先灭了越国再去伐齐。您这个人呀,想办大事却提前泄露了消息,这不是找死吗?"勾践听完吓坏了,于是心一横,恭谨地对子贡说:"先生,我恨夫差恨得要死,无时无刻不想灭了吴国。先生,请您帮帮我吧。"子贡说:"吴王此人凶猛残暴,大臣们都受不了他;吴国连年征战,士兵们都很疲惫;伍子胥因为直谏被杀,奸臣当权;百姓怨恨君主,大臣们内斗不断,这是要亡国的表现。您现在送给他丰厚的财宝去讨取他的欢心,兴兵辅助去迎合他的意愿,放下身份去奉承他,他一定会解除对您的戒心并且兴兵去攻打齐国的。他打了败仗是大王您的福气，如果打了胜仗肯定会把军队开到晋国，我会北上去求见晋国国君，让晋国一同攻打吴国。吴国的精锐消耗在齐国，军队主力被牵制在晋国，大王您再趁机打击它，吴国灭亡将会是必然的！"勾践听了很高兴，不仅答应了子贡，而且诚心诚意要送子贡金子、宝剑和良矛，子贡坚辞不受。

子贡回到吴国后不久，越国大夫文种带着大量的财宝来到吴国，并且诚心诚意地表达了越国的忠心，还说越王勾践将会亲自领兵来追随吴王北上。夫差很高兴，子贡却说："这样不合适，您收了人家的财宝，要了人家的兵，还让人家国君屈尊而来，这样不利于您的威望啊。"夫差一听是这个理，于是放过了勾践，自己率领吴国主力北上去攻打齐国。

子贡于是赶紧跑到晋国，对晋王说："我听说要想办成某件事，一定要事先考虑好各种利害关系。现在吴国和齐国马上要大战了，如果吴国败了，越国肯定会兴兵讨伐它；吴国胜了，夫差肯定会来侵扰您，他可是要做霸主啊！"晋军很害怕，问子贡该怎么办。子贡说："你赶紧集结军队严正以待，然后趁机行事。"晋王当即表示一定这么做。

子贡在完成了这一系列外交活动后回到了鲁国。没过多久，在吴齐大战中吴国大胜，夫差便趁势出兵晋国，妄图压制晋国，称霸中原。就在这时，越王勾践趁机攻打吴国。吴国打败晋国，得到了晋国的承认，做了天下霸主，然后挥师南下，但是吴国国力严重透支，吴国大势已去，最终夫差身死国灭。越国灭了吴国，三年后兴兵北上，最终做了天下霸主。而鲁国与越国建立了紧密关系，鲁国得到了保全。

在国与国之间你死我活的争斗面前，要想坚守"人道待人，天下一家"，确实不容易，即使是范蠡，在越国称霸的过程中，恐怕也做不到坚持"以人为本"。问题不在于战争，而在于挑起战争的同时还要通过战争赚钱，这就不符合"君子取于义"的教诲了。也难怪越王勾践给子贡金子、宝剑和良矛，他坚辞不受，因为和他从战争中赚到的财富相比，这些可以忽略不计。司马迁简单带过的一笔，实则另有一层深意：老夫子你看，你教育子贡他救了人就应该接受奖励，可是他帮了越王勾践这么大一个忙，却还是没有要人家的奖励，是你的话他没听进去呢，还是听了之后在这次"存鲁"中用得过头呢？可能当时的司马迁已经在焦虑一件事:仁义道德光说不行啊,关键还得要去干。干活,干活,只有干才能活。如果连你最得意的弟子都做不到知行合一,别人怎么办呢?

司马迁的焦虑在于,孟子和韩非是战国时期代表儒、法两家把义、利扩展到极端的代表人物。到了西汉,董仲舒继承儒家思想提出"正其谊(义)不谋其利,明其道不计其功",在理论上把道义与功利完全对立起来,否定功利。司马迁面对社会经济活动中人们求利的活动,特意为工商活动家写《货殖列传》,肯定他们的求利行为,认为"君子富,好行其德;小人富,以适其力",强调"人富而仁义附焉"。他代表的实际上是管仲的以利生义的观点。

范蠡是道家,他不说仁也不说义,只是去做。而且和子贡相比,他刚好相反:不是通过战争发财,而是将从战争中积累的"绝利一源,用师十倍"的经验运用到商业中。就个人而言,子贡的"连接力"不可谓不强;但范蠡的能力不在于他个人的单打独斗,而在于他找到了一种用义把大家连接起来、集义生利、义中取利的商业模式。

作为历史人物,范蠡一直受到历代史学家的关注。关于对他的评价,有两个问题值得注意。第一,历代统治者并没有大张旗鼓地宣扬、表彰范蠡,为什么?因为范蠡不是忠臣,他见机行事,巧妙脱身,这在统治者看来,不够忠心,既然不是忠臣,故范蠡的名气似乎比不上诸葛亮、岳飞。其实,范蠡功成名就,急流勇退,见好就收,正表现了他的人生智慧。古代的不少忠臣在政治漩涡中打拼,气节虽高,但常常成为政治斗争的牺牲品。所以对统治者表彰的"忠臣"要做具体分析。比如,范蠡的好友文种没有看透勾践,结果被杀,不就是惨痛的教训吗? 在对范蠡的评价中,多在谋略这一层面上。如班固在《汉书·古今人表》中将范蠡列为九等人的第三等——智人,其上是圣人和仁人。智人,有智慧有谋略之人。三国人刘邵在《人物志》中则把范蠡列为术家。说:"思通道化,策谋奇妙,是谓术家,范蠡、张良是也。"古往今来,许多人都把范蠡作为谋略家看待。当然,说范蠡是谋略家不能算错,这从他出山帮助勾践兴越灭吴的曲折艰辛过程,可以看出他的足智多谋。后来务农、经商也离不开谋略和智慧,但这不是范蠡的全部。

范蠡是春秋战国之际著名的政治家、军事家,还是一位杰出的商人,被誉为"治国良臣,兵家奇才,商人始祖"。无论治国、带兵还是经商,他都是成功者。探究其成功的原因,范蠡既拥有古代儒家治国平天下的远大抱负,也有道家顺应自然大道的豁达人生观,儒道互补,外道内儒,顺应自然,所以他无论是在从政还是经商中,都保持了心态的平和、淡定。而他对历史的最重要贡献在于心系天下。以自己的谋略和智慧帮助越王勾践灭吴兴越,功成名就后,他不留恋功名,急流勇退,转换角色,弃官务农、经商。在中国古代,由于政治形势险恶,不少士人厌恶官场,躲避政治,以隐居保全自身。汉初张良助刘邦打败项羽,及时隐退,"愿弃人间事,欲从赤松子游",避免了杀身之祸。不过,张良仅仅保全个人,追求的是个人的自由,而范蠡则是凭借对社会、对人民的关爱之心,为经济发展、商业繁荣做贡献,为社会献爱心,他的胸怀更宽广,思想境界更高尚!唐代诗人汪遵有一首《五湖》诗,对范蠡大加赞扬:"已立平吴霸越功,片帆高扬五湖风。不知战国官荣者,谁似陶朱得始终。"

范蠡之后,战国时期的商人白圭也被尊为商圣,他通过观察市场行情和年成丰歉的变化,奉行"人弃我取,人取我与"的经营方法,丰收年景时,买进粮食,出售丝、漆。蚕茧结成时,买进绢帛棉絮,出售粮食。用观察天象的经验预测下年的雨水多少及丰歉情况。若当年丰收,来年大旱,今年就大量收购粮食,囤积货物。想让粮价增长,就专买下等谷物;想让成色提高,就专买下等谷物。为掌握市场的行情及变化规律,他经常深入市场,了解情况,对城乡谷价了如指掌。白圭虽为富商,但俭朴,摒弃嗜欲,节省穿戴,与他的奴仆们同甘共苦。

和范蠡一样,白圭也是义中取利。不同的是,范蠡是从人们主观思想的内部推动发展,白圭是从事物的外部推动发展。他们两个人的"差异",实际上就是数字化和工业化之间的差异,也是包容性增长和扩张性增长之间的差异。这也决定了财富实现方式的不同:以人为本的范蠡实现了一个自组织运行的闭环系统,以物为本的白圭虽然善于观察天象,却需要"速战速决,不误时机"。正如他自己总结的:经商发财致富,就要像伊尹、吕尚那样筹划谋略,像孙子、吴起那样用兵打仗,像商鞅推行法令那样果断。如果智能不能权变,勇不足以决断,仁不善于取舍,强不会守业,也就无资格去谈论经商之术了。也就是说，白圭的义中取利，是在术上；范蠡的义中取利，是在道上。

风继南阳

陶朱猗顿是一个成语，出自贾谊《过秦论》，指称巨富之家。《史记集解》引《孔丛子》说：猗顿原籍鲁国，是一个穷困潦倒的年轻人，"耕则常饥，桑则常寒"，饥寒交迫，艰难地生活着。正当他为生活一筹莫展的时候，听说越王勾践的谋臣范蠡在助越灭吴、辅成霸业后，弃官经商，辗转至当时"天下之中"定陶，"治产积居，与时逐"，19 年间获金巨万，遂成大富，因号陶朱公。猗顿羡慕不已，试着前去请教。陶朱公十分同情他，便授予秘方："子欲速富，当畜五牸。"牸即母牛，泛指雌性牲畜。陶朱公看猗顿当时十分贫寒，没有资本，无法经营其他行业，便让他先畜养少数牛羊，逐渐繁衍壮大，日久遂可致富。这对于猗顿来说，确是一个切合实际的致富办法。于是猗顿按照陶朱公的指示，迁徙西河（今山西省西南部地区），在猗氏（今山西省临猗县境）南部畜牧牛羊。当时，这一带土壤潮湿，草原广阔，尤其是猗氏县南 20 里处的对泽，为一片面积很大的低洼地区，水草丰美，景色宜人，是畜牧的理想场所。由于猗顿辛勤经营，畜牧规模日渐扩大，"十年之间，其息不可计，赀拟王公，驰名天下。"因起家于猗氏，遂号猗顿。致富后的猗顿为了表达对陶朱公的感恩之情，在今临猗县王寮村修建了陶朱公庙。

除了从范蠡那里听取了畜牧牛羊的建议，猗顿一定也取到了"均衡盐价""大利藏于咸鱼中"的真经，因为他在经营畜牧的同时，已注意到位于猗氏之南的河东池盐，在贩卖牛羊时，顺便用牲畜驮运一些池盐，连同牲畜一起卖掉。之后，在靠畜牧积累了雄厚的资本后，便着意开发河东池盐，从事池盐生产和贸易，成为一个手工业者兼商人。雍正《敕修河东盐法志》卷一载："河东池盐为池水浇晒之盐，可直（接）食用。不须涑治，自成颗粒。"即将池水挠在地上，风吹日晒后即可成为颗粒状食盐，不需要煮炼。因此，《左传·成公六年》中称其为"国之宝"。正因为河东池盐为天然之美丽，是取之不尽、用之不竭的财源,猗顿便不断扩大池盐的生产与销售规模,最后,他成为当时我国著名的大富豪。在经营池盐的同时,猗顿还兼以贩卖珠宝。《尸子·治天下篇》说:"智之道,莫如因贤。譬之相马而借伯乐也,相玉而借猗顿也,亦必不过矣。"《淮南子·氾论训》也说:"玉工眩玉之似碧卢(一种美玉)者,唯猗顿不失其情。"说明猗顿对珠宝有着相当高的鉴赏能力,可以与伯乐相马相提并论。

猗顿通过多方经营,终成倾国巨富,在当时的社会影响很大。《韩非子·解老篇》:"夫齐道理而妄举动者,虽上有天子诸侯之势尊,而下有猗顿、陶朱、卜祝之富,犹失其民人,而亡其财资也。"说明猗顿之富已超过陶朱公,可与王室并提。

猗顿墓在山西省临猗县牛杜乡王寮村的村西头,陵园规模不大,但古朴肃穆。碑文称猗顿生前"其富甲天下","西抵桑泉,东跨盐池,南条北嵋,皆其所有。""或者急公奉饷,上有利于国;或者悯孤怜贫,下有济于民。"自古以来,富比王侯者,何止百千人? 但猗顿这位布衣商人,却受到后人永远的纪念。这值得人深思。在距此不远(约40千米)的东北方向上也有一碑,是清代咸丰年间的,是村民为一老妇立的德行碑,文有这么几句:"人有与千金而不悦者,亦有被微惠而不忘者,何也? 视其与者心诚与不诚。诚则不忘报。""施恩无念,知恩图报,积而能聚,厥后克昌。"也许能启迪人们。

除了有史可查的猗顿,历史上的徽商自称"风继南阳"(范蠡是南阳人)。从表面上看,徽商的经营模式确实有范蠡贩盐"大利藏于咸鱼中"的痕迹——徽商以盐业起步,发展到茶叶、木材、布匹、大米、典当,以至于"无徽不成镇",盐之于徽商,是引流的工具,但已经失去了承载理念的功能,因为那个时候的盐,是"官办民营"。晋商还在拜关公的时候,微商忙着搞公关。学到表象的除了徽商,还有马可·波罗,他把中国人经营盐务的"诀窍"带回了欧洲,遗憾的是,带回去的只有方法,没有心法。

人们普遍认可的是,马可·波罗向意大利人引介了中国面食,当时中国新鲜、干酿、扁平的和有填充物的面食种类非常丰富,但是马可·波罗的书中除了提及这一事实之外,几乎什么都没说。马可·波罗也从来没有提到当时的中国人开始印刷纸币,但是更加有意义的是,他描述了建都(今四川省西昌市)盐饼在制作过程中是如何被冲压以附加上忽必烈可汗头像的,而这种盐饼在当时被作为货币使用。在马可·波罗的书中,出乎意料地有许多关于盐以及中国对盐务进行管理的细节。马可·波罗描述了中国的旅行者跋涉数日后来到一些小山坡,在那里,盐如此纯净,以至于可以非常便利地敲凿下来。他写了皇帝的卤水泉所获得的税收收入,盐是如何在陵州(今山东省德州市)被生产出来,并且为私有部门和共有部门的利润服务的,淮安州(今江苏省淮安市)是如何制盐,以及皇帝如何从该地获取税收收入的。每当马可·波罗提到盐时,他几乎都要提及国家的税收归于皇帝。

马可·波罗是一位威尼斯商人,也许一直对盐以及管理盐的方式很感兴趣。他也许还判断这将是读者感兴趣的主题,因为他的读者将是威尼斯商人。但最大的可能性还是在于他受到了父亲和叔叔的影响。马可·波罗的父亲及其兄弟于1260年离开威尼斯踏上去忽必烈王朝的旅程,兄弟二人于1269年返回威尼斯,带回了忽必烈给教皇的信函和口信。可汗要求更多的西方人——包括知识分子和具有基督教思想的领导人——到他的朝廷访问,并且向他们传授有关西方的知识。两年后,兄弟二人带上马可·波罗进行第二次旅行。

在兄弟俩第一次去东方之前,威尼斯是生产盐的模式,但13世纪一系列的洪水和风暴摧毁了威尼斯人大约三分之一的盐水池,威尼斯人不得不进口更多的盐。两位兄弟第一次出访忽必烈王朝回来后不久,威尼斯人就有了一项重大发现:买卖盐比生产盐可以赚更多的钱。1281年,政府开始向那些在威尼斯落脚的来自其他地区的商人发放盐补贴。结果,向威尼斯运送盐是如此有利可图,以至于这些商人能够以低于竞争对手的价格来运输其他商品。因盐补贴而不断增加的利益,使威尼斯商人有多余的钱派出船只去东地中海,在那里,他们装上印度香料或调味品等值钱的货物,然后在西欧以低价出售,而威尼斯以外的竞争对手提供不了如此低价。这意味着威尼斯为盐支付了极高的价格,但是如果它能够支配香料或调味品贸易,并且成为粮食贸易的领先者,它就不在乎盐有多昂贵,意大利粮食歉收时,威尼斯政府就会利用盐的附属收入从地中海其他地区进口粮食,从而垄断粮食市场。在14—16世纪,威尼斯是进口粮食和香料的主要港口,它进口吨位的

30%～50%是盐。所有的盐必须经过政府各个机构。政府为商人颁布许可证，不仅告诉商人他们能够出口多少货物，而且告诉他们出口到什么地方以及价格是多少。看看，这种经营盐的模式和范蠡贩盐有多么相像！然而，也有不同，无论是马可·波罗还是他的父亲和叔叔，都没有把良知文化带回到威尼斯。

威尼斯想要控制整个市场，但是管理当局还要维护威尼斯富丽堂皇的公共建筑和复杂的水压系统，以免城市被冲走。威尼斯宏伟并受到珍爱的市容，它的众多雕塑和装饰，都是由原管理当局资助的。

威尼斯小心谨慎地建立起可靠供货者的声誉，因此，要求与商业国家订立契约，由威尼斯规定这些契约的条款。1250年，当威尼斯同意向曼图亚和费拉拉提供盐时规定这些城市将不能再从其他地方购买，这成为威尼斯盐买卖契约的标准模式。

随着威尼斯为越来越多的国家提供盐，它开始需要越来越多的制盐者，以便从这些制盐者手中购买所需的盐。由盐管理当局所资助的商人深入地中海各地，从亚历山大、埃及到阿尔及利亚，再到黑海中的克里米亚半岛、萨丁岛、伊比沙岛、克里特岛和塞浦路斯。无论他们走到哪里，都试图控制商品供给，控制盐场，甚至在可能的情况下占为己有。

威尼斯通过控制盐的生产来操纵市场，13世纪末，威尼斯希望提高世界市场价格，因此摧毁了克里特岛所有的盐场，并且禁止当地生产，随后又调入当地消费所需要的全部用盐，建起许多商店，以出售这些进口盐，并且向原厂的所有者支付损失补偿金，这一政策既用来控制盐的价格，又使当地人很满意。但是两个世纪之后，一支运营的舰队从亚历山大出发，在途中迷失了方向，之后，克里特岛上的农民便处于危机之中，因为岛上的盐如此稀缺，以至于他们无法再制作奶酪，这是一种水分已经完全蒸发的凝固牛奶，是用食盐加以保存的。

1473年，威尼斯占领了塞尔维亚，强迫这一昔日的竞争对手同意只向它们出售盐，塞尔维亚经过谈判争取到的唯一例外条件是继续向附近的波河山谷提供一种大腊肠。当威尼斯新的主要对手热那亚使伊比沙岛成为地中海最大的产盐地时，威尼斯人使塞浦路斯成为第二大产盐地。1489年，塞浦路斯正式成为威尼斯的属地。

为了加强其无情操纵商业和控制领土的能力,威尼斯维持着商船的数量,作为海军的补充力量,并且在需要时投入战斗之中,威尼斯海军在亚得里亚海巡航拦截船只,检查货物,并且要求出示许可证件,以确认所有的商业交通符合其管制的要求。

除了中国,没有哪个国家像威尼斯那样将其经济建立在盐的基础之上,或者建立了如此广泛的盐管制政策。因为波罗家族的存在,这应该并不完全是一种巧合。而波罗家族从中国带回来的所见所闻,其影响的范围是难以测度的。例如,莎士比亚代表作之一《威尼斯商人》,主题是歌颂仁爱、友谊和爱情,同时也表现了作者对资产阶级社会中金钱、法律和宗教等问题的人文主义思想。而美洲的历史,就是一部连绵不断为盐而战的战争史——谁控制了盐,谁就会拥有权力。如果马可波罗当初不仅带回去了方法,也带回去了心法,还会有这样的历史吗?

真正的"义中取利"模式,是讲"理"的。明朝海禁前曾经出现过这样一位徽商:他做"国际贸易"起家,名字叫汪直,至今在日本平户还有他的塑像,作为对日本影响最大的五位外国人之一,被日本人祭拜。然而《明史》里却称汪直为倭寇和海盗之首。

当时,葡萄牙人于大航海时代来到中国,他们想用火枪火炮交换中国商人的丝绸、瓷器和茶叶。而明朝正处于和平时期,爱好和平的中国人也不可能因为火枪和火炮想到去发动战争,政府又没有意识到这种新式武器对于国防的重要性,所以,火枪火炮对于当时的中国没用。而葡萄牙人又没有银子,就这样,交易没法进行下去。汪直看到了商机,他了解到日本处于战国年代,火枪火炮卖到日本后,可以帮助日本平息战乱。于是他交了日本朋友丰臣秀吉,然后带领葡萄牙人来到日本,他们一方面购买了火枪火炮,另一方面自己开始仿制,最终通过新式武器结束了日本的战国时代。而日本产白银,葡萄牙人的枪炮过去后,日本的白银通过汪直流入了中国,再换成丝绸、瓷器和茶叶,由葡萄牙人带回欧洲。中欧的海上贸易之路就此打通。整个过程中,汪直相当于搭建了一个公共服务平台将各方连接起来,让多元化的各方共同参与、共创共享。然而,当世界海洋时代拉开帷幕的时候,拥有着强大海上力量的明王朝却因为认为天朝什么都不缺,不需要开放。

即便是在"闭关锁国"的状态下,中国的瓷器也远销欧洲,在当时中国瓷器受追捧的程度超过了今天的苹果手机。已经看到未来的汪直,一再通过各种渠道上书朝廷"开市",最终却被朝廷所杀。"带甲经商论海王,息兵开市铸奇冤",说的就是汪直。即使在临刑前,汪直的心中装的还是老百姓:"死吾一人,恐苦两浙百姓!"也就是说,莎士比亚之问,对于有着人文精神的中国人来说,根本就不是个问题。能够为天下做事、融入天下的人,又何必在乎生存或者毁灭呢? 深明大义的人,在乎的始终就是为百姓做点事。讲人权的人,忠于所言;讲"理"的人,忠于内心。

和子贡相比,汪直发的也是战争财,而且是日本的战争财,但是日本人非但不嫌弃他,还感激他、敬重他,为什么呢? 因为他从日本人的主观期望出发,帮助日本平息战争,客观上又为日本带去了新的技术,同时,也带去了一种新的经营模式,以及这种模式背后的理念——汪直毕竟是一名儒商,在经商的同时,还在传播朱熹理学。他之所以能够在欧洲商人、日本人和中国商人之间左右逢源,归根到底,就在于讲"理"的他忠于内心、有诚意。汪直之后,或许是因为微商吸收了他的"血"的教训吧,开始重视公关了。

由此可见,汪直与范蠡,虽然相隔两千年,却是一脉相承。那么,他们之间是如何传承的呢? 这就要重新说到朱熹了。我们知道,徽商走到哪里,都要拜朱熹。徽商拜朱熹,拜的就是"理"。所以,朱熹应该是其中的纽带。我们只要搞清楚朱熹和范蠡的联系,就能够解释其中的传承关系。在研究朱熹和范蠡的关系之前,我们再举一个当代的案例,说明朱熹理学对于商业的影响力,这个案例,就是有着"买全球、卖全球"之称的义乌。"无中生有""莫名其妙""点石成金",这三个词是习近平总书记对义乌的评价,"勤耕好学、刚正勇为、诚信包容"是义乌精神的集中体现。以诚信为例,早在20世纪80年代义乌人对于假冒伪劣就定下了铁规,叫"不打不繁荣,小打小繁荣,大打大繁荣,越打越繁荣"。至于"客人是条龙,不来要受穷""大人流带动大物流和大资金流",这些朴素的话无不体现了义乌人的包容。义乌精神由世世代代的义乌人在生产生活之中凝练而成,而乡贤文化深刻地塑造着义乌的民风习俗。义乌乡贤历来重视耕读传家,勤耕积累家业,培育子弟读书明理,报效国家和社会。

追溯义乌的乡贤文化,我们会发现和其他地方的不同之处在于:这里在元代是重要的儒学基地。从元代儒学人物籍贯分布角度来看,元代儒学主要以江南人士为主,而江南儒学又以浙江人数为多。有史可考、有据可查的元代儒学人物共 698 人,浙江 303 人。元代儒学一为朱子理学,一为象山心学,而当时的义乌,因为朱熹学生徐侨和女婿黄幹的缘故,为朱子学的旧阵地。"崖山之后,再无中华",说的是宋元崖山海战之后,中华民族的文脉被割断了,最明显的体现就是元代"十儒九丐"。然而在义乌,在理学没有被朱元璋用于加强封建专制中央集权,没有被朱元璋抛弃掉"明理躬行,治经史以致用"之前,朱子理学却多了一百年的薪火传承。这一百年的影响有多大呢?《共产党宣言》由义乌人陈望道先生翻译而成,真理的味道从他这里传遍全中国,和这一百年不无关系!

静水深流

据说范蠡从家乡南阳去越国,路经鲁国的时候拜访过孔子。也很可能因为这样的交情才给了子贡"存鲁、乱齐、破吴、强晋、霸越"的底气,甚至不排除范蠡去越国前就已经和子贡谋划好了。但这些已无从考证。我们只能从孔子和范蠡生于同一时代、范蠡从南阳到越国的路线和范蠡在经商过程中体现出来的儒家精神,反推出他这个道家出身的人,从孔子那里得到过真传。而朱熹对于儒家的贡献,本来就是"引道入儒",道家哲学在朱熹理学的形成过程中具有重要的作用。而儒道之所以能够合流,在于它们有着共同的源头:河图和洛书。

《易·系辞上》说:"河出图,洛出书,圣人则之。"这个圣人就是中华人文始祖伏羲。《山海经》中写道:"伏羲得河图,夏人因之,曰《连山》,黄帝得河图,商人因之,曰《归芷》,列山氏得河图,周人因之,曰《周易》。"但记载的河图直到宋代初年才被发现,始传于宋代华山道士陈抟。他吸收汉唐九宫说与五行生成数,提出一个图式,名龙图。之后,刘牧将陈抟龙图发展为河图、洛书两种图式,将九宫图称为河图,五行生成图称为洛书。南宋朱震于《周易挂图》中载其图。但南宋蔡元定认为刘牧将河图与洛书颠倒了,将九宫图称为洛书,五行生成图称为河图。朱熹《周易本义》卷首载其图。后世所称一般以蔡说为准。以欧阳修为代表的疑古派则视河、洛为怪妄,并大肆攻击,其《易童子问》否定伏羲授河图画八卦,认为河图不在《易》之前。但王安石、苏轼不赞成欧阳修的观点。由于河图为体、洛书为用,我们重点以河图为例。

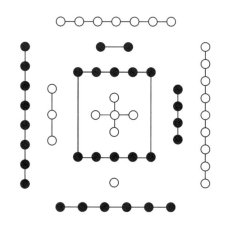

河图中"○"表示1,"●●"表示2;……依次类推,河图含有1~10共10个自然数。"○"代表天数(奇数),"●"代表地数(偶数)。"书不尽言,言不尽意""圣人立象以尽意",河图中的象数体现出来的意,至简至易,就是万事万物究竟是如何生成的。河图将之总结为:天一生水、地六成之;地二生火、天七成之;天三生木、地八成之;地四生金,天九成之;天五生土,地十成之。河图是怎么形成的?《宋文鉴》中载有《龙图序》一文,讲到了龙图三变的说法,即一变为天地未合之数,二变为天地已合之位,三变为龙马负图之形。第一变:"始龙图之未合也,惟五十五数。上二十五,天数也。中贯三五九,外包之十五,尽天三天五天九并十五之位,后形一六无位,又显二十四之为用也。兹所谓天垂象矣。下三十,地数也,亦分五位,皆明五之用也。十分而为六,形地之象焉。"第二变:"六分而成四象,地六不配。在上则一不配,形二十四,在下则六不用,亦形二十四。"第三变即龙马负图之形。这自然是玄学,而非科学。

同样的问题在西方,没有交给玄学,而是交给了上帝。直到牛顿,他讲清楚了重量,却把质量的问题仍然交给了上帝。现在,粒子物理学通过引入希格斯粒子,几乎找到了万事万物的生成之理。希格斯粒子也被称为"上帝粒子",它是为了解释基本粒子——组成宇宙的基本单元,如何获得它们的质量而被引入粒子物理学标准模型。希格斯粒子对从电子到人类乃至星系所有的质量负责。如果没有这种粒子,就没有原子,没有分子,没有细胞,当然也没有人类。

标准模型是一套描述强力、弱力及电磁力这三种基本力及组成所有物质的基本粒子的理论。它隶属量子场论的范畴,并与量子力学及狭义相对论相容。标准模型包含费米子及玻色子两类,费米子组成物质的粒子,而玻色子负责传递各种作用力。标准模型所包含的玻色子包括负责传递电磁力的光子,负责传递弱核力的 W 及 Z 玻色子,负责传递强核力的 8 种胶子等规范玻色子,以及负责引导规范变换中的对称性自发破缺的希格斯粒子。

希格斯粒子于 1964 年由英国物理学家希格斯(Peter Higgs)提出,他认为当自发对称性破缺发生时,存在无质量无自旋的粒子,但它将变成规范粒子的螺旋性为零的分量,从而使规范粒子获得质量。这一方法被标准模型所借鉴,标准模型通过引入基本标量场,即希格斯场,来实现所谓希格斯机制。通过希格斯场产生对称性破缺,同时在现实世界留下了一个自旋为零的希格斯粒子。这样也就明白了为何希格斯粒子如此重要,可以说它是整个标准模型的基石,如果希格斯粒子不存在,将使整个标准模型失去效力。希格斯粒子因此被称为"上帝粒子"。

更加有趣的是,美国曾进行的一项原子撞击实验结果显示,所谓的"上帝粒子"实际上可能是 5 种截然不同的粒子。一些理论家就此认为希格斯玻色子并不单单指一种粒子,而是多种质量相似但所带电荷存在差异的粒子。美国伊利诺伊州巴达维亚费米实验室的研究人员指出,他们发现了能够证明这种"多种粒子理论"存在的证据。

至于对称性破缺,李政道认为对称性原理均根植于"不可观测量"的理论假设上;不可观测就意味着对称性,任何不对称性的发现必定意味着存在某种可观测量。假如没有对称性破缺,这个世界将会失去活力,也将是单调、黯淡的,也不会有生物。

对于读者而言,无论是人文的龙图三变还是科学的希格斯机制,都未免过于抽象。然而,当人文和科学连接、互为补充的时候,我们便会豁然开朗。所谓一变为天地未合之数,即未观测、未发生对称性破缺时候的数,河图的内层体现的正是李政道博士说的对称性原理。所谓二变为天地已合之位,就是通过希格斯场产生对称性破缺,同时在现实世界留下了一个自旋为零的希格斯粒子,这就是天一生水。所谓三变为龙马负图之形,其体现的左旋五行的万物相生之序,就是希格斯粒子使规范粒子获得质量,玻色子开始传递各种作用力。

老子《道德经》说"道生一,一生二,二生三,三生万",朱熹在《太极图说解》中说:"五行,一阴阳也;阴阳,一太极也;太极,本无极也。"朱熹说的无极就是老子说的道,朱熹说的太极、阴阳和五行分别对应于老子说的一、二、三,说的都是龙马负图三变。实践中,范蠡提出的"均衡盐价"唤醒了人们公平的意识,起到的作用就是"对称性破缺"。中山先生提出的"天下为公"和毛主席提出的"打土豪分田地",也是一样。在他们的领导下,中国人曾经活出过"龙马精神"。在《太极图说解》中朱熹接着写道:"以质而语其生之序,则曰水、火、木、金、土,而水、木,阳也,火、金,阴也。以气而语其行之序,则曰木、火、土、金、水,而木、火,阳也,金、水,阴也。""五行具,则造化发育之具无不备矣。"

关于"天一生水、地二生火、天三生木、地四生金、天五生土"的"质生之序",除了粒子物理学的理论,我们还可以通过科学实证来验证。那曲地处唐古拉山南坡和念青唐古拉山北麓,当地平均海拔在 4 600 米以上,最高的桑顶康桑山,海拔约 6 600 米。季风型气候,令当地处于干燥极寒状态,年极端最低气温−41.2 ℃,年极端最高气温 23.60 ℃,气温平均日差 16.1 ℃,而且昼夜温差明显。到了每年 11 月至次年 6 月,就会出现大量积雪,每年平均的霜期在百天以上,而树木旺盛生长需要一定热量,在这样的生长环境中,树木很容易被冻坏。早在 20 世纪,当地就广泛传播着"只要种活一棵树,就得奖励三万元"的悬赏,但始终没人能做到。政府也用上百万经费来尝试栽种仍然失败。现在赏金升至 30 万元也无人问津。这就说明了水、火、木之间的"质生之序"。"木、金、土"的"质生之序"可以用土壤中的有机质与植物的营养关系来说明。为了种植出真正健康的植物，需要为土壤添加腐殖质或腐烂的植物原料，它们可以作为土壤中细菌、真菌和霉菌的食物。腐殖质是指已经腐殖化的有机物质，属于土壤中比较稳定的有机物质。有机质包括腐殖质和没有分解或没有完全分解的有机物质。简单讲，如果苹果掉到土壤里，那么这个苹果可以粗略地认为是土壤中的有机质，而不是腐殖质。但是经过一定时间后苹果腐烂了，剩下的部分就渐渐地变成了腐殖质。腐殖质可分为胡敏素、胡敏酸和富里酸，由 C、H、O、N、S 等元素组成，还有少量的 Ca、Mg、Fe、Si 等元素。这就讲清楚了"以质而语其生之序，则曰水、火、木、金、土"。

至于木、火、土、金、水的"气行之序"，已经成为生活中的常识。这里再举一个科学方面的例子。《科技日报》2020 年 4 月 22 日的消息，中美科学家团队用甚长基线干涉技术精确测量位于银盘上近 200 个大质量恒星的距离和自行，得到银河系旋臂的结构、太阳系的位置，以及它绕银河系中心旋转的速度，绘制出尺度为 10 万×10 万光年的全新银河系结构图。该图是迄今最精确的银河系结构图。"这张迄今最精确的银河系结构图清晰地展示出银河系是一个具有四条旋臂的棒旋星系，基本解决了银河系究竟有几条旋臂这个天文学中长期悬而未决的重大科学问题。"论文作者之一郑兴武说。21 世纪初，中、美、德、意、荷、韩、日、波 8 国 22 位天文学家筹划建立了"银河系棒和旋臂结构遗珍巡天"重大科学计划。该计划用等效口径大小为地球直径的甚长基线干涉阵，采用几何三角视差方法直接测量大质量恒星中脉泽源的距离和自行。郑兴武介绍，从 2003 年开始，研究团队测量了银盘上163 个大质量恒星中脉泽源的距离和自行，结合国际上其他团组测量的 37 个脉泽源，共获得了银河系中近 200 个大质量恒星的距离和自行。这些大质量恒星在银盘上的分布清晰地勾画出 4 条主旋臂，它们分别是英仙臂、人马—船底臂、矩尺臂和盾牌—半人马臂。研究团队结合红外、一氧化碳和大量年轻天体的观测资料，最终绘制出了银河系结构图，它是一个具有 4 条旋臂的棒旋星系。可以说，这就是宏观层面的河图之象。

回到朱熹这里，他讲清楚了太极、阴阳、五行和造化发育的关系之后，在

《太极图说解》中还将太极与诚做了类比。他说："诚者，圣人之本，物之终始，而命之道也。其动也，诚之通也，继之者善，万物之所资以始也；其静也，诚之复也，成之者性，万物各正其性命也。动极而静，静极复动，一动一静，互为其根，命之所以流行而不已也；动而生阳，静而生阴，分阴分阳，两仪立焉，分之所以一定而不移也。"朱熹的这个观点一度被指为唯心主义，然而，科学已经证明了诚实、同情和理解是一种可以改变粒子振动频率的内禀因果力。当唯心主义的帽子被摘除掉之后，朱熹的辩证法与唯物辩证法就"对立统一"了。毛主席说："对立统一的法则是自然和社会的根本法则，因而也是思维的根本法则。"既然是根本法则，对立统一的法则就应当对应到无极。无极就是道，道就体现在人首蛇身、尾交而上的伏羲女娲图腾中。无极而太极，诚类比于太极，意味着人们因根本法则，即尾交而上的伏羲女娲，而诚。

　　人们运用太极而不知太极的原理，正如很久以前人们使用火和水而不知其原理。尤其是水。水司空见惯，却有着非常奇怪的性质至今令科学家迷惑不解。比如说，大部分物质从液体变成固体的时候，它的体积会减小。但是水结成冰的时候，它的体积反而会变大，密度会减小，而且水在4℃的时候密度最大。这个现象跟大家的常识是相反的。另外，如果我们来做一个实验，把一瓶热水和一瓶冷水同时放进冰箱，你会发现热水比冷水更快结冰，这也是非常奇怪的现象。有人总结过，水大概有70多条反常特性，到目前为止，科学家还不能完全了解水内在的机制到底是什么，《科学》在创刊125周年的时候，提出了最具挑战性的125个科学问题，其中一个问题就是"水的结构是什么"。

　　在浙江杭州博物馆内收藏了一只青铜喷水震盆，叫阴阳鱼洗盆。它有两个把手，底部饰有四条鱼，鱼之间有四条清晰的抛物线。向其中装入半盆水，然后手掌揉搓把手，盆里的水会立刻翻滚，振动会使水从盆底的鱼嘴里喷出，形成四个两英尺高的喷泉。与此同时，盆里还会发出嗡嗡声。据说世界各地的科学家都曾慕名而来，发现他们的常识并不能解释这一独特现象后，望"盆"兴叹。现在，基于集成信息论，在水的结构还没有搞清楚之前，我们不妨做一个假设：水中有太极，太极就是一种内禀因果力，其能量由集成信息值表征，双手摩擦铜耳产生的频率是输入，共振频率是输出，输入不变的情况下,集成信息值越大,输出越大。

今天仍在造福人民的都江堰,是中国古人运用太极的杰作。理论来自实践,指导实践,并在实践中被检验。如果我们能够从都江堰的实践中总结出一套理论,再用范蠡和朱熹的实践来检验,便可以用来指导今天的实践,在实践中被继续检验。

号称"天府之国"的成都平原,在古代是一个水旱灾害十分严重的地方。李白在《蜀道难》这篇著名的诗歌中"蚕丛及鱼凫,开国何茫然""人或成鱼鳖"的感叹和惨状,就是那个时代的真实写照。这种状况是由岷江和成都平原"恶劣"的自然条件造成的。岷江是长江上游的一大支流,流经的四川盆地西部是中国多雨地区。岷江出岷山山脉,原来岷江上游流经地势陡峻的万山丛中,一到成都平原,水速突然减慢,因而夹带的大量泥沙和岩石随即沉积下来,淤塞了河道,让岷江对整个成都平原成为地道的地上悬江,而且悬得十分厉害。而成都平原的整个地势从岷江出山口玉垒山,向东南倾斜,坡度很大,都江堰距成都50千米,而落差竟达273米。所以在古代每当岷江洪水泛滥,成都平原就是一片汪洋;一遇旱灾,又是赤地千里,颗粒无收。岷江水患长期祸及西川,鲸吞良田,侵扰民生,成为古蜀国生存发展的一大障碍。

都江堰的创建,又有其特定的历史根源。战国时期,刀兵峰起,战乱纷呈,饱受战乱之苦的人民,渴望中国尽快统一。经过商鞅变法改革的秦国一时名君贤相辈出,国势日盛。他们正确认识到巴、蜀在统一中国过程中特殊的战略地位,"得蜀则得楚,楚亡则天下并矣"。在这一历史大背景下,战国末期秦昭王委任知天文、识地理、隐居岷峨的李冰为蜀郡太守。李冰上任后,首先下决心根治岷江水患,发展川西农业,造福成都平原,为秦国统一中国创造经济基础。

都江堰的整体规划是将岷江水流分成两条,其中一条水流引入成都平原,这样既可以分洪减灾,又可以引水灌田、变害为利。主体工程包括鱼嘴分水堤、飞沙堰溢洪道和宝瓶口进水口。之所以要修宝瓶口,是因为只有打通玉垒山,使岷江水能够畅通流向东边,才可以减少西边的江水的流量,使西边的江水不再泛滥,同时也能解除东边地区的干旱,使滔滔江水流入旱区,灌溉那里的良田。这是治水患的关键环节,也是都江堰工程的第一步。由于当时还未发明火药,李冰便以火烧石,使岩石爆裂。

宝瓶口引水工程完成后,虽然起到了分流和灌溉的作用,但因江东地势较高,江水难以流入宝瓶口,为了使岷江水能够顺利东流且保持一定的流量,并充分发挥宝瓶口的分洪和灌溉作用,李冰在开凿完宝瓶口以后,又决定在岷江中修筑分水堰,将江水分为两支:一支顺江而下,另一支被迫流入宝瓶口。由于分水堰前端的形状好像一条鱼的头部,所以被称为"鱼嘴"。鱼嘴的建成将上游奔流的江水一分为二:西边称为外江,它沿岷江顺流而下;东边称为内江,它流入宝瓶口。由于内江窄而深,外江宽而浅,这样枯水季节水位较低,则60%的江水流入河床低的内江,保证了成都平原的生产生活用水;而当洪水来临,由于水位较高,于是大部分江水从江面较宽的外江排走,这种自动分配内外江水量的设计就是所谓的"四六分水"。

为了进一步控制流入宝瓶口的水量,起到分洪和减灾的作用,防止灌溉区的水量忽大忽小、不能保持稳定的情况,李冰又在鱼嘴分水堤的尾部,靠着宝瓶口的地方,修建了分洪用的平水槽和"飞沙堰"溢洪道,以保证内江无灾害,溢洪道前修有弯道,江水形成环流,江水超过堰顶时洪水中夹带的泥石便流入外江,这样便不会淤塞内江和宝瓶口水道,故取名"飞沙堰"。飞沙堰采用竹笼装卵石的办法堆筑,堰顶做到比较合适的高度,起一种调节水量的作用。当内江水位过高的时候,洪水就经由平水槽漫过飞沙堰流入外江,使得进入宝瓶口的水量不致太大,保障内江灌溉区免遭水灾;同时,漫过飞沙堰流入外江的水流产生了漩涡,由于离心作用,泥沙甚至是巨石都会被抛过飞沙堰,因此还可以有效地减少泥沙在宝瓶口周围的沉积。为了观测和控制内江水量,李冰又雕刻了三个石桩人像,放于水中,以"枯水不淹足,洪水不过肩"来确定水位。还凿制石马置于江心,以此作为每年最小水量时淘滩的标准。在李冰的组织带领下,人们克服重重困难,经过八年的努力,终于建成了这一历史工程——都江堰。

"道"是无极,是对立统一的法则,反映在水上,就是"水利万物而不争"。

"道生一",这个一,既是太极也是诚,用今天的话说,就是理念,即李冰父子下的决心:根治岷江水患,发展川西农业,造福成都平原,为秦国统一中国创造经济基础。"一生二",这个二,是阴阳,是岷江西边低、东边高的地势和上游急、下游缓的水势。"二生三",是都江堰系统:外江、宝瓶口、内江、分水堰和飞沙堰,对应水、火、木、金、土的"质生之序";都江堰修建好后,水的矛盾运动的"气行之序"是内江、宝瓶口、飞沙堰、分水堰和自然这个总源头,即木生火、火生土、土生金、金生水、水生木。宝瓶口(火)、飞沙堰(土)和分水堰(金)形成的是一个像传送门一样的"开合枢"结构。自然(水)是生命之源,内江(木)乃万物之本,水木互为同根,同为本源。

这个规律被揭示出来之后,便可以化繁为简了:首先要有理念,先定性;在理念的推动下,会抓住"反"和"弱"的矛盾,做定位;再在互为同根的本源之间系统定义"开合枢"。我们称之为"三定法则":理念定性,矛盾定位,系统定义。理念定性在于天下大有的情怀;矛盾定位在于以空摄有的智慧;系统定义在于无中生有的功力。三者结合,静水深流、舒展生命、造福社会。"三定"也可以对应《易经》的"三易":理念不易,矛盾变易,系统简易。"易"字由日和月构成,日月是不易的,是变易的,也是简易的。还可以用毛泽东思想来解释。习近平同志精辟指出:毛泽东思想的灵魂,即贯穿其间的立场、观点、方法,也就是哲思,是"实事求是、群众路线、独立自主"这三条。群众路线,理念先行;实事求是,正知正行;独立自主,大化流行。

至于范蠡,在辅助勾践雪耻之后,他生出了用计然之策助人们治家的理念。在理念的推动下,他发现了内陆穷人吃不起盐的"反"和内陆富人吃不到鱼的"弱",便针对矛盾做出了"均衡盐价"的承诺。"均衡盐价"(需求)相当于"宝瓶口",供应体系相当于"飞沙堰",服务体系(卖鱼和盐的人)相当于"分水堰",需求牵引供给、供给创造需求的开合枢系统就这样定义了。朱熹也是一样,他所坚持的理念让他反青苗法而行之,通过系统定义的社仓法,让"死米变为活米"。

值得注意的是,都江堰系统中在气的带动下流动的是水,范蠡和朱熹设计的系统中在气的带动下流动的是意识,水从高处流向低处,意识则是从低处流向高处,正所谓"水往低处流,人往高处走"。"人往高处走",不是地位往高处提升,而是意识往高处提升。人痛苦的时候,就像西低东高的地形导致一边涝、一边旱,而处于低谷、自下而上获得的温暖,就像自上而下的水带来的能量,接下来只要给人以有意义的方向(开)、可持续的供给(合)和有温度的服务(枢),人便会在意识往上走的过程中爆发出不可思议的潜能。

马克思说:"意识一开始就是社会的产物,而且只要人类还存在着,它就仍然是这种产物。意识是自然界长期发展的产物,在这一过程中,一切物质都具有的反应特性是人类意识产生的物质基础,生物的反应形式是人类意识产生的前提;它也是社会发展的产物,劳动和社会交往促进了人脑的生成和语言的产生,提供和丰富了意识的内容。因此,意识是物质世界长期发展的产物。"现代科学给意识下的定义是:"意识"或"主观感受"是指在任何一种体验中识别固有属性的能力。例如,能感受巧克力酱的美味,牙齿感染时难以忍受的疼痛、无聊时度日如年的感觉,以及比赛前的昂扬斗志和焦虑。总之,如果一个系统能够感受到某件事物,我们就会认为该系统是有意识的。

意识的提升离不开共振。通常人们认为只有拥有相同的波动频率才会同频共振。实际上,即使波动频率不同,但只要二者呈倍数,一样可以产生共振。如用钢琴同时弹出 440 赫兹的"la"和低八度的 220 赫兹的"la"音,能听到非常悦耳的音乐。而在音叉上敲出上述相差一个八度的两个音,则会产生共鸣。只要一个波动频率是另一个波动频率的 2 倍、4 倍、8 倍、16 倍或者 1/2、1/4、1/8,均能产生共鸣,而且这个数字可以无限延伸下去。也就是说,无论波动频率相差多少,只要二者呈倍数,就可以产生共振。从另一个角度理解,不管二者的频率有多大差别,都可以共振。

即使不呈倍数,在内禀因果力的作用下,也能够将频率调成呈倍数。例如,准备 64 个钟摆,确切地说应该是节拍器,人为地随机拨动它们,你会看到混乱的节奏,你会听到嘈杂的"嗒嗒嗒"声。一开始的时候,它们没有任何规律,就是按照自己的节奏,嗒嗒嗒地摆动,但是过了 1 分钟 20 秒钟之后,你会发现情况有点不对劲,有几个节拍器的指针同步运动了,这时候声音依旧嘈杂。到 3 分钟的时候,奇迹就会发生:所有的指针频率完全一致,声音整齐划一。这个实验源自荷兰物理学家、摆钟的发明人克里斯蒂安·惠更斯,当时他正生着小病躺在床上,看着自家墙上的两个挂钟"咔嗒咔嗒"响。这时惠更斯发现了一件了不得的事:不论两个挂钟的钟摆如何开始摆动,只要给它们半个小时,钟摆最终都会以相同的频率,朝相反的方向摆动。这个奇怪的效应自被发现起就成了一个谜。三百多年后,终于有科学家认真研究了这个现象。科学家们将两个挂钟挂在同一根梁上,发现两个挂钟分别向这根横梁施加着微小的力来影响另一个钟。进一步的研究表明,当两个钟摆分别左右摆动时,脉冲声波可以通过梁传播到另一个钟上。这些脉冲声波能够干扰钟摆的摆动,最终使两个钟摆同步。

没有任何思想的钟摆,都可以自动跟着群体的步伐修正自己摆动的方向。当众多的人因为共同的理念走到一起,即使是在网络虚拟空间,只要够诚,就会共振。同频之后再步调一致,振幅便会提升,能量会进一步增大,这便是"集义成气"。参与的人越多,共振越强,气就越足。如果把意识比作软件,身体比作硬件,意识和身体形成的不同"钟摆"要想相互影响同频共振,还需要一根梁,这根梁就是"诚",它相当于软件和硬件之间的操作系统。这就是精诚所至、金石为开的原理。

这个原理,显然不同于埃隆·马斯克说的第一性原理,即"打破一切知识的藩篱,回归到事物本源去思考基础性的问题,在不参照经验或者其他的情况下,从物质/世界的最本源出发思考事物/系统"。2020 年 4 月 25 日的消息显示,马斯克的特斯拉公司申请的新电极专利可使电动汽车电池寿命超过 160 万千米,意味着未来的特斯拉电动汽车,在不更换电池的情况下,累计行驶里程有望超过 100 万千米。但我们应当看到,马斯克的真正热情所在是飞往太空。微软联合创始人、和盖茨分道扬镳的保罗·艾伦,也有一个太空梦,做着同样梦的人,还有亚马逊的贝索斯。梦想本没有错,关键在于要搞清楚科技大亨们究竟在做什么梦。艾伦、贝索斯和马斯克,都无一例外地表示,对科幻作品的爱好是激励他们投资太空的一部分原因。然而,科幻作品最好的功能不在于探索遥远的将来或是科学上难以置信的事物,而是探索科学、技术和社会之间的互动关系。它们揭示的可能场景可以使我们更好地理解身边的社会,要做到这一点,有时需要抛开科学上的合理性,这正如金庸的武侠小说起到的作用一样。富人向来会因为自己古怪的兴趣而资助科学和艺术,具体方式也是五花八门的。现在的亿万富豪也面对同样的场景。想必会有不少人鼓励他们花钱追逐太空歌剧,虽然这么做要么会因为科学限制无法实现,要么就是以灾难收场。但更重要的是,技术大亨们可以借助他们公司的运营,改造我们当下的生活,像比尔·盖茨先生那样,通过投资帮忙解决那些威胁人类的问题。做到这一点是需要想象力的,但这并不是我们在孩童时期绘在科幻书封面上的那种想象力。这是一种将我们带往广阔宇宙,从而引起我们深思的想象力,能够使我们重新审视茫茫宇宙中的这一所居处,这个脆弱的浅蓝色小点,并思索怎样才能将它建设成更美好的家园。

具有想象力的比尔·盖茨先生最近在他的个人网站上发表了一篇讨论全球气候变暖问题的长文《我们如何走向零碳排放的世界》,文章中,比尔·盖茨谈到旅行与气候变化问题的关系,认为随着更多的人驾驶交通工具进行长途旅行,汽车尾气排放正在成为一个日益严重的环境问题,他呼吁人们采取措施,尽可能少地使用燃料汽车进行长途旅行,从而为全球气候变暖做出个人的贡献。在文章中,比尔·盖茨认为,为了减少碳排放,有两件事可以解决当前有关气候变化的世界性问题:一件事是使用电动汽车,另外一件事是广泛采用清洁能源。比尔·盖茨说,过去几年,电动汽车的电池价格已经大幅下降,续航能力显著提升,电动汽车已经能够被大多数人所接受,但是像皮卡或者大型运输车辆,仍然无法使用电池驱动。因此,仍然需要通过采用清洁能源和生物燃料技术来解决。在谈到电动皮卡时,比尔·盖茨居然忽略了曾经火遍网络的特斯拉电动皮卡 Cybertruck,而是提到两家名不见经传的小众新车企,这让人大感意外,也大跌眼镜,甚至谈到像通用和福特这样的老车企,也都已经开始制造电动汽车的事实,但是矢口不提大名鼎鼎的特斯拉和名震江湖的马斯克。有人说这是因为比尔·盖茨嫉妒新生代技术男代表马斯克,这未免低估了盖茨先生的智商和情商了吧?

先秦时期人们自称"朕",从秦始皇开始只有皇帝才能自称"朕"。朕的象形字左边是"舟"、右边是"火",本义是每个人都像舟一样将火从一地送往另一地。火和意识一样,都具有矛盾的力量,能带来温暖与光明,也能带来伤害与毁灭。因此,"朕"的本意很有可能就是让人能够像舟一样将意识从一地运往另一地。也可以这样理解,意识是软件,软件的运行一方面离不开硬件,另一方面还需要一个操作系统才能互相联系起来。舟是硬件,水中的太极是操作系统。经过战国之乱的人们,显然已不再适合自称为"朕",因为各营其私的人们传递的火伤害大于温暖、毁灭大于光明——"诚"这个操作系统没有了。始皇帝把称"朕"的权力收回,他的心意很有可能是,我先做好表率,你们大家再跟上。现在到了跟上的时代了,因为数字化的时代,我们每个人都有机会成为"朕"。

2015 年,阴阳五行被写进《中国人科学素养基准》,引起了轩然大波。中科院的两位科学家为此展开了一场非常精彩的辩论。正方观点:阴阳五行在中国古代文明的发展过程中起到重大的并且是积极的作用,应该成为人类科学发展史的一部分,并且阴阳五行中的天人合一观念对于推动现代科学的进一步发展,具有有益的补充和启示作用。反方观点更加鲜明:科学讲逻辑、定量和实证,阴阳五行有逻辑,有一点定量,但是没有实证,因此不是科学,既然不是科学,就肯定不适合写进《中国人科学素养基准》。最有意思的是主持人的观点,他说科学有广义和狭义之分,我们讲的科学是狭义上的科学,还应该有广义上的科学,阴阳五行就属于广义上的科学。但是什么时候提广义科学,有一个历史阶段性的问题。言下之意,在中国人科学素养普遍不高的时候,还是应该注重狭义科学的普及,现阶段普及阴阳五行,可能会让科学素养本来就不高的国人更加不具备科学素养。

科学自然不应该有广义和狭义之分,科学就是科学,科学的定义不应该也不会有任何的模糊性。阴阳五行的思维不符合科学,自然不应该写进《中国人科学素养基准》,而应该被写进《中国人人文素养基准》,因为阴阳五行是中国传统图法文化体系的一部分,是人文的重要组成部分,是对科学的补充。

或许有人会说,所谓的中国传统图法文化体系,不就是"按图索骥"吗?按图索骥的成语来自春秋时期秦国一个叫孙阳的人,他因为擅长相马,被称为伯乐。伯乐的儿子把父亲用经验写的《相马经》背得很熟,以为自己也有了认马的本领。一天,伯乐的儿子在路边看见了一只癞蛤蟆。他想起书上说额头隆起、眼睛明亮、有四个大蹄子的就是好马。他想:"这家伙的额头隆起来,眼睛又大又亮,不正是一匹千里马吗?"于是他对父亲说:"我找到一匹(千里)马,其他条件都符合,就是蹄子不够大!"伯乐知道儿子很笨,被他气得笑了起来,说:"你找到的马太爱跳了,不能骑啊!"后来人们就用按图索骥来比喻按照线索寻找,也比喻办事机械、死板。但是我们不能够因为伯乐的儿子把癞蛤蟆当作千里马,就说伯乐的《相马经》有问题,也不能因为某些人按河图、太极图、阴阳五行图索骥,就否定中华传统图法文化。

当我们用地图找路的时候,为什么不会出现"按图索骥"的现象呢? 这是因为我们知道自己在哪儿,知道自己要去哪儿。

在儒学中,有一个传承了两千多年的密码——"格物致知",古代许多大儒都想解开这个密码。"格物致知"这四个字出自儒家经典《大学》:"古之欲明明德于天下者,先治其国,欲治其国者,先齐其家;欲齐其家者,先修其身;欲修其身者,先正其心;欲正其心者,先诚其意;欲诚其意者,先致其知,致知在格物。物格而后知至,知至而后意诚,意诚而后心正,心正而后身修,身修而后家齐,家齐而后国治,国治而后天下平。"《大学》是重要的儒家经典,四书之一,而"格物致知"是《大学》中"治国平天下"的基础,因此受到儒家学者的重视。治国平天下必须理念先行,所以,"格物致知"既然是治国平天下的条件,也就是理念形成的条件。"致知"之后再"诚意","诚意"之后再"正心",理念就这样形成了。

问题在于,《大学》并未对"格物致知"进行解释,而先秦其他典籍中也未出现这种说法。因此"格物致知"到底指什么,竟成为后世学者争论不休的千古谜题。很多思想家都通过解释"格物致知"来阐发自己的思想,以朱熹与王阳明最有代表性。

朱熹的格物致知,以他的"理"为基础。朱熹认为,理是宇宙的本体,世界的本原,万物的规律。比如庄稼什么时候种,什么时候收,这是理;做皇帝为什么要仁,做儿子为什么要孝,这也是理。事物的自然规律、人类社会的伦理道德,这些具体的理都是宇宙本体之理(这是最高的理)的体现,而学者的任务,就是认识最高的理,这样任何具体的理都在掌握之中了。那么怎么认识最高的理呢? 朱熹认为,既然具体事物的理体现了最高的理,因此学者要研究身边的事事物物,穷尽事物中的理,这叫作"格物穷理",格就是穷尽的意思。学者研究得多了,终有一天会豁然开朗,认识达到极致,也就是认识到了最高的理,这叫作"致知","致"是扩充的意思,致知就是扩充自己的认识,使之达到极致。

明代朱熹的学说占据着统治地位,王阳明一开始也相信朱熹的理论,所以他和朋友相约去格竹子中的理。结果他格了几天几夜,啥都没格出来,还大病了一场,这就是"亭前格竹"的典故。王阳明从此开始怀疑朱熹的学说。后来王阳明经过龙场悟道,豁然开朗,原来事物的自然规律与社会的伦理道德并不是一回事,伦理道德就存在于人的本心之中,不需要向外在事物中去寻求,这叫作"心即理"。在此基础上,王阳明发展了自己的格物致知说。他认为,这个"知"不是一般的认知,而是良知。每个人天生就知道什么是善,什么是恶,什么是对,什么是错,这就是良知。比如每个人见到一个小孩快要掉到井里去了,第一反应就是赶紧拉住他,这就是良知。人类社会的伦理道德,比如仁义礼智信忠孝廉耻等,都来自人的良知。每个人都有良知,那么为什么很多人会做坏事呢?王阳明认为这是由于在人的成长过程中,由于物欲的牵引,很多人迷失了本心,良知被遮蔽了,就像一面镜子,沾满了灰尘锈迹,变得昏暗不堪。所以有人说:小孩子才分对错,大人只看利弊。那么人如何才能使良知回复清明呢?王阳明说,这就需要格物致知的功夫。所谓格,就是"使之正"的意思;所谓物,就是"事情"的意思。正如王阳明所说:"意之所在便是物。如意在于事亲,即事亲便是一物;意在于事君,即事君便是一物;意在于视、听、言、动,即视、听、言、动便是一物。"(《传习录》)所以"格物"的意思就是纠正那些不对的事情。格物的过程,也是"存天理去人欲"的过程,久而久之,你心中的物欲就被去除了,良知达到了极致的光明,这就是致知。合起来就叫作"格物致知"。

事实上,王阳明和朱熹都受到佛学的影响。朱熹从"一即一切,一切即一"的观点悟出"月印万川":"如月在天,只一而已,及散在江湖,则随处可见,不可谓月已分也。"正是基于这样的认知,他才提出"格物穷理":认识最高的理,具体的理便掌握了。王阳明则从"以空摄有,空有不二"中悟出格物在于去除心中的物欲,"使之正"。但两个人的目标是一致的,因为儒学乃至中国文化传统中有个著名的"十六字心传":"道心惟微,人心惟危;惟精惟一,允执厥中。"

这十六个字记载在《尚书·大禹谟》中,据传源于尧舜禹禅让的故事。当尧把帝位传给舜以及舜把帝位传给禹的时候,所托付的是天下与百姓的重任,是华夏文明的火种;而谆谆嘱咐代代相传的便是以"心"为主题的这十六个字。《荀子·解蔽篇》中也有类似的引注,称:"《道经》曰:'人心之危,道心之微。'危微之几,惟明君子而后能知之。"最初,孔子力图通过礼乐的熏化克服人心惟危,在精神层面实现惟精惟一,达到允执阙中,这叫"致中";老子的方法是道法自然守住"道心惟微",在精气层面实现惟精惟一,做到允执阙中,这叫"守中";佛家的缘起性空说让人们认识到"惟精惟一"是性,人心也好、道心也罢,明心才能见性,这就是禅;朱熹理学的贡献在于将"允执"明确为"诚",阳明心学则是将明心见性与允执阙中做了大集成。

虽然有图有文字,还有真相,但今天如何将玄之又玄的"龙马负图三变"及其蕴含的"龙马精神",生动表达并且有效送达,帮助人们明心见性呢?年轻人对马斯克顶礼膜拜,因为小时候在电影里看到的"脑机互联"成真了,"达到了思想中预期的结果",(马斯克是英雄)认识便被证实了。

指望那些还在大谈特谈工业化的××代导演们拍出好电影,是不可能的,有些事却是立刻就能做到的。企业家曹德旺先生呼吁禁止评判谁是首富和彻底废止富豪榜。他认为富豪榜的排名只会让人发痒,不利于教育我们的公民。事实上,每一次排名都显示出人们和富人之间的差距,让人们觉得只有钱才是意义的全部。我们应该创造一个环境,让人们从小就能够感受到人不是金钱的奴隶,人活着还有更加重要的意义。例如,可不可以做一个企业家的"品质排行榜"呢?没有够格的中国企业家上榜,没有关系。放在那儿虚位以待,早晚会有人上榜的。

一通百通

柏拉图在《理想国》中写了这样一个故事:在一个黑暗的山洞里,几个人被绑在凳子上,背对着洞口,无法动弹。在他们的后面是一堵墙,墙外有一堆火，火发出的光将一些事物的影子投射在洞底的墙壁上，而被绑着的人只能看到墙壁上的影子。他们以为事物的真实样子就像洞壁上的影子一样——那就是真实的世界。直到有一天，有一个人挣脱了束缚，逃出山洞。他看到了外面的世界，他看到了一棵树，但是可能由于直面刺眼的阳光，他非常怀疑眼前的树是不是真的。当他的眼睛慢慢适应了外面的光线，他看清楚了那棵树，并且真实地触碰到它，他恍然大悟，马上跑回去告诉那些仍然被绑在凳子上的人：真实的世界在外面，这里只有虚假，只有影子。然而，当这个人将那些被绑着的人解绑之后，那些人却恼羞成怒，他们早已习惯了接受影子的"真实"，而把别人的劝告当作毒药，这些人就用石头把那个人砸死了。但是，他们毕竟已经挣脱了束缚，所以他们终于也看到了身后的墙，墙外的火，以及通往洞外的洞口，他们终于鼓起勇气走出去。这是意义重大的一刻！出了山洞，他们也看见了那棵树，一开始他们也怀疑，树和影子竟然同时出现了，到底哪一个是真的？但是他们无法否认，这棵树才是真实的树，可感可触的那棵树比它的影子要真实多了！结果是，有人害怕接受这种沉重的真实，逃回洞里去了；而幸运的是，有人留了下来，接着去探索崭新的神奇的世界。

孔子肯定也遇到了柏拉图式的问题。但奉行中庸之道的他，在"使知之"和"不使知之"之间，执其两端取其中，选择了"民可使由之，不可使知之"的"以文化之"，一举奠定了中华文化的高明之处。反过来看，如果当时孔子选择了"使知之"，并且把良知喊了出来，结果一定是让良知二字成为形而上学的"道德律令"。事实证明，正是由于一代又一代人的实践与传承，这粒当时还没有被叫作良知的种子被播种到越来越多的人的意识里。美国人的实验证明，印第安人的第一代都不会数学，你教这一代人，不管怎么教他们都学不会，但是他们的下一代学起数学来却容易多了。文化的习得自然也遵循同样的规律。

孔子时代"使民知之"不对，到了朱熹的时代做不到"使民知之"更不对，已经"使民由之"一千多年了，需要理论来解释和指导人们的实践了。然而，只要讲理，必须讲分，否则便和遁入空门的佛家无二了。如果说孔子关注的是"知"和"由"，防范"知而不由"的风险，朱熹重视的恰恰是"合"与"分"，防止"合而不分"的危害。先合再分没错,但分是合的条件;反过来,只讲分,不讲合,也不对。朱熹理学之于阳明心学,就是分之于合。分的方法虽然一时达不到合的目的,隔了几代人之后,就会有人顿悟出"合",这一方面是集体无意识使然,另一方面在于其弊端会促使人们寻找新的方案。王阳明抓住的就是这样的历史机遇。无论如何,提出良知理论的王阳明是伟大的,是他让孕育了两千多年的种子破土而发,让人们找到了由合到分的理论依据。然而,也不能因此忽视了朱熹的价值,更要感恩老庄的道和孔子的良苦用心以及一代又一代为之努力过的先贤们。

朱熹重视"分",还与当时的社会生活有关。英国史学家汤因比说过:"如果让我选择,我愿意活在中国的宋朝。"陈寅恪先生说:"华夏民族之文化,历数千载之演进,造极于赵宋之世。"人们之所以给宋朝如此高的评价,在于它莺歌燕舞,华哗玉瑾,性格如宋词般温婉,气质如兰花般高雅。它市列珠玑,云盈丰华,创造了不可一世的繁华和登峰造极的文化。

在宋朝,炫富不炫多,炫精,讲究精致,显然更符合现代人的口味。例如,与蔡京同时代的罗大经写过一个故事。有个士人在开封买了个奴婢,此女自言,从前曾在蔡京家做厨婢,专门负责做包子。那位士人听后很是高兴,就命她为自己做一笼包子,意在尝尝一代名相蔡京府中的包子是什么风味。不料,奴婢皱了皱眉说,做不了。士人又疑又气,说:"你刚才不是说,你从前是蔡太师家的厨婢吗?而且还是专门做包子的,怎么推托不会做呢?"奴婢回答说:"我虽是蔡太师厨房包子局的,但分在葱丝部,只负责拣葱切丝,其他如切姜丝之类,一概不管。至于包包子,更不在行了,因为另有一波人专项负责。"这就是宋朝上流社会人的日常。连一个包子都分工这么细,做出来能不精致,能不好吃吗?

自家豢养一帮厨子,蔡京当然会享受,但在当时还是略显老派了。宋朝的商品经济已相对发达,尤其是在两京,无论是新水果的获得还是包酒楼的饭菜待客,都跟现在没有大的差异。上层社会的消费,也习惯跟市场发生联系。南宋皇宫会从早市上买早点,宋高宗、宋孝宗爱吃市井小食,在宫中会"宣唤"市食,做得好的老字号,攀上皇家生意那是分分钟的事。比如李婆婆杂菜羹、贺四酪面、脏三猪胰、胡饼、戈家甜食等,都享受过"御定美食"的礼遇。

上流社会有钱有闲,不存在消费负担,最关键的是,在宋朝,做一个中产的概率比其他朝代都要高。宋代有个富民阶层,他们是民户中的富裕者,相当于我们今天说的中产阶级。这些人主要包括地主阶级中的乡村上三户以及坊郭户中从事商业、手工业等行业的富裕者。苏辙曾说:"惟州县之间,随其大小,皆有富民。"可以说,富民阶层成为宋代社会的中间层、稳定层和动力源。开封是北宋最富庶的地方,盛产富民。大中祥符八年(1015),宰相王旦说:"国家承平岁久,兼并之民,徭役不及,坐取厚利。京城资产,百万者至多,十万而上,比比皆是。"家产 100 万贯的人很多,10 万贯者比比皆是。而当时的小康标准大概是家产 1 万贯,这些人更加数不胜数了。明代文学家郎瑛曾经无比感慨:"今读《梦华录》《梦粱录》《武林旧事》,则宋之富盛,过今远矣。今天下一统,赋税尤繁,又无岁币之事,何一邑之间,千金之家,不过一二?"充满着对宋朝人的羡慕。

即使是穷人,生活也不差。宋朝打破阶层固化,向上流动的通道是开放的,向下滚动的通道也欢迎你。上至官僚富商,下至平民百姓,不管天灾人祸,都可能沦为穷民。一旦发生天灾,各地的流民纷纷涌入发达的地区等待政府的救济。伴随着财富向城中聚敛,两宋时期城乡之间的流动极为频繁。乞丐是最典型的穷民群体。沦为乞丐的原因各不相同,但宋朝有些乞丐原是读书人。读书是一笔不小的开销,如果家中无法负担,你又很上进,要靠科考改变命运,这时候你大可以一边乞讨一边求学。还有名落孙山的,只能以乞讨为生。不管你因遭遇什么困境而变成穷民或乞丐,宋朝政府都不会坐视不管的。这个朝代比起历史上任何朝代都更为重视慈善救助事业,并将其视为仁政的标志。救助乞丐、收养弃婴、救助城市赤贫者、帮助生病无钱求医者,都有专门的法律。根据宋朝的"居养法",政府为城市穷民提供临时性住房,同时按照"乞丐法"发放米豆,对疾病者施以药品。这基本是现在福利院的雏形了。经过有宋一代的努力,救济对象扩大到了社会的各个阶层,基本覆盖各个阶层中需要救助的人。在救助主体上,注重官方和民间的合作,南宋时期越来越依赖于民间救助力量,朱熹的社仓法就是在这一时期创建的。

不仅物质上富足,精神生活的富足也是众所周知的。这里再举一例。

宋人施德操在《北窗炙輠录》中写过一个小故事:一天夜里,宋仁宗在宫中听到很热闹的丝竹歌笑之声,就问宫人:"此何处作乐?"宫人回答:"此民间酒楼作乐处。"宫人紧接向仁宗抱怨诉苦:"皇上您听,外面民间是如此快活,哪似我们宫中如此冷冷落落。"仁宗回答说:"你知道吗?因我宫中如此冷落,外面人民才会如此快乐。我宫中若像外面如此快乐,那么民间就会冷冷落落。"民间的快乐胜过皇宫,这大抵是宋朝执政者集体追求的政绩。

还有言论自由。举荐朱熹的杨万里有诗云:万山不许一溪奔,拦得溪声日夜喧。等到前头山脚尽,堂堂小溪出前村。就算是发牢骚,也足见宋朝执政者的开明。

那么,有着如此灿烂文化的宋代,为什么在政治和军事上却给人以赢弱的感觉呢?类似的灾难在德国也曾经发生过,因为时间距离我们不远,搞清楚了德国这段历史,或许可以帮助我们解开"宋朝之谜"。从根本上说,不仅德国的中产阶级,而且整个德国都因其文化成就及文化渴望而引以为豪,德国人对文化的兴趣与热爱加上对日常政治打着官腔的嘲讽形成了德国精神中不容置疑的深刻的反政治本质,这种状态最终滋养了德国作为文化之邦的自豪感,德国因此断言自己要优越于仅仅拥有文明的西方国家,这是一种认为文化是政治的"高贵"代替物的思想。

英国人坚信他们自己的文明程度,并希望全世界都能承认其优越性,德国人谈到文化时的扬扬得意之感,也需要同样的反讽力量,因为德国人也自负地认为只有他们拥有文化,而其他人只是穷于应付文明而已。他们不仅将文化视为政治的替代物,同时对政治嗤之以鼻,认为议会政治就是思想狭隘的利益集团进行讨价还价的相互妥协的竞技场。

文化作为政治的"高贵"替代物的观点,首先是在魏玛古典主义的全盛时期提出来的,这种以文化的名义远离议会政治的态度,是魏玛共和国未能保住其民众对它的广泛接纳与情感支援的根源。如果当时能够保持住其民众的支持的态度的话,那么魏玛共和国便不会沦为纳粹的猎物。

"如果当时能够保持住其民众的支持的态度的话,那么魏玛共和国便不会沦为纳粹的猎物",宋朝的悲剧也在于此。仁宗过世八年后,熙宁四年(1071),宋神宗召集宰相王安石和枢密使文彦博开会,讨论新法事宜。神宗和王安石都主张实行新法,文彦博素来反对。讨论期间,彦博说:"祖宗法制俱在,不须更张以失人心。"神宗说:"更张法制,于士大夫诚所不悦,然于百姓何所不便?"彦博当时回了一句:"为与士大夫治天下,非与百姓治天下也。"最后一句话的前半句,常常被用来形容两宋政治的基本特点,称有宋三百年为文人士大夫的黄金时代。然而,这批被供养起来的人,本身并不创造财富,能够出前村的,也不过是小溪。

历史虽然令人遗憾,却留下了以史为鉴的教训和相反相成的机会。今天,数字化带来了老树开新花的机遇。数字化的目标是实现大规模个性化制造的对立统一,数字化的商业生态系统内,要求个人的才能在群体内变成一个网络,它能够为群体创造利益,并间接地为自己创造利益。在这样的商业生态系统内,每个个体都像水一样以自组织的方式存在,在矛盾运行下将自己向外推出去,在"推己"过程中发生的社会关系如同一轮轮的波纹。这意味着,适用于都江堰并被范蠡和朱熹运用于商业中的法则,也会适用于数字化商业生态系统。

首先,数字化商业生态系统是由若干开放的自组织社群系统形成的开放复杂巨系统。人体生态、自然生态、社会生态和政治生态,都是开放复杂巨系统。实现互联互通、虚拟和现实融合的商业生态,也是一样。钱学森曾经从系统科学的角度指出,研究开放复杂巨系统需要用从定性到定量的综合集成法。定量靠科学,定性只能靠文化。

其次,就经济发展的宏观层面而言,狩猎时代人们依据被限制在领地上的动物数量评判财富的多少;农业社会以土地和贸易评判财富,带来了大家庭、与邻居的关系以及发展、保护财富等社会变化,"义中取利""义是长远的利"的智慧就是在这个阶段在农业社会最为发达的中国形成的;工业化和机械化大生产发展起来时,以钢铁和石油作为评判财富的标准,当人们涌入大城市的时候,文化和社会准则就从农村走向都市价值观;新技术驱使的信息时代,前期是随信息传播的知识快速膨胀期,人们追求变化带来的刺激;接下来的时代一定需要智慧来处理信息过多的问题,此时诚信和经验就变得非常有价值,选择良知高于私利的品质会重新浮现出来。原因很简单,"想要用造成问题的思维方式来解决这个问题,是不可能的"。

　　最后,就微观企业经营层面而言,也不可能用造成问题的思维方式解决问题。例如数字经济"非原住民"的车企,它要推动数字产业化,面临的首要问题是"数字从哪里来"。如果还是从定量分析开始,量都没有,如何定量?而如果从定性开始,借助老子"有之以为利,无之以为用"的思想,先给企业的资产做"有价"和"无价"的定性,问题便迎刃而解:"有价"的资产(包括无形资产)体现在资产负债表内,可以被证券化,但是企业还有一类不能计入资产负债表的资产,比如客户的碎片化时间和门店的闲置空间,我们姑且称之为"无价"的资产。物有价,人无价,尤其是人的精神力量,更是无价。"无价"的资产一旦共享便能发挥"无用之用","无中生有"。那么,共享出来的"无价"资产如何在现代商业中被确权呢?这就要用到区块链技术了。区块链的本质不是去中心化,也不是分布式存储,这些都只是区块链的技术手段。区块链的本质是协作共赢。人类纷争的本质是共识的流失,而人类社会发展的本质则是共识的凝聚和达成。区块链就是以共识为基石来构建的,人们只有达成共识才能开启交易,形成社群,大家因着共同的利益而自发地推动社群更好的发展。

　　马克思在《论犹太人问题》中写道:"只有当现实的个人把抽象的公民复归于自身,并且作为个人,在自己的经验生活、自己的个体劳动、自己的个体关系中间,成为类存在物的时候,只有当人认识到自身'固有的力量'是社会力量,并把这种力量组织起来而不再把社会力量以政治力量的形式同自身分离的时候,人的解放才能完成。"范蠡带领人们"均衡盐价",就是把人自身"固有的力量"组织起来参与解决社会问题,跟着他干的人,起初是因为共同价值观达成的共识,结果却实现了人的解放。"金钱贬低了人所崇奉的一切神,并把一切神都变成商品。金钱是一切事物的普遍的、独立自在的价值。因此它剥夺了整个世界——人的世界和自然界——固有的价值。金钱是人的劳动和人的存在的同人相异化的本质,这种异己的本质统治了人而人则向它顶礼膜拜。"尽管在金钱的统治下,人们不得不对金钱顶礼膜拜,金钱之于人们,却仿佛至尊宝头上的紧箍:戴上紧箍不能爱你,放下紧箍不能救你。至尊宝的选择是先救大众,戴上金钱紧箍的人类也是一样,只有投身于社会事业,才会获得解放。当社会被嵌入经济活动之中,人们既不能救人,也不能爱人;当经济活动嵌入社会之中,人们既能救人,也能爱人。

我们实际上一直在误解解放。如果解放就是革命,就是暴力,那么这种解放可以说终结了,它已经驻足于往昔的革命岁月中,尘封于已逝的历史记忆中。问题是,这其实只是狭义的解放。我们根本没有真正地思考过解放,根本没有搞清楚政治意义的解放和人的解放。结果是,我们甚至连什么是解放都没有搞清楚的时候,就急着将它送进了历史博物馆。到底什么是解放? 追根溯源,马克思的《论犹太人问题》提供了答案:政治解放一方面把人归结为市民社会的成员,归结为利己的、独立的个体,另一方面把人归结为公民。政治解放确立了每个人的公民地位,它宣布不分出身、等级、文化程度、职业差别,每一个成员都是人民主权的平等享有者。但是人权以及自由、平等等权利只是在政治领域得以确立,只是在政治国家的公共场所可以确保,它不保证在政治领域之外的其他领域比如市民社会领域的自由、平等实现的情况。问题就在这里,自由、平等只要还没在市民社会领域成为现实,只要人继续被金钱统治着,政治国家领域的自由和平等就只能是形式上的,不是实质上的。形式虽然必要,却并不充分。

《论犹太人问题》可以说是马克思全部政治哲学思想的纲领性文献,是马克思最系统分析犹太人问题、最明确表达宗教观、最集中有力批判自由主义、最精炼总结解放问题的文献。出生于犹太人家庭的马克思一生对犹太人问题保持着密切关注。犹太民族是一个神奇的民族。犹太人富有智慧,出了很多伟大的科学家、哲学家、思想家,如爱因斯坦、弗洛伊德和马克思。更令人称羡的是,犹太人还很能赚钱,以其超强的经济头脑著称于世,出了亿万巨富洛克菲勒、华尔街超级富豪摩根、金融大鳄索罗斯、股神巴菲特等众多商业奇才。然而,犹太民族又是一个悲剧性的民族,到现在人们都不能理解,希特勒要有多深的仇、多大的恨,才会对犹太人如此深恶痛绝,以至于要将其灭种。其实,这只是欧洲历史上反犹主义情绪的总爆发,只是犹太人悲剧的集中展现,在历史的长河中,还有若干的悲剧没能呈现出来。例如,20 世纪 20 年代,哈佛大学注意到犹太人不断渗入进来,为了限制犹太人入学,又不想违背美国平等和个人主义的意识形态,便想出了一个很"天才"的办法:打着全面考察学生素质的旗号,要求学生不但要提交考试成绩,还要在课外活动上表现出色，并得到值得信赖的人的推荐。但他们想做的，其实是通过这种手段把那些刚富足起来的犹太人排除出去。这样，打着全面考察学生素质的旗号，哈佛大学成功地遏制了犹太学生的增长势头。其他常春藤学校也因此争相效仿，在一段时间内保持了其"血脉"的纯净。但是到了20世纪50年代之后，犹太人还是成了哈佛这样的名校的主导力量之一，而这段"政治不正确"的往事却很少有人再提及。

马克思的发现是，犹太人在现实中表现出来的是"犹太精神"，是唯利是图、追逐金钱的思想和习气。犹太教的世俗基础是实际需要、自私自利，犹太人的世俗礼拜是经商牟利，他们的世俗的神是金钱。这才是现实的犹太人的真正本质。这个本质在犹太富人阶层对孩子们讲述的财富故事中体现无遗。例如"死老鼠"的故事。

周末的一天，一位家庭富裕的犹太少年没有在家享受优越的生活，而是独自走在马路上四处寻找商机，不一会他在马路上看到一只死老鼠，这时他想到了药店贴出的广告，广告的内容就是收购死老鼠来做药，于是他用死老鼠换到了可怜的2分钱。不一会儿，他看到一个推着满车鲜花的花匠路过街道时在街道的长椅上休息，此时花匠满身是汗看上去有些疲惫，少年二话不说就拿着仅有的2分钱买了一瓶糖水递给了花匠，花匠很开心，因为他刚好有些低血糖，喝糖水不但解渴，还缓解了身体的不舒适，为此花匠送给少年几朵鲜花作为感谢。拿到鲜花之后，少年找来一些旧报纸和麻绳，又在裁缝店找来一些彩色布条，然后做成了一把精致的花束，他拿着花束到集市上卖，这次他精心准备的花束卖了30分。少年兜里揣着这30分钱想着怎么投资，不一会儿乌云大作，狂风四起，但一阵大风过后，乌云也跟着走了，虽然大雨没有下下来，但街道边大树上的一些细树枝被吹断许多，落得大街上到处都是。这时少年眼珠一转，拿出刚才赚到了30分钱买了一大包糖果，然后招来许多孩子，让孩子们帮助他捡树枝，剩下的钱租来一辆平板车，不一会的工夫，平板车装满了孩子们捡来的树枝。少年推着平板车来到了酒店后面，把车上的所有树枝都卖给了酒店当柴，然后他返回继续装树枝，就这样来回了好几趟，少年最终赚到了2个银币。就这样，少年仅用了大半天的时间就赚了别人十几天甚至一个月才能赚到的钱。

你以为就这样结束了吗？不，还不够，前面少年的成功可能有运气成分的存在，那么接下来，少年又该怎么做呢？经过思考之后，他决定用赚到的2个银币在交通要道摆个茶水摊，这样他不仅可以赚取茶钱，还可以和沿途的商人聊天，从而获取许多信息，然后利用信息差来寻找下一个投资的方向。就这样，他通过一只死老鼠到的2分钱开始，一步步发掘走上人生巅峰，几年后，他成了远近闻名的大富翁，这才向世人说出了他成功的秘诀。原来他曾经很懒惰，只会花父母的钱，毕竟家庭如此富有，但是在他成年生日的那一天，他的父亲告诉他："你看到的富有都属于我，不属于你，如果你想要拥有和我一样，甚至比我还要多的财富，那你就要依靠自己的智慧去赚，不要妄想从我的手中继承遗产。"然而当他真的成功之后，他的父亲拿出了一份资料，原来父亲很早就把财产给了他。

"死老鼠"的故事虽然很励志，但是扪心自问，我们真心认同吗？即使认同，作为父母，我们真的忍心这样培养孩子？反过来，范蠡的"集义生气、义中取利"的故事，是否更容易引起我们的共鸣呢？这种"犹太精神"与基督教并不冲突，甚至可以说两者实际上是合谋的。基督教追求天堂幸福的利己主义，在现实中完美表现为"犹太精神"。历史的真相正是，现代社会不断产生"犹太人"，基督徒在这层意义上都成了犹太人。犹太人的实际精神已经扩展到所有现代人身上。西方人只是在宗教领域中还保留着基督教的精神，在现实中已经是犹太精神的傀儡。有人说马克思留下了一个谜，谁都没办法猜出马克思对犹太人持何种态度。无情批判？深感同情？哀其不幸、怒其不争？实际上，马克思在讲犹太人问题的时候，他的矛头一直都是生活在资本主义世界的现代文明人。马克思要说的是，不要去鄙视犹太人，你应该从犹太人身上看到自己的影子。你自己明明已经成为赚钱的机器，却还要去说人家犹太人。犹太人问题，作为当代世界的普遍问题，就是现代人如何摆脱自私自利、唯利是图的问题，也就是人的解放的问题。

人们对于解放的渴望，正如小孩对于行走的渴望。只不过，小孩能够以大人为参照，被金钱统治着的大多数人们却还在山洞里动弹不得，只能看到墙壁上的影子。幸运的是，人类历史上毕竟出现过像范蠡这样的人从山洞里走了出来，跟着走出来的是盖茨和乔布斯，在他们身后，一批西方企业家也正在从山洞中走出来。我们的企业家是要继续待在洞里呢，还是跟着走出来？

由范蠡创建、朱熹总结、徽商传承的解放之道，在明朝海禁之前传到了日本，并在日本得到了传承。20世纪70年代，索尼和松下将这样的经营模式带到了美国。这个传承的过程中，在日本被尊为"朱子圣学"的朱熹理学，发挥了重要的作用。朱熹的影响力有多大呢？日本侵华时期，打到宁国（地处今安徽东南部）就不再继续进犯徽州，就是因为徽州是"朱子圣学"的发源地。鉴于朱熹在日本的广泛影响，20世纪70年代初，日本首相田中角荣访华时，毛泽东主席曾把朱熹的《四书集注》作为国礼赠予田中。

今天的宁国人说到日本侵华的这段往事，却真心地相信这么一个段子：当时的日本军官，听说到宁国了，以为宁国是另外一个国家，下令"只打中国，不打宁国"。而在与范蠡、朱熹和徽商都有着不解之缘的宁波有人投资建了一座财神谷，里面供着以范蠡为首的众多财神，硬件设施一流，也不缺少客流，但怎么看都是矿老板透支资源的味儿。曾经有人问某位国内企业家，凭什么你的游乐园能够超越迪士尼？回答："很简单啊，迪士尼好玩的项目不带棚，我的项目都带棚，不带棚的项目下雨天不能玩，带棚的项目下雨天可以玩。"然而，"不带棚"是迪士尼创始人立下的规矩——在封闭的环境下玩，万一着火，人们争着往外跑，孩子们比不过大人，跑不出来。这就是照顾到弱者的"义"。凭借这样的"义"，迪士尼尚能够"成为全世界最快乐的地方"，财神谷里的财神，个个都有"大义"，为什么不能够成为世界上最有意义的地方呢？迪士尼新的宣传语是"点亮心中奇梦"，财神谷为什么不可以"用最美的光，点亮心中的梦"呢？

第三章

新瓶装老酒:2.0 创新

美国经济学家熊彼特以"创新理论"解释资本主义的本质特征,解释资本主义发生、发展和趋于灭亡的结局,从而闻名于经济学界,影响颇大。他在《经济发展理论》一书中提出"创新理论"以后,又相继在《经济周期》和《资本主义、社会主义和民主主义》两书中加以运用和发挥,形成了以"创新理论"为基础的独特的理论体系。"创新理论"的最大特色,就是强调生产技术的革新和生产方法的变革在经济发展过程中的至高无上的作用,认为"有价值的竞争,不是价格竞争,而是新技术、新产品、新供应来源、新组织形式的竞争,也就是占有成本上或质量上决定性优势的竞争,这种竞争打击的不是现有企业的利润边际和产量,而是它们的基础和它们的生命。这种竞争比其他竞争有大得多的效率,犹如炮轰和徒手攻击的比较"。这就是著名的"创造性毁灭"理论。

熊彼特指出,每个长周期包括 6 个中周期,每个中周期包括 3 个短周期。短周期约为 40 个月,中周期为 9~10 年,长周期为 48~60 年。他以重大的创新为标志划分。根据创新浪潮的起伏,熊彼特把资本主义经济的发展分为 3 个长波:1787—1842 年是产业革命发生和发展时期;1842—1897 年为蒸汽和钢铁时代;1898 年以后为电气、化学和汽车工业时代。第二次世界大战后,许多著名的经济学家也研究和发展了创新理论。20 世纪 70 年代以来,门施、弗里曼、克拉克等用现代统计方法验证熊彼特的观点,并进一步发展创新理论,被称为"新熊彼特主义"和"泛熊彼特主义"。

进入 21 世纪,在信息技术的推动下,知识社会的形成及其对创新的影响进一步被认识,科学界进一步反思对技术创新的认识,创新被认为是各创新主体、创新要素交互作用下的一种复杂现象,是创新生态下技术进步与应用创新的创新双螺旋结构共同演进的产物,关注价值实现、关注用户参与的以人为本的 2.0 创新模式也成为新世纪对创新重新认识的探索和实践,其目标不再是"创造性毁灭",而是"包容性增长"。

无须物质承载的价值

一直以来,人们的认知是国人缺乏创新基因,并且罪魁祸首就是中国的传统文化。对于熊彼特定义的 1.0 创新,中国历史上确实未曾出现过,但是"关注价值实现、关注用户参与的以人为本"的 2.0 创新,范蠡、朱熹、汪直等人创办过的"企业"基业未能长青,都江堰却是实证。

也有人会说,就算中国历史上有过像都江堰这样伟大的 2.0 创新,也不能说明是由中国传统文化孕育出的创新啊!也许"巧夺天工"的都江堰就是一次神来之笔呢?其实,要看中国人有没有 2.0 创新,读读古人写的诗歌就可以"拨乱反正"了。唐朝和宋朝是诗歌的黄金时代,诗歌则是记录生活的人生笔记:春风得意来一首雄姿英发,仕途多舛来一曲慷慨悲歌,酒酣正兴来一回浮白载笔;少年时的清新俊逸,荣耀时的风流倜傥,落寞时的吊儿郎当——可不论是什么心情、怎样的境遇,他们总能把生活巧妙地融入字里行间,在一片诗情画意之中传递自己的理念。

"星垂平野阔,月涌大江流",这是杜甫的;"山随平野尽,江入大荒流",是李白的;"江流天地外,山色有无中",是王维的。写的是同样的场景,体现的却是完全不同的情境。正如微软、谷歌和苹果,做的都是操作系统,实现的却是不一样的商业生态。杜甫代表儒家,"垂"和"涌"字,写出了儒家的积极入世;李白代表道家,他用"随"和"入"字,写出了道家的自然而然;王维引禅入诗,用动衬托静,写出了禅宗的圆融空性。

更加有趣的例子是三首酒色财气诗。"酒色财气四堵墙,人人都往墙里藏,若能躲到墙垛外,不活百岁寿也长",这是民间歌谣,显然是佛家的。"饮酒不醉最为高,见色不迷真英豪,世才不义切莫取,和气忍让气自消",这是道家的,苏轼写的。"世上无酒不成礼,人间无色路人稀,民为财富才发奋,国有朝气方生机",这是儒家王安石写的。当时苏轼外出游玩,在一处墙上看到了那首"酒色财气"诗,觉得不符合道家的主张,也写了一首,王安石来了之后,又和苏轼较上了劲。

诗是什么?诗就是人话,也是情话,是有人味儿的话,是有人情味儿的话。能写出这些话的人,必然坚持"关注价值实现、关注用户参与的以人为本"。价值实现体现在李白、杜甫、王维还有苏东坡和王安石,有各自认的"理",这让他们的创作有的放矢:诗言志。他们的诗虽未曾实现商业价值,却以人们的精神生活为本,承载了满满的精神价值,为人们的精神生活赋能,也因此成就了自己的人生价值和社会价值。用户参与体现在诗的起承转合的结构将你代入、引起共鸣的过程,仿佛一根直直的线穿过戒指的环中,戒指便像通了电似的绕着线转动起来。有人说创意是门挑逗的艺术,好诗一定有创意,其秘诀便在于此。我们再以李白和杜甫不出名的两首诗为例来体会一下挑逗的艺术。

南陵别儿童入京
李白

白酒新熟山中归,黄鸡啄黍秋正肥。

呼童烹鸡酌白酒,儿女嬉笑牵人衣。

高歌取醉欲自慰,起舞落日争光辉。

游说万乘苦不早,著鞭跨马涉远道。

会稽愚妇轻买臣,余亦辞家西入秦。

仰天大笑出门去,我辈岂是蓬蒿人。

又呈吴郎
杜甫

堂前扑枣任西邻,无食无儿一妇人。

不为困穷宁有此? 只缘恐惧转须亲。

即防远客虽多事,便插疏篱却甚真。

已诉征求贫到骨,正思戎马泪盈巾。

《南陵别儿童入京》前四句属于写景,通过对丰收场景的描述,衬托愉悦之情,与歌词"今天是个好日子,心想的事儿都能成"差不多。五六两句"高歌取醉欲自慰,起舞落日争光辉",喝着小酒,哼着小曲,酒后舞剑庆祝,进一步阐述激动的心情。紧接着"苦不早"和"著鞭跨马",反映出他急切见到皇帝的想法,等待了太久,恨不得飞到京城。而后提到汉代名臣朱买臣,早年落魄不堪,虽有鸿鹄之志和过人才华,却没机会施展,就连老婆也看不起他,嫌他太穷直接离他而去。后来朱买臣被赏识,加官进爵,他老婆就成了目光短浅的"会稽愚妇"。李白把自己比作朱买臣,厚积薄发,那些看不起他的人,跟朱买臣的老婆没啥区别。意思是:"今天的我,你爱理不理;明天的我,你肯定高攀不起。"最后两句"仰天大笑出门去,我辈岂是蓬蒿人",彰显李白的豪迈霸气,不愧为诗仙的手笔,一般人根本不敢这样写,也写不出来,是积攒许久的情感的彻底爆发。

《又呈吴郎》首联起,娓娓道来。原来在草堂前有几棵枣树,邻居的寡妇常常来扑枣,杜甫居住在这里的时候一向是放任自由的。这是为什么呢?因为这个妇人"无食无儿",仅仅四字便道尽了寡妇的窘境和杜甫的深切同情。众所周知,杜甫一向忧国忧民,在茅屋为秋风所破时,曾言"安得广厦千万间,大庇天下寒士俱欢颜",对于这样一个可怜的妇人,他又怎么忍心苛责呢?接着的颔联两句是承,进一步为妇人说情。若非因为穷困,那妇人怎会做出这样的事情呢?她的心中应该也是充满恐惧的,正因如此,我们应该更加亲切才是。从"堂前扑枣"到"只缘恐惧转须亲",杜甫一步步启发和引导吴郎,希望他也能体谅寡妇的难处。他没有用命令或指责的语气,而是现身说法,这是为了给吴郎面子,也是希望寡妇能得到真诚的帮助,足见他用心良苦。接下来的颈联是转,写的是吴郎的行径,措辞委婉,令人折服。原本寡妇对于新搬来的邻居本就心存戒备,而吴郎一来便插上了篱笆,更是令妇人不安。这两句指出了吴郎行为的不当,但很委婉含蓄,既有劝告的意味,又不至于太过直白,引人反感。尾联合的两句是全诗最精彩的部分,所谓"画龙点睛"便是如此。"已诉征求贫到骨,正思戎马泪盈巾",这两句说的已经不只是寡妇的艰难处境,而是普天之下所有处于困顿的广大人民。从"寡妇堂前扑枣"到"戎马泪盈巾",这是一个由小到大、由浅入深的过程,淋漓尽致地抒发了诗人深沉的忧国忧民之情。杜甫这样写就是希望能引起吴郎的共鸣,希望他能看得远一些,不要为了几颗枣斤斤计较。

和杜甫相比,声称"吾辈岂是蓬蒿人"的李白不免有俗人之气,但就是这么一个俗人,为何能立于唐诗之巅千年?因为和杜甫、陶渊明一样,他始终以诗言志,传递他坚守的理。也就是说,无论是李白还是杜甫,他们用来挑逗人们的那根线,必须是直的。

然而,古代的文人士大夫们过于追求形而上之道,缺少形而下的、为社会创造物质财富的实践,这是令人遗憾的地方。今天的人们却相反,太注重形而下之器,而忽视了形而上之道,甚至把形而下之器干成了"形而上学"。应该受到批判的是这些把形而下干成了"形而上学"的人,对于诗人们,是批评而不是批判,因为创造物质财富并非他们的本职工作,何况,他们实在是把最难干的事情干成了:通过"物化"的物为人们的精神生活赋能。

所谓物化,就是消除人与物之间的主客二元关系,在物为形,在心成象,也就是我们今天说的代入感。"物之物化"的关窍在于"几","道无得失,物有去来,出几入几,所以为化"。周敦颐解释"几"为"动而未形,有无之间"。正如河图所示,一旦"天一生水",真机自然走动,阴阳化育之功便得以生成。所谓的代入感,就是这样形成的。诗人们的功夫就在于从"几"切入,触几相契,起承转合,由相悦到相知。

言志必先触几,相知起于相悦,致广大而尽精微,是诗人们创造精神价值的心法。了解诗人心法的目的,是为了指导当下的实践。随着数字化生活形态的形成,人们在购物之外的价值还有体验交流、共情交互和生态交融,这要求品牌建设要能够挖掘人的精神、文化等价值内涵,营销则要愈加凸显对人的心理行为的思考,研究人性。

例如,眼下被众人追捧的茑屋书店,本质上,它是在卖一种幸福,这是茑屋书店创始人的"志",但是他在设计任何一家书店的时候,必先"触几"。以下是他的一段自述。

把自己当成客人,抱着客人的心情,想象自己最想去什么样的地方。我在企划代官山的茑屋书店时,每星期都会在附近的ASO露天咖啡厅一边这样想象着,一边写企划书,渐渐地,我发现了从ASO咖啡厅走过的人群样貌。

首先,有很多带着宠物散步的人穿梭于此,有看似富裕的年长者,也有年轻的女性,还有许多开着高级外国车的人驻足于此,一边喝咖啡,一边欣赏自己停在路边的车,更有许多推着婴儿车经过的年轻妈妈。

于是我试着想象养宠物的人的生活,他们每天都得为宠物清理环境,喂食三餐,养狗的人还得遛狗。刚开始饲养宠物时,或许会觉得遛狗很有趣,然而时间久了,遇到自己疲倦或忙碌时,遛狗便成了一种压力。因此,我心想是否能够将这段痛苦的时间,转变为"每天期待的幸福时光",让遛狗成为一件开心的事。若有个地方能让同样饲养宠物的人们聊天,或是有宠物店能帮忙照看宠物,可能会是个不错的点子。后来代官山 T-SITE 便成了遛狗人的圣地,在这里经常可以看见各种不同品种的狗儿。

实现了这样一个场所后,T-SITE 里咖啡店的位置不够坐了,餐厅和宠物美容院变得很难预约。为了让更多人能享受来这里的乐趣,我开始着手增加席位,开发预约系统,规划出让客人享受等待时间的各种生活提案。因为代官山 T-SITE 里的餐厅很受欢迎,在没有事先预约的状况下前往,通常得等上一小时才有位子。

企划人如果可以像这样不断思考,我相信只要能让一个客人沉浸在幸福中,就有可能让更多人感到幸福,久而久之也让整个社会充满愉悦,当商店成为愉悦之所,整座城市也将成为快乐之城。

与其去想怎么改造地方,不如思考如何让每个人获得幸福,这样不仅能打造愉快的社会,在商业上还能获利赚钱。想出这类企划的人都有一张柔美的菩萨脸,绝对不是没有原因的。

实际上,茑屋书店的"触几言志",只能算作小乘。虽然商业上我们的企业还拿不出像样的作品,用中国的两首优秀歌曲的创意和茑屋书店做个对比,便可以体会小乘和大乘的区别。

天路

清晨我站在青青的牧场,

看到神鹰披着那霞光,

像一片祥云飞过蓝天,

为藏家儿女带来吉祥。

黄昏我站在高高的山冈,

看那铁路修到我家乡,

一条条巨龙翻山越岭,

为雪域高原送来安康,

那是一条神奇的天路,

把人间的温暖送到边疆,

从此山不再高路不再漫长,

各族儿女欢聚一堂。

黄昏我站在高高的山冈,

看那铁路修到我家乡,

一条条巨龙翻山越岭,

为雪域高原送来安康。

那是一条神奇的天路,

带我们走进人间天堂,

青稞酒酥油茶会更加香甜,

幸福的歌声传遍四方。

在希望的田野上

我们的家乡在希望的田野上,

炊烟在新建的住房上飘荡,

小河在美丽的村庄旁流淌。

一片冬麦,(那个)一片高粱,

十里(哟)荷塘,十里果香,

哎咳哟嗬呀儿咿儿哟。

嗨!我们世世代代在这田野上生活,

为她富裕为她兴旺,

我们的理想在希望的田野上。

禾苗在农民的汗水里抽穗,

牛羊在牧人的笛声中成长。

西村纺花(那个)东港撒网,

北疆(哟)播种南国打场,

哎咳哟嗬呀儿咿儿哟。

嗨!我们世世代代在这田野上劳动,

为她打扮为她梳妆，

我们的未来在希望的田野上。

人们在明媚的阳光下生活，

生活在人们的劳动中变样。

老人们举杯(那个)孩子们欢笑，

小伙儿(哟)弹琴姑娘歌唱，

哎～嗨哟～嗬呀儿咿儿哟。

嗨！我们世世代代在这田野上奋斗，

为她幸福，为她增光，为她幸福，为她增光。

再回到中国古代。就连明清时代的园林，其设计手法也大同小异。无论是"步移景异"的整体设计、"瘦漏皱透"的假山真趣，还是隔而不隔、界而不界的花墙与门窗，都是"挑逗"，目的在于"触儿""相悦"。但明清时期，儒释道的竞争已经不再激烈，所以园林的作用主要在于观赏和休闲，而很少作为价值理念的载体以言志。有竞争，才有创新，唐宋时期是儒道禅三家竞争最为激烈的时期，诗的繁荣，归根到底是因为不同的价值理念须在"市场"上争夺用户。

接下来我们用2.0创新的三个标准来分析西方的文艺作品以做对比。以凡·高的《向日葵》为例，凡·高的一生几乎都被挤迫在命运的边缘，饱尝世态炎凉和接踵而至的创伤，但他反而鞭策着自己在逆境中寻找阳光，更强悍地成长。带着对凡·高苦难人生的理解，审视这幅作品，眼前的向日葵不再是简单的植物，而是诚挚而热烈地绽放着的生命，犹如凡·高本人。凡·高通过描绘向日葵，向世人表达了他对生命的理解，并且展示出了他个人独特的精神世界。凡·高通过向日葵向后人传递着这么一个信息：怀着感激之心对待家人，怀着善良之心对待他人，怀着坦诚之心对待朋友，怀着赤诚之心对待工作，怀着感恩之心对待生活，怀着一颗欣赏之心享受艺术，宛若眼前那灿若花开的向日葵。这也是物之物化。

问题在于，西方的传统文化"以神为本"，用神谕教化民众，当艺术脱离开宗教后，他们便找不着有的放矢的"的"了，完全走向了自我表达，把自己的作品当作神的存在。由此也导致了价值实现方式的不同,为了将凡·高的画卖出高价,凡·高的经历居然成了大片式的营销故事:一个年轻时一事无成的"神经病",在27岁时突然要转型当画家(反转一)。谁知道,这个"神经病"居然真是个绘画天才,他用了10年的时间画出了近2 000幅画,每一幅画都是心血之作,他的天才吸引了当时法国画坛一位天才级别的重量人物——保罗·高更的欣赏(反转二)。被误解似乎是天才的宿命,这样一个天才在生前居然只卖出过一幅画(反转三)!不得志的凡·高只能依靠他弟弟的帮助生活,弟弟不仅是他经济上的援助人,也是他精神上的支撑。在弟弟的帮助下,凡·高得以在人生最后10年尽情绽放自己的天赋,最后,在37岁"花样的年纪"自杀身亡,而他一生的知己——弟弟,也如宿命般的在他死后半年逝世。"天才"的故事总是最能打动听众,"一个落魄天才的苦难的一生"这样富有戏剧性冲突的标题必然自带热搜体质。如果故事里还有诚挚的亲情和友情,就更容易触动心灵,引起共鸣。于是,人们一边为这个可怜的天才唱叹,一边好奇:他究竟画了些什么?结果,凡·高死后不到10年,他的画就轰动了整个画坛!"希望所有人都能看到我的画,并能够通过我的画感受我的内心",凡·高生前的梦想终于在他死后实现。故事讲到这里,还有一个疑问:既然此时故事的当事人凡·高、凡·高的弟弟已经不在人世,那么他的故事是怎么被大众知道的呢?这就不得不提到整个故事的幕后推手,凡·高的弟妹:乔安娜·凡·高。乔安娜在整理丈夫遗物的时候,发现了大量的凡·高的作品和凡·高与弟弟的通信,她没有把这些没销路的画拿去卖废纸,而是把这些杰作和信件整理好,并且不遗余力地宣传它们。这才有了我们后来知道的"凡·高的故事"和"传奇画家"凡·高。可以说,乔安娜是凡·高的伯乐、经纪人,也是一位出色的"故事营销"高手。

　　这种价值实现的方式影响了整个西方文化艺术界,也影响了改革开放后国内的"文化市场"。例如,《天路》这首歌,它是有"首唱权"的,当时急于上央视的韩红缺少一首好歌,便"投资"10万买下了《天路》的首唱权。事实证明,这笔投资的回报率极高。《天路》的创造灵感来自和当地藏族人民的交流,是藏民朴实无华的语言滋养了创作者的内心,这10万元是否应该分一部分给参与创作的藏民呢?通过文化艺术创作实现商业价值当然无可厚非,问题在于将已经"物化"的文艺作品又变成了物质来承载商业价值,实在有失斯文。再比如,有一位地产商,过去20年内他把中国每年漆画大赛的头等奖全部收藏了,因为他判断漆画肯定有一天会被"炒热",将来会卖个大价钱。结果这一天一直没有到来,从房地产挣来的钱全都压在了漆画上。漆文化是中国独有的文化,"上古的漆,中古的丝,下古的瓷"。上古时代祭祀用的工具,都要用"大漆",因为古人将"如胶似漆"的漆,作为"天人合一"的象征。全世界只有中国产漆,由于日本传承了我们的漆器和漆艺,他们每年会从中国进口大量的漆。一款江诗丹顿限量版发行的手表,日本的漆匠在表上面用漆画上竹、兰、梅、菊,被漆画赋能后的江诗丹顿手表的价格可以再翻三倍。日本的漆艺实现商业价值的方法应该给我们以启发:非遗的价值不在于物质,而在于赓续文化DNA的精神。非遗产品其核心技艺中蕴含的核心价值被提炼出来后,可以为其他产品和品牌赋能。

问题在于,能够为品牌赋能的不是艺术品,而是设计品。艺术品是艺术家对于个人感受的表达,除非艺术家真正将自己融入人民,否则他们的作品就是以艺术家为本,而不是以人为本。设计师则是不在乎自己想什么,而是专注于用户想什么。最高层次的设计,是针对人的本性进行设计。这个层次上的设计师,会与融入人民之中的艺术家汇合——都是致广大而尽精微,触几相契。这就意味着今后"一切生活用品都将成为艺术品",换句话说,艺术的定义将从过去只有画作或雕像才被视为艺术品的时代,进入建筑、服饰、车辆、餐具和家具等也被视为艺术品的时代。

德国具有顶级的工业设计能力,德国的工业设计师信仰"极简",他们认为"极简是一种精神,并不容易实现"。意思是说:我们需要将自己的头脑变得尽可能简单,才能够看清楚眼前什么是没有意义的诱惑而必须放弃,从而将有限的时间与精力专注于真正有意义的事情,并将其做到极致。这个明智的建议不是德国设计师发明的,而是出自伟大的德国物理学家爱因斯坦,他在给德国柏林大学和美国普林斯顿大学的学生上课时不断提起这句话。乔布斯也深受这种设计理念的影响,让苹果公司东山再起的 iMac G3、G4、G5 系列,与德国博朗1954年出品的 SK4 电唱机("白雪公主的棺材")和一对音箱,就有着深远的关联。

有人认为和中国人讲"极简是一种精神"，人们未必能够理解，实际上，极简既是儒家说的"致广大而尽精微"，也是道家说的"虚空白白，吉祥止止"，总之，就是"言志必先触几"。全世界最具有极简精神的就是中国人。例如筷子，相对于西方的刀叉，筷子可谓极简至极。那么，一双筷子难道也在言志？事实确实如此，竹制的筷子，体现的就是道法自然。中国古人知道，在食物的精微处有"几"。用瓷器盛放食物，也是同理。

不过，在现代生活中，筷子也有一个小缺陷——存放是一个问题。这个小问题经由设计思维的转化，却成为破解红木家具行业"产能过剩、产品雷同"问题的"几"。素有"农民工代言人"之称、国务院参事室特邀研究员、中国劳动学会会长、人社部原副部长杨志明先生年轻时曾经做过木匠，他对于木业感情很深，退休后，一方面在思考中国红木家具行业创新转型之路，另一方面身体力行，设计了一系列的红木小物件以迎合人们唯美、舒适、时尚的新消费需求。除了红木筷盒，他还设计了红木做的手机底座，夫妻各一个，合起来却是一个漂亮的如意造型。极简设计，寓意却不可谓不深刻。红木筷盒与如意造型的手机底座之于红木产业，就是"几"，杨部长的做法，就是致广大而尽精微——灵魂藏在细节之中，从生活中的小细节切入，制造爆款，撬动红木设计大产业，既满足人们对美好生活向往的需求，也能够带动就业。被誉为"农民工代言人"的杨部长，心心念念的还是"创业"——创造高质量就业。在德国，木制手工业是年轻人非常向往的工作，中国的年轻人去德国的木业职校参观之后，都会有一种改行当木匠的冲动，劳动的尊严感、成就感、价值感，在那里体现无遗。有了杨部长的"起"之后，短视频平台来传播这些小物件，是"承"，接下来就该"转"啦！在杭州，有一个叫"陈水堂"的木作艺术馆，以打造"雅致人文生活"为目标。2016年G20峰会，国母彭丽媛邀请元首夫人团在中国美院一叙，红木家具即由陈水堂特供：一方闲庭，清风徐来，几把文椅，佳宾围坐，于幽幽茶香中，静静品味红木家具之色彩、质地、线条与结构之美。曾几何时，红木家具一度被土豪们用来彰显身价，不久之后，它将回归于"文豪"。

与中国有着不同思维逻辑的德国，其工业设计理念为什么会和中国古人的理念存在某种关联性呢？这还是要从朱熹说起。欧洲的传教士来中国传教并不成功,却把中国人文书籍带回到了欧洲,其中就有朱熹的理学。德国的大数学家、哲学家莱布尼茨认真研究了理学后,他独特的有机论哲学被激发了出来。而到了康德,他从牛顿和莱布尼茨两方面吸取养料,康德的先验论明显和朱熹"理在事先"论相契合,进而影响到以马克思、怀特海为代表的现代有机论世界观。尽管对莱布尼茨思想的理解和历史考证还存在一些问题,但李约瑟深刻地洞察到中国古典自然观与西方现代有机论哲学之间存在着令人惊讶的契合,这无疑对我们反思中国古代人文思想的价值和现代意义具有重大启发。

良知即连接

在中国的历史发展过程中,不仅出现过人文推动的创新,人文思想其本身也是因创新而不断发展。孔孟时代,儒家讲"以人为本",但是缺少落地的思维和方法。汉朝的董仲舒吸收道家的阴阳五行形成"天人合一"的思想观念,但他是个"学院派",缺少实践,导致理论体系不够完善,汉武帝罢黜百家、独尊儒术之后,道家表示不服。幸好当时还有不少社会问题儒家解决不了,需要道家,道家的同志们尚有安身立命之所。到了晋朝,道家更加式微,几乎没有事情做了。那个时候,诗词和绘画还不够发达,找不到归宿和寄托的道家同人,便产生逆反心理,出现了竹林七贤。躲进竹林后的道家遭到儒家调侃:你们家的祖师爷庄子说过,"彼是莫得奇偶,谓之道枢"(就是不分彼此的意思),你们倒好,和我们界限分明。如果真有能耐,就用你们祖师爷的方法,来为社会做点事嘛!但道家的问题在于,他们设计都江堰、设计筷子这样的自然系统很在行,设计社会系统的时候,也需要借助矛盾。自古道士下山,都是在天下大乱的时候,就是这个道理。再比如范蠡,生于乱世,能够通过公平和不公平调动各方资源,但背后是个什么理,当时并没有搞清楚,理论上没有搞清楚,实践中就有时灵有时不灵了。竹林里的那几位被儒家施了激将法之后,发现人家说得没错,这么躲到竹林,逃避社会,不仅违背祖训,也确实辱没了祖师爷。因为儒家的荀子早就批评过"庄子蔽于天而不知人"。然而碍于面子，又回不去，于是，有人就疯了。

疯了之后就要想办法找药治啊！这时候佛家来了。佛家说：你们祖师爷庄子还说过一句话，"得其环中，以应无穷"，环中非有非无，就是空嘛！你们应该学习佛法，把自己放空了，就没有"奇偶"了。道家觉得这方法挺好，其中的一部分就此找到了奋斗目标。与此同时，佛家又找到儒家，说：道家"守中"，儒家"致中"，所谓中，就是环中。现在道家的人学会了通过放空守中，儒家也应该通过放空致中。

唐宋时期禅宗风盛，士大夫不修个禅、拜个佛的，会不好意思见人。这让儒家很忧虑。因为都遁入空门、躲到墙垛外，社会还怎么发展啊？忧虑的同时开始反思儒学的不足，有意识地在佛学的影响下，结合道家的实践经验，对世间秩序的本源和行为规范中的礼教信仰做哲学上的理性探寻。经过几代人的努力，到朱熹集大成，形成宋明理学。创新源自正反合，一正一反再一合，中国人文思想的发展过程，生动地体现了这个规律。

但是新的问题又来了。宋儒在"吸佛"的同时还要"排佛"，因为佛家"先以欲勾牵，再令入佛智"的做法，在儒家看来，不是以人为本——以人的精神生活为本，怎么能"以欲勾牵"呢？于是以朱熹为代表的宋儒有针对性地提出了"存天理，去人欲"，这就是朱熹"临事过于果锐"的一面，也因此让自己树敌过多。宋儒发明"天理"，是因为"礼乐世界观"已经无法在一个新的社会环境中维系积极的道德生活了。然而，朱熹毕竟没有讲清楚"理在事先"之理究竟如何可能，以至于人们通过格物无法致知，便走上了形而上学。当理学成为官方信条和道德律令，对其新的挑战又会催生新的思想，就此出现了阳明心学。正是通过一轮又一轮的"批评—制度化—批评"，儒学才能在时势的持续变化下维持自身的活力。

"存天理，去人欲"，翻译成今天的话就是"德行是幸福的条件"——幸福是天理，去掉人欲的德行是条件。康德在《实践理性的批判》提出："先天综合的'至善'如何可能？"他说的至善，是德行与幸福的统一；他对幸福的定义是"与人的感性自然相关的身心快乐等生存状态"。从经验中可以看到，福与德常常彼此背离，远不是携手同行的。有德者未必有福，而享幸福者实多恶徒。二分法思维的康德认为，幸福绝不能产生德行，但德行不能产生幸福只就感性世界的因果形式而言才是如此,在超感性世界的本体中却是可能的。也就是说朱熹没讲清楚的问题康德也讲不清楚,康德的办法是把它交给上帝——毕竟当时的康德受限于科学的发展,只能从牛顿和莱布尼茨那里获取思辨的原材料。今天,运用量子霍尔效应理论,我们可以讲清楚"德行与幸福的统一"如何可能。

1873 年,麦克斯韦在他发表的专著《电与磁》中自信地声称:在磁场中,一个通有电流的导电材料会发生弯曲,因为磁场力会作用在材料上而不是电流上。"当一个稳恒磁场力作用在一个系统上时……电流分布将会与没有磁场力作用时一样。"年轻的霍尔决定挑战电磁学之父提出的主张。为了验证自己的想法,霍尔将一片很薄的金箔放在一个磁场中,让磁场垂直穿过金箔的表面。通电后,霍尔发现检流计(一种探测微弱电流的仪器)检验出了电流,这意味着垂直于原来电流路径的方向存在着电压。他得出结论:磁场将电流中的电子拉向了导体的一边,永久地改变了电子在材料表面的分布。麦克斯韦的观点是错误的。这种现象出人意料,电荷累积在导体的边缘,后来被称为霍尔电压。

1980 年 2 月 5 日,德国实验物理学家冯·克立钦在法国格勒诺布尔首次观察到了量子霍尔效应。他的目的是更精细地研究霍尔效应,看看它在极低温和强磁场的情况下会有什么特征。结果,他观察到了十分令人惊讶的现象:霍尔电阻是量子化的!当磁场强度逐渐增加时,材料边缘之间的电阻会精确地保持不变,直到磁场变得更强,超越了某个阈值,电阻才会突然跳跃到一个新的值。而不论是霍尔最初的实验,还是当时所有已知的物理理论都表明霍尔电阻随磁场的变化应该是一个线性过程。更令人惊讶的是,霍尔电导(霍尔电阻的倒数)精确地等于某个整数乘上一个与精细结构常数(描述基本带电粒子之间电磁相互作用强度的基本自然常数)紧密相关的量。整数量子霍尔效应就此诞生。冯·克立钦的发现意义非凡,毕竟精细结构常数是用来描述量子领域某些过于精细、以至于任何宏观现象都无法探测的方面的。现在,它反而能够以难以置信的精确度来决定一个宏观的量。值得注意的是,霍尔电导不仅捕捉到了量子物理微观世界的一个基本方面,而且是以一种几乎轻松到不真实的方式实现的。要知道,霍尔电阻整数平台的出现,与实验中所用的半导体材料的尺寸、纯度甚至种类都无关。就好像是一场由万万亿个电子演奏的交响乐,它们不需要指挥大师,就能跨越浩瀚的原子间距离维持着集体的曲调。而最令人惊奇的地方就在于,它们不受某些物理学原理的影响,这些原理在数十亿年里一直保护着量子领域不受宏观入侵者的侵扰。那天,一扇通向量子领域的大门打开了,而且这是一扇很多人认为不存在的宏观之门。

在发现量子霍尔效应 5 年后,冯·克立钦获得了诺贝尔物理学奖。在他的引领下,科学家们前赴后继地探索一个基本问题:为什么一个微观的量子现象会出现在宏观尺度? 这个领域也因此出现了更多突破。1998 年又有三位科学家被授予诺贝尔物理学奖。这三位科学家发现,电子和强磁场的共同作用可以形成一种新的"粒子",其电荷仅仅是电子电荷的分数倍。这个现象就是现在所谓的分数量子霍尔效应。劳克林是三位科学家之一,他是首批尝试解释量子霍尔效应的物理学家之一。1981 年他提出了一个绝妙的思想实验(对原始实验的一种理想化模拟,在数学上与之等价,可以帮助理解原始实验)。劳克林想象电子沿着一个像结婚戒指一样的有着平坦边缘的导电环运动。一个磁场垂直于环的表面,但是劳克林还添加了一条虚拟的磁场线(称为一个磁通量)像手指穿过戒指一样穿过环的中心。增加虚拟磁通量,就会诱导产生绕环流动的电流,从而引入经典霍尔效应中的纵向电流。这个过程,被命名为劳克林量子泵浦,虚拟磁通量每增加一个"通量量子",泵浦就完成一个循环。每个循环结束后,量子系统就会回到它的初态。这种重置意味着霍尔电导是量子化的,电导平台对应的整数等于量子泵浦移动的电子数。而在他之后针对精细结构常数的进一步研究中,科学家们发现,这个最基本的自然常数反映的是某种超出了我们有限理解力的全局秩序——与无限小的无尽交流。

这个被量子霍尔效应揭示出来的全局秩序,正是中国古代先哲们矢志不渝地坚信的理。"道心惟微,人心惟危;惟精惟一,允执厥中""无极而太极""圆融空性""集义生气""得其环中,以应无穷",说的都是同一个理。"致广大而尽精微,极高明而道中庸",说的也是这个理。庸者,常也;中,即环中。环中即是空,非有非无,与无限小的无尽交流,"虚室白白,吉祥止止","大学之道,在明明德,在亲民,在止于至善。"说的还是这个理——至善即吉祥,即德行(明明德)与幸福(亲民)的统一。在科学与哲学方面,中国注重实用性的经验技艺,讲究根据感性经验的直观来把握自然,而西方注重逻辑的抽象思考,运用理性知识能力,将经验层面的事物上升到理论逻辑的层次。

证明出量子霍尔效应的数学家几年前被漫威聘为科学顾问,漫威的复仇者们因此得以通过宏观之门跳进量子领域去拯救宇宙。这是通过艺术的手法帮助人们理解科学原理。我们还可以通过常识来理解:10 的 N 次方乘以 10 的负 N 次方,结果始终等于 1,意味着,无穷大乘以无穷小,无限接近于 1,也就是说,1 就是无穷大与无限小的无尽交流的产物。也可以通过哲学来理解:无穷大与无限小的无尽交流,就是对立统一法则在最极限状态下的体现。

现实中,总理为农民工讨薪,总书记说"为人民执政、靠人民执政",也是与无限小的无尽交流。还有水,为什么古人说"上善若水"?因为水的液态、固态和气态循环往复的变化,就体现了全局秩序。"我的祖国和我,像海和浪花一朵,浪是海的赤字,海是那浪的依托",说的还是这个理。而之所以大规模个性化定制得以可能,也是因为这个理。至于经济学家凯恩斯和哈耶克之间长达百年的争论,以及政治上正在参与左右之争的人们,如果明白了这个理,就用不着争了。

这个全局秩序的理,也叫大学之道,未被科学揭示前,自然是说不清道不明的。中国古代先哲孜孜以求的是将感性经验讲明白,以指导人们实践。例如孔子和他的弟子们,就尽了最大努力用"案例"来布"道"。《孔子家语》中记载了鲁哀公和孔子之间的一段对话。鲁哀公问孔子:"当今的君主,谁最贤明啊?"孔子回答说:"我还没有看到,或许是卫灵公吧!"哀公说:"我听说他家庭之内男女长幼没有分别,而你把他说成贤人,为什么呢?"孔子说:"我是说他在朝廷所做的事,而不论他家庭内部的事情。"哀公问:"朝廷的事怎么样呢?"孔子回答说:"卫灵公的弟弟公子渠牟,他的智慧足以治理拥有千辆兵车的大国,他的诚信足以守卫这个国家,灵公喜欢他而任用他。又有个士人叫林国的,发现贤能的人必定推荐,如果那人被罢了官,林国还要把自己的俸禄分给他,因此在灵公的国家没有放任游荡的士人。灵公认为林国很贤明因而很尊敬他。又有个叫庆足的士人,卫国有大事,就必定出来帮助治理;国家无事,就辞去官职而让其他的贤人被容纳。卫灵公喜欢而且尊敬他。还有个大夫叫史鲥,因为道不能实行而离开卫国。卫灵公在郊外住了三天,不弹奏琴瑟,一定要等到史鲥回国,而后他才敢回去。我拿这些事来选取他,即使把他放在贤人的地位,不也可以吗?"然而,《论语》中孔子却"谓卫灵公之无道"。为什么无道呢?《论语》中还有一句孔子对卫灵公的评论,"吾未见好德如好色者也",而孔子的学生子夏说"贤贤易色"。朱熹在《论语集注》中这样解释"贤贤易色":贤人之贤,而易其好色之心,好善有诚也。可见,任贤和贤贤是两回事,贤贤是要有诚的。卫灵公既然好色,就没能够"贤贤";没能够"贤贤",就没有诚可言;没有诚,就谈不上有道了。包括朱熹在内的宋儒的贡献在于,他们用"诚"类比太极,完善了夫子学说,毕竟,孔门弟子中还有像子贡这样发战争财的。诚与太极相当于诱导产生绕环流动的电流的虚拟磁通量,是实现与无限小的无尽交流这个大学之道的"操作系统"。水中有太极,人的意识中有诚,上善若水,所以贤贤(好善)有诚。

有些人为卫灵公鸣冤,说:卫灵公非但不是无道昏君,还是个颇有能力的诸侯。是孔子不好,他在鲁国受到排挤后,以近耳顺之龄带着团队来到卫国,卫灵公给他"奉粟六万"的高薪却不见用,以至于孔子不得不忍受卫灵公夫人南子的"性骚扰",惹出了"子见南子"的绯闻。即使如此,也还是没能够在卫国谋到一官半职,惶惶如丧家之犬不可终日,颠沛流离十余载。所以,"卫灵公之无道"是老夫子一时激愤之语,不能说明卫灵公无道。说这话的人和说盖茨先生嫉妒马斯克的人,大抵是一路人。好有一比:苏轼和佛印一起打坐,佛印说我看苏轼你像尊佛,苏轼却说佛印坐在那儿像一团牛粪。回家后苏轼在苏小妹面前炫耀这件事,苏小妹说就你这个悟性还参禅呢,你知道参禅的人最讲究的是什么? 是见心见性,你心中有什么眼中就有什么。

还有人对朱熹解释的"贤贤易色"加以批判。南怀瑾先生在《论语别裁》中说:"色"字解释为态度、形色,"贤贤易色"意思是我们看到一个人,学问好,修养好,本事很大,的确很行,看到他就肃然起敬,态度也自然随之而转。南师被誉为儒释道兼修的人,应该知道这样一句话:精足不思淫,气足不思食,神足不思眠。而精与诚,向来是一体的。儒家讲精诚所至、金石为开,道家讲不精不诚、不能动人,现代人讲精诚合作、精诚致远,全都出自一源:惟精惟一,允执阙中,因为"允执"就是诚。既然能够"贤贤",自然"好善有诚",有诚必然惟精,精足则不思淫,所以贤贤易色。可能还是有人会抬杠:精足不思淫的科学依据何在? 一瓶水,静悄悄;半瓶水,晃荡得厉害。这是常识。

更有甚者,今天我们的一些国人居然把孔子的中庸、老子的无为和庄子的逍遥,归为了犹太学者汉娜·阿伦特所说的"平庸之恶"。"平庸之恶"指的是在意识形态下对自己思想的消除,对下达命令的无条件服从,对个人价值判断权利放弃的恶。"平庸之恶"的人是失去主体性,只把自己当作材料,而忘记了人之为人的人。而孔子、老子和庄子,他们所努力的一切,就是为了让人们活出主体性。所谓主体性,正如孟子所言:"非其义也,非其道也,一介不以与人,一介不取诸人。"

至于阳明心学,也到了揭开其神秘面纱的时候了。马克思说:"凡是把理论导致神秘主义的神秘的东西都能在人的实践中以及对这个实践的理解中得到合理的解决。"事实上,良知就是连接。

人类并不是生来就有良知。如果你终其一生都在单独监禁中度过,你可能永远也不会有良知。如果你周围看不到任何有良知的人,你自己的良知也会丧失。而在官僚机构的强大压力下,个人可以表现出更高尚的良知,也可以压抑内心的是非观念,被迫服从规则。良知需要社会,社会也需要良知。良知是从联系和意识中产生的。你我的良知的形成,直接取决于我们彼此联系,以及与其他人联系的程度。在进化的过程中,我们了解我们的行为会产生什么影响。通过家长、老师,在操场上、团队中,在教堂和寺庙中,这些影响被不断巩固。越是巩固,我们的良知就越强大。我内心的是非观念是由我生活中的联系及其结果塑造的。我之所以是我,是因为你,也是因为我们。我们的彼此联系保护了我们的良知。我们越是彼此联系、相互依赖,我们的行为越是影响到其他人,其他人的反应越是反过来影响我们。我们付出什么,就收获什么。无论你叫它"业"还是"因果循环",都是千真万确的。

范蠡之所以能够理念先行,就在于他"接地合"。他在贩盐卖鱼之前,还养过鸡。养鸡之前,他和家人挖了三十来条沟,每条沟有十来丈长,三四尺宽,一尺来深。挖好后,放上柴草,盖上细泥,饲养白蚁。白蚁养起来后,再把鸡放到沟里吃。鸡长得又大又肥,蛋又下得很多。每逢青黄不接的时候,范蠡常常看看山下几个村庄,哪一户屋顶上若升不起炊烟,他就把粮食、鸡蛋送去。这就是连接,也叫良知。

明代诗人曹学佺便曾经写过一副对联:仗义每多屠狗辈,负心多是读书人。意思是说,有良知、讲义气的多半是底层的普通民众,而居高位的读书人却经常会做出违背良心、背信弃义的事情。曹学佺之所以写这样一副对联,缘于他的一次亲身经历。

明朝天启二年(1622),曹学佺被起用为广西右参议。当地有权贵经常纵容恶犬伤人,并以此为乐,老百姓敢怒不敢言。有一天,权贵们又放出恶犬咬人,一个秀才躲避不及,被恶犬扑倒,眼看就要命丧狗口。这时路边冲出一名屠夫,手起刀落剁了狗头,救下了秀才。曹学佺正好审理此案,详细看过状纸后,不惧权贵软硬兼施,判屠夫无罪,更判权贵要赔偿秀才医药费。权贵一看,这样判决,自己脸面不保,但在大明律法上又拗不过曹学佺,便心生一计,要求重审,并暗中重金贿赂并威逼恐吓秀才改口供。

秀才贪财,又惧怕权贵势力,便应允下来。等到再审时,秀才果真改了口供,说自己和恶犬是好朋友,那天是在和恶犬玩闹嬉戏,是屠夫恶从胆边生杀了恶犬,要屠夫给恶犬偿命!秀才如此栽赃陷害屠夫,令曹学佺勃然大怒,拍案而起,大骂道:人证、物证皆在,况且屠夫救你一命,你不思回报,反要置他于死地,与狗相好,认狗为友,伤天害理!天容你,我不容你!说完就要衙役杖击秀才,秀才挨不过,不得不招认是权贵用重金和威逼要他做假口供。案件真相大白于天下。曹学佺重新判决:屠夫无罪;秀才认狗做友、恩将仇报,革去功名,给权贵当狗去!审理结束后,曹学佺愤然在案卷上写下"仗义每多屠狗辈,负心多是读书人"的千古名联。同情、可怜他人的往往是底层老百姓。穷人才会同情穷人,痛苦中人才会对他人的痛苦感同身受。

互联网时代,信息极大丰富,高度透明,却也导致了更大强度的两极分化:聪明的人变得更聪明,傻人变得更加傻。解决问题的办法只能靠新一代的企业家们效法范蠡,用数字科技创造与无限小的无尽交流的机会。"技术本身无所谓善恶,是技术的创造者来决定技术能否体现出人性。技术可以用来摧毁事物,但同时也可以给人类带来无与伦比的礼物。"时代在召唤范蠡式的君子企业家。

创新源于良知

农业经济有连接、没规模,工业经济有规模、没连接,数字经济有规模、有连接。它们之间是"正反合"的关系。无论是理学还是心学,都是讲连接的学问,在工业经济时代无用武之地,在数字经济时代却迎来了新生。而从理学到心学,再到数字经济时代的良知学,也是正反合。创新源自正反合,但正反合如何形成了创新? 也就是说,创新如何可能? 在1.0创新时代,这是个康德式的大问题。2.0创新时代,这个问题不再是问题。

前段时间央视二台《经济大讲堂》上,有位国务院参事讲创新,他说现在要重视"逆向创新"。他以"司马光砸缸"为例,说明什么是逆向创新。相对于让人离水,让水离人确实是逆向思维。但是逆向思维不等于"逆向创新",事实上,任何一项创新,都离不开逆向思维。而且,他用1.0创新的思维解释"司马光砸缸",更加不通,因为司马光砸缸是2.0创新。所以,从理论上讲清楚创新如何可能,实在很有必要,否则"司马光砸缸"会被解读为"司马缸砸光"。

我们都知道,"人皆有恻隐之心",即"本能的同理心"。掉进缸里的小伙伴,在那个时候无疑是"弱者"。除了"弱",还有"反"——当其他玩伴奔走呼叫大人的时候,人不如水缸高却想效仿大人救人的司马光,就是"反"。"反者道之动,弱者道之用。天下万物生于有,有生于无。"那么,为什么司马光会"反"呢? 比起其他小孩,他读的圣贤书更多。《论语》中有一段"井有仁焉"的对话。宰予问孔子:对于有仁德的人,别人告诉他井里掉下去一位仁人啦,他会跟着下去吗? 孔子说:为什么要这样做呢? 君子可以到井边去救,却不可以陷入井中;君子可能被欺骗,但不可能被迷惑。宰予为什么会问这个问题呢？因为孔子说过"志士仁人，无求生以害仁，有杀身以成仁"。而宰予有批判性思维。

当司马光读到这样的对话后，种子已经播了下去：井有仁焉，既要成仁又不能杀身，该怎么办？现在"缸有人焉"，我想听夫子的话成仁，又不能像大人一样跳进缸中救人，该怎么办？就像一位训练有素的足球运动员，他的意识提升了，临门一脚的能力就强了。司马光受过的训练让他完成了漂亮的临门一脚。如果一定要用科学的语言来解释，我们可以假设司马光砸缸的创新基于这样的机制：司马光受过的训练使得他的内禀因果力高于常人，具有更高的集成信息值，在同等输入的情况下，形成了更高频的输出，激发了灵感，产生了创新。也可以用量子霍尔效应来解释，在那一刻，他的良知与场之间形成的虚拟磁通量诱导产生了更强的绕环流动的电流。

范蠡、盖茨、乔布斯等人的创新，也都在于他们首先接受了理念的播种，再运用"反者道之动，弱者道之用"，无中生有。例如乔布斯，先是《全球目录》将"为技术注入人性"的理念植入了他的心中，再是反 IBM 而行之，用技术帮助在 IBM 面前处于弱势的人们。1984 年的"美国春晚"——NFL 职业橄榄球大联盟的年度冠军赛"超级碗"，苹果公司播出了一段 15 秒的叫"1984"的广告。这段广告公开场合只放过一次，却成为历史上为数不多的经典广告之一。原因在于，1983 年美国出版了一本反威权的畅销书，名字叫《1984》。乔布斯巧妙地借力《1984》讲了一个反技术威权的故事，将自己的心声既生动地表达出来，也有效地送达人们的心中。广告的情节是这样的：电影院里几百位穿着西装、光着头的中年男子，面无表情地盯着屏幕，屏幕上一位戴眼镜的老者在那里布道——与其说是布道，不如说是在威胁或者恐吓。这时候，一位活力四射的年轻女士，穿着短裤和背心，手持大锤冲进了影院，直奔大屏幕。在众人还没反应过来之际，挥舞大锤砸向了屏幕。广告到此结束。现场的观众以及所有收看"超级碗"直播的观众立刻明白了乔布斯的心意——他要打破 IBM 的技术威权，用技术为人们创造更美好的生活。盖茨也是一样，他七岁就熟读《圣经》，之后和乔布斯联手造 IBM 的反，也一样同情被 IBM 欺负的弱者。区别在于，乔布斯关注的弱者是最终端的消费者，盖茨最初关注的弱者是为 IBM 代工的厂商。

尽管已经有乔布斯和盖茨作为表率,也有科学理论作为依据,还是会有人质疑这是"唯心主义"的创新学说:从心出发能搞出人工智能和大数据技术?事实是,目前为止,已经有多位诺贝尔奖获得者声称他们的创新灵感来自中国的古诗或者古书,而我们的大经济学家却在号召企业家到国外科学家的论文里去找算法,再投资做成技术和产品。

另外一个事实是,在数字技术没有出现的古代,中国的劳动人民就已经会用大数据分析了。"一九二九不出手,三九四九冰上走,五九六九沿河看柳,七九河开,八九雁来,九九加一九,耕牛遍地走。"在没有气候知识的中国古代,劳动人民从实践中把候鸟来来往往、树木繁荣枯败、动物冬眠春醒等自然现象总结为物候知识,用来掌握农时,指导农业生产。

物候学是研究周期性生物现象,并服务于农业生产的科学。而物候是随地而异的现象,南北寒暑不同,同一物候出现的时节相差很远。古代科学技术落后,劳动人民只能将各种物候现象编成歌诀进行传咏,并编成物候历以根据物候变化安排生产。作为人类最早产生的原始历法,物候历最大的缺点就是口口相传,未形成理论。因此,各朝编写历法时,历法官没将物候历写进历法。这里就存在"反"和"弱"了。

世界上最早凭实际观测而得的物候记录由南宋浙江金华地区的吕祖谦(1137—1181)所做。他所记有南宋淳熙七年和八年(1180—1181)两年金华(婺州)实测记录,载有蜡梅、桃、李、梅、杏、紫荆、海棠、兰、竹、豆蓼、芙蓉、莲、菊、蜀葵、萱草等24种植物开花结果的物候和春莺初到、秋虫初鸣的时间。世界别的国家没有保存有15世纪以前实测的物候记录。日本樱花记录始于唐,但只樱花而已,不及其余,而吕祖谦记录的物候多到24种植物的开花结果和鸟、虫的初鸣。

吕祖谦是南宋的理学大儒,这部世界上最早的物候实测专著,其实是理学大儒的临终日记。年轻时候的吕祖谦在做官、著书、讲学之余,对各种物候现象产生兴趣。通过细心观察,他认为物候现象与时令有着必然的联系;但随着地势的不同,同一物候出现的时节也不尽相同。比如,山里的桃花一般比平原的开得迟些,这便是白居易诗句"人间四月芳菲尽,山寺桃花始盛开"的原理所在。除了桃花开外,还有哪些自然现象与时令、地势有关呢?

年轻的吕祖谦希望以后空闲之时，能详细观察、记录并研究这些现象。可惜，这个愿望一直没实现。或许是天妒英才，厄运接踵而至。10 年不到，父母双亲、两位妻子、一双儿女相继离开人间，自此，吕祖谦疾病缠身。

生命的最后 20 个月常年病痛折磨，让他形销骨立；内心的痛苦，在脸上显露无遗。他感觉自己时日不多，但还有许多事没做。这时，想起年轻时记录并研究物候的愿望。他很清楚，研究物候是没办法了，记录还有可能；记下来，再参照物候历进行修订，形成理论，以供历法官选用。

怀着这样美好的心愿，右腿几乎风瘫的吕祖谦，在金华老家用心观察并记录着各种物候现象。阳春三月，他拄着拐杖，在桃林中仔细观察，然后回屋记下"惊蛰三日，鸤鸠晴和桃杏盛开"的语句，他终于知道了，桃花盛开是金华地区惊蛰到来的标志。炎炎夏日，他常常独自静坐果园，一坐就是半天，只为记下李树等植物开花结果的生长过程；金秋时节，他带着纸和笔，住进农家，向老猎人和老农们打听秋虫鸣叫的时间，有时甚至与他们一起，悄悄钻进草丛里听虫子鸣叫；严冬之际，他每天蹒跚步行十余里，只为去富户的大花园里，观察蜡梅花开花落的情景。日复一日，寒来暑往，吕祖谦往返于房子和野外，用心观察着，仔细记录着。次年农历七月二十八日，一部凝聚着吕祖谦临终心血的日记体典籍《庚子·辛丑日记》终于完成。从头年正月初一到初稿完成，前后共 588 天近 20 个月。此书除了记录金华地区杏树、桃树、海棠、菊花等 20 多种植物开花的时间和具体状态外，还详细记录了首次听到春禽或秋虫鸣叫的情况。次日（西历 9 月 9 日），一代理学大儒吕祖谦因病逝世，享年 45 岁。

吕祖谦逝世后，其临终绝笔《庚子·辛丑日记》受到世人认可。朱熹为其写跋时称，吕祖谦病中记物候日记，无一日间断，"至于气候之暄凉，草木之荣悴，亦必谨焉"。20 世纪 60 年代，气象学家、地理学家竺可桢认真记录各种物候现象并创立现代物候学时，对《庚子·辛丑日记》颇为推崇，多次在文章中提到此书对现代物候学的影响。在竺可桢的身体力行和号召下，不但物候学在农业服务等方面得到长足发展，《庚子·辛丑日记》也得到科学界的关注。

今天，义乌人发明的"义乌指数"，似乎是窃取了他们的先人吕祖谦的灵感。回顾 2016 年美国大选,特朗普和希拉里一战精彩异常。希拉里在美国国内媒体和精英中呼声最高,当时向世界传递出的信号就是,希拉里一定会获胜,成为美国首位女总统。但来自义乌的大数据却并不看好希拉里,而是觉得"没人望"的特朗普胜率更大。当时在美国当地民调希拉里以 72% 的胜选率的情况下,义乌的商人们还是很"刚"地给出了特朗普当选的逆天预测,结果显而易见。民调可能会撒谎,媒体可能会撒谎,但是义乌的商品订单却不会说谎。这也算是一种"物候"吧,却缺少了"反者道之动,弱者道之用"的味道,因此,不能冠之以"创新"。

　　离义乌不远的慈溪,有一家企业叫"方太",是中国厨电行业的领军企业。2005 年至 2020 年,集成厨电在中国家庭厨房中蔚然成风,方太迟迟在这个百亿级市场中"蛰伏不发"。如今蓝海渐成红海,市面上单是集成灶品牌就多达数百家,方太却突然带着一款名叫"集成烹饪中心"的产品杀了进来。并且产品上市一年就已经获得超 10 万家庭的认可。

　　法国人发明了燃气灶,德国人发明了油烟机,中国人把烟机、灶具、消毒柜、蒸烤设备组合在一起做出了集成灶。与欧美大 house 里动辄二三十平方米的开放式厨房相比,中国 86% 的城市家庭厨房面积不足 10 平方米,北京甚至有超 7 成家庭厨房不到 5 平方米,面积也就比一张 1.8 米×2 米的双人床稍大点。在这么小的厨房里,如何把尽量多的烹饪电器安装得最节省空间、使用方便又安全,催生了国内一代又一代集成厨电产品的诞生和不断改良。

　　2003 年,第一台名为"深井式集成环保灶"的产品在中国设计制造出来,首次把燃气灶和油烟机组装在一起、采用"下吸下排"的排烟设计。不过,由于向下排烟打破了油烟蒸腾向上的气态规律,油烟容易逃逸,且会把火苗和飞溅的油滴一同吸入,第一代集成灶上市后引发了爆炸事故。安全、节能和吸油烟效果上都存在瑕疵。2005—2011 年,初代集成灶折戟后的五六年内,集成灶行业针对原有技术不足,在功能、结构、外观和安全性上展开大量优化和开拓工作,第二代、第三代集成灶陆续面世。功能上,集成灶由最初始的烟+灶结构发展为油烟机+燃气灶+消毒柜(烟灶消)和烟灶消+蒸烤结构,还陆续实现了内部免清洗、变频、防火墙和漏电漏气检测等安全功能,排烟设计上也由下吸下排式优化为侧吸下排式。看起来,经过三代技术改良的传统集成灶不仅功能越来越多样,而且油烟下排带来的安全隐患也似乎"消失"了。2011—2016 年,中国集成灶品牌从一百多家猛增到 500 家,市场销量从不足 10 万台增加到年销量 70 万台,体量突破百亿元。技术越来越优化,市场日趋成熟,集成厨电风口肉眼可见地到来,既然如此,方太为什么迟迟不踏入这片新蓝海?

中国城市住宅有两个发展趋势,楼层越来越高,公共烟道排烟量越来越大;房价越来越贵,厨房空间越来越小。从实用性而言,集成厨电的使命就是最小空间和最大效率。为了达成这个目标,传统集成灶提出了向下排烟的创新设计,但创新的同时忽略了与之相关的技术合理性和公共环境问题。在下排烟方案中,自然状态下本来向上蒸腾的烟气被强按牛头逆势向下吸走,一方面需要更大的风机功率,功耗和噪声也随之增大;另一方面,燃气灶、进气管和烟机动力系统全装置在灶台下方,空间布局非常拥挤,且存在安全隐患。此外,现在大多数居民楼的公共烟道都是主副式+变压式,每家厨房上方留有一个接入公共烟道的孔,安装油烟机时,烟管向上走吊顶接入公共管道,再在导流板的引导下向上排出。由于集成灶是下排式,需要先堵掉上面的孔,在下方另外开孔,烟管横穿地柜接入公共烟道,不仅占据地柜空间,而且烟气排入烟道后与楼下邻居的排烟孔距离过近,容易互相串烟。实际上,从 2011 年第三代集成灶普及开来后,媒体上一直不乏集成灶引发事故的报道。近几年伴随集成灶安装量越来越大,家电社区、论坛里出现越来越多一线使用反馈,有人说开火后因为串烟被"邻居找上门来了",更多人反映向下排烟的设计"不合理,占用空间大"。技术上、体验上的种种不完善表明,传统集成灶很难说是集成式厨电的成功解决方案。

正是看到了这些,在油烟机、燃气灶、蒸烤箱、洗碗机等多个垂直品类做到第一,客观上最有实力做好集成厨电的方太,在集成灶如火如荼的十几年中似乎迟迟按兵不动,实则在探索最好的集成厨电应该是怎样的。"不是随随便便把几个功能组合在一起就会有价值,就会获得消费者青睐。"方太集团董事长茅忠群认为,应该在充分研究用户需求的基础上,把某些功能或者电器以创新的、合理的方式集成在一起,真正带给顾客更好的体验。2016 年至 2018 年前后,方太对约 500 户居民家庭厨房进行了实地走访,调研了用户对传统集成灶排烟、空间利用率等方面真实的改善诉求,也对更好的集成创新做出大量技术思考。

对从高端油烟机市场起家的方太而言,顺势上排在油烟吸排规律和科学设计标准中的合理性不可动摇,对契合现代建筑公共烟道而言也更有责任心。可是要坚持油烟上排,意味着从新建立一套与传统集成灶设计思路完全相反、与向上排烟相匹配的、更有效率和更节省空间的技术方案。这不仅需要投入巨大精力和资金,更要面临未知的市场风险考验。2019 年,在集成市场"蛰伏"15 年的方太推出第一代集成烹饪中心,以明显有别于传统集成灶的排烟设计、空间实用性和节能降噪,在同质化的集成厨电市场激起千层浪。由于排烟和空间布局的基础架构发生了改变,集成烹饪中心几乎每个细节、每一处设计都需要牵一发而动全身地重新攻克和打磨。比如,采用向上排烟后,安装在上方的油烟机必须找到一个恰到好处的进烟位置,既不会侵占炒菜操作空间、不会碰头,又能尽量靠近油烟源头,做到低吸不跑烟。经过精确到每 1 度、每 1 毫米的进烟口不同位置效果测验,方太最终将进烟口设计在台面上方 335 毫米高、900 毫米宽处,这个高宽能实现在油烟源点上方大面积拢吸油烟,不留扩散机会,且不会因为进烟口过低(普通集成灶约 275 毫米)而吸走热能和火星,也不会增加耗能。与向下排烟相比,烟气进入进烟口后垂直顺势上排,不用改变走向,不用拐弯,因此不会在管道中藏油、积油,也不存在火星引燃油垢的隐患。除了进烟口设计,对排烟效果起决定作用的是动力系统,而这也是方太的强项。据方太集成烹饪中心项目经理董一龙介绍,集成烹饪中心搭载的 X 系列油烟机具有数项增强吸力的原创厨电科技:首先,烟气上排途中管道由宽变窄,形成倒 T 字形的"狭管效应"(气流经过峡谷结构时风速增大),狭管效应的加压让烟气流动速度增快;其次,烟机采用的是直流变频动力系统,既能智能分配流量,又有 3 个档位逐级加速吸排,再加上一个可提供每小时 10 万转强劲动力的背吸增压变频引擎,最高能带来 23 立方米/分钟超大风量。这个风量即便是在高层、超高层的住户高峰时段排烟也不会感受到阻力。此外,上排油烟机走吊顶进入公共烟道,不占用下柜空间,不需要重新钻孔,也不会与楼下邻居发生排烟干扰和倒灌。经专业使用者评测,同样 600×700×800 毫米大的厨房橱柜,普通集成灶需占用一半面积安装油烟机和烟道,剩下的一半再紧凑地放置蒸烤设备。集成烹饪中心的灶蒸烤烹饪机不用与烟机分享地柜,在灶蒸烤烹饪机的下方还保留了碗篮安装位;烤箱的进深也比一般集成灶宽,内胆容积可达 42 升,采用完全嵌入式安装,与橱柜融为一体,甚至可以一次性烤一只火鸡或同时蒸六盘菜。而下方的灶蒸烤也可以根据用户需求换成灶消一体的设计,消毒柜可以达到 150 升超大容量。2019 年 12 月,上市仅数月的方太集成烹饪中心被中国轻工业联合会评为厨电业"消费精品"。而据中怡康最新数据,在我国厨电业连续两年增速下滑、集成灶市场受疫情影响下滑8.3% 销售额之际,售价近 2 万元一套的方太集成烹饪中心,上市一年已成为10 多万用户的选择。最新发布的集成烹饪中心 II 代也进入销售高潮。在厨电向集成化演进 20 年之后,在传统集成灶发展十余年的情况下,迟到的方太重新定义了一种集成式厨房的解决方案,并在快速迭代中日趋完美。

这种在风口到来时先耐心等待、观察、沉淀,待技术成熟时靠独立创新扬起一面新风帆的"后发者效应",在方太发展进程中频频奏效。5 年探索打造出"三合一"水槽洗碗机,一款产品集结近 200 项专利,改变了国内对西方舶来洗碗机的样式和功能模仿,创造性地把水槽、洗碗和去果蔬农残三大功能集合起来,斩获中国轻工业科技最高奖"科学技术发明一等奖"等 20 项国内外奖项,上市四年后实现超 40% 的市场占比,把中国厨房送入"机洗时代";4 年时间研发出智能"风魔方"吸油烟机,以高效静吸直排不跑烟的吸油烟好效果,和兼具工业美感的不碰头设计,上市后即成中怡康畅销榜冠军,一度蝉联冠军 6 年。2018 年还被入选工信部"制造业单项冠军产品";8年自主创新发明出 NSP 膜色谱双效净水新科技,从零突破核心膜技术,历经全国 25 个优质水源地调研、100 多种核心技术材料选型、3 000 种膜配方实验和上万次验证测试,最终打破了国外高端净水机膜垄断,推出既能过滤掉重金属,又保留对人体有益矿物质的双效净水机,树立起洁净健康的国人饮水新规范……这背后的投入,是硕博人才比例近 50% 的近千人规模的研发团队,在德国、日本等全球最发达制造业市场同时设有研究院,以及自主专利壁垒上。而投入的背后,则是方太"方便太太"的初心,"因爱伟大"的目标,以及茅忠群董事长所坚守的方太儒道——"一切企业的创新,源于良知""伟大的企业导人向善"。

在浙江,还有一个地方叫德清,距离德清十几公里的良渚遗址是中华文明五千年历史的实证,是中华文明的美丽瑰宝。而良渚遗址出土的玉器,产地在德清。日本学者持上嘉彦指出,当事物作为另一事物的替代而代表另一事物时,它的功能被称为"符号功能",承担这种功能的事物被称为"符号"。在中国古代文化大传统中,玉就是承担了这种替代功能的符号,不同形制的玉所承担的符号功能也不同。例如珪,代表的是信,有史料为证。《史记》卷三十九《晋世家》:晋国的唐叔虞是周武王的儿子、周成王的弟弟。当初,周武王与叔虞母亲交会时,梦见上天对周武王说:"我让你生个儿子,名叫虞,我把唐赐给他。"等到武王夫人生下婴儿后一看,手掌心上果然写着"虞"字,所以就给儿子取名为虞。周武王逝世后,周成王继位,唐发生内乱,周公灭了唐。一天,周成王和叔虞做游戏,成王把一片桐树叶削成珪状送给叔虞,说:"用这个分封你。"史佚于是请求选择一个吉日封叔虞为诸侯。周成王说:"我和他开玩笑呢!"史佚说:"天子无戏言。只要说了,史官就应如实记载下来,按礼节完成它,并奏乐章歌咏它。"于是周成王把唐封给叔虞。唐在黄河、汾河的东边,方圆一百里。

信是德的一种,不同形制的玉,虽然承担的符号功能不同,但都指向了"德",所以孔子才说"昔者君子比德于玉焉,温润而泽,仁也"。也就是说,玉是德的符号。玉为什么会成为德的符号呢? 通俗点说,古人发现"玉通灵",通灵即意味得道。而德,得也,得道了即有德。因此,君王为表明自己是有道之君,便予玉以"德"之意,并将玉据为己有。"玉必有工,工必有意,意必吉祥",玉因意而具有了商业价值、精神价值和社会价值;而"人养玉三年,玉养人一生",和我们今天买苹果手机用微信类似,是用户参与创造价值。除了玉器,德清还是"丝之源""瓷之源"和"舞之源",人工养殖珍珠也始于德清。这些都是2.0创新,创新源于"德清"啊!

最绝的是两位德清人联手创办的思决行公司,他们开发了一套动态股权分配软件。两位创始人的初心很简单,就是想让中小微企业活得好一点。他们提出来的"动",不同于资本主义起源时期提出来的"股权流动",而是将资产、资金、资源等资生出来的资本整体关联起来,实现自然合理的动态平衡,让"股权动起来,企业活起来"。以更高水平的动态平衡为目标的内循环,必然需要一个动态平衡的股权分配机制。数字化时代的价值理念是"让他人伟大,你更伟大",义中取利,但传统股权却是先利后义的设计。传统股权分配方式是传统资本主义的产物,不是增加就是减少;动态股权分配,是"合作资本主义"的产物,基于对立统一的法则。

以装饰行业为例,经历 20 多年高速发展的房地产市场已经孕育出一大批民族品牌,然而,这些品牌在走向市场的过程中却不同程度地遇到了通路不畅和服务不到位的问题。例如有一个新材料板材品牌叫"意尚",他们的板材采用可循环使用的高强度材料制成,去除了对生态资源的依赖与浪费,还可以回收利用,而且施工现场整洁有序,不产生废物废料。既美观又能够为环境做贡献,所以叫"有意义的时尚"。由于是新研发出来的材料,企业的资本积累还很有限,在市场投入方面做不到像成熟品牌那样有一整套的售前、售中、售后服务和支持体系,导致销售规模上不去。

意尚遇到是典型的流通层面的问题。在中国,一提到流通,就与物流关联上,实际上,"问渠那得清如许? 为有源头活水来",成熟品牌引源头活水的方式是先做市场(Marketing),再搞活动(Seminar),然后是为合作伙伴(Partner)赋能,接下来才是销售(Sales),最后服务(Service)跟上,五个引擎,缺一不可,并且还要以数据为支撑。高速狂奔 20 年的房地产市场,建材的流通方式还是靠建材市场,而这样的市场连菜市场都不如。传统的菜市场内卖青菜的最多跨界卖萝卜,现在,一个 10 平方米的小店,各类蔬菜应有尽有,连西瓜和酱菜都有。卖菜的都成了集成服务商,建材销售却还停留在大卖场方式。原因在于,要让卖板材的兼卖石材,或者让卖石材的兼卖板材,涉及全行业流程再造,除了供应链管理,还涉及设计、安装和监理等环节,以及品牌宣传和营销,远远比卖菜要复杂。这就要求有人能够站在更高维度将大家整体关联起来。有一家叫甄官署的企业就在做这件事,动态股权分配于甄官署而言必不可少。即使是一位装修小工,也会为甄官署添加加瓦,而他的"无价的资产"在开始阶段是没有办法估价和确权的,用期权来激励装修工,也不合适。

顺便说一下，思决行的创始人沈卫东先生，长得很像抗战时期电影《中华儿女》的导演沈西苓先生，沈括、沈约等历史名人是他们的先辈，都是德清人。

事实证明，中国人是擅于 2.0 创新的。只是因为过去缺少理论指导，一颗 2.0 创新的心，一度被 1.0 创新的理论带到沟里了。江苏江阴曾经有一家企业，之所以说"曾经"，是因为这家企业已经不复当日之荣光。这是一家 20 世纪 70 年代末起步、从螺丝刀起家的企业，在 90 年代初期有了一定积累。他们在了解到全世界的油田用的钻头被一家美国公司所垄断之后，下定决心打破技术垄断。找了很多专家，花费了很多心血，走了很多弯路，功夫不负有心人，最大的技术难题最后居然被一个工人解决了。产品出来后，没有品牌，市场营销是个问题，因为被垄断的不仅是技术，还有市场和渠道。他们先是在中国的新疆免费提供钻头打井，消息见报后，引起了一家加拿大公司的注意，答应帮他们做市场推广，但要求分成比例必须三七开，加拿大公司七。没办法，只好答应。加拿大人的营销其实也是一样的方法，只不过换到了加拿大的冻土层打井，300 根下去后，没有一根断掉。这一次消息登上的是西方主流媒体，很快订单就接连不断地来了。

然而，美国企业也很快注意到了这个新的竞争对手，开出了谈判条件，提出用 59 亿现金收购他们的企业，当时可是 2000 年初啊，就算是现在，这笔钱也不是小数目——但是他们拒绝了。被拒绝的美国人，开始了布局，使用了惯用的手法：一方面开始准备法律武器，另一方面在中国培养代理人，没过多久，江阴一带就冒出来 6 家做石油钻头的企业。为防止技术泄露，他们已经采用了最为极端的方法：将技术切割为 40 多道工序，每道工序上的工人只知道自己的工序。即便如此，也架不住美国人的利诱，大家抱团把技术偷出去。同行多了之后，唯一的办法就是在国外大打价格战，这个时候，美国再祭出他们的法宝——反倾销法，一举击败了中国企业。看似是因为美国公司使的"阳谋"，加拿大公司做的配合，实则还是自身的原因。虽然有一个好的初心，但是没能守住初心，1.0 创新的"创造性毁灭"与他们的初心，本身就是一个悖论。

现在我们再来看 2.0 创新会给这家企业带来什么样的变化。尽管这只是假设,但是应该能够给很多企业家以启发。石油是暴利行业,发达国家的富人无所谓,像中国这样的发展中国家,油钱省一点总是好的。石油本来无善无恶,但是现在因为人而成了恶的载体。作为一家生产石油钻头的企业,自然没有能力在现阶段改变石油产业的现状,但是添加一点点善意,"为爱加点油",总是可以的,这就是和初心一致的"反"。

"反者道之动,弱者道之用",还要借力"弱者"才行。这个"弱者"呢,就是"两桶油"。老百姓天天喊油价高,"两桶油"却年年在亏损。尽管亏损的原因永远是个谜,但是帮助"两桶油"多赚点钱弥补亏损总是好的。一方面免费为"两桶油"的油田提供钻头,一方面与"两桶油"合作在加油站搞"为爱加点油"的活动。通过"为爱加点油",把加油站的线下"留量"变为线上"流量"。加油站的便利店也在"留量变流量",方法是加油后让人扫二维码送水。扫码的人都抱着同一种心态:不扫白不扫,扫了也白扫,白扫干吗不扫? 扫完就拉倒。"两桶油"的引流能力,简直是"弱爆"了。只要稍微用心一点,效果就会大不一样。因为加油站的服务人员,他们的服务本来就是有温度的。重要的是让线上和线下的服务水准保持一致,一致了之后人们便会产生体验。有了用户体验,线上平台的黏性就有了。这其实是在帮"两桶油"做数字产业化。之后,再免费为油田提供钻头,并以此获得一手的原油价格。上下游的数据都有了,还用得着担心盈利吗?

扩张与包容

有这样一个故事。一个老头在海边钓鱼,每天就那么悠悠闲闲地钓几条鱼,够维持生活就不钓了。一个大富翁拿着鱼竿来到海边坐在老头旁边钓鱼。大富翁对老头说,我给你个建议:你每天多钓点鱼,吃不了把它卖掉。老头说:卖掉干什么呢? 富翁说:把钱攒起来。老头说:攒钱干什么呢? 富翁说:用它买条船,去打更多的鱼。老头说:打更多的鱼干什么呢? 富翁说:卖了鱼买更多的船,打更多的鱼。老头说:打更多的鱼干什么呢? 富翁说:将来像我一样住大房子,吃好吃的,还能到处旅游,到海边悠闲地钓鱼。老头说：我现在不就是在海边悠闲地钓鱼吗？

　　快乐并不在于任何像是财富、健康、身份地位之类的客观条件，而在于客观条件和主观期望之间是否相符。如果你想要一辆法拉利，得到的却是一辆帕萨特，那么你就不会快乐。如果你想要一辆牛车而你也得到了一辆牛车，那么你就会感到满足。正如这位钓鱼的老头，他的主观期望和客观条件吻合，他就会很满足。而大富翁追逐的却是客观条件，他并不清楚自己的主观期望是什么。

　　人的主观期望有很多，真正的快乐是什么呢？孟子说"反身而诚，乐莫大焉"，王阳明说"明善是诚身的工夫"，意思都是人要自我反省，通过反省与合乎天道的道德观念相一致，才是真正的快乐。"乐"来自诚，来自自省后发现所思所为没有偏离良知，来自"允执"。也就是说，"乐"是一种合乎良知的满足，"阙中"就是乐。《孟子·离娄下》举了颜渊的例子。"颜子当乱世，居于陋巷，一箪食，一瓢饮；人不堪其忧，颜子不改其乐，孔子贤之。"别人都觉得颜渊太穷太苦，但他自己很满足。

　　今天的人们不可能再做到颜渊那样，但是颜渊的故事告诉我们，想要让自己快乐，除了改变客观条件，还可以改变和个人意义有关的主观期望。在科技并不发达的年代，人们改变客观条件的能力有限，获得快乐的方法基本上通过改变主观期望，即"知足常乐"。即使在现代，幸福指数最高的也并非科技最发达的国家，而是最不发达国家之一的、却有着良好生态和自然环境的不丹。有了知识的力量之后，人们有了改变客观条件的能力，在改变客观条件的过程中，却忘记了意义的重要性。遗忘的原因就在于我们被扩张性增长下所谓的创新塑造成了"经济人"。

　　1.0创新的"套路"无非是为人们设置一个均一化的主观期望，再从外部推动人们改变各自的客观条件来满足这个期望，从而让人们获得所谓的快乐。2.0创新会针对差异帮助人们设定一个和个人意义有关的主观期望，再让人们从内部推动自己来满足期望，从而获得真正的快乐。扩张性的1.0创新本质上是"贩卖焦虑"，包容性的2.0创新是"创造意义"。贩卖焦虑卖的是需要，创造意义卖的是想要。

　　例如奢侈品行业，自发源起，（西方）奢侈品就是作为欧洲各国皇室、上流社会的享用品存在,给人的印象是绝世奢华、卓越品质,由工匠手工制作,花费数月乃至更长时间方可制作一件衣服或一个包包。比如 Cartier,官方宣称它自 1847 年起一直与各国的皇室贵族和社会名流保持着息息相关的联系,被誉为"皇帝的珠宝商,珠宝商的皇帝";比如 LV,自 1853 年路易·威登先生晋升为老板的首席助理,同时成为拿破仑三世妻子最信任的行李箱专家后,来自上流社会阶层的客人随即蜂拥而至;比如 Hermès,1879 年创始人的儿子将总店搬到巴黎后,所制造的高级马具深受欧洲贵族们的喜爱,其品牌也成了法式奢华消费的典型代表;比如 Chaumet,它是拿破仑一世的御用珠宝匠尼铎(Nitot)先生于 1780 年创立的珠宝及奢华腕表品牌。然而,在二战之后,旧的世界格局被打破。一方面,由于精通工艺的品牌创始人和继承人缺乏商业运营能力,家庭作坊式的小公司状态越来越不适应现代商业发展的要求;另一方面,精明的资本家趁势而入,将工业化流程赋以品牌历史传奇故事,诞生了社会大众皆可触碰的"奢侈品",还美其名曰"民主化"。为了更进一步拉低消费门槛提升公司业绩,天才设计师迪奥先生(Dior 品牌创始人)为奢侈品行业发明了一个全新的商业模式——高端奢侈品的定制。虽然奢侈品单价高,但总量总是有限的;而香水等配饰产品虽然单价不高,但可以大规模地售卖,以得到高额利润。社会大众哪怕买不起高级定制,也可以从价格亲民的钱包、配饰、香水、口红入手,而过季打折更是实现了许多人的奢侈梦想。一切都是为了让你通过获得一个物质的东西而感到自己的身份地位往上升了那么一点点。

　　获取了足够利润之后,西方人终于明白了人活着不是为了身份地位的上升,而是要让自己的灵魂在走的时候比来的时候能够高那么一点点,否则就白在这世上走一趟了,由此进入卡尔·格拉斐"创造意义"的 2.0 创新。比如"时装界的凯撒大帝""老佛爷"卡尔·格拉斐,他把 CHANEL 做成了一种女性精神和时尚文化,让 CHANEL 真正成为代表女性的优雅、时尚、自由、独立的精神。最近的 CHANEL 发布会,"老佛爷"通过创意,把环保与时尚融为一体了。也就是说,CHANEL 和 APPLE 一样,力图带给人们与个人意义有关的自我预期。它卖的不再是需要,而是想要。

　　最近,一部叫作《国际大牌成本揭秘》的电视纪录片疯传刷屏。在这部只有不到十分钟的纪录片里,一组组触目惊心的对比价,令人震惊。这部被热议的纪录片中显示,一些大牌的成本,仅为售价的1%。一家著名旅行箱制造商负责人甚至直接说,90%以上的专利其实都是出自中国工厂的。纪录片同时引用了著名国际咨询公司麦肯锡的文章指出,虽然现今中国网购市场高度发达,但是在中国有一家叫作"必要"的电商创造了"用户直连制造"的商业模式,让用户能够用一两百块钱从这些工厂买到国际大牌品质的产品。针对1.0创新的品牌,"必要"这么干,很有必要;如果是像CHANEL那样的2.0创新品牌,"必要"这么干,就很没有必要了。人家已经进入到了用知识、信息和活用它们的服务来承载价值的阶段,售价的99%所对应的价值,是品牌商创造的意义,是为社会的有序化所注入的广义负熵能。

所谓创意,就是创造意义,就是中国古人说的"工必有意,意必吉祥"。国外有一款叫Instagram的社交应用,是一个展示创意的秀场,里面充满了吉祥。因为是线上销售,这些小众品牌和淘宝一样,也有在线客服,然而这些客服的活法却完全两样:没有任何销售业绩指标,工作的核心任务就是维护高级感(maintain dignity)。来到国内,画风一度变成了这样:待在海外的年轻人在Instagram上发现了一款刚刚走红的小众品牌,把图摘下来后上到国内的小红书。A货制造商会第一时间获取到图片的浏览量,关注度高的,就开始打板,再找网红录制短视频,短视频在抖音上架的同时,小红书上也已经有了文宣。女孩子晚上和周末刷抖音,看到短视频里有个新款,就会到小红书上进一步了解,再上淘宝比价。等候多时的淘宝客服及时跟进:"发货特别快,衣服很好看,很复古很法式。"这就叫抖音浅种草,小红书深种草,淘宝来割草。在这条"繁荣"的价值链上,看似人人都赚到了,牺牲的却是有意义的成长。其他都不说了,就一点:凭什么人家的客服工作是维护高级感,我们的客服却要996呢?不仅是996,还要被像鞭子一样的KPI抽着。如果你和一个淘宝店主交流,他最引以为荣的就是一套管理客服的绩效考核办法,不是按月、按周,而是按天、按小时,他们称之为"运营"。这些店主也很无奈,因为从淘宝直通车买来的流量,就是他们的"原材料"啊,买来了原材料却不能转化为收益,不就是"库存"了吗?

当然,肯定会有很多人不以为然。例如一家做成人用品的,它的创始人会认为他做的事更有必要。在英国,奶奶们会开心地逛情趣用品店,这是西方社会对老年人的包容,正如小孩子看球赛被挡着了,给他额外多加了一个凳子。由此创新出来的用品属于2.0创新范畴。然而,这类用品经这家公司引入国内后却大量地卖给了年轻人。他们打着"女性也有愉悦自己的权利"的旗号,把2.0创新做成了1.0式的贩卖焦虑,还美其名曰"成年人的高级性爱观"。营销的过程中他们经常拿"食色,性也"说事。殊不知,人吃东西,有想要和需要之分。北方人爱吃大蒜,是想要吃;上海人曾经流行的吃大蒜,是需要吃。英国老太太用情趣用品,是想要;年轻的女孩子是想要爱还是想要一个本不需要的凳子呢?"食色,性也",本是古代先贤对人的天性的一种尊重。人们当然应追求吃得好,玩得好,但是不能没有节制,去做一些太过放纵的事情。例如"食",如果相关的商业行为完全蔑视人类的生存权利,只要能赚钱就行,人们所吃的就没有什么能令人放心了。

曾经,当我们大量购买西方奢侈品的时候,我们认识不到他们为贩卖焦虑而设计的"局";现在,当他们进化到创造意义、活出意义的时代后,我们又意识不到他们精心设计的"义"。由"盲"到"茫"再到"忙",始终让人家觉得我们跟野蛮人一样。归根到底,我们缺少理论指导实践,缺少理念引领创新,也不愿意花时间研究一下西方究竟是如何一步步地"进化"出曾为我们所熟知的生活方式,从而从扩张性增长转向了包容性增长。他们正在走向过去我们走过的路,并且刚刚上路,身为老师的我们,反倒成了学生眼中的野蛮人,天底下怎么会有如此之荒唐事?

最初的西方,像如今大多数的我们一样,根本不懂"义"为何物。作为"经济人"的最初设计者,亚当·斯密曾说,鞋匠赚到多余的利润之后,会用来雇佣更多助手。这么一来,因为多余利润能促进生产、雇佣更多人,似乎就代表着自私自利和贪婪也可能对全体人类有利。"他受着一只看不见的手的指导,去尽力达到并非他本意想要达到的目的。这并不因为事非出于本意,就对社会有害。他追求自己的利益,往往使他能在比他真正出于本意的情况下更有效地促进社会的利益。"可是,如果贪婪的鞋匠靠的是缩减工资、增加工时来增加利润,情况又会如何? 亚当·斯密的方法是用道德情操来制约,在《道德情操论》中,斯密指出:假如社会成员缺乏相互之间的爱和感情,社会必定要减少许多幸福和愉快,倘若这种互利的准则被抛弃,不义行为的盛行肯定会彻底毁掉整个社会。显而易见,斯密所推崇的是"利己"与"利他"相统一的互利原则,并认为这是维系社会有序运转最基本和必不可少的道德原则。

课本上的答案则是:自由市场会保护员工。如果鞋匠付的薪水太少、要求又太多,那些优秀的员工当然就会离职,去为他的竞争对手工作。这样一来,黑心老板手上就剩下最差劲的员工了。于是他一定会改变管理方式。这个理论听起来完美,实际上,贪婪的资本家会通过垄断或串通来打击劳工。就在亚当·斯密写他的《国富论》的时候,大西洋奴隶贸易还正如火如荼呢!从一艘典型的英国运奴船的剖面图可以看到,船上有292名黑奴,其中130名被安排在底舱,每人只有60厘米高、18厘米宽的空间。当时从非洲到美洲,要航行20多天,在通风不良的底舱,空气闷热污浊,环境污秽不堪。很快疾病就会在其中横行,夺取不少人的生命。从现代人的角度完全无法想象运奴船上面的生存环境有多么恶劣。

亚当·斯密去世后不久,英国颁布了《斯品汉姆兰法令》,其内容可以概括为:工资之外的津贴应该通过与面包价格挂钩的方式予以确定,以保证穷人能够得到一个最低收入,而不论他们实际挣的钱有多少。换句话说,其为穷人划定了一条维持家庭生活所需的最低收入水平,如果有人工资低于此水平,那么当地济贫所或地主就必须出钱补贴这部分差额。法令看起来很美好,试图关注穷人的生存权与社会的平等,但结果却让人大失所望——大众反而陷入了赤贫化。这又是为何呢?我们可以从雇员和雇主两个方面进行解释:就前者而言,在经济人的预设下,如果一个人什么工作都不做就可以生存,那就没有人再愿意为工资而工作了,搭便车成了理性之选;就后者言,既然无论工资多少,被雇者都能保障生存,那么将工资水平降到生存线以下反而成了最优选择,因为无论他自己支付得如何少,来自法案的补贴都会将工人的收入提升到法定最低收入的水平。以至于在某些地区造成这样的结果:只有那些依靠救济的人才有被雇的机会,那些努力远离救济、自力更生的人几乎不能保证有份工作。而上述两方面的反复循环,在短短数年内就使劳动生产率降到赤贫劳工的生产率水平,这反过来又为雇主拒绝提高工资提供了理由,且最终甚至会压低地方行政长官们好心为穷人们设立的救济标准。

《斯品汉姆兰法令》的初衷是保护工人,以避免市场带来的威胁,却未考虑这一保障机制与同时存在的市场工资体系并存的条件下的博弈最终会带来什么结果,用好心办坏事来形容是非常恰当的。英国的乡村文明不像欧洲大陆,它缺少那些后来能让工业城镇成长于其中的城市环境。在它的新城镇里,缺少定居在那里的城市中产阶级,没有由手艺人和工匠组成的社会中间层,没有令人尊敬的小资产阶级和市民来同化这些粗鄙的外来务工者。这些务工者或被高工资吸引而来或被阴险的圈地运动驱赶而来,在早期的工厂里做着苦工。中部和西北部的工业城镇是文化上的荒漠,它的贫民窟只是反映了它缺少传统和市民的自我尊重。在被扔进这个荒凉的悲惨泥沼后,这些迁移而来的农民,甚至从前的中农和不动产所有者,很快就被转化为泥沼里无法辨认的动物。并不是他们挣得太少或者劳动时间过长——尽管这两者常常以超限的程度发生,而是因为他们现在生存在否定他作为人的生活的物质环境中。当非洲丛林中的黑人发现自己被关在笼子里,并在贩奴船的底舱里拼命喘气的时候所感受到的,大约就是现在这些移民的感觉。然而和黑奴相比,这些并不是不可治愈。只要一个人拥有一个他可以坚守的社会地位,一个由他的亲属或者同伴所设定的行为模式,他就可以为之斗争,并由此重获自己的灵魂。对于劳动者来说,这只能以一种方式发生:通过使自己成为新阶级的一员。除非他可以通过自己的劳动谋生,否则他就不是一个工人,而是一个赤贫者。人为地将他置于此种境地,这是《斯品汉姆兰法令》所造成的后果中最恶劣的。而问题的关键不在于法令与低收入者之内,在于包围法令与低收入者之外的自由市场体系。

《斯品汉姆兰法令》已然成为众矢之的,这样一种坚定不移的信念渗透到包括劳工阶层在内的心中:无论斯品汉姆兰体系看起来多么光鲜,它的本质是对大家的掠夺;所谓的"生存权"实际上是致命的陷阱罢了。1832 年,在下议院议员彻底获得权力后,新登历史舞台的中产阶级的第一个重大改革就是废除《斯品汉姆兰法令》,由《改革法案》与两年后的《济贫法修正案》取代。这个生灵涂炭的时代已经由不得任何寻求其他转化可能的路径思考,糟糕透顶的现实为市场经济提供了毋庸置疑的合法性和取之不竭的源动力,市场机制正在自我确证并叫嚷着自身的完善:人类劳动必须被变成商品。从《斯品汉姆兰法令》的噩梦中逃脱出来后,人们选择奋不顾身地冲向市场经济乌托邦的屏护。由此,最后一块未被纳入市场的阵地——劳动力——最终失守。

20 世纪上半段是 19 世纪世界大抢劫时代孕育起来的各大帝国全面火拼,是人类历史上最惨烈的军事战国时代。之后在经历了资本主义、社会主义两大政治体系及多种思想体系的激烈对撞后,劳动者的待遇终于得到了提升和保障。然而,随着技术的进步,劳工们的待遇逐步得到改善,然而动物和农作物的待遇却悲惨起来。举例来说,蛋鸡其实也有各种行为和心理需求,它们天生会有强烈的冲动,想要侦察四周的环境,到处瞧瞧啄啄,确认彼此的社会阶层、筑巢还有理理毛。然而,鸡蛋业者往往是将这些蛋鸡关在"不见天日"的鸡舍里。虽然这些鸡有足够的食物,但却没办法宣告自己的领域,也无法筑巢,过于狭小的空间使得鸡都无法畅快地拍打翅膀,把身上沾染的粪便拍掉,而鸡粪中的含氨量极高,这就是疾病的诱因。英国《太阳报》5 月 29 日报道,英国医生兼营养学家迈克尔·格雷格日前发出警告说,来自养鸡场的一种"世界末日病毒"比现在正在全球流行的新冠肺炎病毒厉害得多,可以杀死全球一半的人口。格雷格说:"挤在一起的鸡越多,病毒隐藏在鸡的肺部四处传播的可能就越大。"格雷格认为,我们应该把大规模养鸡改为小规模养鸡,并且把鸡养在人烟稀少的地方,我们要增加鸡的室外活动空间,改善鸡的生活环境的卫生条件,不要给鸡使用人类的抗病毒药。

猪的智商和好奇心在哺乳动物里数一数二,可能只低于猿。然而,在工业化的养猪场里,猪连转身都做不到,更别提散步和四处觅食了。以前有句老话叫"没吃过猪肉还没见过猪跑",现在的孩子们真是见不到猪跑了。外人进入猪舍前,因为担心人身上的病菌会感染了猪,人需要被隔离和消毒。要知道,即使是进 ICU 看望重症病人,人也不需要被隔离和消毒,可见这样的猪免疫力有多么低下,据说,跑十步就会喘。解决问题的办法,也一定是换为小规模养殖。

奶牛的一生也是如此:活在狭小的隔间里,不管是站着还是坐卧着,都与自己的尿液和粪便为伍，它们面前会有一套机器供给它们食物、激素和药物，身后则是另一套机器，每几个小时会来为它们挤奶。

资本主义兴起阶段的大西洋奴隶贸易并非出于对非洲人的仇恨，资本主义高级阶段的现代养殖业和种植业也同样不是出于对动物和农作物的仇恨。这两者背后共同的推手是失去了同理心的冷漠。哺乳动物和鸟类跟人一样，都有复杂的感觉和情绪。它们不仅能感受到生理上的痛苦，也同样能感受到心理情绪上的痛苦。农作物和鱼虽然不具备复杂的感觉和情绪，但"鲦鱼出游从容，是鱼之乐也"，"万物皆种也，以不同形相禅"。何况，剥夺了猪的快乐，人快乐不了，毕竟猪和人在同一屋檐下，有一个共同的"家"。剥夺了鸡的快乐，人也快乐不了。以前妈妈生了小孩，喝几碗鸡汤就可以补回元气，现在喝了不见天日的鸡熬成的汤，喝多少也没用。剥夺了鱼的快乐，人们将永远不会懂得"知之濠上"的快乐。剥夺了种子的快乐，终有一天，我们将不得不发起"保种运动"——不仅要保农作物的种，更要保我们自己的种。

西方发达资本主义国家已经开始反思，然而，国内有位"公知"却在致中国知识分子的一封信中公然叫嚣"义者，利之和也"，并解释说："道义是从整体利益中派生出来的，而不是从预设观念，或者局部利益中派生出来。"这和亚当·斯密说的"鞋匠赚到多余的利润之后，会用来雇佣更多助手"，有什么两样？对于这种观点，如果不能够大张旗鼓地加以批判，任其流毒祸害百姓，会让我们和我们的后代乘上历史的倒车。而且，这句话是违反马克思主义的。马克思毕其一生，就是为人们摆脱金钱的统治找到一条路，我们的李大公知倒好，堂而皇之地要求人们成为金钱的奴隶。

中国的先哲告诉我们：形而上决定形而下，义是形而上，利是形而下，所以，一定是先有义，再有利。西方的先哲告诉我们：实践理性优于理论理性，人首先是实践中的自然人，之后再被理论定义为了经济人。即使是亚当·斯密，也是先写了《道德情操论》，再写的《国富论》。因此，"义者，利之和也"成立的前提，必须是"利者，义之和也"，撇开"义之和"谈"利之和"，就是无源之水、无本之木。作为"义之和"的义，是无数个"几"形成的义；由"利之和"形成的义，是社会大义，绝非从整体利益中派生出来的。"利之和"

形成的义与"义之和"之义,它们之间的关系,就是与无限小的无尽交流。撇开"义之和"只谈"利之和"的人,不能说他忘恩负义,但他一定会把人们带到"见利忘义"的沟里去。

要了解"义者,利之和也"之论的毒害究竟有多大,我们不妨把视线转移到当下的非洲。

家住坦桑尼亚北部村子的 Cecil Mwakiposa 在一天起床之后发现,自己家的驴没了。不光驴没了,有的驴连皮都没了。作为村里近几年最耸人听闻的恶性案件,有人说是狮子干的,也有人说是隔壁村报复,而辈分比较高的长老则认为开膛手杰克至今还躲在非洲,只是改行杀驴了。没人知道凶手对驴抱有什么样的偏见,毕竟在非洲,驴一般不会被偷,主要职能是充当生产工具,最多也是被用来偷别的东西。但这次事件显然不是个例,越来越多人家里的驴在夜间被剥皮或者偷走,从坦桑尼亚到乌干达再到南非,类似的情况出现在非洲各个角落。为此,马里共和国召开了第一届驴皮会议,有5 个村子的村长联名表示他们一周内丢了 445 头驴,起码够一个狮群吃一年。其中 Diakobougou 村的 Setan Traore 作为受害者在会议上控诉:"我是寡妇,对我和我的孩子们来说,驴是我们唯一谋生的手段。""天气热的时候,我用驴拉着冰去卖,但他们偷我的驴偷了七次,这些驴就像被吸尘器吸走了,现在我根本买不起驴。"光肯尼亚记录在案的数据里,每周就有几十头驴被盗,南非 O. R. Tambo 机场也曾逮捕过一位携带着 300 张驴皮的人,警察怀疑他可能是当地盗驴团伙的头目。整个非洲的驴都被犯罪分子盯上了。如今非洲黑帮最主要的业务就是偷驴,偷到驴都通货膨胀。

过去几年里,南非的驴价涨了四倍多,基本可以当理财产品投资。而尼日利亚 2019 年每头驴售价 88 美元,驴皮的售价超过 125 美元,比活驴还贵。似乎驴才是非洲大陆上最值钱的硬通货,驴皮就是新的象牙。从 1992 年到现在,中国本地驴的数量下降了 76%,需求却随着经济发展不断上涨。仅按中国市场的阿胶销售量估算,根据不同的计算标准,得出两种数据,一种说每年需要驴皮 400 多万张,另一种说只需要 200 多万。但国内驴皮供应总量已经不足 180 万张,很多原料供应商只能在其他地方进口驴皮。尼日尔

2015 年向中国出口 2.7 万头驴,到了 2016 年,前 9 个月的出口量就已经达到 8 万头。当地政府发现养驴的速度远远跟不上卖驴的速度,再这么出口下去几年内全国的驴都没了。整个非洲陷入了没驴的恐慌,乌干达、坦桑尼亚、博茨瓦纳、尼日尔、布基纳法索、马里和塞内加尔等十几个国家紧急出台法令禁止驴产品出口。其中,坦桑尼亚 2014 年发布了驴皮出口禁令,但在 2018 年的 2 月,希尼安加地区政府又解除了这个禁令,因为他们发现自己的驴都被偷到肯尼亚去了。"现在我们只能制定规范行业的方法,以确保我们的驴不会被这群混蛋偷到灭绝。"事实上,肯尼亚并没有禁止驴出口,这里一直是偷驴销赃的圣地,在这被宰杀的外国驴数量比肯尼亚驴还多。偷驴俨然已经上升到跨国犯罪的高度,每天都有新驴被送进肯尼亚:南苏丹和乌干达的驴贼从西边偷渡到肯尼亚的 Turkana 地区;北边由埃塞俄比亚人和索马里人组成的盗驴集团从 Moyale 把驴走私到肯尼亚;南边坦桑尼亚人会在 Namanga 把驴交给自己的接头人。肯尼亚奈瓦沙市开出租的 Lawrence Kamau 在这行里摸爬滚打了好几年,他被盗驴团伙雇用了无数次。《圣经》里记载耶稣骑驴进入耶路撒冷,现在驴坐着他的车进入奈瓦沙。"我主要负责把驴送往奈瓦沙的 Star Brilliant 屠宰场,再从屠宰场把大量驴肉运送到私营的市场,尤其是在旧郊区和棚户区。"这家 Star Brilliant 屠宰场位于奈瓦沙市 10 千米外,是肯尼亚最大的驴屠宰场,由中国商人和当地合资开办,生产的所有驴皮从蒙巴萨港出口,经过越南之后运往中国,大部分肉在当地以便宜的价格出售。屠宰场的首席执行官 John Kariuki 是第一个在非洲得到合法证件开设驴屠宰场的人,他对于自己的事业十分看好。"这个产业帮助了很多人,为我们提供了大量工作岗位,马赛族牧民们也不用卖牛羊了,他们通过卖驴就能支付孩子的学费。"但他不知道的是,很多马赛牧民卖的都是别人的驴。他们一直在肯尼亚和坦桑尼亚边境两侧放牧,在接受了盗驴团伙的雇佣后,常常将坦桑尼亚的驴与自己的牛群混合在一起,等到傍晚时分把牛群带着驴一起赶回家。根据传统,马赛人只在传统法院中受审,只要没杀人就不会有人向警察报案,一个偷驴的人往往会被罚三头牛。

在驴皮巨大的利润驱动下,全非洲的黑帮都在行动。而在非洲最干旱的地区,驴依然是用来运货或者耕地的一种谋生工具,很多人靠它挣钱,据估计，一头驴产生的价值能养活非洲一户六口人家。在一些更偏远的地区，人们用驴把病人和老人带到医生那里，把孩子带到学校，也把死者带去往生。然而现在他们的驴被偷到肯尼亚去了。埃塞俄比亚有句俗语："如果你没有驴，那你就是驴。"你的驴被偷了，那么你必须负起驴需要负的责任，这足以促使所有丢驴的人团结起来，非洲各国都曾出现过护驴游行。英国著名的动物保护组织"驴保护区"（the donkey sanctuary）表示这是驴有史以来遭遇的最大危机："近年来，对驴皮的需求迅速增长，用以生产由驴明胶制成的传统中草药阿胶，连美国都是中国第三大阿胶出口对象，这已经在全球范围内产生了重要的影响，我们认为当前的做法是不可持续的。""驴是一种独特的存在，具有修禅者般的扎实品质，不像其他动物那样便于养殖，它的妊娠期比人还长，并且一胎只生一个孩子。任何规模化屠宰的前提是有足够先进有效的育种方法，很显然这在驴种群里并不存在。"

"利者，义之和也。"有了道义才会有利益，这是中国古人留给我们的一笔巨大的精神财富，然而，今天一部分中国商人为了一己之私，却将万恶的资本主义早期阶段曾经犯下的罪行再犯一遍，甚至有过之而无不及。"要认真汲取中华优秀传统文化的思想精华和道德精髓，大力弘扬以爱国主义为核心的民族精神和以改革创新为核心的时代精神，深入挖掘和阐发中华优秀传统文化讲仁爱、重民本、守诚信、崇正义、尚和合、求大同的时代价值，使中华优秀传统文化成为涵养社会主义核心价值观的重要源泉。"这是 2014 年 2 月 24 日习近平总书记在中共中央政治局第十三次集体学习时的讲话。习总书记高度重视中华优秀传统文化，将其作为治国理政的重要思想文化资源。早在 2012 年 12 月考察广东时，习总书记就指出，我们决不可抛弃中华民族的优秀文化传统，恰恰相反，我们要很好地传承和弘扬，因为这是我们民族的"根"和"魂"，丢了这个"根"和"魂"，就没有根基了。

"劳动是世界上一切欢乐和一切美好事情的源泉。"这是习近平总书记在谈到朱熹写的"问渠那得清如许？为有源头活水来"的时候，说的另外一句话。"根魂论"和"源泉论"可谓一脉相承，越是热爱劳动的人们，越是相信"根魂论"。中科院行为心理研究所的金锋教授就是其中一位，他从劳动中证明了"利者,义之和"的科学性——他发现的几种乳酸菌,既能让猪快乐地生长,又能保证猪的产量,蛋白质和氨基酸的含量也增加了,其中谷氨酸(味精的主要成分,但味精里的谷氨酸是化合物)的含量翻了近三倍,这使得猪肉的味道非常鲜美。鲜到什么程度呢? 可以清汤白水涮着吃,一根葱一片姜都不用放。在养殖过程中,猪粪中的甲烷含量降低了33%,猪舍也没有任何异味。最为关键的一点:这么讲究的猪,养殖成本每斤肉只增加了八毛钱。最大的讲究就是不讲究,这些肉眼看不到的菌,当它们数以百亿计地联合起来帮助猪之后,猪舒服了,就啥要求也没有了——没有任何特别的要求,普通农户就可以养。

这些菌为什么要帮助猪呢? 因为它们是共生菌,要让自己活下来,首先要对猪好,猪如果活不好,它们也活不了。共生菌对猪好一点,猪就会对农民好一点,农民就会对城里人好一点;反过来,城里人也会对农民好一点,让农民多赚个三五块,农民又会对猪好一点,猪健康了,也就会对共生菌好一点。这才是良性循环。

共生菌不仅可以帮到猪,也可以帮到鸡和牛,还可以帮到人。三年前,比尔·盖茨曾经写过一篇短文,他说他一直有一个误解。每一次当他谈到全球健康的时候,总是把微生物当作一种对人类的威胁,需要被彻底清除。在读了英国记者艾德·杨写的《我包罗万象》之后,他改变了对微生物的看法——"对于绝大部分的微生物,我们不应该害怕或想要消灭它们,相反地,我们应该珍惜、欣赏和研究它们"。并且说《包罗万象》带给我们一个"更加宏大的生命观"以及务实的乐观——我们日益增长的关于人体菌群的知识,将为提升我们的健康水平带来新的机遇。

《我包罗万象》提出了这样一个明确的观点:只有很小一部分的微生物会让我们得病。据估算,大约有100种微生物会导致人类感染疾病。然而,在人体内——尤其是肠道中——成千上万种微生物与我们和谐共生。这些微生物帮助我们消化食物、分解毒素、成长发育和抵抗疾病,甚至还可以帮助加速人类的进化。我们完全是依赖它们才能生存。我们和微生物是分不开的,人类在某种程度上就是由微生物组成的。事实上,在我们体内生存的微生物细胞比人类的细胞还要多。甚至在那些被我们定义为"人类"的细胞里,一部分其实也是微生物。除了红细胞和精子,我们所有的细胞都是由线粒体提供能量的,而线粒体则很可能是古细菌的后裔融入细胞之后形成的,它让生命复杂多样。

盖茨说他发现《我包罗万象》的一些观点和他作为家长的角色息息相关。像许多美国及其他发达国家的家长一样,梅琳达和他极大地减少了孩子们和微生物接触的机会。然而几千年来,这些微生物担当着帮助人类增强免疫系统和抵挡炎症的角色。正像书中所描述的那样,"我们抨击微生物太久了,以至于创造出了一个对我们所需之物都抱有敌意的世界"。问题不仅仅存在于人们所使用的种类繁多的抗菌肥皂和消毒剂上,最主要的问题是过度地使用抗生素。从净效益来说,抗生素对人类具有重大的积极影响。然而,每一次我们使用它们,都是对我们自身微生物生态系统(人体菌群)的地毯式轰炸,而非仅仅在消灭病原体。"一个丰富、活跃的人体菌群起着阻止病原体入侵的作用。当我们这些老朋友消失时,这层保护也就消失了,而更多、更危险的物种会利用这个生态结构上的空缺。"

许多新的研究都在提醒我们,多动症、自闭症、学习障碍、焦虑、抑郁、癫痫、双相情感障碍等儿童疾病和行为障碍的发病率都在迅速飙升。根据《中国自闭症教育康复行业发展状况报告 III》的数据,自闭症发病率逐年上升,报告中援引了美国最新统计数据,美国自闭症儿童发病率已由 2009 年的 1/88,上升至现在的 1/45;报告称,我国自闭症发病率达到 0.7%,实际上可能更高。另外,也有越来越多的学龄儿童和青少年被诊断为注意力缺陷多动障碍。同一时期,服用兴奋剂或抗精神病药物的儿童人数也在不断增加。美国一项研究表明,在美国,1/5 的儿童被诊断出患有某种精神疾病,在中国这一数据也不容乐观。此外,我们还看到食物过敏、湿疹、哮喘、炎症性肠病和其他自身免疫性疾病病例迅速增加。近些年来,五岁及以下儿童的 I 型糖尿病诊断率每年都在增加。而肠绞痛、慢性耳部感染、睡眠不佳和便秘,已经变得越来越普遍。不知不觉中,很多慢性疾病成了孩子们的"新常态"。许多孩子在没有任何征兆的情况下突然就生病了。很多孩子可能在六周龄时出现肠绞痛,或在六月龄时出现湿疹,再到一岁时的慢性耳部感染,再到后来被诊断为自闭症、I 型糖尿病或其他自身免疫性疾病。其中一些孩子的药物清单可能可以与老年人相媲美：用于治疗湿疹的类固醇激素、治疗胃食管反流的抑酸药物、对抗过敏的抗组胺药、缓解偏头痛的非甾体类消炎药、治疗便秘的通便剂……越来越多的孩子注射胰岛素来治疗Ⅰ型糖尿病，使用甲状腺药物治疗甲状腺功能减退，抗癫痫药物对抗癫痫发作，抗精神病药物治疗多动症、抑郁症或焦虑症，类固醇激素或其他免疫调节剂治疗自身免疫性疾病，这些疾病在儿童中已经非常常见，是极其不正常的。并且，很多人都在用传统方法治疗不成功的漫长道路上苦苦挣扎。很多患者接受常规药物治疗来缓解其症状，有的出现了副作用，又不得不服用更多的药物来控制第一种药物的副作用。最糟糕的是，他们可能被告知他们的孩子根本无法治疗，他们将会长期患病。这让很多家长感到无助和绝望。不管我们的社会受教育程度和富裕程度有多高，医疗水平有多高，在根除传染病方面有多成功，我们的孩子反而越来越虚弱，越来越容易生病了，这是为什么呢？答案就在《我包罗万象》里。

受《我包罗万象》的启发，盖茨意识到如果想要预防营养不良，不仅需要减少饥饿现象和保障关键微量元素的供应，而且需要了解为什么有些孩子体内的菌群会失衡，以及如何让菌群恢复到健康这样的研究状态。在此基础上，他猜测这样的研究不仅可以带来低成本的营养不良干预措施，也能帮助科学家找到治疗由人体菌群紊乱导致的其他疾病，包括克隆氏症、溃疡性结肠炎、大肠激躁症、直肠癌、肥胖、一型糖尿病、二型糖尿病和帕金森症等。"有一天我们也许会发现，这些疾病在患者出现脑部症状之前，已经存在于肠道中几十年之久。如果真是那样的话，肠道或许可以是医生用药治疗的主要目标，这会给数百万的家庭带来希望。"这正是金锋教授所从事的工作。

金锋教授1996年因获日本政府文部省奖学金而赴日本东京大学留学，师从于世界著名人类学家尾本惠市教授。金锋能够获得文部省高额的奖学金还有一个特别的原因。1985年尾本教授访问中国之际，与金锋交谈后，对自己的同事和学生们断言：这个人将来是科学家！之后在尾本教授的高度评价和推荐下，金锋于1987年如愿以偿地进入东京大学理学部从事人类遗传学研究。1993年3月，他以全优成绩获得理学部人类学博士学位。在他的博士研究生毕业论文《台湾先住民的遗传学研究》中，他得出台湾最早的山地人群与中国大陆人群血缘关系遗传距离甚近，台湾先住民绝大多数与大陆苗族、瑶族有血脉相承关系的结论。他用遗传学的证据最先提出了台湾原住民9个群体与大陆少数民族和汉族的血缘关系以及源流问题。他的博士研究生成绩和论文的成绩，还让他获得了代表东京大学理学部全体博士在著名的安田讲堂接受校长有马郎人先生授予博士证书的资格。当时，东京大学理学部的事务官表示了祝贺并告诉他："这个殊荣在长达百年历史的东京大学上是第四次，由校长亲自授予学位证书，而作为留学生来受领学位证书，你是第一次。"

授予博士证书的那天，尾本教授意味深长地对金锋说："你得到的是做科学研究的执照，而很多人得到的相同的东西只不过是高级实验室的许可证而已。"金锋婉拒了老师推荐他去山梨大学法医学教室工作的机会，执意回国工作。3天后，他迫不及待地回到祖国母亲身边。不久，台湾"中央研究院"吴大猷院长亲自批示最快办理，邀请金锋博士赴台交流台湾原住民研究成果。他出色的研究思维方式和能力，让他一年后再次获得日本学术振兴会的高额奖学金，到国际日本文化研究中心做博士后，从事日本人与中国人血缘关系的研究。

在以往人类遗传学研究中，金锋的名字在学术界也并不陌生。在意大利举行的世界人类学民族学大会上，金锋博士关于体味与基因歧视的研究获得了大会的好评，他列举的事实和尖刻的批评受到很多国家的学者的赞赏。近年来，他的研究方向却突然转向了人类共生微生物与人类行为的关系，这里有一个重要的原因。

2003年，震惊世界的大事件是中国的SARS传染病的流行和扩散。研究注意力一直放在基因上的金锋博士以其敏锐的科学感觉将目光定位在微生物上。当他发现世界上有人关注有益微生物与呼吸道传染病之间的关系时，他开始深思人类基因和人类共生微生物的关系。他甚至开始考虑，作为一个科学家，是否应该仅仅把自己的研究定位在发表一些永远不一定再有用的文章上面，能否做出让所有人都能接受和认可的科学研究来？就在SARS肆虐期间，一位朋友偶尔说自己曾经用从日本带回的乳酸菌治愈了呼吸道传染病。为了探究自己的疑惑,金锋博士竟然不顾传染危险,离开北京到广州SARS流行地区去研究猪的重症呼吸道传染病。在对猪群的重症病毒感染研究中,他注意到益生菌不仅能够防治家畜的病毒感染,更重要的是家畜使用了他们开发的微生物之后,会有非常明显的行为变化。在其他同事都兴高采烈地关注养猪的经济效益的时候,金锋博士却在考虑,为什么猪群在有益微生物的环境里会有明显的行为改善?对此,他又对各种动物反复进行了对比研究,确认了他的发现是正确的。在动物实验过程中,金锋始终也在大量服用自己做的乳酸菌,亲身体会微生物在自己身上的效果。2005年,在关于行为遗传学研讨会上,金锋博士介绍关于猪的行为研究结果时,提到这样的结果在人身上也是肯定的,瑞典斯德哥尔摩大学教授、诺贝尔奖评委尼尔森教授对他的发现分外赞赏!

金锋博士说他并不关心什么奖,他就是想知道自己不知道的和感兴趣的事情,他就是要弄清楚,为什么乳酸菌能够改变哺乳动物的行为。研究越深入,发现的现象和问题也就越多,金锋博士的研究也就越进入到更深的领域。他是研究人类学研究,他的经历和经验让他最想解答的问题就是为什么人类与猩猩同是灵长类动物,同是人科,而灵长类动物只有十几种疾病,而它们的近亲人类却有几千种疾病?为什么灵长类动物不会得糖尿病,不会得阿尔茨海默病,不会得癌症,而人类这样的疾病越来越年轻化和多样化?通过猪的行为改变这一事实,金锋博士推论,人类的最大问题也许在于逐渐脱离了与微生物的共生关系而导致各种疾病的发生。

2004年,金锋尝试把自己的观点和观察到的结果与学者交流时并不顺利,国内外都没有多少科学家赞同他的观点。他尝试向《科学》杂志投稿介绍自己的发现和假说,但都被斩钉截铁地拒绝刊登。金锋博士对学生们讲,作为一个有良知的科学家,不应该为了坐稳自己的位置或者步入更高的一个官职,而将精力放在发表纸上谈兵的论文上,而更应该为人类的健康做一些实在的事情。他觉得让市场和百姓认可与发表学术论文同等重要,甚至前者更为重要。当他的文章不被认可的时候,他把自己的观察和体会写成了深入浅出、通俗易懂的科普文章,投稿到了《牛顿科学世界》科普杂志,提出自杀可能跟微生物有关,人体微生物平衡失调可能导致各种退行性病变。

2005 年 5 月 1 日，金锋博士通过他的重要发现和总结，向农业部写了一封长信，表明微生态养殖在我国今后的食品安全和粮食节约方面的重大战略意义，希望引起国家的重视。信中提到我国养殖状况，并计算出仅仅养猪就可以节省 330 亿千克粮食。几个月后，金锋博士接到了一个电话。问："你说的这些东西得到专家的认证了吗？"答："我就是专家，我的实验证明了我所客观描述的一切。"对方挂上电话，但从此这个话题没有人再度提起。

但这些对金锋博士来说都不算挫折。他敏锐的科学感知能力和百折不回的性格是他成功的关键。在整个研发过程中，很多参与者和合作者并不是为了满足科学兴趣和为了解决人类疾病问题而来，更多的是为了赚钱。看到有"钱途"，参与的人就很多了，没钱了，大家就会纷纷撤摊。承诺予以资助的公司看不到利益的时候发来信函，要求金锋博士声明退出股份。金锋博士曾经艰难到把自己在国外留学期间积累的存款都拿出来做科研的程度，对此家里对他颇有微词。

但他的固执终于帮助他渡过了所有的难关。2006 年，在国内对这个创新研究并不完全能够接受的情况下，金锋再度赴日讲学，介绍人体和动物共生微生物对宿主的身心健康影响。尽管日本有益微生物的知识十分普及，几乎所有人都非常了解乳酸菌，日本人还是更相信养乐多、雪印、卡尔普斯公司的产品，而不想使用中国的产品。连续几年在日本动物养殖和人类的实验结果只打动了寥寥几个小公司，但至少金锋博士已经可以借此继续开展乳酸菌的研发和应用。就在几乎是经费完全花光，没有任何研发支持的状态下，一个偶然的机会，金锋在朋友的家里见到一位名叫佐佐木重人的年轻日本人。佐佐木先生一言不发地听了金锋博士讲了一个多小时，就说了一句话："这个事情我要做。"

2008 年夏天，佐佐木先生带着金锋博士到日本著名的热海去见了一位老人。这位老人住在一个高级别墅里，他就是著名的日本财经专家船井幸雄先生。船井先生不冷不热的态度开始并没有让人感到亲切。当佐佐木向主人介绍金锋博士是东京大学的人类学家的时候，船井先生误以为金锋博士是个医生。于是挑衅地提出："你看看我有什么病吗？"金锋博士不紧不慢地说："我不是医生，没有疾病诊断资格，不过你要是想让我根据我自己的知识帮你判断一下你的健康状况,我可以试试。"因为从会面的开始和双方互相问候,金锋博士已经注意到船井先生面部表情的一些不对称状况,并且这个状况和自己长期关注的疱疹病毒感染与行为关系十分相似。金锋说:"您红光满面,气色和嘴唇颜色都好,说明心脑血管系统没有问题,如果说有病,那就只可能是疱疹病毒感染。"

船井先生并没有直接回答,而是拿起电话打给秘书,让他快来,大意是说:"我遇上一个奇人,为什么我这么简单一个病,10分钟就让人家给看出来了,日本5个最有名的医院还给我折腾了半年才确诊呢?"金锋博士暗自好笑,我这算不算是歪打正着呢? 船井问:"你有什么药能治这个病吗?"金锋答:"我开发了一种乳酸菌胶囊,可以试试看。"半个月后,金锋博士接到了船井幸雄先生的邀请,再度到热海船井公寓做客。船井先生和公司职员都吃了金锋博士开发的乳酸菌,他并没有当面夸奖这个乳酸菌,跟他的财务顾问简单推算一下后平平淡淡地说:"这个乳酸菌在日本一年大概能卖3亿日元。但是需要把你的观察和研究的结果,以及你的推论和你现在说到的这些内容写到书里,明年年初就拿出来。一旦拿出来东西后,你的商品绝对不可能有断档的情况。"

这惊人又不兴奋的话题只能让金锋博士半信半疑。几个月后和佐佐木多次沟通和反复校对,他写出了一本《乳酸菌革命》,由日本评言社出版发行。与此同时,金锋博士在日本的第一个产品 Hyper Lactum 乳酸菌胶囊上市。短短一年时间,仅仅专利费和原材料技术服务费就获得了100多万人民币的收入。从此他不再为科研经费一筹莫展。

金锋博士把在动物和人类身上的使用结果都做了十分详细的记录。他观察到,猪吃了乳酸菌后,心脏和肝脏都会明显地缩小,符合动物健康的生理标准。此外,猪肉和鸡肉都没有那种让人退避三舍的腥臭味。同时,金锋的乳酸菌改变了人类的健康状况,改变了动物的行为,帮助人们预防呼吸道传染病等事实与他的著作《乳酸菌革命》一书也迅速在日本传播开来。从此,金锋建立的行为生物学研究室全体师生把研究目标定位在人类共生微生物上,并且几年来走遍蒙古高原去采集最好的微生物。更多的人使用了他的微生物制剂后,表现出的结果完全在他们团队的预期之内。由此,他们发现微生物改善人类健康,健康又能改变人类行为,最后,人类的行为还能改变人类的命运。这是金锋发现乳酸菌最大的价值,也是他的研究在科学界引起震撼的原因。金锋关于乳酸菌与人类行为关系的发现和实验,为生理心理学研究开拓了一个全新的视角。这时候,几年前他在科普文章上写到的关于微生物和心情、自杀的关系才开始得到人们的重视。他和他的团队研究菌种的时候发现,乳酸菌的性质和与哺乳动物的亲和力,以及为人类提供防护机制的特点远远没被研究清楚。科学家们在这个问题上的认识遗漏太多太多。虽然早在100年前,俄国的免疫学家、诺贝尔奖获得者梅契尼科夫博士就发现乳酸菌可能是一个重要的长寿因子,随后的100年以来,全世界对乳酸菌的钟情有增无减,发达国家毫无例外地在商场货柜上陈列着各种各样的乳酸菌制品。然而,这并没有让长期服用的人免于各种疾病的困扰,糖尿病、癌症以及老年痴呆的发病率逐年上升,除此之外,人们还面临诸如SARS、甲流还有超级细菌的不断威胁。

金锋博士和他的团队发现,如果正确地使用乳酸菌和使用特殊的乳酸菌,真的可以远离这些疾病。他们发现很多微生物就像动物一样,不能想把它关起来喂养就关起来喂养,一旦狼成了狗,老虎成了猫,那么很多自然的野性和功能都会随即消失。因此,金锋博士决定,他们采集分离的乳酸菌不会申报专利和注册,不跟自己的名字有关,让这些属于大自然的物种永远不离开大自然的生活环境,需要的时候随时提取种子。他们将自己团队发现的乳酸菌种子称作为NS乳酸菌,N是英的new的字头,S是英文的sun的字头。他说:"new sun的意思是新太阳,我们的菌就是人类的新太阳、新希望,能够在今后抗生素滥用带来严重后果的时候,给人类提供一个新的、不依赖于抗生素的健康途径。"他还诙谐地说:"菌在日本语的发音和他的姓一样,是Kin,new sun kin在日本语里的读音是乳酸菌,而意思是新日的金。"金锋博士说:"病毒和细菌都不能用杀来解决,只能学会与其共生。"他的思维和实践经时间的验证是正确的。

在治疗肝炎中,他不提倡服药,而是大量服用乳酸菌,降低血液中的血氨浓度来保证肝脏正常;在治疗疱疹病毒感染时,大量服用乳酸菌来防止病毒进一步复制和扩散;在治疗幽门螺旋杆菌感染时,他同样不提倡使用大量抗生素,如果使用大量的有益微生物,可以与幽门螺旋杆菌竞争生存空间和消化幽门螺旋杆菌的代谢物来降低它的危害;在癌症治疗中,化疗和放疗对消化道微生物的破坏会破坏人体微生物平衡而降低治疗的效果,服用大量的 NS 乳酸菌可以立即恢复消化道的微生物平衡,更加有效地强化疗效。金锋博士提出,人类特殊体味包括口臭、汗臭、脚臭以及粪便臭都是微生物的原因,他坚决反对利用任何药物或手术方式来解决腋窝下不愉快气味的问题,他发明了使用特殊乳酸菌菌种饮料以及发酵液涂抹,抑制产臭气微生物,用口腔或皮肤安全微生物菌种替代方式解决气味问题。他还研究开发了乳酸菌的香皂和润肤保湿露,受到消费者的高度评价。

当被问到他的学术思想和今天的发展过程中受影响最大最深的是什么时,他说他的母亲给他的影响是最重要的。母亲从小到大都永远督促自己的孩子,不能做志大才疏的人,不能放弃努力,一切都靠自己!在学术上,东京大学博士研究生的经历为他的研究奠定了非常重要的基础。他精通英语和日语,这帮助他在学术研究中及时捕捉各类信息,有比只会一种外语更便利之处。他仔细阅读和思考过日本乳酸菌研究泰斗光冈知足先生的所有书籍,还阅读过美国哥伦比亚大学神经解剖学教授迈克·D. 格尔森关于第二大脑的书籍以及相关理论文章。从盲目崇拜到学会批评,最后将肠脑理论和微生物共生结合起来,他坚信,肠道微生物跟人类的行为有直接关系。由此,他从就职的中国科学院遗传研究所转职到中国科学院心理研究所,以便更好地了解肠道第二大脑与微生物的关系,即微生物与人类行为的关系。

日本的光冈知足博士提出微生物有好坏之分,认为人体中30%的微生物是好的,60%是中性的,只有10%是不好的。金锋博士通过研究发现,人体中绝大多数微生物是好的或者中性,有害的微生物连1%都不到。只有有害的微生物我们才知道它们的名字,更多的默默无闻的、构建我们免疫屏障的很多细菌,我们甚至还不知道它们的名字。因为吃豆芽被夺取了生命的德国人肠道里的变异型大肠杆菌,在东南亚贫穷地区只是常见的肠道微生物;因为吃甜瓜感染李斯特菌而死亡的美国人,殊不知这种细菌在很多贫穷国家也是常见的肠道微生物。为什么这个地方有毒,而其他地方则无毒?金锋博士的结论是由于发达国家对食物的杀菌以及工业化生产食物使用的防腐技术,导致发达地区人群的肠道微生物减少,肠道免疫的天然屏障被破坏而易感疾病。

格尔森博士石破惊天的肠脑理论让金锋博士耳目一新的同时,又本能地发现了格尔森教授没有提及微生物在肠脑中的作用,这无疑是一个重大缺憾。于是,金锋博士将肠脑理论与微生物免疫机制融于一体,开始了他自己的假说和证明。他认为,人类的大脑有个关得非常紧的门,就是血脑屏障。这个屏障在功能健全的情况下不让作为自己燃料的糖原以外的任何物质进入大脑。而人体另一个大脑——肠脑的神经元细胞则与微生物有最密切的接触和交流。这种交流让人感受什么样的东西能吃,什么样的东西不能吃,什么样的东西吃下去让人身心健康,什么样的东西吃下去会立即呕吐腹泻。金锋博士的发现和理论并不能在中国立即得到认可或共鸣的时候,他没有放弃或者等待,而是在科学技术发达的日本和美国做更多的应用试验,让更多消费者接受的同时,他收集了更多的数据和研究结果,反复证明了他的假说和推论的正确性。

他认为元代成吉思汗征服欧亚大陆时能够顺利完成大规模军事转移和定居于世界不同地区,不仅仅是横跨巨大的经度,更重要的是分布于巨大的纬度,让这支蒙古大军能够适应世界上所有征服的区域,最重要的因素也许就是马奶和奶茶中富含的乳酸菌,这是让人不会得恋乡病和水土不服的基本保证。又比如,我国的维和部队在海地时,无论大脑怎样调整,肠、脑也不能尽快适应当地气候和饮食。

金锋博士说:"哺乳动物不论是人,还是牛羊或猫狗,不论食性如何,终生的免疫防线是用母乳来构筑的。第一次哺乳就让沾染在乳头上的乳酸菌传遍全部消化道,为今后的健康生存奠定了基础。任何动物都可以不强调母乳,但必须有乳,因此牛乳也是人类重要的食物。"他列举了婴儿没有母乳可以吃牛奶或者羊奶,虎妈妈不给孩子吃奶的时候也可以让虎仔吃猪奶或者狗奶,这个免疫防线的建立最重要的是乳酸菌,而不是乳本身。因为哺乳动物的奶有个非常重要的特性就是无论你怎么放置,它都不会腐败到人类或哺乳动物不能吃的程度:牛奶轻微腐败就变成酸奶了,酸奶继续腐败变成奶酪,奶酪重度腐败可以变成长满绿毛的蓝奶酪,甚至这种蓝奶酪是人类更高贵的食品。金锋博士说,人类对腐败和发酵的定义是根据自己的适应和喜好而定,喜欢的和适应的就称为发酵,不喜欢的,不适应的就称为腐败。其实在生物学过程中两者没有任何区别。

用 NS 乳酸菌养的猪,性情变得十分温顺友好,而没有使用乳酸菌的猪群会不停争斗,他说这个现象完全适用于同属杂食动物的人类,因此影响人类情绪和性格的东西不仅是思想和社会学的一面,还有生物学的一面。我们长期忘掉或者忽略了生物学的那一面,但是今天我们发现和找回了这个机会,今后的行为和心理学研究中会有更多的机会让我们来认识人类和动物的本能和本性。

很多人可能还不能完全接受这样的理论和思维,为此,金锋博士说:"如果你有精神方面的困扰,不妨试一试这个最安全的方法,动物的直接反应会告诉我们答案。人类的反应非常复杂,因为人会表演,会刻意隐藏或者暴露一些行为,动物会在微生物干预下把它们的感受一览无遗地呈现给我们。我们坚信这个研究在今后解决我们国家人口的身心健康问题方面会有重要的贡献。"这就是金锋博士乳酸菌革命的终极目标。其实他的期待也是我们所有人的期待。

应用金教授的技术在养殖业做产业化的企业叫"紫农鲜生"。他们养猪之前先养菌,和范蠡养鸡之前先养白蚁,是一样的。猪养出来之后,遇到了范蠡当年卖鱼的时候遇到的问题——猪肉需要预售。这是因为农民担心他们用心养出来的猪卖不出去,需要先收钱再养猪。"劣币驱逐良币"的经济学原理,农民自然不懂。但是农民懂得,地上有一摊狗屎,可以清理干净;如果满地都是,就只能绕着走了。为了恢复农民的信心、调动农民的积极性,就要用到范蠡的智慧——理念先行,吸引一批既想吃好肉又想帮助人的人。

紫农的理念很简单,紫为贵,紫农就是要让农民也贵起来。老话说"穷不读书,富不养猪",不是因为养猪有多辛苦,而是因为养猪的环境恶劣,猪粪的气味就连猪自己都嫌弃。现在有了微生物技术之后,无须额外投入,环境就得到了改善。以此为基础,紫农要让养猪的农民有尊严、有荣耀。曾经有一家日本养殖企业的老板尝了紫农的猪肉,觉得肉味和肉汤香得、鲜得不可思议。紫农就请养猪的农民给这位日本同行分享他的经验。这样的经历,给了这位农民极大的激励,因为对方是穿西服打领带的日本农匠。要知道,在用 NS 乳酸菌养猪之前,他跟他养的猪一样,自己都嫌弃自己——从来不吃自己养的猪。人往高处走,谁不希望有成长的空间呢?紫农的梦想是帮助农民成为服务者——为社区提供健康食材外包服务。与人们通常所说的“订单式农业”不同之处在于,紫农照顾到了农民的个人意义,也将为此付出更多的努力。卖产品,只要保障供给就行;卖服务,品质、理念和体验,都需要持续提升。

好在,紫农并不孤单。在武汉有这样一位企业家,他从事的是农业扶贫,却已经成为快手上排名第二的网红,还在他的“有味生活”App 内设计了一个类似蚂蚁森林的应用,叫“广济福田”——他参与的第一个扶贫的地方古称“广济”。“福田”是消费积分形成的一块虚拟的田,既可以用来兑换农产品,也可以捐给须要帮助的人,攒“福田”。借助“广济福田”,就可以从互联网平台上源源不断地引流了。互联网是媒介,觉醒了的企业家们在帮互联网公司归位。不久的将来,“福田”还会被推广到非洲,这位企业家已经将他在国内的扶贫经验,带到了非洲。

共生菌为了让自己活得好,就必须对共生的人体好,人体好不了,共生菌也活不好,这就是成人达己。同样,人与自然和社会共生,也必须对自然中的生物好、对社会关系中的人好。共生菌能够成人达己,在于“团结起来力量大”;人形成的组织和社会,也是一样。

第四章

告别吹牛皮:新品牌管理

我们的大脑天生就会过滤和遗忘。据说，如果我们记得遇到的每件事情的每一个细节，我们会发疯的。我们无法记住生活经历中的所有细节，就像我们不记得做过的每一个梦。但是我们能够记住人、面孔和身份。我可能记不住与最好的朋友共享的每一次经验的方方面面，但是当我看到他，能感受深厚的感情。这跟品牌是一样的。它们是总和，是一种易于识别的速记法。

品牌即意义

品牌的发展经历了三个阶段。在早期的 50 年时间内，市场营销学的核心思想是："产品的品牌是由该产品的生产商所拥有，而品牌的形象是由相关广告的广告公司创造和设计的。顺理成章，掌管品牌的权利掌握在生产商手中，而广告是建立品牌策略的一个重要因素。"这套理论体系是美国当时那个年代的产物。在早期，当商品刚刚可以开始被大批量生产的时候，一些多余的产品有可能分销到外地，但是生产商无法真正了解消费者的需求。那时候对于日常消费者而言，直接接触的只有零售商，于是产品和消费者之间的关系成为零售商的专有，一个杂货店老板了解他的客人需要什么。当大量生产和大量分销成为一种普遍的企业经营模式之后，依靠店主个人对消费者的了解而进行销售的方式逐渐消失。生产商开始认识到和顾客多一些直接接触，有助于他们预测顾客对产品的需求，同时也可以有效建立顾客对自己品牌的忠诚度。另外，零售商的意见将会成为顾客喜好的基本依据，因为厂商没有太多其他方法去收集客户的资料了。再加上在全国范围的广播电视节目中投放广告，就形成了成功品牌在建立自己品牌过程中通用的手段。尽管在这个手段中，几乎没有和顾客的面对面的接触机会，但是这个简单的模式带来的影响却是异常大的。几十年来，广告成为电视和广播受众的免费娱乐节目。另外，广告还让报纸和杂志的价格保持在很低的水平。作为回报，低价也使广告拥有了大量的受众和惊人的渗透能力。另外有一些广告巧妙地使用各种技巧建立起与消费者之间的感性联系。而品牌经理的主要职责之一就是和广告公司一起设计更新更好的广告。在那个时候,生产商对整个品牌拥有绝对的控制权,而消费者的消费习惯在某种程度上是相似的,因为大家的生活模式具有共性。这个阶段的品牌成功代表非米其林轮胎莫属。

米其林是一家法国的轮胎企业,从造出第一个自行车轮胎开始,到现在成为汽车轮胎行业巨擘,这家企业已经历经百年。不过,让米其林蜚声世界的不是轮胎,而是餐厅指南。当年,米其林专注于研究轮胎行业,但卖轮胎有一个问题——它不是易耗品,社会对轮胎的消费能力基本是固定的,只有汽车行驶 4 万千米之后,轮胎出现磨损才会被更换。所以,单位时间内即便生产再多的轮胎,也不可能卖出去更多。所以创始人想到:如果让人们在单位时间更加频繁地使用汽车,尽可能驾驶去远的地方,轮胎自然就会加速磨损,自家的轮胎就有可能卖得更多,提升销售效率。于是聪明的法国人想到了搞一个旅游指南,在上面标示出法国各地的美食店,即便旮旯拐角的小店也不放过。法国的面积并不大,开车横穿整个国家也只需要 6~7 个小时,对于假期充沛、热衷于旅游的法国人来说,没事开车出去找馆子不是什么难事。对普通人来说,开车载着全家人,看着米其林的小册子,到处寻找美食,这就是享受生活;对米其林来说,人们开车出去,加快了轮胎磨损,自己的轮胎就能更快地卖出,这是一桩典型的双赢式营销策略。《米其林红色指南》最初只是简单的小彩页,后来随着推荐内容的扩大,小彩页变成了小册子,现在已经变成了一本厚厚的小书。米其林公司根本没有料到,这个原本只是撺掇有车一族多旅游的小册子,居然在世界上大受欢迎,所以因势利导,干脆将它做成了一个独立品牌。一个轮胎厂搞出一个顶级美食指南,从这种创新不难看出法国人思维的开放性,难怪很多销售专家都称赞米其林指南是创始人天才般的创意。

进入互联网时代,年轻一代的消费者不再是传统品牌系统所服务的那些消费者,他们分化出不同的背景、关系、品位、需求和兴趣,随之而来的是依托互联网的个性化营销年代。这个时候,品牌的权利从生产商手中转移到了不同的消费者群体之中,而新一代的消费者更喜欢依靠感觉生活,在他们的头脑中固守着一个标准,那就是只要某些东西感觉很好又不会伤害到别人,那么这个事物就可以被接受,尽管这个事物也许和社会大多数人的观点和品位格格不入,他们也不去理会。年轻一代只需要根据他们自己的实际状况做出一些决定,而不必理会这个决定是否符合道德或伦理的标准,他们会自己决定怎样去相信一个产品,而那些广告休想蒙蔽他们。新一代的消费者在被广告狂轰滥炸的同时,也在承受着资讯的紧密包围。在这样的情境下,操纵品牌发展的权力渐渐从生产商手中滑向消费者一边。优秀的品牌形象设计都是从消费者的角度出发考虑的。比如有一个品牌的靴子,他们不强调生产商的过人之处,也没有说他们有关的竞争排位,相反,他们直接讲述当消费者穿着这双靴子时候的感觉如何。这是思维方式上的一个重要转变,此后,这样的例子层出不穷。

今天,随着大众的觉醒,那些践行社会和环境友好的运营方式的品牌将成为赢家。每个品牌都要做出承诺。过去,品牌承诺便利、效用、风格、速度、风味、低成本、质量工程、吸引力、幸福或奢侈等基本利益。随着时间的推移以及技术进入生活的方方面面,品牌赋予人们更多的个人能力,比如创造力、想象力、创新力、沟通、欢乐和合作。现在,人们重视和喜爱的品牌将会是:不仅让我们更聪明,而且让我们更有智慧;赋予我们解决最苦难挑战的能力;让我们帮助其他人成长;帮助我们保持身心健康;保护我们的人身、财务和环境安全;消除分裂和冲突;赋予我们让世界更美丽、更快乐、更友好的能力;为分享提供便利;帮助我们节约能源和资源;让我们更亲近自然;引导我们去往鼓舞人心的地方、遇见激发灵感的人和物;深化我们之间的联系而不会危害隐私;展露人性中最好的一面。变化的不仅是品牌承诺,消费者理解和信仰的基本原则也发生了变化。在理智和情感收益的固有基础上,现在又加入了对个人能动作用、自我和社会赋权,以及积极的社会和环境影响的压倒一切的需求。现在,产品是在哪里、如何生产的同样重要。仅靠鼓动对产品的需要是不够的,重要的是用理念吸引人们参与某些更宏大的命题,让品牌具有个人意义。

例如宜家最新推出的空气净化窗帘,用旧材料带来新空气,就是通过科技创新践行社会和环境友好。要做到宜家这样,需要将价值观与战略联系起来形成品牌,将价值观转化为品牌精神,将品牌精神转化为新产品、有效的沟通,以及一线销售策略。为此需要一种工具,帮助企业将信仰的价值观、发展目标和计划等不同理念和元素组织起来。我们把这个工具叫作品牌宪章。

想象一个球体,就像地球,地心深处有强大的引力,地表上则是蓬勃生长、彼此联系的万事万物。这个球体就是品牌整体,由一系列有意义的层级构成。核心是企业的价值观和信仰。价值观的外面一层是企业的使命与目标。这是除了赚钱之外企业存在的理由,即品牌理念、品牌精神。使命与目标外面的一层是企业对与之互动的各利益攸关方的承诺,即品牌承诺。球体最外面一层是战略,即企业如何兑现自己的承诺,它随着外部运营环境而改变,突破性技术、顾客需求和其他外部因素的变化,都会带来它的改变。

球体的每一层与外面一层都是"内层是外层的条件"的关系,即外层依靠内层的支撑,但内层不能就内层自己发展,而要以外层为"终"发展自己。比如价值观这一层,只就价值观讲价值观,就变成了空洞的教条或者"道德律令",一定要和使命、承诺和战略联系起来,才能做到知行合一。至于最外面的战略层,实际上在它外面还有一个与它无时无刻不发生联系的开放系统,这就是用虚线表示战略层的原因。战略层不仅不能脱离价值观而存在,更要与价值观融为一体。

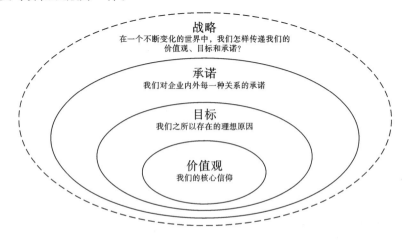

　　例如范蠡，"以人为本"是他的价值观；"均衡盐价"是他的目标；"大利藏于咸鱼中"是针对跟着他干的人做出的承诺。战略是一套传递价值观、目标和承诺的"开合枢"系统。无独有偶，两千多年后在美国西雅图派克市场上也出现了一个用品牌精神卖鱼的人。这是位日裔美国人，叫约翰·横山。

　　因为第二次世界大战的珍珠港事件，才两岁的约翰·横山及他的全家被关押在加利福尼亚州图利湖的米尼多卡集中营，住在由牲口圈改建的"公寓"达两年之久。从米尼多卡回到西雅图后，因为是日本人的缘故，同住的其他孩子们总是叫他们"日本猪"或者"日本杂种"。横山孩童时代最美好的回忆就是与父亲一起去皮吉特湾钓鱼的时光。中学毕业后，因为没钱上大学，他的第一份正式工作是在杂货店卖农产品。1960 年，去了派克鱼摊工作，就是他现在的鱼摊。

　　1986 年，约翰·横山经营了 20 年的派克鱼市小鱼摊由于经营失误，濒临破产。"这是一个生死抉择，要么游过去，要么沉下去。"这时约翰·横山决定冒险与一个叫吉姆的商业咨询师的合作，并确定了要成为"举世闻名"的公司的伟大战略构想。怎么样才能"举世闻名"，员工们给出了各种各样的答案，有的说："如果我们成为举世闻名的鱼市，我们就应该穿着西服，开着奔驰来鱼铺上班。"最后公司把"举世闻名"定义为，举世闻名就意味着给那些与我们接触的人们带来不同的感受。我们的目标不仅是要成名，而且要以与人们相处融洽、愉快而闻名。"约翰·横山作为老板做出三项承诺：①使每位光顾我这里的人都感到他们的生活发生了巨大的变化；②对于那些富有创造力的员工，我将赋予他们更多的权力，让他们可以给彼此、给顾客、给社区以及更多人的生活带来改变；③我将向人们证明如果赋予员工更多的权力，你将受益无穷。

　　如果你想建造一条船，不要只是号召人们去搬木头、分工或发号施令，而应该让他们对广阔无垠的大海充满无限的想象。许多企业的老板会花费很多时间教他们的员工如何干好工作，却很少花时间解释工作的重要目标是什么。很多时候，员工们是通过阅读"员工手册"来了解公司的发展目标的。而在派克鱼市，每隔一周，公司会召开员工大会，来讨论公司的发展目标。在派克鱼市，每一个新进的员工都必须做出公众承诺：是否忠实于公司的梦想。他必须得详细地告诉老板，为了实现派克鱼市的目标，他打算采取哪些创新的做法。

在派克鱼市，对"做"与"是"有严格的区分，"做"就是要进行计划和采取行动。如果他们把重心放在"洞察差异"上，他们就"是"非常周到的。但如果他们表面上很周到，但考虑的却是自己的利益，那么他们"做"得很周到，但却"是"自私的。"是"是自然而然的一种流露，而"做"却有作秀的成分，是以自我为中心的。

公司的一名鱼贩从《新闻周刊》看到一篇《为了那些小患者》的文章：一名12岁的名叫克里斯蒂的女孩被诊断为患有急性白血病，毫无疑问，每一次的化疗过程都是十分痛苦的。"第一周简直就像生活在地狱一样，"她的母亲卡拉回忆道，"她一周什么也没有吃，一直在吐。"克里斯蒂一直在努力幻想一个好玩的地方，以帮助自己忘掉治疗产生的不良反应。克里斯蒂和她的家庭曾经在西雅图生活了一段时间。她最安全、最高兴的娱乐场所就是派克鱼市。这名鱼贩不仅饶有兴趣地阅读了整篇文章，而且把这篇报道拿给他的同事看，他们决定把鱼市（他们扔鱼的地方）带到明尼阿波利斯给克里斯蒂看。在与航空公司交涉未果后，这两位员工把他们的想法告诉了老板约翰·横山。

约翰·横山开车把他们送到那里，参加了在明尼阿波利斯儿童医院举办的克里斯蒂的13岁生日晚会。她的妈妈卡拉后来说："我简直不敢相信，她那么惊讶、那么激动。这对她来说太重要了。太令人难以置信了，这两位先生只是因为读了那篇文章就不远千里来到这里为我们做了这一切。"这两位员工实现了公司要与众不同的目标，同时他们不仅给克里斯蒂和她的家庭带来了积极的影响，也给医院的员工和明尼苏达、西雅图的市民带来了震撼。当你制定了一个目标，整个宇宙会让你知道接下来将发生什么。

卖鱼的不琢磨如何卖鱼，而是要"以与人们相处融洽、愉快而闻名于世"，这和范蠡卖鱼本质上是一样的。虽然时代变了，但人们的本性并没有变，依然需要公平。战乱和贫困地区的人因为差异在渴望一种叫作和平的公平;而在经济发达的地区,人与人之间少了"融洽、愉快",这也是一种不公平,这个差异被派克鱼市洞察到了。把人们印象中臭烘烘的鱼店变为令人愉快的空间,是"反者道之动";关注到人们在融洽相处方面的弱势,是"弱者道之用"。以此为基础,形成了"以与人相处融洽、愉快而举世闻名"的品牌理念,其中举世闻名是目标,与人相处融洽、愉快是承诺。在战略层面,派克鱼市把 500 强企业的内训作为"传送门":每一家企业都希望员工能够 work for fun(工作融洽、愉快),都需要用好故事来教育自己的员工,鱼店的员工都能快乐地工作,何况我们 500 强企业的员工呢? 而接受了培训的企业员工,又会和他人分享派克鱼市的故事,如此,派克鱼市的品牌影响力便一圈圈地向外扩展开来。

不难发现,就战略层面而言,派克鱼市和米其林轮胎有相似之处,都是借力使力的好手。但是就结果而言,米其林不得不把米其林餐厅的品牌分拆出来,以至于今天很少有人知道米其林餐厅和米其林轮胎之间的关联性。而派克鱼市却"通天下一气耳"。之所以会这样,就在于派克鱼市的价值观、使命、承诺和战略由"诚"融为一体。米其林轮胎的初衷可以总结为"用米其林餐厅让客户多损耗轮胎",这是只能做不能说的;派克鱼市的使命是"以与人相处融洽、愉快而举世闻名",只要做得到,就一定可以承诺、可以宣传的。不仅自己宣传,别人还会借品牌之力来宣传自己。被米其林认证的餐厅可以借米其林的认证宣传自己,宣传的结果却和米其林轮胎没有关系,未免遗憾;而 500 强企业借派克鱼市向员工和伙伴们宣传企业的经营理念,甚至用派克鱼市讲述自己企业 work for fun 的故事,增强的却是派克鱼市的品牌。

在西雅图派克市场上,紧邻派克鱼市的便是星巴克的第一家连锁店。耳濡目染了派克鱼市为品牌赋予意义的经营之道后,星巴克吸收了其中的精髓。星巴克的"反",在于它反麦当劳而行之,麦当劳以我为主;星巴克将心注入;它关注的"弱"呢? 是人们想要的"第三空间"。至于星巴克创造的"意义",我们与它的竞争对手 Tims Hontons Coffee 做个比较。在 Tims Hontons Coffee 的店内,始终有这么一句话贴在墙上:"COFFEE IS LIKE A HUG IN A MUG. DO GOOD WITH EVERY CUP OF COFFEE."意思是咖啡就像马克杯内的一个拥抱,我们努力做好每一杯咖啡。这同样是在给消费者

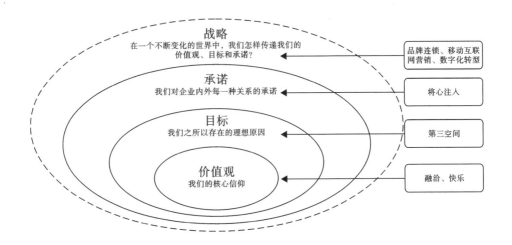

一个预期,但这个预期更像是德芙巧克力的"牛奶香浓,丝般感觉,此刻纵享丝滑",是在形而下的物质层面,类似的还有"农夫山泉有点甜""怕上火喝王老吉""做女人挺好",等等。星巴克为人们设定的"第三空间"的自我预期,是在形而上的精神层面,和迪士尼的"带你去梦幻乐园"和苹果的"为科技注入人性"是一路的。正是因为一个是形而下,一个是形而上,形而上决定形而下,2012 年 Tims Hontons Coffee 还号称要把星巴克赶出纽约,当星巴克拥抱了移动互联网之后,Tims Hontons Coffee 却再也不能效仿了。迪士尼和苹果也是一样,数字化时代,它们的品牌之路,越走越宽阔,因为它们都将自己的品牌做成了意义的符号。义者,意也;集义生气,品牌即气。

把品牌讲成故事

最近,喜来登酒店上线了新功能:帮客户做 PPT。其提出的宣传口号是"您在酒店好好休息,我们帮您做 PPT",颇有点米其林轮胎做餐厅点评的味道,起到的效果却仿佛派克鱼市进入了 500 强企业的培训课程——每一次培训都在传递派克鱼市的品牌故事,每一份 PPT 也是在传递喜来登酒店的品牌故事。还是那句话,把软的做硬了,容易;把硬的做软了,难。搞个无人酒店,只要有钱,你就可以任性;无人酒店做好了,你让机器人给客人做个 PPT

试试? 做品牌,是把"硬"做"软"的过程,是挑战不可能。

说到挑战不可能,宁夏有一家企业,他们带领当地农民在沙漠中成功种植了红树莓,但是销售成了大问题。因为红树莓特别娇贵,哪怕是在北京郊区种植,运到新发地,如果路上温控不到位的话,都会有损耗。运输有问题,鲜果没法卖,那就酿酒吧! 酒酿出来了,还是没法卖。为什么呢? 因为没有故事。国外的酒庄,哪一个拿出来,都是满满的故事。威士忌之所以能够卖到全球,一方面威士忌作为整体,有故事,一方面,每个威士忌酒庄,也有自己的故事。而这家企业酿造的红树莓酒呢? 直接就是铝罐中酿成的。本来在沙漠中种植红树莓,可以讲出一个特别棒的"挑战不可能"的故事,弄出一个如此"不讲究"的酒,故事就没法讲了。当然,也可以说一个"最大的讲究是不讲究"的故事——因为红树莓好,所以与葡萄酿酒相比,它没啥讲究。但这样一来,品牌精神就大打折扣了。反之,如果不卖酒,而是迎难而上卖鲜果呢? 一个漂亮的"挑战不可能"的品牌故事就形成了。稍后我们会介绍,中国人已经在冷链技术方面成功挑战了不可能。强强联合,是加倍的挑战不可能。借助鲜果把挑战不可能的故事讲出去,把价值观、品牌理念和品牌承诺传递出去,再来卖酒,再来讲"最大的讲究是不讲究",这个套路,不正是 Dior 奢侈品和 Dior 香水的套路吗?

企业中的每个人能否背诵企业的品牌宪章并不重要。重要的是,关于企业和品牌,他们能够用自己的语言讲出个性化的故事,也能让客户和伙伴用自己的语言讲出个性化的故事,并且能够保持一致。通常我们在谈到某个明星的时候,总能用自己的语言讲出有关的个性化的故事,不同的人说出来的故事,还有着一致性。再比如讲《三国演义》,大学教授讲的是《三国志》版的,单田芳讲的是评书版的,受众都有限,唯独易中天讲三国讲出了个人品牌,就在于他用自己的语言讲出个性化的故事,并且还忠实于原著,人们也容易转述。这当中有个生动表达和有效送达的问题。把品牌讲成故事的企业,最成功的非迪士尼莫属。我们来看看迪士尼是如何生动表达和有效送达的。

二战结束后,大量的游乐设施在美国兴起,当时华特常常带着自己的女儿去游乐园玩。时间长了，他发现了游乐场的一个问题，从而看到了商机。这些游乐园的设施玩具仅仅是提供孩子们玩耍的，而大人总是无精打采地立在一旁发呆傻看，闲得无聊死了。所以华特马上想到，自己能不能打造一家孩子大人都可以玩耍的游乐园呢？他又联想到自己的迪士尼动画片，如果能打造一家迪士尼主题乐园，那一定很精彩绝伦、大受欢迎。说干就干，华特激动地把自己的想法告诉了主管公司财务的哥哥罗伊，并希望他给予支持。但是得到的却是一盆凉水，罗伊是一个理性的经理人，他告诉弟弟华特，这件事需要股东们同意，而股东大会一开，大家举手表决，都否定了华特的创意。没有公司的资金支持，华特就无法修筑乐园，华特想了想，当即决定自己来筹钱。于是，他卖掉了自己的别墅，从自己的保险中抽出资金，成立了一家名叫幻想工程的独资公司。它不隶属迪士尼公司，却是专门为了建造迪士尼乐园而成立的。但是华特所筹集到的资金对建造一个大的乐园来说，依旧是杯水车薪。最后，华特决定依靠媒体的力量，在采访中，华特首次向媒体提及了自己建造迪士尼乐园的想法，他说迪士尼乐园将有不可比拟的魔力，电影创作会因为上映而结束，而迪士尼乐园的修建，却是个永远不能完成的任务，只要世界还存在幻想，迪士尼乐园就永远不会完工。无疑，迪士尼是打造快乐的乐园，无论是大人还是小孩，在这里都可以看到自己最初的梦想。华特的采访一经电视传播，马上引起了社会的热议。同时也为华特拉来了投资者美国广播公司。几番谈判后，华特与美国广播公司达成协议，美国广播公司为迪士尼提供资金，迪士尼为美国广播公司提供每周一小时的电视节目。

1954 年 7 月，迪士尼乐园正式破土动工，而负责乐园规划设计的人被誉为幻想工程师。和一般的工程师不同，这些幻想工程师需要了解迪士尼的作品，然后根据故事和人物个性等，来设计具有游客体验的主题项目。1955年 7 月 13 日，洛杉矶迪士尼乐园如期开放。乐园占地 182 英亩，耗资 1 700万美元，工程在 11 个月内完成。开业当天，由于络绎不绝的人流，让第一天经营显得很是糟糕，很是混乱。第二天，华特召开新闻发布会，道歉并建议大家再来光临。该事件发生后，有人建议华特请专门的经理人管理，但是华特拒绝了，他更加希望亲力亲为，为自己的梦想打拼。在华特的亲自打理下,迪士尼乐园的声望与日俱增,并逐渐成为美国的名片。迪士尼乐园的成功,让许多商人看到了商机,他们纷纷找到华特,建议再打造一个新的乐园。而华特果断拒绝了,他说迪士尼乐园只能有一个。

"只要世界还存在幻想,迪士尼乐园就永远不会完工。无疑,迪士尼是打造快乐的乐园,无论是大人还是小孩,在这里都可以看到自己最初的梦想。"这就是迪士尼的核心理念,即中心思想。有了这个中心思想后,人们便可以根据自身的感受讲述不同的关于迪士尼的故事。每个人都希望快乐,却因为在客观世界里打拼而忘记了曾经有过或者期望过的快乐,没有了主观预期,现实中就越发得不到快乐。迪士尼以成为"世界上最快乐的地方"为使命,承诺"带你去梦幻乐园",实际上是帮助人们设定了一个主观预期,让品牌具备了个人意义。

如今,消费者接触品牌的地方越来越多,执行品牌承诺变得更加复杂,并且消费者可以用无数种新方式与品牌进行互动,为了能够更积极地响应消费者的行动及环境的变化,品牌组织必须做出快速、灵活的应对。迪士尼的品牌策略却是以不变应万变,因为它有一个永恒的标签——世界上最快乐的地方。之后再通过内容和服务来兑现承诺,人们在内容和服务中达到了自我预期后,自然就快乐了。例如,朝气蓬勃、充满魔力、充满乐趣、以家庭为导向,是迪士尼品牌给人们为人们预设的期望,任何一个点上人们在内容和服务中达到了预期,就会有体验、有共鸣,就会快乐,然后就会用自己的语言和人们分享快乐,品牌因此成了个性化的故事。

为了兑现"带你去梦幻乐园"的承诺,迪士尼的战略选项除了不遗余力地持续推广、积极拥抱新技术、借助社交媒体和要素整合之外,始终将"故事"放在首位。每个迪士尼的特色都有一个故事。人们喜欢这些故事,既是为了获取,也是为了分享——用这些故事作为原材料去讲述自己的故事。迪士尼很擅长与人交流,所以它们的故事层出不穷。迪士尼擅长以一个故事为开端,逆向设计产品。此外,迪士尼的故事的高明之处在于它不是单向的,而是总能够让你沉浸其中。它总是有新的东西,这样粉丝们总是会回来。迪士尼的口号不是"很多游乐设施",而是"世界上最快乐的地方"。所以他们很清楚总是要提供引人注意的东西来保持人们的持续关注。比如，有趣的排队等候区互动，玛丽·波平斯或爱丽斯和疯帽子在不同时期的"自发性"表演，同一个游乐项目在白天和晚上的体验是截然不同的，节日主题活动和不同的烟花表演，当季"限时"售卖的食品，等等。

除了沉浸其中，还会让你经历其中。迪士尼的故事总是有连贯的主题，如果把主题去掉，迪士尼乐园的游乐设施就没有什么特别的了。舒适的过山车、常见的树木、完全没有特色的旋转木马，诸如此类都可以在任何一个主题公园中见到和体验。事实上，还有很多乐园能够提供更惊险、更刺激的游乐设施。但问题是，迪士尼的主题不仅仅是在游乐设施的两侧拍打几只卡通动物。这一切都有关于一次独特的体验，完整、优雅，并且以它自己的方式展现。为了让人们沉浸其中，迪士尼还会关注更多的细节，比如进入迪士尼乐园，你会看到他们对细节的关注，甚至连街道标识也注重细节——它们可能是老鼠耳朵的形状。而如果他们选择使用普通的标识，那魔力就不复存在了。

既然迪士尼可以创造一个史诗故事情节，然后用相应的产品和经验来表达，为什么我们的产品和经验不能表达我们自己的史诗故事情节呢？想想看，你的产品可能是中心角色，你的员工会在生活和工作中推进故事情节，你的广告活动将是这个故事的公开表现。并不是说每个品牌都需要一部电影，但每个品牌都需要一个故事。耐克的故事是关于决心和在体育领域的驱动力；UPS 是一个关于效率以及他们对效率的痴迷的故事；可口可乐的故事是关于幸福及其在世界各地延续这种情感的小角色。

然而，同样都是故事，迪士尼的品牌故事是忠于内心的，耐克、UPS 和可口可乐的故事，却是忠于所言。迪士尼说"带你去梦幻乐园"，没有人知道梦幻乐园会是个什么样，却让所有人都有了和个人意义有关的自我期望。只要迪士尼足够"诚"，人们就会在迪士尼设计的起承转合中触几相契、同频共振、相悦相知。由此我们也可以理解，为什么迪士尼创始人坚持做"不带棚"的游乐项目？为什么迪士尼推出的每个故事、每项活动，迪士尼内的每一位服务人员，都给人以诚意满满的感觉？它们虽然不懂得"气"，却明白如何从人的内心推动发展，也知道如果做不到"诚"，就一定会"漏气"。相比之下，耐克、UPS 和可口可乐，还都是从事物外部在推动发展。它们的品牌宣传之所以会达到目的，在于利用了人类的弱点。因为人很单纯，只要真实，就会有体验，但"真实"往往最不真实。只有人们用心感受到的真实才是真正的真实，用眼睛看、用耳朵听、再用大脑比较出来的真实，往往是不真实的。

"忠于所言"类的品牌，以物质承担价值，品牌是产品外面贴的一层皮；"忠于内心"的品牌，其理念、故事和形象本身就是价值。换言之，承担价值的已经不再仅仅是物质，而是"物化"的知识、信息以及活用它们的服务，这意味着，品牌不再是产品的皮，而是产品的魂。内敛的中国企业家并不擅长用"忠于所言"的方式做品牌，以至于关于品牌故事，很多中国的企业认为找家广告公司或者策划公司为品牌编个故事，就是品牌故事了。而这样的品牌故事，往往连贴层皮的作用都起不到。但是"忠于内心"类的新品牌管理，中国企业家却是有天分的，尤其是在为品牌注入价值理念方面，毕竟我们都是读着唐诗长大的——古代的诗人以诗言志，现在的企业家以品牌言志。

四川有一位年轻人，他从育儿的经历中感受到母婴行业缺少有品牌的好产品，以核桃油为例，大量的厂商借着"吃核桃补脑"干着"贩卖焦虑"的事，其中更不乏黑心商家以次充好。于是，他下定决心要做出一款不一样的核桃油。他为自己的品牌起了个名字叫"贝乐吖"，谐音"贝勒爷"——对于爱孩子的父母而言，孩子就是他们的"小贝勒"。除了"爱"，这个名字还蕴含"自然"的意思，宝贝的快乐，是人世间最自然的状态。所以，爱与自然，就是贝乐吖的价值观。除了价值观，刚刚起步的他，也给自己定了一个"因爱伟大"的目标。至于品牌承诺，贝乐吖承诺"自然爱"——用来自大自然的能量帮助年轻的父母爱孩子。如何兑现承诺呢？他在云南的大山里找到了 300 棵古核桃树。每棵古树都已经生长了至少 300 年，枝叶覆盖足有两亩地，无须任何施肥和灌溉，完全是一个自循环的小生态。来自大山里古树上的核桃油，就是来自大自然的能量！当然，300 棵古树的年产值是有限的，而他的目标是成为一家伟大的企业，这是个矛盾。为此，他也用到了 Dior 的"套路"：既然 Dior 能将几百年前的王室和贵族搬出来讲故事，我们为什么不可以把大山里生长了几百年的古树拿出来讲故事呢？借古树把品牌精神传递出去，品牌立起来后，再与行业组织合作制定"孕妇和婴幼儿安全级别的食材标准",用"自然爱"的价值理念为其他产品赋能。金教授的 NS 共生菌猪肉,也具有自然爱的品牌精神。就连一款日本人做的尿不湿,精细到像呵护妈妈的脸蛋一样呵护孩子的屁股,也是自然爱。除了古核桃树,他还在大山里的贫困地区继续寻找。他坚信,贫困不是好东西,贫困县里真有好东西。最近,在四川和西藏交界的地方,他又找到了 1 000 多棵的古沙棘。

Jessie Zhao 是一位华人设计师于 2005 年在美国创建的品牌,经过努力,收到了来自纽约时装周的邀约。纽约时装周采用邀请制,在去纽约时装周秀之前,Jessie Zhao 品牌已经接到多家媒体的入场申请,包括:日本 WWD,德国 Cliche Magzine、In Touch 和 OE Magzine,西班牙 GLASS book,瑞士 Annabelle,等等,以及来自 Neiman Marcus 的经理人,范思哲女装设计师和一些时尚博主们。秀了之后,影响力提升,现在已经是美东地区畅销品牌,连奥巴马夫人都成了她的粉丝,还给她写了封信。"人生,是自己设计出来的",这是 Jessie Zhao 品牌传递的理念,既是设计师人生的真实写照,也赋予人们和个人意义有关的自我预期。

另外一个品牌叫云南巧家红糖。云南巧家金沙江一带盛产甘蔗,因为当地日照充足,水质又好,用金沙江沿岸种植的甘蔗制作的巧家小碗红糖,品质特别好。在中华人民共和国成立初期的一次全国性会议上,西藏自治区代表曾当面向周恩来总理请求,希望能保证巧家小碗红糖对西藏的供应。20 世纪 40 年代国内出版的《中国土特产大全》《云南特产风味指南》《云南地方产品》《昭通地区土特名产志》等书,均专列条目介绍。《中国土特产大全》记:红糖"以巧家小碗红糖和弥勒县竹园红糖质量最佳,色彩鲜、式样好、杂质少,驰名全省,并远销青海、西藏等地区"。牵挂巧家红糖的不仅有周恩来总理,还有李克强总理,2017 年他去巧家,买了两斤红糖,一斤送给当地的老人家,一斤带回北京"送给自己牵挂的人"。因为有两任总理的牵挂,再加上企业家的初心,生发了"巧家红糖,送给最牵挂的人"的品牌理念。

成都有一家生产蜂蜜的企业,品牌叫"等蜂来",这是个非常有诗意的品牌,听名字就知道创始人的初心——他们守着蜂蜜的产地等着蜜蜂来,做原产地直供的生态蜜。他们做的蜂蜜有两大特点:一、都是在原产地生态加工,工厂只负责杀菌和罐装,这就杜绝了行业内用"水蜜"充好的恶习;二、体验感特别好。蜂蜜虽好，但吃起来麻烦，在这个懒人时代，为了吃点蜜，用勺子在瓶子里弄来弄去，黏糊糊的，还要洗勺子，想想就不要吃了。他们发明了果冻式包装，不仅解决了便利性的问题，还让吃蜂蜜变得有趣。

另外一家来自成都的企业是做护肤品的，品牌叫 CITYBELLE，理念是"理性护肤"。因为市面上很多的护肤品品牌，为了产品销量，着重强调产品功效，而刻意淡化产品成分及含量，甚至建议消费者对皮肤、对健康有害的护肤方法，给消费者造成了极大的误区，也让消费者对现在杂乱的护肤品市场逐渐失去了信任。这一现象，促成了 CITYBELLE 想让消费者科学有效地护肤，教会消费者正确看待产品的核心成分、有效成分，让消费者不再盲目相信产品的宣传文案，而是结合自己最真实的情况，做出自己对护肤品最正确的选择。"我们为他人活着，为工作活着，静下来为想想，什么是属于我自己的。"这是他们想传递给消费者的理念，并且是两代人一直坚守的理念。

接下来的这家企业来自四川江油，它用桑葚酿制出来的红酒，口感可与上好的拉菲相比。创始人是农民出身，上初中的时候就有一个想法：为农民做点事。创业成功后回家乡带着当地农民种桑葚，桑葚种出来后卖不动，他心里替农民着急，便放下自己的企业，一门心思地研究用桑葚酿红酒。谁都不相信会成功，却被他搞成了。而且江油那边的气候和地理条件非常适合酿酒。李白曾经有首《客中作》："兰陵美酒郁金香，玉碗盛来琥珀光，但使主人能醉客，不知何处是他乡。"李白在江油读过书，而且他读书的地方就在这家酒厂对面，估计他喝酒的爱好就是在那里养成的。郁金香和桑葚的共同点是红得发紫，同样颜色的酒，是不是让李白把他乡当作自己的家乡呢？和李白的联系我们还只能停留在想象，和中国特有的桑蚕文化连接起来，是顺理成章。我们之前已经分析过桑蚕文化，它代表的就是"以人为本""天人合一"。天、桑、蚕、丝和人之间和谐共生，谁都没有侵害过谁，但是价值就这样被创造出来了，这不就是大道吗？而这个桑葚红酒，名字就叫桑道红酒。他们要做中国人自己的红酒。

以上介绍的几个品牌的理念，都是由品牌创始人的内心生发出来的，而不是通过某个广告公司策划出来的，都是在创始人洞察到的差异的基础上提炼出来的。换言之，企业家的心，就是企业的品牌基因。这些品牌还有一个共性:他们卖的是想要,而不是需要。他们期盼着一个专门"卖想要"的平台,能够让他们的品牌传播出去。因为在"卖需要"的平台上"卖想要",会和他们的品牌理念不一致。也就是说,他们不缺少价值观和使命感,也敢于做出承诺,问题在于,需要"传送门"来传递他们的价值观、使命和承诺,也需要更多的人参与进来,帮助他们写出迪士尼式的品牌故事。和迪士尼相比,他们就像刚从山里面走出来的小芳,显然有点土气,但是稍微打扮一下,超越雅芳,还是很容易的。

初创品牌还在路上,把成熟的中国品牌讲成故事,更有必要。例如阳澄湖大闸蟹,曾有诗云"不是阳澄湖蟹好,人生何必住苏州"。现如今,因为不计其数的"过水蟹",阳澄湖却成了金秋时节最尴尬的名词:商家卖力吆喝,买家则听得耳朵起茧,心生厌烦。

和很多人的想象不同,野生大闸蟹严格说来并不完全是淡水生物,而是一种具有洄游习性的节肢动物。幼年时,大闸蟹在海水或江河入海口的半咸水中孵化出生,浮游生活。海水中丰富的藻类和微生物,为蟹崽提供了充足的食物和相对安全的生长环境。随着蟹体成长增大,本着趋利避害的本能,大闸蟹会逆游而上,在天敌较少的湖泊淡水环境中生活——这也是长江流域天生比黄河、辽河等河流更适合大闸蟹生活的原因。丰沛的水资源和密布的水网,让幼蟹在逆游而上中,更容易找到水流平缓、食物链简单的湖泊。而这,也是长江下游蟹品质最高的原因:相比千里迢迢地洄游到中游、早已劳累变瘦的螃蟹,只有生存力强、个体强壮的蟹,才能占据下游最省力就能到达的地方定居。而阳澄湖,正是长三角地区,距离长江干流和入海口最近的大型湖泊。

除了地理优势之外,阳澄湖本身也有很多宜于大闸蟹生长的环境优势。这片面积与苏州市区差不多大的湖泊,平均水深达到 2 米,水位稳定,有着很强的水质自净能力。此外,由于成湖历史长、自净能力强,湖底 65% 以上的面积都是硬质土,甚至还有清代留下来的大量青石板铺底,相比于淤泥,这种环境能让蟹体更加干净。且螃蟹挖洞需要足够的力量,客观上让大闸蟹"锻炼"得更壮实。所以,民国以前和解放初期,阳澄湖大闸蟹的盛名,货真价实。

改革开放后,基础设施建设突飞猛进。但对于野生大闸蟹来说,因为自然水系上被各种堤坝水闸阻隔,自然洄游的成功率被大大降低,产量直线下降。与此同时,随着社会经济的高速发展,人们对优质食材的需求越来越高,大闸蟹开始越来越多地"飞"入寻常百姓家。养殖,是解决这对矛盾的必然选择。

大闸蟹的养殖和大部分水生鱼虾不一样,要人工模拟洄游的环境:先把蟹苗蟹种放在江河入海口的半咸水域养大,再投放到内陆湖泊里。一夜之间,阳澄湖的地理优势不复存在:长三角地区,所有的蟹苗都要在崇明岛长江入海口养殖,再以定向采购的形式,转移到太湖、洪泽湖、高邮湖、固城湖、沙家浜和阳澄湖……不管是哪里长大的蟹,大都冠以阳澄湖大闸蟹。

为此,阳澄湖大闸蟹所在地巴城镇的国资企业注册了新的商标——"巴城"牌大闸蟹。"巴城"牌大闸蟹卖的不是蟹,而是人。好水出好蟹,正宗的阳澄湖大闸蟹,之所以有青(背)、白(肚)、金(爪)、黄(毛)的特点,就在于阳澄湖的水好。然而,如此高密度的养殖,如何确保水质不受影响呢? 这就靠巴城人的素质了。不要说养殖过程不用任何化肥和添加剂,就连矿泉水瓶都会被规定不许放在船头,以免落入水中。做出这个规定的不是政府,而是当地的养蟹带头人"蟹蟹大姐"。过去十年,她为当地农户搭建了一个公共服务平台,一边保障蟹苗和饲料的供应,一边开拓市场渠道。她为农户提供蟹苗有一个特点:农户订 300 斤蟹苗,她永远提供 310 斤。因为担心蟹苗中有断腿的而让农户吃亏。我们都听说过李嘉诚早年做塑料花的时候,给客户发的货总是要多加一枝花。"蟹蟹大姐"的境界要比李嘉诚高得多得多,因为她坚持这么做了很多年,农户是不知道的。农户能感知到的是,因为有她的存在,省心省力又多赚了钱。他们回报"蟹蟹大姐"最好的方式就是对螃蟹更加好一点。

除了螃蟹,巴城还是昆曲的发源地。昆曲曲调优美,大闸蟹肉质鲜美。曲因湖而尚其清,湖亦因人而增其美。昆曲,云天之上,唱的是义;蟹,亦因人而义。蟹蟹大姐,真心真义。蟹有价,人无价。

在巴城,还有着这样一个传说。几千年前,江河湖泊里有一种双螯八足、形状凶恶的甲壳虫。不仅偷吃稻谷,还会用螯伤人,故称之为"夹人虫"。

后来,大禹到江南治水,派壮士巴解督工,夹人虫的侵扰,严重妨碍着工程。巴解想出一法,命人以开水烫之,看起来可怕的"夹人虫"瞬间变色,且有异香。巴解亲身尝试,成为"第一个吃螃蟹"的人。大家为了感激巴解,用解字下面加个虫字,称夹人虫为"蟹",意思是巴解征服了夹人虫。巴解的故事体现的还是"义",他的初心就是变害为利,既不让夹人虫伤人,还要让夹人虫帮人。

再以茅台酒为例。洋酒品牌营销的一个特点在于,它基于自身的酿造工艺特点形成品牌理念和品牌故事。要把茅台品牌讲成故事,我们也要学会立足于酿造工艺设计品牌理念和品牌故事。酱酒有别于其他白酒的特殊之处,在于形成特殊香型的"三高"工艺。在白酒香味成分形成的过程中,微生物起着至关重要的作用,白酒的香味成分,就是微生物的代谢产物。茅台镇的酿酒人发现能够产生独特香味的微生物喜欢高温,于是发明了高温大曲、高温发酵和高温接酒的"三高"工艺。一是高温大曲:制曲温度高达60 ℃,可说是白酒制曲之最。大多数白酒对制曲的季节性要求不高,茅台酒的制曲则季节性非常强,都是在最炎热的伏天人工踩曲。这段时间气温高、湿度大,空气中微生物种类和数量繁多,生态活跃。不同的制曲温度,带来的微生物群系也不一样。温度高、适温宽,微生物种类和数量多,产生的香味物质和香味的前驱物质也多。二是高温发酵:开放式多边发酵,被认为是茅台酒特殊工艺的精髓之一,发酵温度须达50 ℃左右,远较一般白酒为高。通过这道工序,可以再次网罗、筛选、繁殖微生物,使各种适宜酿酒的微生物在品种、数量及其量比关系上趋于合理,并给酒醅带来大量的香气成分及香气成分的前驱物质。三是高温接酒:茅台酒的接酒温度在40 ℃左右,一般白酒只有25 ℃。在蒸馏、流酒过程中,高温能够有效排除杂质,挥发部分硫化物和其他刺激性的低沸点物质,更多地保留不易挥发、相对比较丰富的高沸点香味物质,同时在蒸馏过程形成部分香味物质。

消费者喜欢不一般的香味,不一般的香味来自不一般的微生物,不一般的微生物喜欢高温。酿酒人忍受不一般的高温,辛苦自己,成就微生物,再让微生物代谢出香味成分,成就消费者,这样"大迂回"的做法,和我们一直在说的赋能、成人达己还有"诚"的品质,不是完全一致吗?"成人达己",

"让他人伟大、你更伟大"的价值观,就蕴含在茅台酒的三高工艺之中。

不仅有"大迂回",还有"大穿插"。酱酒的另一个重要的特殊工艺是"长期陈放"。经过 1 年的制酒生产,新酒(基酒)被生产出来,接着就进入"长期陈放"阶段。从新酒入库,工人们就要进行小心照料。每个工人要管理 1000 多个大酒坛,不但要根据气候来调节库内空气对流,擦拭酒坛,让其亮到照得见人影的程度,而且,还要保持地面清洁,不能有水渍,以便及时发现和掌握酒坛的渗透情况。新酒入库一年后,便进行"盘勾",接着再陈放,达到 3 年,酒才基本老熟。长期陈放的过程中,酱酒会发生一系列物理、化学因素引起的变化。物理因素引起的变化,如缔合作用;化学因素引起的变化,为氧化还原反应、脂化反应、综合反应等,从而更大限度地有效排除了那些暴辣、刺鼻的异味杂质,使酒体变得柔和、绵软,香味。成分更加丰满、幽雅。总之使酒进入人体后产生优雅、细腻、柔和、丰满、愉快等感觉

"大迂回、大穿插",就是茅台酒的工艺特点,可以基于这个特点做文案。众所周知,中国人民解放军的经典战术和光荣传统之一就是"大迂回、大穿插",而历史上这种战法的代表人物是霍去病。司马迁《史记》记载汉武帝饮了产于今茅台地区赤水河一带的"枸酱酒"而"甘美之",既然汉武帝饮了"枸酱酒",我们有理由相信,他一定会邀请他的爱将霍去病共饮。这样,借由"大迂回、大穿插"和《史记》,茅台酒就和霍去病联系上了。霍去病曾经被汉武帝"一线封为冠军侯",而好的酱酒都有"一线封喉"的特点,所以,可以给这款用"大迂回、大穿插"的方法酿造出来的茅台酒取名为"一线侯"。

想到"一线封为冠军侯"的霍去病,我们就会联想到"日落照大旗,马鸣风萧萧",这是何等壮观,何等荣耀! 由"风萧萧"还可以联想到中国历史上另外一位了不起的男人——荆轲。"风萧萧兮易水寒,壮士一去兮不复还",也是荣耀。而说到荣耀,传承荣耀应当成为茅台酒的目标和使命。过去,飞天茅台卖的是尊耀,喝飞天茅台的都是在天上飞的人,这些人的特点是永远活在别人的需要里,他们喝飞天茅台,是需要喝,而不是想要喝。需要,是脑子里面的要,是因为别人需要所以自己需要,别人喝飞天茅台显身价,自己也就需要通过喝飞天显身价。飞天茅台的品牌营销,本质上和把英国老太太用的成人玩具卖给中国年轻女性的套路是一样的——贩卖了一个"愉悦

自己"的焦虑,让人觉得别人需要,我也需要。想要,是心里面的要,是文化影响下的自觉。

无论是讲利益还是讲良知的社会,都重视荣耀的传承。然而,对于国内很多"富起来"的人来说,谈到传承,只有财富。殊不知,美国人花50年时间研究出来一个"重孙子法则"——你重孙子那辈能否记住你,这件事和钱一点关系都没有。他们能否记得住你,只因为你一生是否做过值得让他们荣耀的事,因为这才是他们想要的。所以,一旦将"传承荣耀"的精神注入品牌,"一线侯"就可以做出"人生得'意'一线侯"的品牌承诺。"神采飞扬中国郎",是贴在郎酒外面的一层皮,"人生得'意'一线侯",是要给人们一个和个人意义相关的自我期望:这酒是要在做了有意义的事、见了有意义的人的时候才喝的。

家族荣耀的传承文化,全世界各个国家都有,集体荣耀的传承文化,却只有中国有。新时代最可贵的人,是那些为中国梦奋战在一线的人,一线侯应该为追梦人喝彩,因为"一线封侯"的荣耀,属于那些像当年霍去病那样的脚踏实地、撸起袖子加油干的人们。这也正是茅台酒的基因:菌成就了酒,酒成就了人,为了对菌好一点,茅台人宁可辛苦自己战高温。这是何等的诚?然而,机器酿的酒,割断了文脉,这才是问题的真正所在,也是机会。"劳动是世界上一切欢乐和一切美好事情的源泉。"习总书记的话言犹在耳。我们应该恢复用人战高温的酿酒工艺,量不用大,把品牌精神体现出来就行。品牌立起来之后,再用机器酿的酒让更多的人喝到有品质的茅台酒,价格嘛,100多元就可以了,这也是一种"诚"。与"一线侯"类似的,还有一款茅台酒叫"致谢守卫者",是由一位驻港部队的退伍军人创建的品牌,他的初心就是要用这个酒向守卫者致谢,每一个坚守初心和价值观的故事,都会成为这个酒的品牌故事。

把品牌讲成故事,在中国古已有之。最经典的案例,莫过于《春秋》。《春秋》的核心理念就是"春秋":周而复始并且适度。书中的故事微言大义,紧扣"春秋"理念。

品牌的一致性

实际上,品牌是商业中最容易被误解的词语之一。通常,人们只从外部来认识品牌,只是一层外皮、一个标志、一种色彩主题,以及营销部门的人写在文档里的传播概念。对于西方人来说,最初品牌就是一层皮——确切地说,是牛皮。当年,属于不同所有者的商业资产(牛)在草原上混在一起,必须想办法区分它们,这就是品牌这个词的起源。今天,产品和服务在全球市场上混在一起,作为消费者的我们需要想办法了解它们从哪里来、属于谁、谁生产了它们、如何生产,以及为什么我们应该接纳它们进入我们的生活。

和购买纯粹作为物质的牛不同之处在于,购买"物化"的品牌时,我们也需要了解当我们购买、投资或者为一个品牌工作时,我们属于谁。我们不仅要获得有形资产,还要寻找精神认同,成为志趣相投的同一个品牌的粉丝群体的一员,跟成为某支球队的粉丝没什么两样。人们和他们喜爱的品牌之间有一种强大的自我认同,从购买的东西寻找自己的价值观和梦想的映像。戴尔·卡耐基在他的书中写过:看到一头牛躺在路中间,妨碍了通行,多数人会不管三七二十一地拉动牛绳,可是不管如何拉,牛往往就是不动。看到这一幕,有人会懂得拿出牛喜欢吃的东西在它鼻子前面晃,就这样顺利地移开了牛。品牌的作用,就像在牛鼻子前面晃动的牛喜欢吃的东西。但是人毕竟不是牛,能够让人移开的,不是物,而是价值观和梦想。

中国人经常把品牌比作"吹牛皮",真是再形象不过,刚好概括了品牌的这两大功能——"牛皮"是物,"吹"是物化。"吹牛皮"的问题在于,你不可能一直保持一致性,只要有不一致,人们就不会再相信你。而在一个不断变化的环境中,你很难保证一直忠于你的言语。与其这样,不如选择忠于你的内心。忠于内心的好处是,即使是山,山不过来,你也能过来,何况人呢?

著名的曼联足球队,即使眼下战绩不佳,它的品牌价值也还是冠绝全球所有足球俱乐部。不爱足球的美国人,可以不知道梅西和 C 罗,但很少有人不知道曼联。很多人认为曼联的名气是因为万人迷贝克汉姆,实际上,他

2003年就已经离开了曼联;也有人说是因为他临走之前和他的恩师产生的冲突太过于戏剧化,但那只是造成了一次事件营销的传播而已。真正的原因在于曼联善于"吹牛皮"。

故事要从20世纪50年代的慕尼黑空难说起。1958年2月6日,曼联队所乘坐的航班途经慕尼黑加油,但不幸的是,飞机起飞后意外坠毁。在这件空难事件当中共有22人遇难,其中有7人为曼联球员,直到如今,仍有很多曼联球迷认为,当年那支球队足以媲美俱乐部史上任何一支王者之师。就在大家认为曼联大势已去的时候,曼联却于1968年获得了空难后的首个欧洲联赛冠军,绝境逢生。

1999年,曼联再次进入欧洲冠军杯决赛,对手正是拜仁慕尼黑。比赛开始仅仅6分钟,拜仁慕尼黑就以1∶0领先,领先之后的拜仁慕尼黑踢得有条不紊。下半场第67分钟,曼联主帅弗格森做出变阵,换上谢林汉姆加强进攻;第81分钟,弗格森换上索尔斯克亚,做最后一搏。时间一分一秒地流逝,比赛已经进入了补时阶段,就在大家几乎都以为曼联大势已去之时,颁奖工作人员已经开始在大耳朵杯上系上拜仁的丝带,此时,曼联获得了前场左路的角球,贝克汉姆发出,皮球来到禁区,一片混战中谢林汉姆把球打进了拜仁球门,比分变为1∶1。然而,更经典的还在后头,补时的最后阶段,曼联再次获得角球,谢林汉姆高高跃起一踢,门前的索尔斯克亚抬脚一垫,球进了,弗格森的两个换人策略导演了一场逆转,这是欧冠历史上一场史诗级别的经典逆转,许多年后每每提起,依然让人热血沸腾。

四十年的时间内两次绝境逢生,这样的励志故事可以让曼联俱乐部吹出一个天大的牛皮:传承荣耀。西方人历史上没有为社会做贡献的传统,人们精神上最大的寄托在于家族荣耀,为我们所津津乐道的贵族精神,于他们而言就是传承家族荣耀。为了维护并传承家族荣耀,他们甚至不惜献出生命——正如我们为了维护集体荣誉牺牲自己一样。普希金主动提出决斗最终重伤于丹特斯的剑下,一位伟大的诗人就此殒命,"俄国诗歌的太阳沉落了"。而起因是丹特斯亵渎了他的妻子,影响了他的名誉。写出"爱情诚可贵,生命价更高,若为自由故,二者皆可抛"的普希金,只有为"自由故"才会抛弃生命,个人名誉相较于比"生命价更高"的自由,显然无足轻重,真正让他觉得不自由的是他的个人名誉影响到了他的家族荣耀。

在一个有着家族荣耀文化传统的社会中,出现如此戏剧性的传承故事,自然就成了传播和分享的热点。再加上几个好的主角如好斗的曼联队长基恩、帅哥贝克汉姆和他的"圆月弯刀"、个性教头弗格森,以及师徒之间的恩和怨,曼联的故事成了"漫威的大片",而曼联的主场,不叫球场,叫"梦剧场"。梦剧场的观众越来越多,形成的精神认同越多,曼联的品牌价值也因此越大。

自传奇名帅弗格森爵士退休后,曼联陷入低谷,梦剧场再也没能够上演过一场大片,以至于曼联五年间换了三位教练。第一位是名不见经传的弗爵爷老乡莫耶斯,尝尽品牌运作甜头的曼联管理层意图非常明确,既还了弗爵爷的情,又可以再造一个传承的故事,然而事与愿违。接下来,无论是世界级名帅范加尔还是有着"魔力鸟"之称的穆里尼奥,都没能将曼联带出低谷。正在人们猜测谁来接替"魔力鸟"的时候,曼联管理层出其不意地请来了索尔斯克亚——1999年在欧冠决赛最后时刻被弗爵爷派上场,并打进制胜球创造超级逆转的超级替补。这意味着,曼联管理层还是要执着地讲一个传承的故事,因为他们没有选择。

品牌不仅仅需要好故事,更需要一致性,否则出来混,总是要还的,没有一致性的品牌故事,就成了真正意义上的吹牛皮。明白了这一点,我们更应该为曼联的努力和坚守而喝彩。他们本来可以很简单,足球就是足球,为人们奉献精彩的足球比赛,本身就是精神大餐,然而他们有着不一样的使命,这个使命叫传承。世界上的足球俱乐部如此之多,唯有曼联要用足球传承一种叫传承的信仰。当索尔斯克亚带领球队获得来之不易的胜利的时候,他向看台上的弗爵爷致敬,而当年的弗格森,也以同样的方式向看台上正注视着他的前辈们致敬。梦剧场看台上的球迷目睹了这一切之后,他们会因为差异推动自己去传承属于自己的荣耀。植入了价值理念的曼联的每一场经典球赛,很像迪士尼的故事,只不过,它们各自关注的差异不一样,曼联是荣耀与不荣耀,迪士尼是快乐与不快乐,星巴克是融洽与不融洽。

曼联还在路上,但苹果已经为我们做出了表率,1984年的《1984》广告表达了乔布斯的"技术的创造者给人类带来无与伦比的礼物"的价值观,并以此发出了对 IBM 的挑战宣言；1997 年的《不同凡想》则是使命宣言，再次向 IBM 发起冲击；而面对 iPhone 4"天线门"危机乔布斯说出的"我们不完美，手机不完美，我们都知道这一点，但我们想让用户满意"，则是承诺。时间跨度近 30 年，始终如一。

北京时间 2010 年 6 月 8 日凌晨，美国 Moscone West 会展中心，黑色毛衣蓝色牛仔裤的乔布斯迈步登上舞台。整整 45 秒，由于观众一阵阵掌声和口哨，他都没办法说出一句完整的开场白。这是苹果历史上最为盛大的手机发布会。5 200 张门票，只用了 8 天，就被来自 57 个不同国家的粉丝抢购一空。此前的苹果发布会门票，往往一个多月才能卖完。为了这款 iPhone 4，乔布斯也是耗尽心血：极简风取代拟物风，玻璃+金属取代塑料拼接，不再坚持 3.5 英寸屏幕，自己定制处理器……发布会现场，乔布斯每公布一项创新，就引来一阵欢呼。其中最让乔布斯骄傲的就是天线的设计。他用一贯高调的语气描述："把不锈钢带用于手机的天线系统，这是近似天才的工业设计。"16 天后，6 月 24 日，这款被称为苹果历史上"最具有划时代意义"的手机，在纽约第五大道的苹果旗舰店全球售卖。iPhone 4 开售 3 天就创造了170 万台的销量奇迹，也成为苹果进军全球手机市场的代表作。中国国内大多数"果粉"，也是通过这款手机才开始认识苹果和乔布斯的。

然而就在开售当天，陆续有媒体接到举报称：iPhone 4 的天线有问题。

此前因泄露 iPhone 4 谍照而遭到苹果封杀的著名科技网站 Gizmodo，此时更是积极收集大量用户提供的视频证据。6 月 25 日，有苹果的忠实粉丝给乔布斯发邮件，提醒乔布斯："我很喜欢这款手机，但是一握住手机两侧的金属缝，信号就没了。请问能解决吗？"两个小时后，乔布斯回复了："你不要这样拿着手机，换个方式。"这般"甩锅"，粉丝不干了，扭头把料爆给了媒体。消息一出，就连之前拥护苹果和乔布斯的媒体也纷纷倒戈。当代科技史上著名的公关危机"天线门"由此爆发。"封闭、自我、傲慢、霸道、蛮横……"评论家们极尽所能罗列贬义词汇，来形容乔布斯和苹果。苹果赶忙发布公开信，但只是又把乔布斯的话"描"了一遍："任何手机被握住，都会影响天线信号。如果遇到这样的情况，手持时应避免遮住金属片之间的黑条。"同时，革

果还官方解释 iPhone 4 的信号接收问题是软件问题，并承诺几周后随着
IOS4.0.1 升级，问题就能解决。然而危机持续发酵。到了 7 月初，美国《消
费者报告》经过一系列严格实验证实：iPhone 4 的天线信号问题，并不属于软
件范畴，并且不推荐消费者购买。

这成为危机事件的分水岭。此前，"天线门"只停留在口水战层面；此
后，苹果的销量直接受到影响。

事情闹得这般沸沸扬扬时，乔布斯正在夏威夷和妻儿一起度假。苹果
公司董事会成员亚瑟·莱文斯一个电话接一个电话地打过去汇报此事。乔
布斯自信手机没有任何问题，并坚信是谷歌和摩托罗拉在作怪。谷歌是苹
果手机系统方面的对手，摩托罗拉是当时的手机霸主。苹果的迅猛增长，确
实给二者带来了威胁。"他们想打倒苹果。"乔布斯丢下一句话。亚瑟·莱
文斯提醒乔布斯公众认为苹果傲慢，也想侧面提醒他谦虚一点："要不我们
看看到底是不是有问题？"乔布斯很不高兴，又丢下一句话："这事根本不值
得费这么大功夫。"他内心深处认为，自己绝不可能像那些实用主义者一样
犯明显的错误。亚瑟·莱文斯了解乔布斯，他表示："如果乔布斯认为自己
是对的，他就没有想过质疑自己。"

"天线门"继续发酵，苹果高管们轮番上阵，劝说乔布斯正面解决此事，
却都被乔布斯否决。如果说《消费者报告》的调研将"天线门"上升为事故，
彭博社的报道则将此事升级为"企业信用"级别的灾难。7 月 14 日，彭博社
打入苹果内部挖出猛料——"工程师在 iPhone 4 设计之初就曾警告乔布斯，
这种天线设计不可靠。"当天苹果股价下跌超过 4%。苹果"重臣"蒂姆·库
克也沉不住气了，他很严肃地对乔布斯说："有人认为苹果将成为另一个微
软，自满又傲慢。"谁也不知道当时乔布斯的心里经历了什么。但一番考虑
后，他的态度终于发生了改变："让我们把这个事情弄个水落石出。"

乔布斯不太相信《消费者报告》的数据。等拿到从 AT&T（美国电话电报
公司）收集到的关于信号丢失的数据后，他意识到：实际情况没有媒体声讨
得那么严重，但是苹果的天线信号的确出了问题。在设计 iPhone 4 时，设计
总监乔尼·艾弗强烈的设计欲望与物理学基本法就产生了不可调和的矛
盾——金属不宜放在天线附近。物理学家法拉第早已证实，电磁波无法穿

透金属,遇到金属会绕开,因此当金属外壳完全包裹手机时,会形成"法拉第笼",轻则信号减弱,重则没有信号。因此,当人手握到 iPhone 4 的天线缝隙时,手和金属形成通路,"法拉第笼"就形成了。有工程师曾提出在钢圈外部喷上涂层,防止该问题出现。但乔尼·艾弗认为,这会影响拉丝金属的外观,削弱设计的纯粹性。一番调查后,乔布斯也终于彻底意识到,发布会上他曾引以为豪的天线设计,确实出现了一个"很低级"的 bug。

然而这并不是追责的时候。如何解决眼下这场公关危机,才是重中之重。

"我准备从夏威夷回来处理天线问题,需要你的意见。"回公司前,乔布斯打了几通电话,从 30 年前麦金塔创始团队中召集了几个信得过的"聪明人"。

公关老手里吉斯·麦肯纳是乔布斯打电话联系的第一个人。到场 7 人中,数他最沉着。乔布斯还不忘把正在读高中的儿子也带回公司参加会议,并告诉儿子:"这两天你能学到的东西比在商学院两年都多……你将和世界上最优秀的人共处一室,看看一切是如何运作的。"

在这个内部会议上,出现了两派分歧。广告出身的詹姆斯·文森特等人主张乔布斯公开表态,并且要表现得更有歉意一些。最沉着的里吉斯·麦肯纳却强烈反对:"不要夹着尾巴召开发布会!""我不认为让乔布斯表现得谦卑一些就能解决问题。""只需要摆出事实和数据,不要表现得傲慢和狂妄,但要坚定和自信。"众人把选择抛给了乔布斯。摆在乔布斯面前的路并不多:要么道歉,要么不道歉。如果选择道歉,如何道歉,如何善后,还都是问题。如果选择不道歉,洪水般的舆论会不会继续加码,把苹果撕碎?像苹果这样全球数一数二的大公司,在舆论场中,一般都更倾向于谨小慎微。

在 2010 年遭遇公关危机时,乔布斯和苹果也并不孤独。那年 2 月 28 日,丰田开始在华召回天津工厂生产的多功能车 RAV4,召回原因是极端条件下"油门踏板可能会有阻滞"。这并不是丰田首次召回,2004 年以来,丰田就因"电动车窗开关零件缺陷"等"小毛病"在全球各地发起数十次召回,每次动辄数十、上百万辆。面对舆论质疑,丰田社长丰田章男主张"质量比数量更重要",不仅丰田官方坦然认错,社长还带着高管,在全球各地开发布会进行堪称"殿堂级"的巡回道歉。丰田的勇气和诚恳,获得广泛好评。然而丰田"全球第一汽车品牌"的美誉度却大打折扣。一项"你是否还会购买丰田汽车"的网上调查中,1万人中,73%的人投票表示不会购买。

丰田事件后,惠普"蟑螂门"又很快成为热点。央视在2010年"3·15"晚会上对两款惠普笔记本电脑的大规模质量问题进行了报道,惠普公司客户体验管理专员袁明对产品的故障原因回应称,中国学生宿舍的蟑螂太恐怖,质量问题是因为脏乱的使用环境。针对"蟑螂门",惠普官方不回应,不道歉,不承认自己的质量问题;承诺的召回,也迟迟不见动作。一系列的"不作为",让惠普在中国市场口碑直线下降。

无论是道歉还是不道歉,路似乎都走不通。2010年7月17日,到了乔布斯和苹果的抉择时刻。针对"天线门"的简短发布会,在苹果公司的礼堂举行。乔布斯最终采纳了里吉斯·麦肯纳的建议:不道歉。不过当天的发布会,他还是一反常态地低调。乔布斯承认了iPhone 4的天线确实存在问题,并承诺尽力改正。但他并没有承诺召回已经售出的手机。当时iPhone 4的存货已经售罄,订单也已经排到两三周之后。要全部召回,很难实现。即使实现了,也可能重蹈丰田覆辙。乔布斯选择了将其他手机商家"拉下水",表示其他手机也都存在这样的问题,这是整个行业的挑战。发布会上,他还说了4个简短有力、却让人无法辩驳的短句:"我们不完美,手机不完美,我们都知道这一点,但我们想让用户满意。"

乔布斯因此表示,如果有用户不满意,可以全额退款,也可以免费获得苹果提供的Bumper胶套——只要用胶套隔绝手和金属的直接接触,信号就基本正常了。对于已经购买胶套的用户,苹果予以补偿。也就是说,在把同行都"拉下水"之后,乔布斯承认了"手机不完美"这一不争的事实;然后,又给出了"我们想让用户满意"的解决方案。乔布斯成功地将炮火转移了。发布会后,被乔布斯会上点名的企业除了言语回击,也相继通过第三方机构发布自家手机天线的信号问题。媒体舆论也被"带偏",为追求公允,也从集中攻击苹果转移到对各个手机厂家的调查中。漫画家斯科特·亚当斯本来已经准备好画一幅幽默漫画,"一部一拿到手里就不能使用的手机"。可当知道所有手机都面临这样的问题后,亚当斯笑称:"幽默的机会也就随之溜走了。"

几天后,这位漫画家发了一篇博客讲述此事,惊叹乔布斯"占据制高点的举动"。乔布斯看到文章后,还转发给了很多朋友。"通过一场大胆的表演,乔布斯向人们展示了他的坚定、正义以及无辜,成功地回避了问题,消除了批评。"知名媒体观察家迈克尔·沃尔夫对乔布斯的表现如此赞叹。最终,iPhone 4 的退货率只有 1.7%,还不到其他手机品牌日常退货率的 1/3。并且,发售后的一整年,iPhone 4 都是市面上最畅销的智能手机。

不道歉,不召回;承认自己不完美,并做出对于"不完美"的善后;同时转移舆论攻击,保住品牌尊严和市场。因此,苹果"天线门"被全球众多公关公司当成了危机公关的成功典范。值得一提的是,从事件爆发到解决危机,尽管内部有曲折,苹果只用了短短 20 天。

不仅乔布斯 30 年如一日保持着一致性,他的接班人、苹果现任 CEO 库克,也保持着一致性。他在斯坦福大学的演讲中讲道:"技术本身无所谓善恶,是技术的创造者来决定技术能否体现出人性。技术可以用来摧毁事物,但同时也可以给人类带来无与伦比的礼物。"这是库克的宣言,宣言之下,更有行动。新推出的 ios 14 会让我们获得完全的决定权,让追踪我们个人数据的广告商的追踪行为,100% 地滚蛋。因为苹果给每个用户设备分配了一个随机的设备标识符,又称为"广告客户标识符"(IDFA),通常,广告商通过 IDFA 来跟踪用户数据以投放个性化广告。但现在,苹果修改了操作系统,ios 14 要求开发人员必须通过提示询问用户:你希望分享你的 IDFA 吗? 这样一来 Facebook 等靠互联网广告谋生的公司就疯掉了,因为在美国一旦让用户自己去选,非常大的一种可能是:绝大多数人都会选择拒绝。这次 ios 14 变更,其实是苹果公司一以贯之的商业意志,苹果称:这是用户隐私的胜利,而隐私,是一项基本人权。英文里有一个词叫"Impact",指的是能对现实世界产生显著的、立竿见影的改变。在这个词里,也隐含有"你的行为"和"你的行为所引发的后果"之间很强的相关性。显然,就像 Facebook 的庞大,已经引发了一系列问题(甚至影响了美国大选),那么,当苹果的市值终于在前不久突破了 2 万亿美金,我们是不是也该意识到了:这样一个公司,难道不会给这个世界带来什么"作用力"吗?

再举一个华为荣耀手机的例子，几年前荣耀手机在欧洲上市的时候，华为借歌曲《我的梦》英文版讲了一个让无数人热泪盈眶的故事——一个小孩从小跟着爷爷学琴，传承的不只是爷爷的技艺，还有荣耀。孩子大了，爷爷老了，考级的那天，爷爷病了，但是孙子很有心，通过手机直播，让躺在病床上的爷爷和正在考级的自己连接上了。无数人在这个故事中找到了自己，对荣耀手机产生了精神认同。遗憾的是，故事之后，就不再有故事了。而在此之前，华为在欧洲还搞了一个叫"万物一体之仁"的品牌宣传活动，也是一样，开始的时候令人眼前一亮，感觉这是华为在向欧洲传播中华文化的"荣耀"呢！但事实并非如此。

对于"牛皮"式的品牌管理，中国人本来就不擅长，因为中国人打心眼里知道，"吹牛皮"和吹气球一样，吹着吹着就爆了。气球之所以会被吹爆，在于气球是个封闭的系统，根据热力学第二定律，一个孤立系统的总混乱度（即熵）不会减小，而吹气是在制造熵增，越吹熵增越大，最后这个封闭系统就爆了。

过去20年，有很多被吹爆了的品牌，以至于有这么一个段子：只要说出自己学生时代爆红过的品牌，就一定会暴露出自己的年龄。

然而，华为的品宣红利还是给了一些企业以启发。例如某出行平台的服务号最近宣布：3人考上清华，3人考进北大，4人考入复旦，4人进入浙江大学，3人考上上海交通大学，这强大的阵容全是来自今年我们司机家庭的高考"橙果"！连孩子们的努力成果都成为"橙果"了，这牛皮吹的，也没谁了。实际上，这就好比地主在炫耀他们家长工的孩子中了秀才。地主确实是有善良的，但地主毕竟是地主。

民族品牌世界风景

中国人擅长的其实是"星球"式品牌管理。"星球"式品牌管理基于品牌宪章、忠于内心，由一系列有意义的层级构成——就像地球，地心深处有强大的引力，地表上则是蓬勃生长、彼此联系的万事万物。"星球"式品牌不制造熵增，而是为开放系统注入广义负熵能。之所以说中国人擅长"星球"式品牌管理，是因为中国古人早就这么做了，并且很多人都做成了。我们今天耳熟能详的那些诗人，他们作诗的手法和曼联、迪士尼、星巴克的品牌管理相比较，有很多共同点：一、他们都是以物言志；二、通过用户参与的内容让用户在参与的过程中形成共鸣；三、推陈出新又具有连续性的内容会不断强化品牌的影响力；四、用"物化"的知识、信息以及活用它们的服务承担价值；五、在创造价值的过程中几乎没有制造正熵，创造的价值却为社会贡献着负熵。回到人类的早期阶段——智人部落时代，智人们的饮食是见机行事，有什么吃什么，他们会抓白蚁、采野果、挖树根、追兔子，还会猎野牛和长毛象，虽然现在流行的讲法都把他们形容成猎人，但其实智人生活主要靠的是采集，这不仅是主要的热量来源，还能得到像是燧石、木材、竹子之类的原物料。智人采集的不只是食物和原物料，还有"知识"。为了生存，智人需要对所在地的差异了如指掌。而为了让日常采集食物的效率达到最高，他们也需要了解每种植物的生长模式，还有每种动物的生活习性。他们需要知道哪些食物比较营养，哪些有毒，哪些又能拿来治病。总之，智人采集的对象，对智人来说，就是他们能够认知的"品牌"。

采集者不只深深了解周遭的动物、植物和各种物品，也很了解自己的身体和感官世界。他们能够听到草丛中最细微的声音，知道里面是不是躲着一条蛇。他们会仔细观察树木的枝叶，找出果实、蜂窝和鸟巢。他们总是以最省力、最安静的方式行动，也知道怎样坐、怎样走、怎样跑才能更灵活、更有效率。他们不断以各种方式活动自己的身体，让他们就像马拉松选手一样精瘦。就算现代人练习再多年的瑜伽或太极，身体也不可能像他们的一样灵敏。

通过以上的介绍，我们会发现人类的"品牌意识"不是始于"牛皮"时代，而是可以上溯到智人的采集生活时代。智人时代的品牌是以智人为本的，他们在采集过程中注重主观期望和客观条件之间的差异的行为，和我们现在购物时候讲究的体验，是一样的。而"吹牛皮"时代的品牌以商人为本，他们讲的差异，是客观的差异，不是与个人意义相关的差异。

第一位有意识地运用"星球"式品牌管理的人应该是东晋的陶渊明。陶渊明"自幼修习儒家经典,爱闲静,念善事,抱孤念,爱丘山,有猛志,不同流俗"。在那个老庄盛行的年代,他也受到了道家思想的熏陶,很早就喜欢自然,"少无适俗韵,性本爱丘山",又爱琴书,"少学琴书,偶爱闲静,开卷有得,便欣然忘食。见树木交荫,时鸟变声,亦复欢然有喜。常言五六月中,北窗下卧,遇凉风暂至,自谓是羲皇上人。意浅识罕,谓斯言可保"。他的身上,同时具有道家和儒家两种修养,正如范蠡和朱熹。

陶渊明想要传播的价值理念是:不是外在的轩冕荣华、功名学问,而是内在的人格和不委屈以累己的生活,才是正确的人生道路。他把人的觉醒提到了一个远远超出同时代人的高度,提到了寻求一种更深沉的人生态度和精神境界的高度。"另外一种人生道路"的价值理念形成,基于他的良知。在陶渊明的时代,人生之谜在人们的精神上仍无法排遣或予以解答,他的良知在于要为人们找到归宿和寄托,并且帮助人们去连接这样的归宿和寄托。因为像竹林七贤这样找不到安身立命之所的,在当时并不少见,与之相对的则是一批因朝政而委屈累己的人。因为这样的理念,他开创出一种平淡冲和的、迥然不同的艺术境界,成为魏晋风度的最高优秀代表,实现了人生价值,也创造了社会价值。

自然景色在他的笔下,不再是作为哲理思辨或徒供观赏的对峙物,而成为诗人生活、兴趣的一部分。"蔼蔼停云、蒙蒙时雨""倾耳无希声,举目皓以洁""平畴交远风,良苗亦怀新"……春雨冬雪,辽阔平野,各种普通的景色在这里都充满了生命和情意,而表现得那么自然、质朴,山水草木在陶渊明的笔下是情深意真,即平淡无华又盎然生意。

野外罕人事,穷巷寡轮鞅。白日掩荆扉,虚室绝尘想。时复墟曲人,披草共来往。相见无杂言,但道桑麻长。桑麻日已长,我土日已广。常恐霜霰至,零落同草莽。

种豆南山下,草盛豆苗稀。晨兴理荒秽,戴月荷锄归。道狭草木长,夕露沾我衣。衣沾不足惜,但使愿无违。暧暧远人村,依依墟里烟。狗吠深巷中,鸡鸣桑树颠。户庭无尘杂,虚室有余闲。久在樊笼里,复得返自然。

这是真实、平凡而不可企及的美。看来是如此客观地描绘自然,却只有通过高度自觉的人的主观品格才可能达到。他赋予自然品格,为人们创作了美,为人们带来精神上的愉悦,收获的是人们对他永远的传颂和生命的伟大。

陶渊明的工作和迪士尼、曼联是一样的,都是将品格、理念和精神注入非物质的载体中,为人们带来精神上的愉悦。区别在于所注入的品格、理念和精神。于陶渊明而言,他过着简单的隐士生活,素日里劈柴、浇花,有自己独到的生活气息,亦不失那份缥缈的仙气。他过上了自己想要的生活,追求内心的平静。繁华乱世迷人眼,物欲横流的如今,太多五彩斑斓的事物吸引着人们的眼球,而新鲜感一过之后,便是内里愈发的空虚和无奈。于今人而言,"另外一种人生道路",便是对自己的和解与认知的过程。即使不读陶渊明的诗,不知道有陶渊明这么一个人,只要想到或者看到山水田园,就知道这代表"另外一种人生道路"。人们喜欢从山水田园走出来的李子柒,也未尝不是因为陶渊明播下的种子。

总之,中国的人文思维与工业化格格不入,但是在注重精神价值的数字化时代,会焕发勃勃生机。例如,迪士尼和曼联是公司行为的创新和创造,诗人们是个体的创新和创作,在大规模生产的工业化时代,单打独斗肯定比不过善于团体协同作战的老外。但是在个性化、差异化的数字化时代,就不再是问题,只要大家能够在共同的价值理念下联合起来,哪怕散布在天涯和海角,都可以合作。以李子柒为例,人们喜欢的不仅是她本人,还有对于田园生活的向往和寄托,如果能够有意识地为李子柒这个 IP 注入陶渊明式的品格精神,那么她将能够为更多的产品代言。同样地,也可以培养王维、李白、苏轼和朱熹式的 IP,他们之间的 PK,就仿佛一千多年前诗人们之间的 PK,既好玩又脱俗,有教育意义,还顺便带了货。但如果只是一味地直播带货,李子柒们很快便会被透支殆尽。

中国品牌的突围之路,在于从古人创新、创造和设计"品牌"的方式、方法和思路中吸取养料,其中有取之不竭的资源。难点在于古人心性平淡悠远,没有现代人的浮躁,当写一首诗、制作一件物什时,投入的心血更纯粹。诗无价,物有价,一只小小的鸡缸杯,为什么可以价值天价? 它蕴含了古人的精神以及匠人的执念,才能造就独一无二的气韵,这是许多现代人求而不得的财富。传说鸡缸杯是成化帝朱见深送给比自己大 17 岁的皇贵妃万贞儿的礼物,有一天,朱见深欣赏宋人的《子母鸡图》,看到母鸡带着几只小鸡觅食的温馨场景,非常有感触,不知是不是回忆起了儿时被照顾的场景,便做了斗彩鸡缸杯,送给万贵妃赏玩。

如果觉得诗和鸡缸杯的世界距离我们过于遥远,那么再来看一个家喻户晓的品牌人物:宋江。"及时雨"是宋江的品牌,这个品牌给我们留下的印象是什么呢? 是江湖义气! 这其实是"及时雨"品牌背后的价值理念。江湖代表的是道家,义气代表的是儒家。道家的"二当家"庄子说"相濡以沫,不如相忘于江湖",儒家的"二当家"孟子说"集义生气","江湖"和"义气"的发明权,就归于他俩了。古代中国做老大的天子都是外儒内法(法家源自道家),在山林中称王的好汉自然不能和皇上比肩,但在讲述个性化故事的同时还是要在价值理念上和天子保持一致,于是就借用二当家发明的"江湖义气"来类比皇上的"外儒内法",再用江湖义气的理念让人们意识到差异、参与解放事业,之后再通过江湖上流传的故事不断强化品牌。很多讲江湖义气的电影人物,比如《英雄本色》中的小马哥,之所以让我们感动,百看不厌,也在于小马哥的形象背后有一个高度一致的价值理念——江湖义气。

中国古人创建的品牌,除了写山川日月的诗人和重江湖义气的老大,还有花,比如牡丹花。牡丹雍容华贵、端庄富丽而引发人们诸多联想,派生出与之相关联的文化象征意义,并形成牡丹文化的基本内涵。在人们的心目中,牡丹是美的化身,纯洁与爱情的象征。国尊繁荣昌盛,家重富贵平安,人喜幸福吉祥,这些特点和寓意,牡丹兼而有之。这就是牡丹的品牌形象,是中国人通过美传递的价值理念。牡丹花本来没有任何价值理念,是因为人们将品格注入了之后才形成了品牌理念。国家繁荣昌盛、家庭富贵平安、人生幸福吉祥,都是以人为本,体现的是天人合一的思想观念——老百姓和家庭、社会是一体的。

自隋唐以来,城都或乡间的赏花活动,逐渐形成了一种集中观赏形式——牡丹花会。如唐代的长安,北宋的洛阳。欧阳修《洛阳牡丹记》记载了牡丹花会的盛况:"花开时,士庶竞为游遨,往往于古寺废宅有池台处为市,井张幄帟,笙歌之声相闻,最盛于月陂堤、张家园、棠棣场、长寿寺、东街与与郭令宅,至花落乃罢。"你看,那个时候的牡丹,就已经把自己做了开源引流的工具,"牡丹搭台,贸易唱戏"。而这个传统也为洛阳所传承,至今每年一度的洛阳牡丹,都是"牡丹搭台,经济唱戏"。然而,时代变了,尽管牡丹没变,人心也没变,环境变了之后,战略也要跟着变。数字化的时代,还是像1 000多年前那样举办牡丹花会,只有线下而没有线上,就太对不住古人为我们创造的这个大 IP 了。

先来看看日本人的做法。日本有一家做瓷器的企业,他们为打开市场,找到了英国皇室。英国皇室每年都有一次"玫瑰皇后"比赛,日本企业说我们来赞助比赛,条件是评比出来的"玫瑰皇后"的 IP,在瓷器方面的使用权,只能授权给我们一家。等于说日本企业不仅赞助了比赛,还帮英国皇室发明了一种生财之道。平平常常的日本瓷器上带有英国皇室评比出来的"玫瑰皇后",就形成了差异,只要有差异就会激发人们的意识,瓷器也因此被赋予了精神属性。将"玫瑰皇后"瓷器作为结婚礼物送给新人,一方面寓意爱情的纯洁和高贵,另一方面把新娘子比作皇后,让人心情愉悦,更加重要的一点还在于让人精心呵护婚姻的美好期许——瓷器就像婚姻,碎了就碎了,所以应该像呵护瓷器一样呵护婚姻,而瓷器上有一朵英国皇室评出来的"玫瑰皇后",这样的瓷器实在珍贵,必须用心呵护好。这样一来,呵护瓷器的行为可以不断强化珍惜婚姻的意识,这个意识投射到日常生活之中,婚姻便幸福美满。

有一位温州企业家,她一心要创建一个叫"代代传承"的品牌,她的理念就在"代代传承"这四个字之中,而她找到的切入点正是"像呵护瓷器一样呵护婚姻"。她的做法是这样的:与江西国瓷文化艺术有限公司合作研发了内置传感器的瓷器,传感器可以耐受1 360摄氏度的高温。这个带有传感器的瓷器可以做什么呢?她发现家中的结婚照,无论是放在相册还是挂在墙上,都很容易积灰尘。而结婚照上多年积攒下来的灰尘,很像是婚姻生活中积累下来的灰尘。于是,她要用瓷盘结婚照取代相册和相框里的结婚照,并且还通过传感器来"监督"和提醒你擦拭结婚照。多年之后,当这个瓷盘传给了下一代,里面的数据也一并传了下去。和数据一起传下去的,还有故事。这就是代代传承。那么这个理念和玩法如何传递出去呢？她的办法是与婚纱影楼和婚庆公司合作，用智能化的瓷盘结婚照将线下的留量变为线上的流量，将"一生一次的客户"转变为"一生一世的用户"。这个行业最大的痛点就是客户始终是一生一次，现在"一生一次"能够变为"一生一世"，谁会拒绝呢？

这样的一个瓷盘，如果再配上洛阳牡丹皇后，植入牡丹所象征的美、纯洁与爱情，并蕴含繁荣昌盛、富贵平安、幸福吉祥的意味，会不会更有价值呢？如果洛阳牡丹节想要像英国皇室那样从瓷器中获利，就必须重塑牡丹的品牌形象。

牡丹原本不产于洛阳，而是作为一种药材生长在大山里，这就使得牡丹和其他的花有了一个区别：牡丹最初不是用来观赏的。它跟今天企业的产品一样，是给人用的。牡丹另外一个特点是，它的花比所有的花都要大。大唐盛世的皇帝要与民同乐，不仅要搞大型花会，还要"以胖为美"，于是牡丹成了首选。而隋炀帝曾三下江南搜寻牡丹，并派人将各地收集到的牡丹种植在西苑中。据唐人的记载："炀帝辟地二百里为西苑，诏天下进花卉。易州进二十牡丹，有飞来红、袁家红、醉颜红、云红、天外红、一拂黄、延安黄、先春红、颤风娇等名贵品种。"也就是说，隋炀帝是把花种给自己看，但是以民为本的唐朝皇帝想到其他的花没办法分享给老百姓看，即使分享了气氛也不合适，显得小家子气，唯独隋炀帝从南方搜罗来的牡丹够大气。这样一来，借助牡丹与民同乐，凸显了唐朝皇帝的大气。之后，文人们用内容为牡丹赋予精神和品格，再通过牡丹花会的互动，国家繁荣昌盛、家庭富贵平安、人生幸福吉祥的寓意就传播开来。今天，同样可以用牡丹独具一格的精神、社会属性来为牡丹做新时代的品牌管理。中国正从站起来、富起来到强起来，这是于国家而言。于个人而言，是站起来、富起来到贵起来。中国虽然没有欧洲那样的世袭贵族传统，但是没有"世袭贵族"并不代表中国人没有贵气。什么叫作贵呢？一"贝"一"横"一个"中"字，意思是有了宝贝就要在一个平台上寻求"中"的境界。儒家致中，道家守中，佛家空中，中国之所以叫"中"，就在于我们的文化不管是哪一家，始终在追求"中"的境界中体现着自己的贵气。看看武汉战疫的那些英雄们，哪一位英雄身上没有贵气？他们不是世袭贵族，而是社会贵族。美国建国之初，杰弗逊和富兰克林他们就有意识地将美国社会将要出现的贵族与欧洲的世袭贵族做了区隔,他们从东方文化的"自然"受到启发,将美国式的贵族定义为"自然贵族",并由此开启了"美国梦"。然而,这个自然贵族,显然是不自然的,开始就存在悖论,结局自然不会好,今天美国的所谓"自然贵族",已经走向了"世袭贵族","美国梦"何去何从,一片迷茫。社会贵族就不一样了,他是中国梦的一部分,中国人的安身立命之所,除了家,向来还有天下,即今天我们说的社会。

以牡丹花的大气和贵气,成为社会贵族的象征、代表社会贵族的精神,可谓理所应当、实至名归。马克思说过,"意识是客观世界的主观映像"。当年为了让人们建立"富起来"的意识,邓小平同志树立了"傻子瓜子"的典型,傻子都能富,很快人们就形成了客观世界的主观映像。现在由富到贵,对于"贵起来"的客观世界,人们更难形成主观映像,因此"贵起来"的意识普遍还不强。而富贵如牡丹,却有助于人们建立"贵起来"的意识——花开富贵,是因为心花盛开。

听到周恩来这个名字,每一位中国人都会肃然起敬。他饱读诗书,他爱民如子,他立志救国,他鞠躬尽瘁,他曾经是我们的总理,也永远都是我们的好总理。这就是他留给我们的"社会贵族"的品牌形象,虽然我们没有像我们的父辈祖父辈一样感受他和那个年代。回想小时候的课堂,老师带领着我们走近周总理,每一篇关于周总理的课文,都是一个品牌故事。

温暖

天快亮了,敬爱的周总理走出人民大会堂。他为国家为人民又工作了整整一夜。周总理刚要上车,看见远处有一位清洁工人正在清扫街道。他走过去,紧紧握住工人的手,亲切地说:"同志,你辛苦了,人民感谢你。"清洁工人望着敬爱的周总理,激动得说不出话来。

一阵秋风吹过,从树上落下几片黄叶。深秋的清晨是寒冷的,周总理却送来了春天的温暖。

周总理的睡衣

邓奶奶七十多岁了。她戴着老花镜,安详地坐在沙发上,给我们敬爱的周恩来总理补睡衣。睡衣上已经有好几个补丁了。这一回,邓奶奶又穿上了线,右手捏着针,略略抬起,左手在熟练地打结。她是多么认真啊。

一位年轻的护士,双手捧着周总理的睡衣,望着补丁上又匀又细的针脚,眼睛湿润了。

面前的小凳子上摆着个针线筐箩,筐箩里放着剪刀、线团、布头和针线包。针线包上绣着个红五星,特别引人注目。多年来邓奶奶随身带着它,一直带到了北京。从什么时候起,她就有了这个针线包呢?从延安的窑洞里,从重庆的红岩村,也可能从二万五千里长征的路上。

一夜的工作

周总理在第一次"文代"大会上做了报告。《人民文学》杂志要发表这个报告,由我把记录稿作了整理,送给总理审阅。

这一天,总理办公室通知我去中南海政务院。我走进总理的办公室。那是一间高大的宫殿式的房子,室内陈设极其简单,一张不大的写字台,两把小转椅,一盏台灯,如此而已。总理见了我,指着写字台上一尺来高的一叠文件,说:"我今晚上要批这些文件。你们送来的稿子,我放在最后。你到隔壁值班室去睡一觉,到时候叫你。"

我就到值班室去睡了。不知到了什么时候,值班室的同志把我叫醒。他对我说:"总理叫你去。"我立刻起来,揉揉蒙眬的睡眼,走进总理的办公室。总理招呼我坐在他的写字台对面,要我陪他审阅我整理的记录稿,这是备咨询的意思。他一句一句地审阅,看完一句就用笔在那一句后面画上一个小圆圈。他不是浏览一遍就算了,而是一边看一边思索,有时停笔想一想,有时问我一两句。夜很静,经过相当长的时间总理才审阅完,把稿子交给了我。

这时候,值班室的同志送来两杯热腾腾的绿茶,一小碟花生米,放在写字台上。总理让我跟他一起喝茶,吃花生米。花生米并不多,可以数得清颗数,好像并没有因为多了一个人而增加了分量。喝了一会儿茶,就听见公鸡喔喔喔地叫明了。总理站起来对我说:"我要去休息了。上午睡一觉,下午还要参加活动。你也回去睡觉吧。"

　　我也站起来，没留意把小转椅的上部带歪了。总理过来把转椅扶正，就走进里面去了。

　　在回来的路上，我不断地想，不断地对自己说："这就是我们的总理。我看见了他一夜的工作。他是多么劳苦，多么简朴！"

　　在以后的日子里，我经常这样想，我想高声对全世界说，好像全世界都能听见我的声音："看啊，这就是我们新中国的总理。我看见了他一夜的工作。他每个夜晚都是这样工作的。你们看见过这样的总理吗？"

　　周总理少年时的一个志向是"为中华之崛起而读书"，而志向的背后是他"救民于水火"的良知，并由此确立了他共产主义的信仰，以及"为人民服务""做人民公仆"的承诺，这既是对人民的承诺，也是对自己内心深处的那个大我的承诺。我们之所以会因为周总理的"品牌故事"而感动，还在于他终其一生的一致性。即使是这些故事，他的目的也不是宣传个人，他还需要这些吗？他是要用他的品牌形象和品牌故事，为中国人的精神生活赋能——让人们争取像他一样贵起来！正如陶渊明的田园诗超出了同时代人的高度，周总理用他的言、他的行、他的一生革命实践，将中华民族代代传承的人文精神提到了一种新的高度，一种拥有更广阔连接的人生态度和精神境界。

　　你能创造的最强大的意义，以及你能在你接触到的所有人心目中确保的最高的价值，就是一个对社会、环境和人类友好的真诚的品牌。品牌是设计出来的，设计是一种信仰！

第 五 章

双螺旋发展:非线性战略思维

　　2019 年的世界互联网大会公布,截至 2018 年底,中国数字经济规模已达 31.3 万亿元,占 GDP 的 34.8%。消息出来之后,立刻成为人们热议的话题,很多人都说数字经济刚刚到来,怎么一下子就占 GDP 的 1/3 了? 实际上,关于何为数字经济,目前尚未有权威定义,只是在杭州 G20 峰会上对其基本特征做了描述:数字技术被广泛使用并由此带来经济环境和经济活动的根本改变,现代信息网络成为经济活动的重要空间,信息技术成为优化经济结构和促进经济增长的重要驱动力。

　　科学有明确的界定,所以科学没有广义和狭义之分;数字经济没有明确的定义,因此就有了广义和狭义之分。广义的数字经济包括信息技术和数字技术产业以及由信息技术和数字技术驱动的产业,后者又分为信息化企业、互联网企业和数字化企业;狭义的数字经济只包括数字技术企业和已经实现数字化的企业带来的经济环境和经济活动的改变。世界互联网大会公布的数字经济规模是广义数字经济的总量,因为数字化与信息化、互联网确实难以割裂,数字化是信息化和互联网发展的必然阶段,信息化和互联网是数字化的基础和保障。

　　但数字经济的增长速度确实不容小觑,因为其增长是非线性的、复利模式。爱因斯坦说复利+时间的威力大于原子弹。所谓复利,其本质就是做事情 A,会导致结果 B;而结果 B,又会反过来加强 A,不断循环上升。这意味着,当你付出时,回报率不是最重要的,复利才是最重要的。过去复利需要时间的等待,例如中国古人提倡的义中取利,就是一种复利模式,因为"义是长远的利";数字化时代,时间轴被大大压缩,复利模式得以大行其道,义中取利的经营之道也开始回归。而复利模式的关键在于双螺旋发展的非线性战略思维。

绝代双骄

　　就广义的数字经济定义而言,数字经济的开山鼻祖非微软创始人比尔·盖茨先生莫属。正是他的"让每一个桌面上都有一台电脑"的梦想,造就了今天互联互通的数字生活。同时,微软公司自身也在进化,虽然错过了互联网,却抓住了数字化的机遇。目前,微软云的市场份额已经是全球第一,微软 Office 也成为实时在线的软件(即服务),至于大数据、物联网、人工智能、区块链,还有 VR、AR、MR,这些数字技术领域,哪一样也少不了微软的参与。正因为此,微软市值又重新回到了领头羊的位置,让盖茨一度重回世界首富的宝座。然而,当年成就微软的却不是技术,而是模式和战略。

微软公司的名字就体现了它的模式:微软,是微型电脑和软件的合称,Microsoft 是英文 Microcomputer 和 Software 的合体,意思是连接硬件和软件这两个世界。在微软 Windows 出现之前,IBM 和苹果公司各自在自己研发的电脑上开发系统,软件企业需要对接不同的系统开发应用软件。这和今天开发智能手机 App 遇到的问题一样:应用开发商必须有两支技术团队,为了分别在苹果 ios 和谷歌安卓上开发同一个应用 App,成本自然加倍。电脑上的不同操作系统造成的问题更加严重,因为那个时候的电脑主要用于商用,存在不同格式的商用文件在不同系统的电脑上相互转换格式的问题,给用户造成很大的麻烦。用户的体验不好,就会选择用脚投票,索性回到纸质办公。使用电脑的人少了,产业发展自然受到制约。

盖茨应该在创业初期就看到了问题所在,并下定决心解决这个问题。然而,他 1975 年从哈佛辍学创办微软,同年,乔布斯也退学创办了苹果公司。四年后,乔布斯凭借苹果电脑带领苹果公司成功登陆纳斯达克主板,而 1979 年的微软公司,收入只有 200 万美元,还有 144 万美元的负债。当时的盖茨,受困于只有梦想和理念,而没有模式和战略。

英雄无用武之地的盖茨,有很多空闲时间,打发时间的方式之一是看录像带,看着看着,他看出了门道。录像机和计算机一样,只有录像机没有录像带,录像机就是废铜烂铁;如果是不同标准的录像机和录像带,录像带在不同标准的录像机之间不能兼容,消费者不会满意;如果购买录像带的成本(包括时间成本)太高,消费者还是不会满意。那么录像机产业的龙头企业——日本的索尼公司是如何解决这些问题的呢? 爱学习并且会学习的盖茨,发现了其中的诀窍。

20 世纪 70 年代,索尼公司最初进入美国市场的机会极其渺茫,因为在索尼推出自有标准的录像机之前,美国标准的录像机已经占领了美国市场。市场是人家的,标准也是人家的,在一个强大的竞争对手面前,索尼换了一种思维,这个思维叫"以人为本",不再以"标准"为本。站在消费者的角度,标准有多重要呢?消费者关心的是方便、便宜地看更多的录像带,录像机厂家却只关注标准,这才是主要矛盾。

问题在于,索尼是一家硬件公司,哪里来的内容呢?没关系,找有内容的好莱坞合作。好莱坞有大量过了档期的片源被锁在仓库里,本来就是"无用"的资产,无之以为用,发挥无用之用,帮助他们赚本来赚不到的钱,有什么理由不合作呢?果然,好莱坞同意与索尼签约,让其买断好莱坞过了档期的片源。有了片源之后,如何让用户方便、便宜地看到这些影片呢?站在用户的角度,最便宜的方式莫过于不用买也能看录像带,最方便获得影片的地方莫过于自己的家门口。于是,社区录像带出租店的模式破土而出。谁来开店呢?没关系,有大量来自东亚地区的年轻人要在美国创业生存呢!至此,一个范蠡式的开源平台构建完毕。接下来,有趣的事情发生了。一位美国人发现家门口有个录像带出租店,进去之后毫不犹豫地租了几盘,回家后发现格式不对,立刻决定把家中美国标准的录像机扔了,开车去商店买索尼录像机。接下来,越来越多的美国人听说了这个消息后,就直奔索尼店买回来录像机,再在小区里租录像带。等美国录像机企业反应过来,发现不只片源,连社区内的地盘都已经被索尼公司占了,没有任何挽回余地。

智慧的盖茨从索尼录像带出租店模式悟出来,买录像机的和看录像带的是同一个人,却有着不同的角色,前者是需要花钱买产品的客户,后者是用户。索尼让客户和用户合一的方法是搭建一个具有公共精神的内容服务平台,让闲置的资源被大家共用,以此降低客户的购买总成本,提升客户总价值。微软如果能够让硬件商、软件商、集成商和开发人员的资源共用,就能够让客户少花钱,大家还能多挣钱。"要生存,就要让别人需要你,并且没有任何其他选择。"这是盖茨的信念,他确实做到了。

当时的盖茨与索尼相比,面临的困难要大得多。索尼至少还有录像机,也搞定了片源,盖茨虽然从索尼学来了模式,但当时的微软没有任何产品,也没有资金和团队。这时候,盖茨特有的战略思维发挥了作用。"敌人的敌

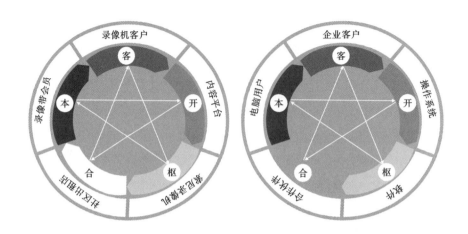

人是朋友",乔布斯是我盖茨的敌人,而乔布斯以 IBM 为敌并发誓要把 IBM 拉下马,那么 IBM 就有机会成为微软的朋友。

　　问题在于,在强大的 IBM 面前,微软小得跟蚂蚁似的,IBM 为什么要和"微不足道的软件公司"交朋友呢? 有人说是因为盖茨的妈妈在 IBM 担任高管。这是"以己之心,度彼之腹"。盖茨的妈妈自然在盖茨的计划之内,但是盖茨的思维是"有个好妈得好好用"。一方面,他首先忘掉自己有什么、要什么,而是站在 IBM 决策层的角度分析对方要什么、怕什么。在和 IBM 的竞争中苹果"软硬兼施",而 IBM 硬件强、软件弱,肯定需要软件方面的合作伙伴。另一方面,IBM 当时占据 80% 的个人电脑市场份额,如果软件开发成本能够降下来,IBM 可以巩固对苹果公司的竞争优势,他站在 IBM 决策层的角度判断。于是,盖茨祭出了大招:免费帮 IBM 开发软件。然而,还是那个问题:IBM 凭什么相信一家"微不足道的软件公司"呢? IBM 会怕什么呢? 怕微软不规范、不正规啊! 这好办,苹果既然能在纳斯达克上市,微软也能,苹果上主板,微软进场外市场,只要"我们的衬衫和他们的一样白"。

　　一番谋划之后,再通过妈妈敲开了 IBM 的大门。果然,盖茨的提议让 IBM 的高管动了心,就在这个时候,了不起的盖茨向 IBM 提出了一个要求:向 IBM 免费提供的软件,IBM 只拥有使用权,没有所有权,微软可以将帮 IBM 开发的软件授权给除苹果以外的任何一家个人电脑公司。这是一个博弈,盖茨赌对方作为一家成功的硬件公司,不会在乎软件的所有权,在他看来，"成功的企业和成功的人都一样，有他们的思维惯性"，既然硬件上获得过巨大成功，就存在低估软件的价值的可能性。这次又被盖茨赌对了，IBM欣然接受了盖茨的条件。毕竟，还有一个明摆着的道义上的原因：微软免费给IBM做软件，微软自己也要活啊！而且IBM的眼里只有苹果，苹果以外的个人电脑公司，都还是蚂蚁呢，对IBM这头大象构成不了威胁。

谁也没料到，盖茨瞄准的正是这些"蚂蚁雄兵"，盖茨的真正目的是拿IBM做背书，帮蚂蚁们成长，再赚蚂蚁们的钱。不过，即使有了IBM的背书，盖茨面前还有一道难题：他"卖"给IBM的那个名字叫DOS的软件，微软并没有。怎么办呢？也不难，和IBM见面之前，盖茨就已经瞄上了一家软件公司的产品，这个产品的名字就叫DOS。搞定IBM之后，微软立即花五万美金买下了DOS的所有权。就此，盖茨奠定了一生的财富基础。

之后，盖茨转过身来开始对付苹果——IBM只是工具，苹果才是敌人。刚好，这个时候的苹果自乱阵脚，和乔布斯一起创业、负责软件开发的伙伴因为忍受不了他的坏脾气，卷铺盖走人了。盖茨抓住机会找到乔布斯，说"We are family"。当时的盖茨还没有"人道待人，天下一家"的境界，所以这句话的意思应该是"我们是兄弟，大哥有困难，小弟愿效犬马之劳"。乔布斯欣然接受了盖茨的好意。然而没过多久，微软抢在苹果之前发布了新一代人机交互的操作系统Windows，乔布斯却因为没有能够及时将苹果Macintosh电脑推向市场而被他亲手创办的公司扫地出门。

1997年，乔布斯重新回到当时已经奄奄一息的苹果公司，在业界为他举办的欢迎大会上，他冲着台下前来捧场的盖茨说："我认为盖茨老兄no taste。"no taste这个词，英文和中文，都是双关——没有品位，简称"没品"。轮到盖茨上台发言了，他笑眯眯地说了句："我非常认同乔布斯先生对我的评价。"言下之意，假设乔布斯是对的，我盖茨没品，一个没品的人认为自己没品，负负得正，我还是有品的。智慧的盖茨就这样通过幽默化解掉了尴尬。事实上，为了封乔布斯的口，盖茨参加活动前，已经为苹果公司注资一亿美元了，但乔布斯依然不依不饶，可见，当年那位兄弟对他的伤害有多么深。

当年的乔布斯，并非输给了盖茨，而是输给了自己。那个时候的盖茨，已经在用 2.0 创新的思路了。而乔布斯虽然要让科技以人为本,也在第一代人机交互方面找到了突破口——鼠标和视窗,确实是微软从苹果"偷"走的,但是当时的乔布斯没有能够找到一个让所有人都实现价值的商业模式,始终以自身资源和能力来满足市场的需求。也就是说,当年的乔布斯,有着一颗 2.0 的心,做的却是 1.0 的事。盖茨则用理念和一个并不是很完美的 Windows 打了一场人民战争,让数以百万计的开发人员在 Windows 上开发软件,通过组合大家的资源和能力,迅速开拓出一个新的市场,再逆向聚合要素并逐步完善产品形态。

与苹果相比,施乐公司更加悲催。无论苹果还是微软,其种子技术都来自施乐公司的 PARC 研究中心。施乐擅长的是"始创新",没有能力将技术产品化,更没有模式和战略,而说到底,还是情怀的问题——施乐的当家人既不像盖茨和乔布斯那样心怀天下,也没有"Stay huagary, Stay foolish"的精神和品质。1979 年 12 月,乔布斯两次参观施乐 PARC 研究中心。在第二次参观中,他多次让施乐向他展示全部核心技术。就这样,他亲眼见证了施乐图形界面可以支持的炫丽图像和字体效果。《乔布斯传》中写到,当时乔布斯觉得图形界面比 DOS 系统强大不止百倍,他"似乎看到了计算机行业的未来"。随后上市的苹果 Macintosh 电脑模仿了施乐的图形界面,并取得了轰动效果。当然,苹果对施乐的图形界面技术进行了巨大的改进和提升,比如简化了鼠标、实现窗口拖拽、完善了桌面概念。有人说这是"工业史上最严重的抢劫",苹果山寨了施乐领先世界 PC 市场十年的新技术。乔布斯承认这种说法,当然还是带着他一贯的骄傲语气:"毕加索不是说过吗,'好的艺术家只是照抄,而伟大的艺术家窃取灵感'。在窃取伟大灵感这方面,我们一直都是厚颜无耻的。""我们从不为自己偷学伟大创意而惭愧。"

正所谓"螳螂捕蝉,黄雀在后",既然乔布斯能够窃取施乐的灵感,盖茨也能窃取乔布斯的灵感,面对乔布斯的质问,盖茨坦言:"我们都看中了一家叫'施乐'的富有的邻居,只是你下手比我快。你能偷'施乐'的,为什么我不能偷你的呢?"硅谷"绝代双骄"之间的这段传奇,后来被拍成了一部叫《硅谷传奇》的电影。身为盖茨的一生之敌,乔布斯曾经这样评价他:"如果他拜过佛,他就完全会是个更有想法的人。"盖茨毕竟是智慧的,他现在热衷于公益事业,将从微软赚来的钱用于解决人类面临的健康问题,其人生成就将会与商圣比肩。

回到 1997,迎来乔布斯回归拿到微软一亿美金注资的苹果公司,好戏才刚刚开始。很快,苹果公司发布了著名的"不同凡想"广告,这个广告之所以引起轰动,一方面在于广告本身设计得非常精彩,它借着向历史上几位"不同凡想"的名人致敬,让他们为苹果品牌做了背书。广告的内容如下:"向那些疯狂的家伙们致敬,他们特立独行,他们桀骜不驯,他们惹是生非,他们格格不入,他们用与众不同的眼光看待事物,他们不喜欢墨守成规,他们也不愿安于现状。你可以赞美他们,引用他们,反对他们,质疑他们,颂扬或是诋毁他们,但唯独不能忽视他们。因为他们改变了世界,他们推动了人类的进步。或许他们是别人眼里的疯子,但他们却是我们眼中的天才。因为正是那些疯狂到认为自己能够改变世界的人,改变了世界。"另一方面,"不同凡想"还有一个"前传"。1984 年播放的"1984"广告。从"1984"开始,苹果的品牌就被注入了一种精神,"不同凡想"广告推出后,人们很自然地联想到了"1984",打动人们的除了广告的创意,还有乔布斯的不忘初心、牢记使命。而且这一次,"不同凡想"仍然剑指 IBM——针对的就是 IBM 的"想"系列ThinkPad。

再之后,就是我们所熟知的了,"气"通了之后的苹果公司,无往而不利。随着 iPod 的成功,苹果终于迎来了新生。但乔布斯做 iPod 是"醉翁之意不在酒",而在于智能手机,iPod 之于苹果手机,是开源引流。

卧薪尝胆 20 多年,iPhone 的成功发布让乔布斯迎来了人生的巅峰。庆祝 iPhone 的大会上,盖茨又一次前去道贺。这一次他俩没有再一先一后登台,而是被安排在台上互动。或许还是为了"封口"吧,盖茨心悦诚服地称赞乔布斯"设计能力天下第一",心情大好的乔布斯则平生第一次夸奖盖茨,说:"盖茨兄弟啊,你发展合作伙伴的能力可是全球无敌啊!"正当大家为绝代天骄的两个人冰释前嫌而感到欣慰的时候,有人琢磨出味来了,乔布斯还是在挖苦盖茨啊!他的意思是说,盖茨同志你是通过发展合作伙伴,在个人电脑上打败了我。智能手机是微软首先发力,但微软却忘了自己发家致富的法宝,走向了当年苹果电脑扩张性增长的老路。或许,当初你从索尼那儿学来的只是照猫画虎吧！反倒是今天的苹果手机，继承了当年微软的好传统，依靠合作伙伴，打败了先走一步的微软智能手机。事实确实如此，从2000年开始，盖茨就心心念念智能手机。但是这一次，微软没有能够引领操作系统的创新。看似因为技术，其实是战略的迷失。因为那个时候的微软，已经走向了IBM走过的路——沉迷于在企业客户市场搞技术垄断。战略的根本，在于初心。乔布斯的初心是要用技术为人们的精神赋能，所以，在同样的新技术面前，他能看到消费者想要和需要之间的"差异"。当年微软做智能手机，根本就没有花心思洞察消费者想要什么，而是死盯着与当时智能手机市场排名第一的黑莓公司之间的差异。

无论如何，盖茨和乔布斯已经成为微软和苹果的代名词，并成为全球商界的偶像，由他们共同开创的个人计算机事业，帮助人类进入了数字经济时代。

变 与 不 变

既然微软错失了智能手机的机遇，这么大的市场，总不能被苹果一家"软硬兼施"地垄断吧？谷歌安卓就此登场了。众所周知，谷歌的第一桶金来自搜索引擎。但是很少有人知道，在谷歌之前，好几家做搜索引擎的公司都死在沙滩上了。原因不在于技术，而在于模式，那几家公司无一例外地想把搜索引擎作为技术卖给企业。谷歌用了所谓的"羊毛出在羊身上，猪来买单"的互联网思维，实际上，这就是电视台等媒体公司的思维。电视台免费播放节目给大家看，再通过广告盈利，谷歌也是一样。区别只是在于技术进步了，广告投放在传统媒体之外新增加了互联网。

赚取第一桶金的时候谷歌靠的是模式创新。在智能手机的业务上，谷歌却在模式的基础上运用非线性战略思维占领了市场。苹果公司的基因是"软硬兼施"，卖了硬件再赚软件服务的钱，并且苹果品牌的精神价值让苹果成为一种文化现象，也就是说苹果手机已经"物化"，不再是由手机这个物质承担苹果的价值，所以，这是苹果应当赚取的利润。谷歌没有"1984"和"不同凡想"的文化沉淀,也没有硬件的能力,当然不能盲目抄袭苹果手机的战略。于是,谷歌立足于自己的广告业务优势形成了非线性发展战略:用免费的安卓操作系统为手机厂商和应用开发商赋能,大家一起吸引那些尚没有被苹果情怀感召的、对价格较为敏感的用户,用户越多,广告也就卖得越多。这个战略的基石在于 2003 年谷歌申请的一项名为"生成用户信息以用于定向广告"的专利。谷歌发展早期,广告仅与搜索查询的信息相关联。与此同时,它收集大量特定用户的数据,如停留时间、点击模式和定位等,用于改善用户体验。然而,2003 年的专利承诺将"数据废气"(data exhaust,用完后就舍弃的数据)转化为"行为盈余"(behavioral surplus),可用于提高定向广告的精确度,形成一项利润更为可观的风险投资。这一数据搜集方法非常成功,从那时候开始,谷歌一直致力于搜集尽可能多的用户数据并将其变现,并影响了 Facebook 等所有互联网公司。

谷歌的做法给传统企业带来极大的启发,因为区别于微软和苹果,它的主营收入不再是软件和硬件等科技产品,而是广告。为了实现广告业务的增长,它开发操作系统为生态场景赋能。于是有了开放银行的"连接两个世界的运动",银行将自己做成了"智能手机",再开发操作系统为生态场景赋能,以此增加客户黏性、拓展客源。

从微软开始,苹果传承,谷歌转化,到金融科技和实体企业吸收,起承转合的发展脉络清晰可见。唐诗因起承转合而美,数字化发展历程也因此而美。起承转合之所以让人有美的感受,一方面在于符合人们的认识规律,另一方面在于变与不变的辩证统一:变化的是形,不变的是理。因为有着共同的理,微软、苹果、谷歌和开放银行之间得以互为依存。

尤其是苹果和微软,他们的创始人乔布斯和盖茨,反的是同样的东西,也都有着同情弱者的心。谷歌虽然"效",能否将他们的初心真正传承下来,尚没有定论。这是因为收集用户数据卖广告的做法,有悖于谷歌"不作恶"的承诺。虽然谷歌已经升级为 AIphabet,但目前 AIphabet 还是以广告为主营。所以,AIphabet 一直有一种焦虑,并孜孜以求用数字科技"创新"出新兴产业。例如,谷歌旗下的人工智能公司 Deepmind 最近突然宣布:谷歌最新人工智能 AlphaFold,在一项极其困难的任务中击败了所有对手,成功根据基因序列预测了生命基本分子——蛋白质的三维结构。

"蛋白质折叠"是一种令人难以置信的分子折纸形式。所有生物都是由蛋白质构成的,蛋白质的结构决定了它的功能。一旦蛋白质折叠错误,就会导致糖尿病、帕金森症和阿尔茨海默病等疾病。预测蛋白质折叠结构的能力意义重大,它会对健康、生态、环境产生重大影响,并基本上解决所有涉及生命系统的问题。比如,通过设计出新的蛋白质,来抗击疾病、解决塑料污染等,应对众多世纪难题。

为了开发 AlphaFold,谷歌用数千种已知蛋白质训练神经网络,直到它可以独立预测氨基酸的 3D 结构。该程序花了两周时间预测它的第一个蛋白质结构,但现在只需几个小时就能将其预测出来。谷歌 AlphaFold 成功预测蛋白质的三维结构表明,意味着当人工智能与基因科学相结合,人类将进入一个风高浪急的新时代。正因如此,谷歌宣布:"对我们来说,这是一个非常关键的时刻。这是一个灯塔项目,是我们在人力和资源方面的第一个重大投资。这也是非常重要的、现实世界的科学问题。"是的,你没看错,谷歌人工智能,开始进入基因科学和生物科学领域了。基因科学是一个极其重要而敏感的领域。因为,它研究的,是人类自己;它改变的,也是人类自身。基因是 DNA 上有遗传效应的片断,人类的生、老、病、死等都与基因有关。这场基因革命一旦降临,将彻底改变世界乃至整个人类的未来。正如谷歌人工智能预测蛋白质的三维结构表明的那样,当代人工智能的兴起,更是给基因科学如虎添翼! 现在,在人工智能和基因科学的相互作用、相得益彰下,人类正在越来越快地向"不死之地"迈进。

第一步:人工智能、基因检测和深度检查结合,成千上万人将在患病之前接受深度检查,由人工智能给出你的生命预测。人工智能,正让这种深度检查价格迅速下降:刚刚完成人类基因图谱时,个人基因组测序成本介于 1 000 万至 5 000 万美元。2010 年,这一成本已下降到 5 000 美元。而今,私营机构的检测成本已低至数百美元。

第二步:人工智能医生将逐渐取代目前最优秀的医生,用基因治疗的方法,重塑体内一切组织和器官的活性。在这一阶段,大批医生将逐渐消失,由读过无数人类病历的人工智能医生替代。从此,医疗彻底成为一项信息+

基因的科技。依靠人工智能和基因技术,我们将能重塑体内一切组织和器官的活性,并能够开发出药物,直接锁定一种疾病背后的代谢流程,而不必再采取试探性的治疗手法。我们可以为患者添加那个缺少的基因,删除不好的基因。靶向药扫荡癌细胞,DNA 编程逆转衰老,干细胞被改写,上帝的密码防线逐渐崩溃。

第三步:人工智能开始大规模改造人类体内的"生命软件",即人体内被称为基因的 23 000 个"小程序",通过重新编程,帮助人类远离疾病和衰老。库兹韦尔认为,到了 2045 年,人工智能的创造力将达到巅峰,超过今天所有人类智能总和的 10 亿倍。到了那时,人类将彻底改造基因的编程,我们上千年不再使用的陈旧基因将被抛弃,我们的生命升级成为一个更高级的操作系统。在这一阶段,人类不仅能做到延缓衰老,更可以返老还童:到那时,80岁的你,看上去只有 40 岁的样子。

人工智能+基因科学掀起的更大浪潮,正在席卷而至。它对人类社会家庭乃至整个社会的冲击,将是前所未有的。面对人工智能+基因科学这个不可阻挡的洪水猛兽,人类社会可以延缓它们到来的速度,但必须正视和提前做好准备,趋利避害。和人类社会每次技术革命一样,应对好了,基因科学发展将成为一场无法估量的机遇;应对失当,则可能成为一场可怕的灾难。当前,最让人担心的是,人工智能的进化速度可能比人类更快,而它们的终极目标将是不可预测的。如果人工智能掌握了基因科学这一工具,人工智能一旦背离人类的意愿,其后果将是可怕的。毕竟,没有实体的谷歌,就像没有身体的人工智能,缺少人文的涵养。

接下来我们以星巴克为例,说明实体企业如何运用非线性战略思维,做到人文与科技双轮驱动。2012 年前后,星巴克面临非常严峻的市场压力,有很多跟随者稀释他们的市场份额。比如,一家加拿大的连锁咖啡企业,曾一度扬言把星巴克从美国纽约赶出去。星巴克应对挑战的方法是主动拥抱移动互联网,从 2014 年开始,星巴克就连续被评为全球移动互联网营销排名第一的公司。在推出的一系列移动互联网营销方案中,有一个叫"咖啡闹钟"的玩法,让星巴克几乎一周之内就将线下门店的"留量"变为"流量",而这种"留量变流量,转型不转行"的做法,正是每一位实体企业梦寐以求的。

咖啡闹钟的玩法非常简单,你在 App 里设置好叫醒闹钟后,系统会问你几点喝咖啡。大多数美国人有早上喝杯咖啡的习惯。比如,设定六点半起床,七点半喝咖啡,星巴克就会和你有一个约定:如果你能够在七点半前赶到附近的咖啡馆喝咖啡,星巴克奖励你一颗星,这颗星意味着积分加倍。星巴克推出这个玩法是在 11 月的下旬,这个时候天气刚转冷,人们起床的时候会有意无意地赖一下床。于是,星巴克在门店和咖啡闹钟里配上了一段温馨的话:一杯浓浓的咖啡,不仅能叫醒你,而且能把你从床上拽起来。这就是在制造"情境"。当你真的被拽起来,紧赶慢赶喝上了那杯咖啡,获得了一颗星之后,你会因为一点小小的成就感而在朋友圈里炫耀一下自己的成绩。你的朋友看到了之后,觉得很新鲜,也下载了星巴克 App,玩起了咖啡闹钟。这样,一传十,十传百,很快,流量就聚拢上来。带着这种交朋友的目的与消费者真正互动,在精神层面与消费者形成共鸣,由此带来的传播效果让品牌之路更加久远,新的空间随之而来。

星巴克的新空间是轻奢品线上销售市场。因为在星巴克看来,它的咖啡是咖啡里的轻奢品,既然线下能够卖轻奢品的咖啡,线上为什么不能卖其他的轻奢品呢?品牌一致性没有问题,只要"将心注入"便好。11 月之后就是圣诞季,星巴克和轻奢品公司安娜苏合作,推出了一款安娜苏咖啡杯。买了杯子后,杯子需要装进包里随身带着,于是接着推安娜苏的包。买了包之后,包里面要装东西,再陆续推出安娜苏的其他产品。不管推什么产品,始终是站在用户的角度替用户着想。就这样,星巴克的线上轻奢品平台成型了。线上打通了之后,星巴克又从线上走到线下,开始开酒吧。

因为文化的差异,咖啡闹钟不曾在中国市场推出,但是第一家星巴克酒吧已经于 2019 年 8 月在上海外滩开业,当天就爆满。假设麦当劳也开了一家酒吧或者做了一个闹钟咖啡,会有人捧场吗?答案应该是否定的。原因在于麦当劳卖的是物,我们只会在需要快餐的时候想到麦当劳,但那纯粹是一种交易,没有精神上的共鸣和情感上的连接,也就算不上有交情的朋友。不是朋友自然就没有捧场的必要,更不会帮忙宣传,反倒会带着挑刺的眼光拭目以待,甚至心里想着,这家伙,什么钱都要赚。而人们这种意识的形成,则要归因于麦当劳的品牌基因——它是典型的追求均一化和效率化的扩张式增长时代的产物。事实上,麦当劳也在不遗余力地推广它的数字化营销。2018 年 4 月,麦当劳在英国当地推出了麦当劳天气预报的玩法。户外大屏上餐厅菜单上的图标变身为天气预报,利用当地气象局的实时数据,显示实时温度及未来五天的天气预报。例如,一个未包装的汉堡代表太阳,倒挂的盒装薯条象征着雨天,汉堡一半被包装物覆盖着象征着阴天,咖啡预示着大风天,蘸了番茄酱的薯条代表着温度计。总计,共有八种不同的食物来展示未来五天内以及当前的天气状况,从而把闲聊的主语带到生活中去。而当气温升高,麦当劳门店附近的户外媒体就会推送它们最新的清凉饮品广告,希望在炎热的夏天能为消费者带去清凉。除了户外广告,麦当劳也开发了App,以便根据不同的天气、不同的地点为客户推荐不同的快餐和饮料,甚至还花了三亿多美金买了家人工智能公司。但折腾来折腾去,还是为了卖快餐,看不出任何非线性的战略思维,归根到底,是因为品牌基因中缺少了理念。

星巴克"将心注入"的理念却始终如一,即使是星巴克的招聘广告,也体现了浓浓的情怀:"来星巴克,连接更广阔的世界。"星巴克时时刻刻给人感受到的是一种交朋友的心态,就连叫不出名字的星巴克服务员,一回生二回熟之后,都感觉是朋友。没有人不喜欢用心的朋友。既然是朋友,朋友要干点没有干过的事,有什么理由不支持呢?

再以瑞幸咖啡为例,如果某天瑞幸咖啡推出咖啡闹钟的玩法,人们会捧场吗? 显然也不会,原因很简单,我们没有喝咖啡的文化。在瑞幸咖啡的高光时刻,他们一再标榜自己"把梳子卖给了和尚",意思是把咖啡卖给了不喝咖啡的人。实际上,"梳子卖给和尚"一共有四层境界。第一层是把梳子卖给小和尚:小和尚刚剃度完,头皮痒痒,卖梳子的和他说用手挠痒不卫生,应该用梳子,小和尚听话买了一把。瑞幸咖啡就停留在了这一层。第二层是把梳子卖给方丈:出家人慈悲为怀,来寺庙烧香拜佛的有富人也有穷人,穷人拜佛的时候穿得破破烂烂,我们帮不了,帮他们把头发梳整齐点还是可以做到的,方丈听了之后很以为然,买了十把。第三层是通过方丈卖给有钱人:人们来寺庙烧香拜佛的时候心中有佛,回去后就又把善念丢在一边了,您应该给梳子开光,给人们做一把积善梳,这样他们回家后只要梳头就会心生善念。这个方法不仅不需要方丈花钱买梳子,还可以为寺庙募集善款,方丈当然答应啦。第四层是做一把智能化的积善梳:这个梳子带有意念传感器,梳头的时候有没有心生善念,系统会知道。在这个基础上做社群运营,再做数字产业化,佛教就走入人间啦。

瑞幸咖啡是被"浑水公司"做空的,这家叫"浑水"的公司在类似瑞幸这样的中国企业身上没少挣钱,他们用事实证明浑水是可以摸鱼的,假如企业都干净了,浑水公司也就没得玩了。积善梳也是一样,假如人人都有了善念,就不需要用善念连接了——到了那个时候,人类将实现彻底的解放,不要说积善梳了,就连商业也不再需要了。为什么差异会成为价值创造和增长的源泉,就在于缺什么就要补什么,人们希望美、渴望善,却又生活在一个不够尽善尽美的世界里,浑水可以摸鱼,水至清则无鱼。

如今,在数字技术的助推下,不同的文化正在加速融合。正如布兰德当年所预见的那样:技术既是社会转型的力量,也可以是文化创作者的工具。例如 Airbnb,它的商业模式不只是单纯地"互联网+出租房间",而在于屋主款待房客的心,创造"屋主与房客之间沟通"的机会,因此,不能将 Airbnb 与互联网平台公司和只出租房间的民宿混为一谈。Airbnb 的信念是:只要屋主怀有款待房客的心,房客就不可能造成附近邻居的困扰。而在中国,却有着和 Airbnb 相同信念的民宿经营者。杭州有一家叫"桐堂"的民宿,是由一位设计师投资、设计和经营的。这位设计师就是受 Airbnb 的启发,用一颗款待房客的心把桐堂变成了自己和房客之间沟通的机会。但是,他还有一个不一样的理念,叫"让我们一起走过从前"。房屋内部的陈设是设计师的强项,就无须赘言了,让人印象最深的是早餐提供的粥:设计师的妈妈早上六点起床开始熬粥,粥由大米、小米、绿豆和银耳加水熬制,银耳剁得很细,让你感觉不到它的存在,却又让粥有了丝般润滑的口感。而这样的粥在两个小时的熬制过程中是需要不断添加水的,这就意味着,设计师的妈妈在这两个小时的过程中,是一直待在炉边的。这样的文化如何借助技术传播出去并与技术一起成为社会转型的力量,有待于中美两个国家伟大的人民共同努力!

以诚相待

关于战略的定义,众说纷纭,莫衷一是。总结下来,战略是计划,战略是谋略,战略是定位,战略是范式,战略是思维。大一统的定义是:战略是为增长创造形势并找到维持它的方法。就战略思维而言,工业化是线性的战略思维,战略(strategy)根据企业的愿景(vision)、环境(environment)和企业所拥有的资源(resource)而定,它们之间的关系可以用线性函数 $S = f(E, R, V)$ 表示。这种线性的战略思维是基于工业化时代连续性和可预测性的特征,我们熟识的 SWOT 分析法、波特五力模型等,都是线性战略思维的落地工具。

数字经济时代最大的特征是时间轴大大缩短,带来的效应是产品生命周期和争夺用户的时间窗口期都在以前所未有的速度缩短,非连续性和不可测性成为主要特征。传统的线性战略思维,好比是做好了锤子再去找钉子,时间轴压缩了之后,锤子还没有做好,钉子就变了。所以,必须要反过来,钉子找锤子。这是线性思维不适合数字经济的客观原因。主观原因在于,数字经济不再追求均一化、效率化的扩张性增长,而是在包容差异性中追求发展,要求战略制定者要同时兼顾主观的想要与客观的需要,在构建以客户为中心的价值系统的同时,还要构建以用户为中心的价值系统。总之,工业化时代以我为主,让自己变得更加强大,比拼的是肌肉;数字化时代使众人行,让他人伟大,你更伟大,比拼的是智慧。工业化时代,重要的是我怎么想;数字化时代,他人怎么想变得尤为重要。数字化的商业生态里,没有一个人可以只依靠自己就能活得好,越是顾全大局、越是利他的人,越是会活得更好。这就是非线性战略思维的基本逻辑。

抓主要矛盾是最典型的非线性战略思维。盖茨抓的主要矛盾,是过程中的矛盾,这是一种透视全局、照亮前程的思维方法。有人说,它的确定与使用有赖于决策者的敏锐洞见和科学分析,实际上,毛主席在《矛盾论》中用一个三打祝家庄的故事就讲明白了。他说:"我们的同志看问题,往往带片面性,这样的人就往往碰钉子。《水浒传》里宋江三打祝家庄,两次都因情况不明、方法不对,打了败仗。后来改变方法,从调查情形入手,于是熟悉了盘陀路,拆散了李家庄、扈家庄和祝家庄的联盟,并且布置了藏在敌人营盘里的伏兵,用了和外国故事中所说木马计相像的方法,第三次就打了胜仗。《水浒传》里有很多唯物辩证法的事例,这个三打祝家庄,算是最好的一个。列宁说:‘要真正地认识对象,就必须把握和研究它的一切方面、一切联系和“媒介”。我们决不会完全地做到这一点,可是要求全面性,将使我们防止错误,防止僵化。’我们应该记得他的话。”事实上,毛主席指挥的四渡赤水,比三打祝家庄要经典得多。四渡赤水共历时三个多月,我军巧妙地穿插于敌方各军之间,及时调整作战方向,使用迂回战术让敌方摸不着头脑,打破了国民党攻占川黔滇边境的阴谋。后来这场战役被加入西点军校的教材中去。而美作家索尔兹伯在自己撰写的关于长征的书中,表达了自己的观点:当年红军的作战轨迹实在是复杂,蒋姓指挥在对战中都搞不明白,想让现在的阅读者搞懂更是难上加难啊! 他们的领袖真的是位军事奇才! 其实,用盖茨的创业史就可以讲明白四渡赤水;用四渡赤水也可以讲明白盖茨的创业史。

也有人用“比尔·盖茨的女婿”这么一个段子来调侃盖茨当年的做法。有一位老先生问他儿子:“想不想做比尔·盖茨的女婿啊?”儿子说:“当然想啦。”老先生先去找世界银行行长:“想不想让比尔·盖茨的女婿做世行的副行长?”行长说:“好啊!”老先生这才去见盖茨:“世行的副行长做你的女婿,挺般配的吧?”这么看,盖茨的做法其实也没啥,就是中国人说的空手套白狼嘛! 同样是“空手套”,还有一个“老狼请客”的故事:一天,老狼捉到两只鸡,准备请老熊一起来品尝。哪知他刚一出门,一只狐狸却趁机溜进去把鸡都偷吃了。狐狸从老狼家溜出后,却在老熊面前装成受害者,并挑拨离间,对老熊说:“老狼正在家里磨刀,准是要割你的耳朵!”后来老熊看见老狼真的在磨刀,吓得拔腿就跑。然后,狐狸又回到老狼家,对老狼说:“我刚刚看见老熊手里拎了两只鸡,从你家里溜出来,准是偷的!”老狼掀开锅盖一看,鸡果然没有了,于是就追出大门。老狼和老熊本欲交好,却因为轻信了狐狸,结果狠狠地打了一架,两败俱伤。

就做法而言,"老狼请客"中的狐狸和"比尔·盖茨的女婿"中的孩子他爹如出一辙:他们都有全局观,都会站在他人的位置上看问题,把握研究了一切方面和一切联系,并从中发现了差异、利用了矛盾。但一个是挑拨离间,一个却是成人之美。方法也好,计谋也罢,本无所谓善恶,关键在于创造和使用它们的人是否够诚。善于在过程中抓矛盾的盖茨,尤其擅长"反者道之动,弱者道之用"。别人都认为 IBM 很强,他却认为成功者有他们固有的思维定式;其他人都在琢磨着如何压低代工厂商的成本,他却想办法帮助代工厂商成就自己的品牌。他之所以能够看到别人看不到的"相反相成"的机会,归根到底,还是在于他忠诚于自己坚信的理念,而理念的背后则是"让他人伟大、你更伟大"的价值观。任何时候,无论如何谋局,盖茨都始终忠诚于他的理念和价值观。

例如,2000 年初,微软的聊天软件 MSN 一度垄断所有个人电脑,当国内某公司通过陌生人聊天的功能不断扩大聊天软件市场份额的时候,有人建议微软 MSN 也添加陌生人聊天的功能,被盖茨断然拒绝。之后,微软更是主动退出了在线聊天市场,因为盖茨认为"we are simply a software company."(我们很简单,就是一家软件公司),"苹果赚硬件的钱、IBM 赚服务的钱、谷歌赚广告的钱,我们没有必要看着眼红,软件才刚刚开始,仅仅在商业领域发挥了一些作用,但是在医疗和教育领域,几乎还无所作为"(2008 年的内部讲话)。

再以微软公司在应对"棱镜门"危机的表现为例。2013 年 5 月 20 日,美国国防承包商博思艾伦咨询公司一位 29 岁的雇员,名叫爱德华·斯诺登,登上飞往香港的航班,在那里他与《卫报》和《华盛顿邮报》的记者取得联系,并开始与全世界分享美国国家安全局的秘密:"9·11"悲剧发生后,美国国家安全局开始寻求与私营部门建立自愿合作关系,超出合法许可和授权范围搜集数据。不出所料,斯诺登公布的文件极大地刺激了公众的神经,因为它们与隐私保护的原则彻底背离,而 200 多年来,西方社会一直将后者视为理所当然的权利。

与其他领先的科技公司一样,微软也在纠结是否自愿向政府提供这些数据——这些数据并不属于科技公司,而是属于客户,并且它们包含客户一些最私密的信息。早在 2003 年,微软就已经意识到,云计算已经让科技公司在某些方面转变为类似银行的机构。人们把钱存进银行,而将他们最私人的信息——电子邮件、照片、文件和短信存储在科技公司。科技公司需要像银行一样受到所在国政府监管,但与银行不同,科技公司在全球范围内运营,客户几乎遍布全世界,这使得整个监管问题更加复杂。

2013 年,随着全球客户的不满情绪不断加剧,微软进一步意识到,要想缓解客户的担心,微软必须更加公开。微软对自己遵循的准则十分清楚,无论是针对微软自身提供服务的清晰限制,还是针对后来收购公司的某些既有做法所实施的复杂处理。微软希望向客户解释,微软只有在收到搜查令、法院传票和国家安全命令时才会向相关部门移交客户信息。然而,当微软提议面向大众公开沟通这一信息时,美国司法部告诉微软,上述内容属于保密信息,微软不能公开。

接下来,微软决定做一件从未做过的事情——起诉美国政府。要知道,微软曾经和政府打了 10 年反垄断官司,然后又花了 10 年的时间努力与政府达成和解,现在做出决定起诉美国政府,无异于破釜沉舟、背水一战。但这样的破釜沉舟和背水一战,与最近 TikTok 提出的起诉美国政府,不可同日而语,因为微软是为自己所坚守的"价值观"而战,TikTok 只是为了它自己所谓的"价值"而战。所幸的是,微软的决定和行为感染了自己的竞争对手,最终通过联合包括谷歌等竞争对手在内的其他科技公司,微软与政府达成和解。在此之后的几年内,微软的云业务大幅增长,微软也因此再次伟大,一度重登全球市值第一的宝座。由此可见,起诉美国政府何尝不是微软的非线性战略思维的一部分呢? 而如果不够诚,微软无论如何是不会有勇气带头起诉政府的。

乔布斯抓的主要矛盾,是在过程的初始阶段。当谁也不知道自己想要一个什么样的手机,却又总是对自己的手机不是很满意的时候,乔布斯意识到了人们想要一个不一样的手机。即便是已经销售的产品出了问题,他仍然在捕捉人们的潜意识。"我们不完美,手机不完美,我们都知道这一点,但我们想让用户满意",这是"不同凡想",之所以"不同凡想",在于它不是用头脑想出来的,而是冥想出来的。我们知道,乔布斯有禅修经历,他去过印度,也师从过日本禅师。禅有一种对于客观世界的趋近法,与科学所追寻的方向刚好相反,即山不过来,我能过去。如何过去呢? 先与"天"合一,再向"山"趋近;要与"天"合一,就要让自己的心"无所住"。所以说,禅是心上的功夫。这并不是说禅是反科学的,而是对科学的补充。例如,我们永远不可能真正了解一个人,除非你站在他的角度考虑问题,除非你钻进他的皮肤里,像他一样走来走去。再比如,世上最难的两件事莫过于"把自己脑袋里的想法装进他人的脑袋里,把他人口袋里的钞票装进自己的口袋里",他人的脑袋和口袋就像山,山不过来,能改变的只有自己。究竟什么是禅? 如何训练心上的功夫? 如何在禅的帮助下改变自己? 我们通过几个故事来了解。

有一次,梁武帝请有名的傅大士讲经,傅大士上了台,抚尺一拍,即下座。素有神通的宝志禅师立刻提醒梁武帝:"傅大士已经把《金刚经》讲完了。"禅就是这样,最好的说法,最有力的语言,就是"抚尺一拍":虽是不讲,却一切都已经讲了。此即"一身原不动,万境自虚陈"的妙高禅境。

另一次,傅大士头戴道冠,身披袈裟,脚穿儒鞋出现。梁武帝一看,十分错愕地指着他的帽子问:"你是道士吗?"傅大士指着袈裟说:"不是! 我是和尚穿袈裟。""你是和尚吗?"傅大士又指指脚下:"你看!""是儒鞋! 那你是儒士吗?"傅大士摇摇头,往上指着头问:"你看,我是什么?"道冠、儒鞋、袈裟,合三家为一家,意思是:禅,包容一切。禅不是隐居山林老和尚的专利,禅是属于社会大众的。

在日本的武士记录中,有很多"客观世界趋近法"的例子,其中一个是这样的:有位叫柳生但马守的武士,有一天在他的花园里,欣赏着盛放的樱花。他整个人完全沉浸于默想中。突然间,他感到后面有一股杀气。他转身却没有看到任何人,只有一个童侍,是平常拿着主人的剑跟随他的。不能够断定杀气从何处出发,这件事使他极为困惑。因为在他经过长期的剑道训练之后,他已具有了第六感,可以立即觉察出杀气所在,但这次却让他很是苦恼。最后,一个老仆人过去问他是否身体不舒服,他说:"没有,我没有什么不舒服,只是刚才在花园里发生一件奇怪的事,我正在想这件事。"说着,把整个事情告诉了老仆人。当这件事传到侍从间,那个童侍就战战兢兢地来到主人面前,谢罪说:"当我看到主人全心全意在欣赏樱花时,我起了这样一个念头:主人的剑术尽管再好,如果现在我从后面袭击他,他恐怕还是不能防卫自己吧。可能就是我这个念头,被主人觉察到了。"这个年轻人说完之后,就准备接受主人的惩罚。但主人并没有惩罚他,反而因自己的预感没有错误而甚为满意。

禅是从中国传到日本的,中国古代关于禅的故事更多,这些故事往往被叫作"公案",被用来训练心上的功夫。例如,刺史陆亘大夫问南泉普愿禅师:"古人用瓶子将鹅养在里边,鹅渐长大,出不了瓶子,现在不能损坏瓶子,也不能把鹅杀生死,和尚有什么办法让这个鹅出来呢?"南泉普愿禅师叫了一声"大夫",陆亘就应了一声,南泉普愿禅师接着说"出也"。陆亘大夫从此开悟,礼谢南泉和尚。其实,瓶中养鹅这个问题本身,就是公案里养鹅的那个瓶子;而所有研究鹅是怎么从瓶子里出来的人,就是瓶子里的鹅。我们的心是广大无住的,却像瓶子里的鹅一样,被瓶子所束缚。所以南泉禅师叫了一声"大夫",陆亘应了一声,从研究这个问题出来时,便恍然大悟。

还有一个类似的公案。有一位知事大人巡视他管辖的一座寺庙,住持领他看各种遗物。当他们走到一个屋子,见到挂着以前各任住持像时,知事指着其中一个问:"这是谁?"住持说:"故住持。"知事的第二个问题是:"这是他的像,人在何处?"住持无法回答,但知事坚持问,住持十分为难,因为弟子中找不到一个可以使知事满意的人。最后他想到了最近来到寺庙里的一个奇怪的云水和尚,这个和尚把大部分闲余时间用来清扫庙院。他找来和尚介绍给知事,知事恭敬地说:"贵僧,你是否可以为我解惑呢?"和尚说:"你的问题是什么?"知事把问题又说了一遍:"这是故住持的像,但是人在何处?"和尚立刻大叫:"大人!"知事答:"在此,贵僧!""他在哪里?"和尚就这样回答了问题。这位和尚就是后来的黄檗希运。

禅是中国哲学登峰造极的生命智慧,它基于心源,应机发生。唐代时期禅已达巅峰,影响所及,光风霁月,生命中无处不是自在、安定与喜乐,如唐诗《春江花月夜》中云"滟滟随波千万里,何处春江无月明"。从月升到月落,从江色到天色,全诗的整个过程,都是真人之真心性的流露,呈现出圆融的空性。

禅家曾定义"禅"为"于南天体验北斗之艺术"。即想要获至极真理,就必须融会贯通对立的两极,贯通多元成一味。所以,它是心上的功夫。禅是整体的心灵,在里头可以看得见森罗万象——这并非唯心,森罗万象若不是归之于心,无非还是假象。为了训练心上的功夫,禅不反对借助他物,射箭并非射箭,为的是调伏内心,剑道、插花、舞蹈、茶艺和绘画等,都是将"箭"射向自己。乔布斯之所以能够设计出森罗万象的苹果手机,让世界理解了他,正是将"箭"射向了自己,让自己理解了世界。今天我们还可以定义禅为"向宇宙下订单"。向互联网公司下订单,先要下载并安装 App;向宇宙下订单,先要将宇宙装进自己。

很有意思的是,微软和苹果这两家公司的 LOGO,就体现了各自的非线性战略思维:苹果公司那个被吃了一口的苹果,是在告诉人们"我们不完美",也像是在体现存在界一切之发生皆在于天人或心物之间的转换过程——对称性缺失,这是心上的功夫;Microsoft,由英文微型电脑 Microcomputer 和软件 Software 各取一半组合而成,代表微软透视硬件和软件产业的全局,为大家铺路搭桥,这是道上的功夫。苹果和微软都是反 IBM 的。乔布斯率先向 IBM 发难,他用心体差异,关注的是被 IBM "统治"的弱者;盖茨则是先在苹果和 IBM 之争中利用了 IBM 只有硬件没有软件的弱点,又在 IBM 和代工企业之间选择了帮助后者。"反者道之动,弱者道之用",无论是"心"还是"道"上的功夫,乔布斯和盖茨都是造反有"理",扶弱守"诚"。

非线性战略思维可以用"炮打隔子"来形容,例如星巴克它的"炮架子"就是差异——人们想要一个"第三空间"。关于炮架子,庄子的寓言"朝三暮四"写得最为形象:一群猴子,早上给每只猴子三个馒头,下午给每只猴子四个馒头,猴子不高兴;换成早上四个馒头,下午三个馒头,猴子就很高兴。庄子最后评论:"名实未亏,喜怒为用。"然而,需要注意的是,如果没有"诚",就是把人当猴耍了。如今耍猴的把戏比之那位养猴人,已不可同日耳语。例如,怎样把一个西瓜变小? 答案是:用一个更大的西瓜跟它比,一比就小了。解决不了一个问题,那么就制造一个更大的问题,让原先的问题显得不重要。既然一个担忧可以压倒一切,那么得益者有什么理由不让它继续呢?庄子担忧的是这个。

与"炮打隔子"的中国象棋下法相对应的是步步为营、环环相扣的国际象棋下法,麦当劳无疑是其中的佼佼者。在一个餐饮门店的日常运营支出中,剔除人力成本,其日常最大的运营成本就是房租。但是将麦当劳"一手做大"的雷·克洛克很早前就说过:麦当劳的真正生意是经营房地产。从商业运营的角度出发,麦当劳是一家餐饮企业,出色的餐饮业务让终端用户认可了这个品牌,以此为基础,麦当劳才能发展他的加盟业务与房地产收购业务。从会计逻辑的角度出发,麦当劳的房地产业务是公司利润来源的最大头,将2018年麦当劳的财务年报重新整理,我们可以看到2018年麦当劳83.8%的利润来自特许经营加盟店。其中,特许经营加盟板块的收入又分为地产出租与加盟费,如果按照各自的利润率粗略计算,地产出租业务约是公司50%的利润组成。

麦当劳的战略看似复杂,却是线性的:商业地产的收益取决于加盟,加盟取决于品牌,品牌取决于运营。并且这一切都要以扩张为前提,一旦扩张受限,麦当劳的增长就会遇到天花板。

读者肯定能感受到,无论是微软、苹果还是星巴克,它们的战略思维于我们而言似曾相识,而麦当劳的做法却让我们有知易行难的感觉,因为它下的是我们不熟悉的国际象棋,用的是犹太人那样的大脑找差异,而我们擅长的是用心体差异。好在属于麦当劳的时代,已经过去了。

同样成为过去时的还有属于瑞幸咖啡的时代。号称"无限空间"的瑞幸咖啡,试图拿星巴克的"第三空间"作为"炮架子",然而,与"第三空间"相比,远远不是那个味儿。实际上,瑞幸的"无限空间"更适合与麦当劳相比,因为它就是一种步步为营、环环相扣的算计,区别在于,麦当劳在线下圈地,它在线上圈地。从"跟跑者"的眼光看,学会了西方人的线性战略思维,是一种进步;从"引领者"的角度看,就没有必要把人家的垃圾再运进来啦!世界潮流浩浩荡荡,顺之者昌,逆之者亡。

数字化时代和工业化时代的显著区别在于:价值观不再只是企业文化的一部分,而是作为内核与企业的发展战略相关联。作为战略组成部分的价值观，其形成基于良知，传播则有赖于行动。当年毛主席带领的红四军，走到哪里都通过帮老百姓干活等实际行动宣传红军的价值主张，苏联回来的留学生们对此不以为然，认为红四军的军人没有职业军人的样子。然而，这就是以诚相待的发展战略。

同样没有"军人样子"的还有美国南北战争时期的北方军队，但是与红四军相比，完全天壤之别。当时，北方拥有 23 个州，共有 2 200 万人口，集中了全国工业生产的 86%，铁路线的 70%，银行资本的 80%，以及 97% 的军火生产。而参加叛乱的南方联盟只有 11 个州，人口只有 900 多万，其中包括 400 多万黑人奴隶，经济上远比北方落后。从政治上讲，联邦政府进行的是维护国家统一的正义战争，得到了广大人民的支持，而南方政府维护和扩大落后的奴隶制、分裂国家，是不得人心的。如果按照"得民心者得天下的理论"，美国的北方很快会打败南方，然而事实却正好相反，北方军队在军事上不断失利，从 1861 年 4 月至 1862 年 9 月，南方一直掌握着战争的主动权。

实际上，美国南北战争的直接原因是关税。当时美国的北边以工业为主，美国的南边以农业为主，美国政府为了保护工业，决定提高关税，结果南方的农业产品出口遭到重大打击，从而爆发了南北战争。但是如果说是因为关税问题导致战争，对政府的宣传不利，而且层次不够，必须要上升到战略和政治高度。这些任务是专家最为擅长的。这样的以义之名、以利为实发动战争的做法，从此成为美国的传统。

北方军队的失利，使美国总统林肯认识到，必须变纯军事战争为总体战争："要发动一场彻底击败南方的战争，也就是发动一场无限期的战争，不仅要打击南方军队，还要打击南方人民并摧毁他们的意志。"也就是说，林肯不仅要摧毁南方的军队，还要摧毁南方的经济基础和人力基础，凡是支持南方的人一律处决，南方经济的种植园等一律摧毁。说得直白一点，就是三光政策：杀光、抢光、烧光。格兰特担任联邦军总司令后对林肯说："我决心对敌人的武装力量及其资源继续不断地加以打击，如果别无他法，单凭消耗也要使他除投降而外无路可走。"他在 1864 年 4 月给西线军队司令谢尔曼一个指令："尽你所能深入敌境内部，对他们的战争资源进行你所能够进行的一切破坏，毁掉一切可以被用来支援或者供养军队的东西，达到不必流血却能与消灭敌军同样的效果。"在格兰特的指示下,谢尔曼带领6.2万士兵,不带给养,开始对南方的军队及支持的人民和地区进行三光政策,大军所到之处,掠夺一切粮食,带不走的一律烧毁,所有牲畜一律杀死,被怀疑支持南军的人民一律处决,种植园、厂房与机器一律破坏,水源一律下毒,也就是带不走的一律毁掉,这样留下来的人也因为没有粮食和水源全被饿死渴死。二战期间和之后,美帝虽没有进行三光政策,但通过先把你打服,然后驻军,再给你搞一套美帝的那种制度,是总体战思想的延续。

总体战思想在美国生根发芽,二战前却在德国发展壮大,并进入军校教科书,其最核心的内容:为消灭对手不惜任何手段和代价,无所谓正义和非正义,无所谓民心所向。日本在崛起的过程中,其学习的对象也是德国,其军事思想很多来自德国,日军的"三光政策"就是来自德国的总体战思想。国民党将领张辉瓒在德国学习期间也全盘吸收了总体战思想,在进攻中央苏区的时候他命令部下:东固已赤化,石头要过刀,板凳要火烧,40里内凡10岁以上男女格杀勿论。因此,他的部队在东固地区看到老百姓的房子经常不问青红皂白地烧掉,见到粮食衣物就抢,捉到人就当是"共匪"杀掉,抓到妇女就强奸,可以说是无恶不作。张辉瓒被捕后成为仅有的被红军处决的将领。朱德曾说道:他留学德国最终给自己带来杀身之祸。朱总司令也曾在德国待过一段时间,对德国的军事理论非常了解,他对德国军事理论批判地吸收,将其中的糟粕去除了。

以诚相待的非线性战略思维始于武王伐纣。我们熟悉的商朝,是由"商人"这个族群建立的——"商人"不是指做生意的人,而是指商族。在他们的观念中,只有"商人"才是"人",他们自认为"天命降于商人",为了让上天能够永远地保佑自己,商人会经常进行大规模的祭祀活动,祭祀当中会大量用到活人做祭品。而献祭的这些活人,来自对外战争中所俘获的其他族群的人。可见,"商文化"只能被"商族"所接受,对于其他族群,意味着灭顶之灾。它不具备"普遍性",是一种强烈的"特殊性"。而这种特殊性,必然会遭到其他族群的反抗。其中,周人是最主要的一支抵抗力量。在抗争的过程中,周人提出一个全新的观念,那就是"天命降于周王",完全不同于商族的"天命降于商人"。乍一看,这似乎把天命的载体变得狭隘了,实际上,却是把"箭"

射向了自己:"天命降于周王"的前提是周王心怀天命,他不仅要为周人主持正义,还要为全天下人主持正义。只有这样,才能动员所有族群推翻商朝的统治,甚至商朝的军队也因此临阵倒戈。换言之,周王是用"操作系统"的思维推翻了商朝。

以前的"商人"没有"周人"的思维,现在的商人也很少有"周人"的思维,数字化时代的商人,是一定要有为全天下服务的思维的,否则就会被"周人"——周到的人,取而代之。周人的思维是义中取利,而义是长远的利,意味着他们得的是复利。

爱因斯坦将复利比作世界第八大奇迹,要了解复利的威力,我们不妨先回答一个问题:一片池塘出现了一小块浮萍,它每天增长一倍,预计 10 天就能长满整个池塘,请问,多少天能长满一半水面? 答案是第九天。也就是说,你第九天看的时候,才覆盖池塘的一半,但只需一天时间,就覆盖全部了,听起来魔幻,但事实如此。当你有 5 000 万美金时,你只是个千万富翁,可是只要翻一番,一天之内,你就会变成亿万富翁。这就是复利的力量。所谓复利思维,其本质就是:做事情 A,会导致结果 B;而结果 B,又会反过来加强 A,不断循环。"利者,义之和也",而义又是长远的利,意味着,义是 A,利是 B;A 会导致 B,B 又会加强 A。微软、苹果和星巴克这样的数字化企业,它们的用户价值系统行义,客户价值系统获利,用户价值系统是 A,客户价值系统是 B,A 会导致 B,B 又会加强 A,如此循环往复。

讲义气的企业在中国并不少见,然而在如今的商业环境中能够做到义中取利的,少之又少。不仅如此,一些人还以悲剧收场,例如,雷士照明的创始人吴长江。

2016 年 12 月 21 日,广东省惠州市中级人民法院做出一审判决,以挪用资金、职务侵占罪判处雷士照明(中国)有限公司原董事长吴长江有期徒刑 14 年。至此,轰动一时的雷士照明案,以令人扼腕的结局宣布告一段落。谁能想到,昔日中国照明界的大佬,最后竟落得如此结局。

与许多同年代企业家类似,吴长江家境贫寒却天资聪颖,一朝金榜题名,大学毕业后他分配到了陕西汉中航空公司工作。即便捧着"金饭碗",但吴长江心底始终有个"老板梦",并随着时间的推移越发迫切。1992年,在即将被提拔为副处长的前夕,吴长江提出了辞职,临行时原单位的老领导对他说:"小吴,你太理想化又太重义气,这样的性格是你最大的优点,也是最大的缺点。以后你若成功是性格使然,若栽跟头也是因为你的性格。"今日回观,竟一语成谶。

吴长江开始了独闯广东的生活。他在一家台资自行车厂做储备干部,中途还临时做过公司保安。干了半年,吴长江机缘巧合去了雅耀电器,那是一家七十人规模的灯具厂,老板对吴长江的能力十分欣赏。就这样,吴长江无意中进入了照明行业。企业的高速发展,让吴长江深刻认识到照明行业的前景,他再次动了辞职的心思。尽管老板极力挽留,甚至开出给他买套房的优厚条件,吴长江依然毫不犹豫地拒绝,他直截了当地告诉老板:"我来广东就是想创业的。"

在仲夏的一个夜晚,吴长江喊来高中同学杜刚、胡永宏。在自家楼下边喝酒边聊起以后的规划,聊到酣畅处,三人决定将合作形式从帮忙转成共同创业。吴长江当即举杯:"我出45万,占45%股权,你们俩出55万,各占股27.5%。"吴长江并不是不知道股权结构的重要性,何况当时他的经济实力也远优于杜、胡二人,如果他要多出6万元占股51%,实在轻而易举。但在吴长江的价值体系中,控股权并不重要,兄弟情面、江湖义气才是第一位的,既然大家一起创业,就不能亏了兄弟。吴长江与雷士此后十余年都绕不出的魔咒,正是始于这个路边摊上的约定。

1998年底,惠州雷士照明有限公司成立,此后一路高歌猛进。雷士迅速在市场上崛起,先是创立了在照明行业率先实行的产品召回制度,赢得了市场信誉,又在行业内第一个推行专卖店模式,逐渐有经销商主动找上门要求加盟。据说吴长江对经销商一言九鼎,他曾说过:"你要真的为兄弟们好,就不要总给小恩小惠。人都不是傻瓜,你用心对他,他也看得出来。"这是吴长江的性格使然,他做事考虑的永远是大家的利益和前途,他向来推崇把经销商当员工一样关怀和管理。吴长江的做法也没少挨董事会斥责,吴长江对"兄弟们"的承诺也曾遭董事会否定,但他往往坚持,"给别人多少奖金、给人多少股票,董事会不同意,我给"。同窗合伙创业可以让一个公司凝聚力量,快速发展,也同样可以让彼此龃龉不断,影响公司发展。

2002 年开始,三位创始人先是进行了一次股权调整。由雷士向吴长江支付 1 000 万元,三人股权均等为 33.3%。对于股权调整的原因,吴长江的解释是公司分红,他比杜、胡拿得多,另外两个人心里不舒服,为了这份兄弟情,他决定主动稀释自己的股权。但也许是感情自此有了裂痕,也许是三分天下后,业内依然只将雷士与吴长江画等号。2002 年,吴长江无奈提议,自己离开公司,担任董事长,由胡永宏做总经理,"创业初期股东扯皮,最受伤害的是企业,但是我没办法,我只有用这种方式,否则这个企业就真的会出问题"。

失去了吴长江的雷士问题频出,原来每年 100% 的增长,变成了 50%。另一个大问题是人心涣散,员工离职的、跳槽的、出去当老板的特别多。于是 2003 年底,吴长江又重新做回雷士照明的总经理。2005 年,吴长江准备在各地找大的经销商,成立各省运营中心,这件事最终点燃了合伙人分手的导火索。先是杜、胡根据公司章程给吴长江开了个会,要求他拿 8 000 万元走人。但就在吴长江退出后的第 3 天,事情发生了戏剧性的变化。全国各地 200 多个供应商和经销商,还有公司的中高层干部,举手表决全票通过让吴长江留下,而另两个股东各带 8 000 万元退出。由供应商、经销商"反水",决定一个企业高层的人事变动,这开创了企业发展史的先河,惊叹业界。

如今复盘那场变局,其中的纠结与人性的龌龊依然难以辨清。唯一能看清的是,在扶植优秀运营商的渠道变更策略上,吴长江较杜、胡棋高数着,主动灌溉日后可能牵制自己的经销商,考量的不仅是决策者的眼光、格局,更是胸襟与魄力。经销商在生意上高度依赖雷士,情感上几乎只认一起白手起家的吴长江,雷士照明的核心竞争力就以这样一种微妙的捆绑方式,游走在此后的上市公司之外,掌控在吴长江的股掌之间。

虽然从杜、胡手中拿回了雷士 100% 的股权,吴长江却如履薄冰。按照三方约定,吴向两位创始人首付 1 亿元,并要在 2006 年 6 月 30 日前付清另外 6 000 万元,否则对方将有权利拍卖雷士的品牌及公司资产。当年的义气和自负欠下的账,如今的对价变成了 1.6 亿元。这时,找钱成了吴长江头顶唯一的关键词。于是,资金掮客们开始在吴长江生命中陆续登台。急于融资的吴长江求助过柳传志,甚至借过5分利的高利贷。彼时,吴长江已在债台高筑中苦不堪言,而雷士历史上两位精明的投资人——赛富基金(当时名为软银赛富)的阎焱,亚盛投资公司总裁毛区健丽,就在此时携手登场了。毛区健丽的一重身份是吴长江的财务顾问,阎焱与吴长江的合作意向是由毛牵线,对于毛区健丽来说,若是联想成为战略投资者,千万元的财务顾问费用无从谈起。于是两方心照不宣地告诉尚在印度出差的吴长江,阎焱是他最靠谱的选择。2006年,阎焱与吴长江商量融资价格,按照雷士2005年的5 000多万元的利润,开出了8.8倍市盈率、超4亿元的估值。一个月后,当阎焱把正式的协议摆在他面前时,吴长江却傻眼了。阎焱2 200万美元的投资额,却要占雷士35.71%的股权。按照吴长江的计算,既然融资前公司估值超4亿元,那么2 200万美元的投资占股不会超过30%。阎焱告诉吴长江,超4亿元的估值是按照post-money,即投资后估值计算的,这是国际惯例。听完阎焱的解释,吴长江拍案而起:"按照这个强盗逻辑,如果你投资雷士4亿元,我的股权就为0了吗?"

但吴长江最终还是答应了,又是所谓的"义气"让他选择暂时咽下这口窝囊气:"西方契约,讲的是白纸黑字,中国契约,讲的是口头说了就算数,就是'君子协定'。"在随后组成的公司董事会中,阎焱控制三席,吴长江只控制两席,吴长江想做的事,只要阎焱不允,都无法继续。这让吴长江极为被动,只能屡次以个人名义实施自己的商业蓝图,这有几分类似他当年与杜、胡合作时在雷士外另立山头。吴长江并不是没有反抗过,2008年,吴长江以"优化公司股权结构"为由引入高盛,高盛向雷士投入3 655万美元,买进9.39%的股份。不愿稀释股权的阎焱果断跟进1 000万美元投资,软银赛富总持股比例达到30.73%。手中无粮的吴长江却无力跟投,于是他的股份遭进一步摊薄,降到29.33%。阎焱自此坐镇雷士第一大股东。吴长江搬起石头砸了自己的脚,心中又气又恨,坐稳了第一大股东的阎焱却不断拨弄吴长江敏感的神经,不时话里话外地"敲打"他,自己才是公司的大股东,雷士董事长、CEO的位置都是自己让吴长江坐稳的。情势进一步恶化。2010年5月,雷士照明在香港上市,虽然高盛和赛富的股份均有稀释,但阎焱老大、吴长江次之的格局不变。2011年,在阎焱的牵线下,雷士照明引入施耐德为战略投资者,阎焱的潜在话语权进一步扩大。

　　2012 年,因意见不合,阎焱索性将吴长江赶出雷士,自己接替他出任董事长,而接替吴长江出任 CEO 的正是来自施耐德的张开鹏。吴长江对媒体表示自己"不想下船,但被逼下船"。这次内讧桥段与 2005 年分家的剧情相似,吴长江再次动用了同样的"撒手锏",他在经销商的支持下,再度回归。2012 年 7 月 13 日,罢工正式开始。此次罢工愈演愈烈,直至 8 月 10 日,雷士核心供应商停止向雷士供货。这期间,雷士董事会对吴长江是否回归的审议一直没有结果。雷士"断货"后,雷士内部多名高管离职,董事会依旧不同意吴长江回归,但是"施耐德系"两名高管已经辞职,算是对经销商的妥协。8 月 20 日,吴长江现身重庆动员供应商恢复供货,部分供应商表示会响应吴长江的提议。这次地震断断续续持续了整整一年。雷士照明于 2013 年 6 月23 日晚公告,该公司创始人、现任 CEO 吴长江已于 6 月 21 日的股东大会上当选执行董事。这意味着,历经一年,吴长江正式重返雷士董事会。尽管成功扳回一局,但阎焱俨然成为吴长江心头的刺,已经到了不可不拔的地步。

　　王冬雷就是在这种情况下出现在雷士的。他麾下的德豪润达以生产西式小家电发迹。2008 年的金融危机重创了王冬雷所在的行业,他不得不带领德豪踏上转型 LED 之路。他一直希望找到一家拥有较强渠道的照明企业。吴长江与王东雷相见恨晚。当时,吴长江对王冬雷提出的要求是,务必帮他赶走阎焱。至今,吴长江也不知王冬雷用了怎样的方法,说服了施耐德中国区总裁朱海。在 2013 年 4 月的股东会上,朱海站到了王冬雷一方,于是阎焱辞任董事长出局,吴长江重新坐稳了雷士的 CEO。只是前门驱狼,后门入虎。耿直的吴长江斗不过阎焱,更斗不过比阎焱还老辣的王冬雷。也许是忌惮两次雷士风波中吴长江的绝地反击,王冬雷设计了一套将自己与吴长江深度绑定的机制。德豪润达买下吴长江持有的雷士照明 18.6% 的股权,辅以二级市场收购股权的方式,成为雷士第一大股东;同时,德豪润达向吴长江增发股权,让吴成为德豪第二大股东。吴长江深知在这种捆绑模式下,自己的话语权有限。他与王东雷另外签署了一份秘密协议,这些协议明着是为了起到制约王东雷的作用,但更多的是保障他对雷士照明的独立运营管理。吴长江认为,只要雷士的经营权在他手上,就无人能跨过他与弟兄们修建的雷士护城河，但他忘了，今时不同往日，这次，他已不再是雷士的股东。

2014 年 5 月，德豪润达继续增持，德豪润达王冬雷成为董事长。2014 年 6 月，吴长江被任命为执行董事。甜蜜期来得快去得也快，平静的外衣下早已暗潮汹涌。2014 年 8 月 8 日，雷士照明一纸声明彻底捅破了窗户纸，发布公告称 CEO 吴长江"下课"，同时下课的，还有其他吴系人员。这已是吴长江在以其本人为主线的公司高层内斗中第三次遭到驱逐。究其根本，王、吴之争与阎、吴之争并无二致，依然是对雷士控制权与经销渠道之争。王冬雷成为雷士第一大股东后，便开始主导雷士与德豪之间的业务整合，包括将雷士核心业务 T8 支架转移进入德豪润达，该业务每年贡献了公司 20% 的收入。吴长江有所不满。之后，王冬雷把自己的德豪润达与雷士照明在财务和业务上都进行了深度整合。他和吴长江都认为是自己拯救了对方，一个提供了资金，一个提供了渠道与现金奶牛。和上一次一样，为了公司经营权，双方又开始暗战，直至最后大打出手。8 月 29 日，雷士照明的临时股东大会上，王冬雷再率众部直指吴长江私相授受、输送利益，指责吴长江在雷士照明董事会不知情的情况下进行违规担保，可能使雷士照明遭受 1.73 亿元巨额损失，投票罢免吴长江在雷士照明的任何职务。随即，两人隔空对垒，互斥对方试图掏空公司，在资本市场掀起一场"赤膊战"。

其间，吴长江三次被迫离开自己一手创建的雷士照明，不知去向，两次为以示清白重返。那几个月，吴长江整日待在酒店茶饭不思，他魔障似的喃喃自语："雷士是我一手创办，就像我的孩子，或许在别人看来，没有雷士不过是少了一个挣钱的工具，但对于我而言，没有雷士就意味着什么都没有了。"内斗不断升级，雷士照明越发陷入风雨飘摇之中。第三次雷士地震仍在持续，很多场景似曾相识，但有一点却与前两次有很大不同：在吴长江再次被"逼宫"之后的几天里，在其两次"下课"都力挺他回归的经销商们此次选择了沉默，利益趋同下经销商"叛变"了，这成了压倒吴长江的最后一棵稻草。

2014 年 10 月 28 日下午，雷士照明的官方微博晒出一张"立案告知书"，吴长江行踪才逐渐明朗，惠州市公安局随即向外界证实，吴长江因涉嫌挪用资金被惠州警方立案侦查。在这场争斗中，吴长江终于失去了他的江湖。兵败如山倒，随着吴长江的锒铛入狱，雷士的"吴长江时代"彻底落下帷幕。

中国的民营企业家中，资本方进入就是考验自己对企业操控力的时候。资本市场，杀人不见血，江湖义气怎敌商业规则？"在这个自私自利的世界，人的最高关系也是法定的关系，是人对法律的关系，这些法律之所以对人有效，并非因为它们是体现人本身的意志和本质的法律，而是因为它们起统治作用，因为违反它们就会受到惩罚。"马克思的话言犹在耳。资本讲的是产权和利益，增长永远是第一位的追求，创始人虽然重要，在金钱的统治下，也只是一个无能为力的个人。

随着越来越多的海外巨头瞄准中国市场，这些外来和尚则比资本更加凶猛，它们熟练地蚕食着本有前景的民营企业。民营企业频繁遭遇它们与资本的双重夹击，生存环境恶劣。在这些错综复杂的环境下，吴长江们生存得并不轻松，也许在不久的以后，还会有更多精疲力竭的民企创始人告别自己一手带大的企业，远离民营经济这坛浑水。但如果中国的主流市场上只剩下背靠垄断温床、不思创新的国企大鳄，以及借助资本巧取豪夺的跨国企业，中国经济发展的原动力和创新力何在？这样的结果又真是我们希望看到的吗？

数字化可以帮助讲义气的中国民营企业家推翻压在身上的大山，从金钱的统治中解放出来，做自己的主人。例如雷士，吴长江的判断没有错，雷士最大的资产就是经销商网络，如果是现在，他完全可以借助数字技术将这个资产数字化，再实现数字产业化，产业数字化。怎么做呢？智能灯是一个被严重低估的智能家居的入口产品，通过有内容、有创意、有温度的智能灯就可以像星巴克那样将线下的"留量"变为线上的"流量"。

当然，也有像董明珠这样的企业家，先是和"土豪"玩了个十亿赌约，现在又单枪匹马地直播带货。"6·18"的第二天，董明珠这边享受着辉煌战绩所带来的赞誉，那边经销商却以减持投桃报李。被外界视作董明珠"一致行动人"的京海担保（一家联合了河北、山东、重庆等10个区域的经销商持股公司），减持最高市值达25.23亿元，格力股价连续受挫。大卖的直播战绩和仿若控诉的资本冷遇,犹如两股不同方向的力,将格力撕扯出一道口子。过去是"得终端者得天下",如今是"得手机终端者得天下"。经销商在线下做得越卖力,格力电器便越难从事线上销售。而线上多卖一台,线下就少卖一台,损害的是经销商利益所得,更让经销商感受到了背叛。解决这对矛盾的办法仍然是数字化:当初经销商和格力借助证券化成了"一致行动人",现在可以通过数字化进一步巩固"一致行动人"的关系。而数字化绝不等于直播带货。

自域流量

最近,中国烟草和中国邮政正在酝酿一个项目:通过物联网、大数据和人工智能技术,为烟店赋予新的功能——社区配送中心。如果其目的就是解决最后一公里配送的问题,让人们的生活更美好,则无疑是一个非常漂亮的2.0创新,全国人民都应该为这两大国有企业点赞。很可惜,中国烟草的目的是通过解决所谓的最后一公里配送的问题来实现自身增长的战略目标——它要借这个所谓的新基建把烟店连成一张网,再来垄断电子烟的销售!这还是麦当劳式的将社会嵌入增长的线性战略思维,也是瑞幸咖啡式的小套路而已!

将增长融入社会的非线性战略思维应该是这样:连成一张网的烟店,如何能够让社会和人们的生活更美好?可不可以为需求牵引供给,供给创造需求的新发展格局助力?电子烟确实是需求,但那完全是人为制造出来的需要,而不是人们内心的想要。人们内心想要的是健康,供给侧又有大量的健康产品对接不上"想要"。例如云南盐业产的白象牌绿色深井盐,已经能够做到不用抗凝剂盐也不结块,可不可以搞个"健康生活,从 YAN 开始"的创意,把盐卖给不买盐的烟民呢?只要用心,简单一个短视频就可以将烟店的"留量变流量":先生回家后把家里的盐换成了他买回来的无抗盐,妻子做饭,吃饭的时候先生问妻子,今天的菜味道和平常相比有什么不一样?妻子说没什么不一样啊?先生说,再想想。妻子想着、想着,似乎意识到了不一样,但还是想不出来哪里不一样。这个时候先生亮出他买回家的无抗盐,说:"健康生活,从YAN开始。""烟""盐"和"严",都是YAN。一个YAN,透露出来先生对生活认真、负责的态度和安心、安全的价值观。盐只是抛砖引玉和过度,"从'盐'开始",可以创作出更多有意思的短视频,把大山里的好产品带出来,这是不是比直播带货高级一点呢?

巴菲特说:"任何不能持久的事物,终将灭亡。"直播带货虽能跑量,却不能成就品牌,没有品牌就不能持久,终将灭亡。经济学家陈志武教授曾经问道:"为什么中国人勤劳但不富有?"部分原因在于,我们总是做着不能持久的事。短时间内电子烟产生的经济效益固然可观,但没有任何社会价值可言,至于精神价值,则与鸦片无异。如果在销售电子烟的同时赋予这张网社会价值,为内循环助力,满足新时代人们对美好生活向往的需求,就是义中取利了,而义是长远的利。例如,四川出产的一款黑茶,用现代工艺传承了古法。古人说"禅茶一味",禅是静心的,现在的茶却用来提神,怎么可能一味呢? 原来,古代的茶和现在的茶不一样,现在的茶,喝了睡不着觉;古法黑茶,喝了却有助于睡眠。柴米油盐酱醋茶,前六样都不会让人睡不着觉,那个时候的茶也一样。恢复古法的黑茶,不仅量管够,而且从种植到加工,严格拒绝任何非自然元素。这样的茶,其营销模式也要传承古法,需要创意,像小罐茶那样"刺激性"的营销模式,是不合适的。除了茶,还有酒,贵州茅台已经被中纪委点了名,制造焦虑的营销模式难以为继,像"一线侯"和"致谢守卫者"这样有意义的白酒,也须要新的通路和平台。烟酒茶不分家,工业化时代却一定要分着卖,这难道不是应该被打破的悖论吗?

打破悖论的方法就是"留量变流量",建立自域流量。自域流量不同于私域流量,它姓公,但为己,可以让实体企业不再被互联网公司绑架,从此独立自主。要独立自主,就一定要实事求是,坚持走群众路线。只有这样,才能实现存量质变。而中国经济的新空间就在于存量的质变。

以青岛啤酒为例,青啤董事长黄克兴说:"啤酒产量确实出现了拐点,但行业发展正在优化,青啤步入了历史上最好的发展期,呈现出利润增长高于收入增长、收入增长高于销量增长的趋势。"黄董事长说:"靠把蛋糕做好、做精、做新,通过创新实现产品升级,提高高端产品的占比。这样利润就能做厚。"GlobalData 的报告说,2013—2018 年中国高端以及超高端啤酒消费量的年复合增长为 6.4%,从 2013 年占市场的 10.94% 增长到 2018 年占 16.44%,未来几年将突破 20%。但即使到 20%,对照美国 40% 以上的高端啤酒占比,仍有相当大的提升空间。此外,从精酿啤酒看,中国的精酿啤酒销量从 2012 年的 56.7 万吨增加到 2018 年的 87.9 万吨,目前占市场的 2.4% 左右,对照美国精酿啤酒占市场 13% 的比重,还有很大发展空间。然而,不是每一个行业都具有啤酒行业这样的"存量质变"的条件,也不是每一家企业都具备青岛啤酒的品牌底蕴可以直接"存量质变"。所以,青岛啤酒线性的"存量质变"之路未必适合大多数的中国企业。更多的企业需要非线性的大迂回、大穿插实现存量质变。例如,青岛有沉淀了几十年的"青岛啤酒节",其他企业要效仿青啤,就得想办法"造节"。我们不妨造个"赏猪节"。

日本三重县伊贺市青山镇小山沟里有一家叫 Mokumoku 的农场,一周时间会有 6 万名游客拥入这里,每天都是人声鼎沸。来这里的游客接近一半是中国人。这些排队的游客来这里主要做一件事——赏猪。千里迢迢跑到日本只为看看猪? 到底是脑子有病还是外国的月亮真的比较圆?

农场开张之前,青山镇是一个贫穷的小山村,人口数量只有不到 8 000 人,当年的 Mokumoku 也只是一家濒临倒闭的腊肠厂。如今,Mokumoku 已成为全球观光农场的代表,每年超过 50 万观光客来到青山镇,光 Mokumoku 农场年营业收入 54 亿日元,如今青山镇已经成为日本最富裕的乡村之一。

当年的青山镇虽然落后,但有一宝——伊贺猪。当地将木醋酸与饲料混合后喂猪,树乙酸在猪体内变成碱性,具有改变脂质的作用,因此猪肉腥味很少,肉质柔软。1987 年,Mokumuku 创始人木村修在山上搭了间木屋创办了 Mokumuku 工作室,目的是使猪农充分利用伊贺猪的优势生产各种肉类加工品。Mokumuku 的火腿虽然在当地居民中的声誉很好,但青山镇的人口只有不到 8 000 人,再加上这个车间在人迹罕至的山上,因此销量惨淡,好几次差点关门大吉。几经折腾,在 1989 年,木村修试水"手工制作伊贺猪香肠",并将制作过程完全公开。香肠不同于其他肉制品,制作过程非常有趣,很多家长带着孩子前来参观。因为伊贺猪香肠不添加人工添加剂,味道鲜美,一传十、十传百,很多城里人写信求购香肠,甚至亲自跑到这里学习香肠制作方法。木村修从中嗅到商机。青山镇有手工啤酒作坊、牛奶作坊、麦芽工坊,但彼此独立往来很少,为何不把手工香肠制作当成场景的入口,将这些作坊联合起来供城市游客体验呢?

木村修的想法得到了农民认可,于是在1995年,传授农业经验的手工农场"Mokumoku手工农场"终于诞生了。Mokumoku实行会员制,入会门槛每人2 000日元,有效期两年,入会同时返给会员500日元购物券。Mokumoku从不在电视、报纸等媒体上做广告,主要依靠会员宣传和口碑。随着会员人数的增加,产品销售量持续增长。经过30年的不断改进,成为日本最有名的农场。农场主要分为四大区域,分别提供观光游览、科普教育、产品展览、餐饮美食、休闲体验、商品购买、度假住宿等服务。农业各个环节与旅游产品无缝融合,形成密切关联的农旅产业链。入口处精心设置了购物区,而且类别很丰富,包括蔬菜交易市场、牛奶工坊、乡村料理店、美食广场等。在蔬菜交易市场中,农场与周边农户一起合作,向消费者提供新鲜蔬菜。不仅如此,所有提供的产品上还会标上种植农夫的照片和姓名,这样购买的客户就能清楚地知道所购买的蔬菜的生产地和种植农民了。这样对种植者有一定的约束力,也能让顾客更放心,对打造农场生态健康的形象是非常有帮助的。

产品加工铺还被包装成不同主题馆,不光蔬菜,农场的加工产品的店铺也被包装成主题馆,牛奶工坊里也会展出和出售各种奶制产品,这些主题馆从风格、装饰物等方面,以可爱的动物造型为主,很容易受到小朋友们的欢迎。如猪主题馆内有许多猪肉生产加工的商品,还有叉烧馆、香肠主题馆等,而当地养殖的猪肉则会在餐厅通过料理的方式直接让消费者品尝。而且不同的主题馆陈列和销售的都是和主题相关的商品。比如在猪主题馆内售卖的都是和猪相关的纪念品。

亲子活动设计重视参与感,让小朋友们亲近自然是Mokumoku农场设置活动的考量之一,所以即使是饲养猪的场所,也被聪明地设置为小猪训练园,可被小朋友们观赏。每日饲养员都会按时把猪放到园里活动,游客可在屋外零距离接触观赏小猪,同时游客也可在饲养屋喂养小猪,这样的模式会让游客的体验感更好。

学习牧场为小朋友们提供观赏与体验,在这里,游客可以学习奶牛的挤奶过程,也可以观赏各类牛、羊、驴、矮脚马等动物,从星期一到星期天,在学习牧场都有不同设定的体验活动,包括喂食、挤奶、牧场工作等活动项目。一些游戏的设计,也让孩子能充分融入自然与泥水亲密接触,真切体验农田的乐趣。

除了养殖观光点,农场还设置了有趣的手工体验馆,小朋友们可以在家长的带领下亲手制作香肠。现场制作完成后,还能现场做熟试吃自己辛苦劳动的成果,香肠制作现在都需要上网提前预约。另外,也有贩售现成的香肠,也可以自己买工具回家灌香肠。

该农场最值得学习的地方便是巧妙地将种植和养殖(一产)、加工(二产)和销售与观光体验(三产)结合起来,形成一个循环的生态商业模式。当然,更重要的是农场的细节考虑非常周到,比如,路上的很多标示,都配有很有趣的常识可以阅读,家长可以给小朋友做讲解,增加孩子与家长的互动;再比如,为亲子设立哺乳室、产品的包装、活动安排与说明、农户的介绍等。

Mokumoku 的成功之处就在于从扩张性增长转向了包容性增长,从线性思维转向了非线性思维,从关注客观世界的差异转向洞察主观期望和客观条件之间的差异。最重要的还是对于价值观的坚守,否则,它不可能在细节上做得如此极致。其实,Mokumoku 就是一个农场版的迪士尼,如果说迪士尼是世界上最快乐的地方,那么 Mokumoku 就是世界上最快乐的农场。然而,迪士尼毕竟没有一产,二产涉及一些,也只是品牌输出方面的合作。不过,迪士尼已经成功地拥抱了数字化,获得了更大的增长空间。Mokumoku 主观上自然希望效仿迪士尼,客观上却受制于日本本土市场的条件。

这么分析下来,读者便不难发现,世界上只有中国有条件做数字化的农场版迪士尼!但是数字化的农场版迪士尼不等于数字技术化的农场版迪士尼,它需要将心注入,只有这样才会设计出走心的内容和服务。无论是迪士尼还是 Mokumoku,都是通过内容供应链带动了产品和服务供应链,而内容的传播,一定根植于理念。理念就像钉子,钉住了之后,无论是美国的技术、模式还是日本的服务、体验，都是锤子，会为我们所用。

日本有伊贺猪，中国有荣昌猪，我们以荣昌猪为例，说明如何打造数字化的农场版迪士尼，借助猪肉刚需高频的特性，建立自域流量。荣昌猪主产于重庆荣昌县，是世界八大优良猪种之一，其形成至今已有 400 多年的历史，由勤劳聪明的荣昌人民选育而成。1957 年，荣昌猪被载入英国出版的《世界家畜品种及名种辞典》，成为国际公认的宝贵猪种资源。

和迪士尼、Mokumoku 一样，我们植入的价值观也是快乐。迪士尼能够给人带来快乐，在于他设计的形象和故事；Mokumoku 为了给人们带来快乐，首先要让猪快乐。我们也是一样，首先要让猪快乐，猪不快乐，人不可能快乐；之后再学习迪士尼，用形象和故事实现品牌传播。因为技术可以确保猪是快乐的，所以我们做出这个承诺完全没有任何问题。同时，这项技术在让猪快乐的同时又不减少猪的产量，保证了线上虚拟空间的传播和线下实体产业的无缝衔接，可以广泛发动社会力量参与进来。

例如，重庆本地就有一家企业叫"美心木门"，它的品牌理念相当棒，叫"专心专艺、美心美家"。然而，西方国家有经常换门的习惯，中国人买门，几乎是一生一次，因为只要不搬家，门可以用一生一世。这意味着，"美心美家"这么棒的品牌理念并没有实现价值，美心的客户一生一世都是美心门的用户，成为美心客户的机会却一生只有一次。那么，如何将一生一次的客户和一生一世的用户转变为一生一世的客户呢？也就是说，如何让美心木门也能够像苹果手机那样实现客户与用户合一呢？

用线性思维很难想象人们会通过猪来美心美家；用非线性思维，就完全可以。从美心美家反向向内，我们会发现，它蕴含着"各美其美、美人之美、美美与共、天下大同"的理念。延伸出来的意思是，每个人都要美心，也会帮助别人美心，美心和美心与共，天下这个大家就会呈现大同之美。不仅人要美心，猪也要美心，猪如何美心呢？肠道调节好，心就美了，因为小肠和心互为表里，这是中医的理论，也已经为胚胎学所证实。这样一来，基于一致的价值理念，美心木门就提升了自己的服务理念，不仅让美心木门顺理成章地做数字化的 Mokumoku，也让美心美家落了地——因为落在心地，所以更有温度。有了温度的品牌，黏性自然加强，代理商的"留量"变为"流量"，做着本来应该做的事,却赚着本来赚不到的钱,还收获了美人之美的快乐,积极性和自主性自然就来了。这就是通过品牌精神和社会服务建立自域流量,实现存量质变。建立自域流量的过程是数字产业化,实现存量质变的过程——在数据驱动下进行家居产业的数字化改造,建立家居产业的 CPS,是产业数字化。

不仅做木门的、做餐饮的企业可以跨界卖猪肉,价值观注入了之后,就连做衬衫的,也可以这么做。例如,雅戈尔最近推出了一个广告,策划得相当别致,叫"春风十里,不如衬衫懂你"。然而,由于疫情的冲击,不得不寻求能适应当前市场发展的营销端突破,这家以传统线下销售为主的企业干起了微商,一场覆盖雅戈尔企业内部 1 万多名非营销岗位的员工转型成为销售人员的变革随之应势而生,年近 70 岁的董事长在朋友圈发布产品照片和"葵花码"后,配了四个字:"邯郸学步。"这是解燃眉之急的做法,董事长的身先士卒,令人敬佩,也让人心酸。

从长远看,雅戈尔的品牌内涵和底蕴,相当厚重。就以"春风十里,不如衬衫懂你"这个广告而言,我们可以利用非线性战略思维进行"发散"。衬衫为什么懂你呢?因为懂"理",所以懂你。年轻态、有活力,在于懂得YOUNGOR 之理。不仅懂你,而且懂美,理如月亮,你如万川,月印万川,各美其美。雅戈尔,懂你,懂美,懂生活!这是什么"理"呢?就是年轻之理。作为物质层面的衬衫说懂你,未免忽悠;但是作为精神层面的衬衫说懂你,就没有任何问题了——我懂的是想要永远年轻的你。新的品牌理念立起来之后,就可以建立自域流量,再跨界健康生活为 YOUNGOR 的客户提供增值服务。

"方向不对,努力倒退",价值观与战略相连,是盖茨和乔布斯联手创造的新商业的方向。这方面,传统企业很有必要向马云学习。为了做蚂蚁金服,他设计了蚂蚁森林,通过社会服务为蚂蚁金服开源引流的同时也收获了品牌美誉度,这是马云的非线性战略思维使然,但是思维的背后却是他的责任感和使命感。早在 2010 年 3 月,阿里巴巴就在杭州萧山区南阳镇围垦五工段的钱塘江畔认养了 100 亩防护林作为"碳汇林基地",马云和公司高管在现场种下了第一批"碳汇树"。所谓"碳汇林",就是充分发挥森林的碳汇功能，降低大气中的二氧化碳浓度，以减缓气候变暖为主要目的的林业活动。

　　网上有一个马云和王健林的对话视频。当时王总正踌躇满志地带领万达杀进互联网，左拥百度、右抱腾讯，成立了一家号称"腾百万"的互联网公司。马云前去捧场。当王总在台上发言说万达要转型做互联网，马云插话："转型就像拔牙，要付出代价的啊！"其实言为心声，当时的马云应该正在为阿里的转型酝酿方案，想拔掉"假货"这颗烂牙。如果他心里没有这个焦虑的话，他不会想到转型就像拔牙，因为还有一种转型叫"换牙"，我们每个人都经历过这样的转型，但是并没有因此付出过代价。可惜，王总没能抓住这个机会给予反击，浪费了一次演绎经典的机会。他慌忙中给出的回答，比著名的"一个亿"的小目标还要让人惊讶："我知道转型会付出代价的，所以我已经融到了资金，做了准备。"这实际是一次初心的较量。网上还有一段视频：20世纪90年代创业初期的马云，有天晚上骑车路过看到一个井盖没了，所有的行人都绕着走开，只有马云，他很焦虑，骑车绕了几圈，一直等到交警过来他才离开。这就是马云，相比较同时代大多数中国企业家，他有一颗为公共服务的心。

　　孙子曰："兵者，国之大事，死生之地，存亡之道，不可不察也。故经之以五（事），校之以计，而索其情：一曰道，二曰天，三曰地，四曰将，五曰法。道者，令民与上同意也，故可（以）与之死，可（以）与之生，而不畏危（诡也）。"线性战略思维和非线性战略思维的区别在于，后者有"道"。

第六章

超越阿米巴：自组织

战略思维和组织能力的关系,很像性格和能力的关系。性格制约能力,能力也制约性格;良好的性格会弥补能力上的某些不足;性格与能力的结合是获得成长的必要条件。同样,战略思维制约组织能力,组织能力也制约战略思维;战略思维会弥补组织能力上的某些不足;战略思维与组织能力的结合是获得增长的必要条件。索尼进入美国市场的成功,就在于战略思维与组织能力的相辅相成。

再以微软公司为例,盖茨在创业初期有一句名言:微软挣一块钱,微软的合作伙伴挣八块钱。这句话在微软公司内部的版本叫作"让他人伟大,你更伟大",并潜移默化地成为微软高速增长时期影响公司组织能力的核心价值观。2001 年鲍尔默出任微软 CEO 后,用六条写在公司网站上的价值观取代了"让他人伟大,你更伟大",一举改变了微软公司的组织文化,也进而影响了组织能力。众所周知,鲍尔默时期的微软,一度战略迷失。而乔布斯的接班人库克却始终坚持"让科技更有人性"的苹果核心价值观。大的方面就不说了,简单的一个例子就可以见微知著。当你问苹果 Siri 为什么不能除以 0? 它回答:假如你有 0 块饼干,要分给 0 个朋友,每个人能分到几块? 你看,这个问题没有任何意义吧? 甜饼怪会难过,因为没有饼干吃,而你也会难过,因为你一个朋友都没有。多么暖心的回答!

传统的组织能力涉及三对关系:个人与目标,个人与组织,组织与环境。在以连续性和可预测性为特征的工业化时代,组织与环境的关系相对稳定,因此组织管理的基本原则是组织首先找准自己的定力,然后让个人服从组织、服务目标。在以非连续性和不可预测性为特征的数字化时代,组织与环境之间的关系不再相对稳定,而是随时都在变化之中,战略思维从线性转变为非线性之后,组织能力也必须从根本上进行变革。

由于组织依环境而变,在变革组织能力之前,有必要对于组织所处的变化的环境先有一个正确的认识,只有真正清楚了为什么而变,才会知道如何变。德勤公司于 2018 年针对全球 11 个国家的 361 名高管进行了全球调查,其结论是组织仍在寻找一条平衡路径,利用数字技术为创新和商业模式转变提供的机会来改善当前的运营。用新环境下的数字技术改善与老环境相适应的运营,就会在战略、人才、创新和供应链方面带来一系列悖论。

价值共创型社会

工业化的卖方市场时代,"十人一色";到了工业化的买方市场时代,"十人十色"。在日本,把食材买回家自己烹饪的情况在减少,从便利店买回家马上能食用的方便菜的份额在增长,而方便菜的种类也根据消费居民的生活方式在发生巨大变化。日本的大型批发企业菱食根据零售业者提供的积分卡中的消费数据进行分析,将家庭主妇分为七类客户画像。

1. 聪明的节约型妈妈:为了节约伙食费,用便宜的食材做饭,不购买给人印象价格高昂的方便菜和冷冻食品。

2. 工作型妈妈:由于忙于工作、育儿,经常购买方便菜及冷冻食品。

3. 挑战型妈妈:作为专职主妇,时间上宽裕,但不擅长做饭。依赖店头的食谱卡等信息。

4. 爱用网络型妈妈:对做饭拥有自信与意欲,经常收集网络上的食谱信息及使用产地直送服务。

5. 中段年龄型忙碌妈妈:孩子已经成长到一定程度,而自己则忙于打计时工等。经常购买加工完成的食品,但对食品安全敏感。

6. 空巢症候群:孩子已经各自成家立业,夫妇二人独自生活,夫妻关系不佳,对烹饪的意欲减退。

7. 高龄享受者:夫妇关系和睦,对烹饪的意欲高涨,同时也会考虑到饮食健康。

连从事批发业的菱食公司都已经在分析终端消费者的数据,目的就是为了适应"十人十色"的买方市场。在国内,具有这项能力的,通常是互联网公司。然而,接下来还有可能进一步转变为"一人十色"。因为客户的购买行为变得愈发多样,有时按照价格指向,根据各超市的促销日而去不同的超市进行购物;有时又按照价值指向,果断买下名牌商品。如今的消费者是一个更加自主、更有力度、更愿彰显的形象的个体,早已不是被动地等待着被满足的个体。庄子曾经感叹"吾生也有涯,而知也无涯,以有涯随无涯,殆已"。用这句话来形容现在的零售、批发业者以及互联网从业者,再贴切不过——对客户的把握是有限的,客户的变化是无限的,以有限随无限,不会收到好的效果。

应对的办法有两种。一种是科学的方法:运用大数据和人工智能,人算不过来,就让机器去算;另外一种是人文的方法:既然难以琢磨,那索性就不要去琢磨,反过来进入客户的内心,用心体会客户内心的"想要"。这要求服务人员训练自己不仅把自身的客户视为服务对象,而且把所有人都作为服务对象,只有这样的"公心"才会将自己训练成为一个擅于用心思考的人。

而个人能力的转变离不开组织能力的转变。组织一方面要调整过去过于标准化的服务和单方向性所产生的供需分歧,另一方面要形成多元化参与的价值共创型服务。企业不能再像以往那样进行单边思考和采取单边行动,因为价值不再只是由企业创造然后与消费者进行交换的东西,而是消费者、合作伙伴与企业共同创造的产物。无论市场环境如何变化,消费者既是营销的起点,也是营销的终点,企业对消费者洞察与把握是营销原点。以前组织采取的是以企业为核心的价值观,现在则要以体验为核心的共创价值观来经营管理。以前人们把消费者定位为目标,如今要把消费者视为价值的共创者。共创价值完全不同于以消费者为导向的价值模式,它是一种全新的价值创造模式,而且价值的概念也发生了变化,价值不再是产品或服务与生俱来的特质,也无法由产品的生产者或服务者直接提供,必须有消费者参与、通过消费者的亲身体验实现价值。当自身的组织能力满足不了洞察到的消费者需求,就需要与合作伙伴一起来满足消费者需求,共创价值,这就是"不仅把自身的客户视为服务对象,而且把所有人都作为服务对象"。当每个人都把所有人作为服务对象,其结果便是很多人会服务于一个人,"一人十色"的需求就这样被满足了。

再以旅游业为例,游客在享受旅游服务的过程中,需要与工作人员,甚至其他游客一起共同完成整个体验过程。运用价值共创的思路,共创下的旅游服务价值系统由供应方价值系统和游客价值系统组成,通过旅游服务的交换价值把这两个系统联系起来,共同完成旅游服务的使用价值过程。旅游服务企业与景区的价值系统是供应方价值系统,游客价值系统主要体现在游客参与到旅游服务价值共创中。例如,迪士尼和 MOKUMOKU,游客通过自身参与获得的快乐,来自满足游客自我期望的游客价值系统,而不是供应方价值系统。而中国版 MOKUMOKU 的创新点在于,它的游客价值系统中增加了以短视频为主的价值分享工具,进一步加强了游客的参与感。

不仅零售、批发和旅游业等服务性行业正在转向价值共创,制造业也在转向价值共创的服务型制造。服务型制造的立足点,也是其核心,是需要顾客积极主动地融入生产与服务的全过程。在顾客的影响下,服务型制造通过企业及其合作伙伴提供的生产性服务和服务型生产满足顾客需求,并获得顾客价值的提升。目前,很多企业已经成为服务型制造企业的成功典范,如航空发动机领域的罗尔斯罗伊斯公司、电子产品领域的苹果公司和家居领域的宜家公司。以英国的罗尔斯罗伊斯公司为例,从 20 世纪 80 年代后期开始,市场竞争变得异常激烈,为了在市场竞争中取得优势,罗尔斯罗伊斯公司努力提升服务水平,并不断提高发动机在线监测、诊断以及预警能力,构建了一整套包含设备和服务集成的组织结构和产品体系,并拓展了公司的产业链条,为客户提供方案设计和战略咨询管理服务。通过一系列服务化转型,罗尔斯罗伊斯公司最终获得了强有力的竞争优势,成为国际航空发动机行业的霸主。本质上,罗尔斯罗伊斯公司与苹果公司的做法如出一辙,都是使有形产品与服务紧密结合,既向顾客提供了优质的产品,吸引了客户的目光,又使自己获得了高额的利润。同样,虽然处于传统的家具制造销售行业,宜家却不像其他公司那样将为顾客制造和销售家具仅仅视为一种简单的交易,而是将交易视为一种崭新的劳动分工,即宜家只提供材料,而拼装、摆放甚至颜色都由顾客根据自己的喜好来进行再创造。它将"与客户一起创造价值"作为自己独特的经营理念。因此,宜家才可以从最初的一家靠为客户邮购小型家具起步的公司,发展成为全球知名的大型家居连锁企业,至今在世界各地拥有 300 多家连锁商店,年均增长率达 15%,年销售额超过 200 亿欧元。

在中国经济下行压力不断加大的今天,许多人为服务业超越制造业成为国民经济第二大产业而欢呼，甚至认为中国可以逾越工业化发展阶段，直接进入以服务业为主导的经济结构。对此，工信部部长苗圩认为，无论是从历史经验还是现实情况来看，这都是脱离实际的一种观点，"在全球制造业的四级梯队中，中国还处于第三梯队，而且这种格局在短时间内难有根本性改变。要成为制造强国至少要再努力 30 年"。第一梯队是以美国为主导的全球科技创新中心；第二梯队是高端制造领域，包括欧盟、日本；第三梯队是中低端制造领域，主要是一些新兴国家，包括中国；第四梯队主要是资源输出国，包括 OPEC（石油输出国组织）、非洲、拉美等。

诚然，"中国制造"不像我们想象得那么强大，而且，我们的制造业还没有升级，制造业者却已开始撤离。但这并不意味着发展制造业就要继续放慢服务业，也不意味着在发展制造业的道路上我们只有追赶和跟跑的资格，因为我们身处的时代，不仅服务业和制造业分别在转向价值共创，成为价值共创型的服务业和制造业，它们之间的连接也将成为必然，并推动整个社会向价值共创型社会发展。

所谓价值共创型社会，是指人们从原来的供给和接受的关系转向在共同价值观下协同创造商品及服务的共创型关系的社会。这是高度发达的工业化带来的社会的变化，而社会的变化就是价值观的变化。当下，西方发达国家的价值观正在从商业价值的竞争转变为追求安心、安全及环境、文化层面的充实与可持续发展。

在资本主义社会财富积累阶段，物质与精神不能很好地协调，甚至精神会阻碍物质生产的进一步发展，所以，发展生产力，理论上实行资本主义制度比较适合，即允许差别，鼓励竞争，实行私有制。这个阶段，人们重点在于发展物质生产，精神方面的发展相对缓慢。但精神对物质有反作用，在追求生产力发展时，会对生产力发展产生正面推动。当生产力发展到一定的程度，自然地，人们追求的重点将转移到精神方面，追求精神的满足。精神愉悦与物质享受是两种完全不同的概念，因此追求精神愉悦与追求物质财富也应该是两种完全不同的方法。追求精神满足，就必须淡化竞争，加强合作，提倡互助互爱。这就是价值共创型社会的理论基础。实践中，我们已经通过国外的开放银行和国内的所谓开放银行的对比，看到注入精神价值的商业银行如何实现了品牌、服务理念与效益的提升。同时,我们也已经证明传统制造型企业不仅可以实现服务型制造,还可以通过提升品牌和服务理念连接社会服务和制造业。换言之,由西方资本主义国家提出的价值共创型社会一旦在中国落地生根,会呈现出一幅更有活力的图景。即使是提出连接社会服务与制造业的日本,来自社会的支撑也仅限于从物联网获得的数据,重视数据分析是他们的强项,但不是所有的需求都能够通过数据分析出来的。我们因为制度、市场和文化的优势,可以构建一张走群众路线的"人联网"。以文化优势为例,只有我们中国人才懂得"气"的作用和"集义生气"的办法,气势磅礴、气吞山河、气贯长虹、气象万千、生气勃勃、荡气回肠、神气十足、理直气壮、心平气和、一鼓作气,无不说明"气"的能量。

贫穷不是社会主义,没有精神生活更不是社会主义。革命战争年代,共产党人凭借精神的力量以弱克强;工业化时代,精神的力量无用武之地,因为"气"被一根根烟囱、一排排流水线阻断了;数字化时代因精神而生、因精神而兴,同时又为"气"的流动在技术层面提供了可能。在没有数字技术支撑的中国古代社会,商人们尚且能够干明白集义生气、义中取利,价值观回归的今天,又有了技术的保障,更没有理由干不明白。在这样的时代,我们将看到,极其重视人的积极能动性的毛泽东思想,绝对不是"唯意志论"。个体的力量是有限的,通过数字技术连接起来的多元化人们,会向我们展示团结起来的力量究竟有多大。水汇聚了之后尚且能爆发喷薄之力,何况人呢?毛主席以自己的言行诠释了精神的作用,以无可辩驳的成就激活了精神的力量。美国著名记者索尔兹伯里采访长征后这样写道:"阅读长征的故事使我感到,人类的精神一旦被唤起,其威力是无穷无尽的。"而长征正是中国共产党、中国人民军队和新中国灵魂的真实写照。新中国和中国人民解放军的一切胜利,都可以在精神这里找到源头,未来中国和中华民族发展和强盛的密钥,就深藏在这里。

找到了之后,兴奋得跟小孩一样。过了几年,又接待了一位科威特裔的微软高管,他居然和我聊"文化大革命",还表达了他的观点"It's the issue of execution."

新商业文明

2020 年 1 月在瑞士举行的世界经济论坛（即达沃斯论坛）的讨论给人们留下了深刻的印象。全球环境的不断恶化，昭示了迄今为止的扩张主义的经济增长的极限。为了谋求人类社会与地球环境和谐、可持续的发展，有必要重新思考"增长"的含义。在这里，要强调的是"No one will be left behind"，即任何一个人都不会被落下的包容性，在包容性中追求增长，即"包容性增长（inclusive growth）"。在通过不断推进均一化和效率化谋求经济增长的前提下，"差异"往往容易被抛弃。但如果能活用这种"差异"，才是新的全球价值创造和增长的源泉。如此，思考的方向就会改变。在那里，每个人的个性差异、地域的多样性，便会拥有新的意义。包容性增长这一新的形式，将成为今后地球社会的一个指针。在这样的新指针下，当下的价值观正在从商业价值的竞争转变为追求安心、安全及环境、文化层面的充实以及可持续发展，人们将在共同参与社会事务的过程中不断提升自己的伦理品质，正如雅典公民和中国古人所经历的那样。而包容性增长和价值共创型社会之所以可能实现，在于网络空间和物理空间的融合让超越物理距离的多元化的人们能够共同参与社会。

在此之前，2019 年 8 月 19 日，181 家美国顶级公司首席执行官在美国商业组织"商业圆桌会议"（business roundtable）上联合签署了《公司宗旨宣言书》，同时宣称：公司的首要任务是创造一个更美好的社会。该文件重新架构企业运营模式核心目标的优先级，进而引发了市场有关推翻"股东利益最大化"的研讨热潮。

《公司宗旨宣言书》革新了企业基于股东权益最大化做出经营承诺的基本内容，将其重新定义为"企业在保持自身企业宗旨的基础上，对所有利益相关方都有着共同的承诺"。一是为客户提供价值，进一步推动企业满足客户对产品的期望；二是企业员工方面，保障员工薪酬、绩效的公允程度，开展与时俱进的培训和教育，包容并尊重员工多样性；三是维持与供应商的良好关系,公平、合理地进行交易;四是积极参与并开展社区活动,尊重社区个体并切实采取保护环境等可持续措施;五是为股东创造长期价值,积累资本用于公司的投资、发展和创新,保障股东参与度与信息透明度。

米尔顿·弗里德曼(Milton Friedman)在20世纪60年代首先提出股东理论(shareholder theory)的概念:企业的唯一责任是对股东负责,同时企业经营管理者有责任确保股东利益最大化。该理论认为在资本主义中,公司的利益相关者只包含企业股东。与之相对立的,是1984年爱德华·弗里曼(edward freeman)在《战略管理:利益相关者管理的分析方法》中所阐述的利益相关者理论(stakeholder theory),其内容明确将公司的利益相关者界定为受公司及其运作影响的任何人,包括客户、员工、供应商、环保组织、社区、媒体、金融机构、政府部门等。这种观点将企业环境描绘成一个相关群体的生态系统,认为充分考虑并满足所有个体的需要是维持公司可持续性的必要条件。

上述两种理论分别衍生出两种企业经营管理目标:股东权益最大化以及利益相关者财富最大化。受制于股东理论天然局限性,企业只关注股东权益最大化,将不可避免地无视企业内部员工生产经营成果、忽略企业非初始物质资本要素相关的经济增值,形成企业绩效失衡的恶性循环。同时,股东至上理论毫不涉及社会责任等外部关联因素,完全违背现代企业可持续发展的基本目标。企业实质上是一组所有相关利益者之间达成的一系列多边契约,所有参与缔结合约的利益相关者都应该有可能参与公司的价值共享。综合来看,利益相关者财富最大化具有实践意义的先进性。基于利益相关者理论的企业价值最大化目标,要求企业正确处理企业的各种利益关系,通过合法经营、采取最优财务策略和政策、充分考虑货币时间价值风险及效益等因素的方式,在保证企业发展可持续性的基础上使企业价值达到最大。

利益相关者理论要求企业在生产经营过程中,兼顾内外部受组织决策和行动影响的任何相关者及其对应的基本利益。因此,广义的企业价值不仅包括企业自身经济价值,而且涵盖企业社会价值。企业价值最大化目标克服了股东财富最大化目标的缺陷,吸取了股东财富最大化观念的长处,是人们对现代企业财务管理目标深层次认识的进一步拓展，因而成为现代企业生产经营的核心目标的理想选择。

在美国人忙于新商业的顶层设计之时，英国人在微观层面做出了理论贡献。牛津大学社会企业研究中心发现，作为个体的人参与"改善社会"的方式已经由原来的"十人一色"变为了"十人十色"，之前"非营利组织""社会企业"和"商业公司"这样简单的三分法已经适应不了人们的需求。为此，该中心推出了更加细致的"光谱分类法"。光谱正中央的"任务锁定型的社会企业"，是最符合大众想象的社会企业。

为了让人们更好地理解"任务锁定型的社会企业"，牛津大学社会企业研究中心副执行长 Daniela Papi 指出，社会企业的最终目标是改变社会，而商业行为是改变社会的手段之一。他强调，改变社会的目标必须冲破"表象"，深入形成社会问题的"核心"。社会企业采取的商业方式如果不同，能够解决的问题深度也会随之不同。为了解释这个理念，他具体举了两个以"鞋子"为核心业务的社会企业作为案例说明。

第一个是鼎鼎有名的"买一双，捐一双"TOMS 鞋，主打消费者每买一双TOMS 的鞋，他们就会捐一双鞋给偏远地区的贫童。虽然这初步解决了"贫童没鞋穿"的现象，但造成这现象的主因——贫穷——仍然存在。Daniela Papi 表示，TOMS 捐鞋的做法像是在伤口上贴创可贴，也许止血，但无法减少复发，"只做到无止境的'捐赠'，却没深入改革'病源'"。而另一家社会企业 Oliberté，是一家在加拿大设计、在非洲生产的制鞋品牌。Oliberté 让当地人加入制鞋的行列，透过提供更好的劳动条件，进而让当地人获得"自己买鞋子"的经济能力。从产制过程就开始纳入社会理念，而不是让捐助和产制两种行为脱钩进行。"社会企业不能只是解决问题表面的创可贴。"Daniela Papi 表示，给鱼和给鱼竿之间的差别，正在于能否建立自给自足的循环生态。

"一个身在纽约的慈善家，很难提着一大笔钱，直接对非洲的农夫提供有效的帮助。"要解决一个自己完全不了解的议题，是非常困难的。Daniela Papi 分析，如果我们此刻不在问题情境中，那么第一步应该是学习"融入对方的生活"，设身处地从对方的角度思考。Daniela Papi 以自己过去在柬埔寨投入志工服务的经验为例讲解。她最早到柬埔寨开始盖学校时，致力于提供校舍、师资、文具和各种设备，后来却发现当地儿童经常无故缺课。直到在当地生活一段时间后，她才发觉问题出在"教育"以外的范围。在当地孩子去上课之前，"健康"问题已经横亘在他们的学校之路上。Daniela Papi 发现如果能让小孩吃肠胃驱虫的药丸、为女孩子制作可重复使用的卫生棉，他们就可以持续上学。医疗卫生和教育文化环环相扣，Daniela Papi 说："这是一个生态系的问题。"

在中国台湾有个"地瓜妈妈"的案例。协助单亲妈妈贩售地瓜的人安基金会，起初安排单亲妈妈们卖黑轮、切仔面，后来却发现这些小吃的事前备料过于烦琐、耗时，因此调整方向，协助单亲妈妈改卖处理起来相对容易的烤地瓜，让贩售方式更能够符合单亲妈妈养育孩子的生活形态。

Daniela Papi 同时也是 PEPY 组织的发起人，从四年前开始，她就致力于投入青年志工到柬埔寨提供当地人受教育机会的活动。全球每年同样有许多高中生、大学生志愿到第三世界做服务学习，Daniela Papi 表示这份心意固然是美事一桩，但在忽略当地真正的需求和问题的状况下，反而可能造成"服务污染"的反效果。以非洲水井问题为例：许多人误以为非洲的缺水问题在于"缺乏水井"，于是不断捐款，在非洲当地疯狂凿井。但后来才发现重点在于水井常常挖得不够"深"，而且因为缺乏长期营运，许多水井反成了装饰品。盲目挖井没有使问题得到解决，反而造成更多的资源浪费。志愿者是有余力、能够帮助弱者的人。但是在社会企业当中，重点不是在于"志愿"，而是在于我们必须"体会"他们的生活。找出问题的核心，动手协助解决问题。志愿者应该要学习如何提供对方需要的服务，而不是盲目地从服务中自我学习。

日本人的贡献在于实践，尤其是 7-ELEVEN 发明的"制造型零售业"起到了关键性的引领作用。日本社会从卖方市场转向买方市场始于房地产泡沫后。卖方市场时期，由于有庞大的需求作为支撑，7-ELEVEN 的策略是"库存减少即销售额增加"，在当时就已经颠覆了零售业的方程式。而在买房市场，7-ELEVEN 把自己的职责定义为"代顾客备好产品"，使顾客随时在需要的时候以愉悦的心情买到高度新鲜的商品。为了确保商品能够与顾客需求相对应,7-ELEVEN 需要使自身转变为自我主导开发活动的零售业者。在孕育这一前所未有的新价值的同时,再以 24 小时 365 日全年无休的服务据点,力图日益提高店铺的价值。而实现这两大目标,就需要以顾客需求为中心、以信息技术为基础连接销售方的需求链与供应方的供应链。

今天我们已经习以为常的"刚烤好的面包",就是 7-ELEVEN 首创。房地产泡沫破灭后,7-ELEVEN 的米饭销售额增长率达到了两位数,但面包的销售额却一直低迷。调查得出的结论为顾客的需求是口味和鲜度,越来越多的人开始喜欢吃刚烤好的面包。大型面包制造商所提供的,在全国各个超市和面包店都能买到,能保存很久的面包已经无法满足当时顾客的需求。为了解决这个问题,7-ELEVEN 采用了"开发冷冻面包发面团的技术,以数量不多的发面面团冷冻工厂来覆盖全国,并在店铺附近建立烤面包的工厂"的计划。冷冻面团则与拥有优秀技术的福冈 FRANCOIS 公司合作。7-ELEVEN 作为协调者,在拥有优秀冷冻技术及商品开发能力的大型食品制造商、工厂及物流流程设计、烤制工厂之间斡旋,争取到了大型商社的参与。历经一年的准备与测试,在 1993 年 11 月,"现烤直送"服务正式启动,销售额立刻翻番。

在店铺价值利用反面,7-ELEVEN 并没有把自身局限为提供商品的卖场,除了照片冲印及代办快递服务,还在不断开发新服务,甚至设立了 Seven 银行,在旗下 12 298 家店铺全部设立了 ATM 服务。便利店开银行,最大的挑战在于信息系统。由于冲击了传统银行业务,而银行的信息系统在当时都由 IBM 垄断,7-ELEVEN 找到了 IBM 老对手微软公司,而微软被他们的情怀所打动,破天荒地为 Seven 银行 ATM 机开放了自己的源代码,以配合 7-ELEVEN 实现这一创举。(我们不难发现,7-ELEVEN 开银行设 ATM 机,和索尼整片源开社区录像带出租店,是同一个思路)。

银行基础设施做好了之后,刚好迎来了互联网的大发展。因为有金融服务的支撑,包括书籍、食品、杂货、票务、礼品等品类的电子商务相继推出,实现了实体店铺与虚拟网络互联的新商业模式。今天在多数零售业者的店铺每平方米销售额锐减的环境下,7-ELEVEN 却只有微小下降,可以说这种线上线下结合的做法,是其原因之一。

在价值共创型社会到来之际,7-ELEVEN 很容易地将自己的服务继续延伸至社会服务领域,并且以居民日常生活为主轴,形成了健康生活的服务统合和一站式化,并创造出新的框架。现在的医疗保健服务的横向联动很困难,从制度上看,医疗、护理、福利、保健的各种制度处于彼此分裂的状态。对此,消费居民期待一种包括增进健康在内的一条龙医疗保健服务,供需之间的差异非常大。这就有了流程革新与共创共享的机会,而交流型共生社会则是关键词。社会的变化就是价值观的变化,但是社会光靠价值观及期待是无法变化的。而流程再造及渠道、资源再分配正是改变社会结构的原动力。今天价值共创型社会的很多理论和共识,都能够从 7-ELEVEN 的实践中找到源头。

如果说日本是起、英国是承、美国是转,那么中国就是合了,前提是我们愿意学习并善于学习。

管理数字化

如果能够后发先至的优势,企业以创建"任务锁定型的社会企业"为目标,我们会发现,中国具有孕育新商业文明和社会企业得天独厚的气候和土壤,不仅因为"四个自信",还因为当下中国面临的任何一个社会问题,都可以成就一批社会企业。例如,欧美和日本等国家高度发达的农产品生鲜供应链,在中国却是个社会问题。之所以说是社会问题,既是因为"民以食为天",也是因为"病从口入",还因为"一边捆着草,一边饿着牛"——一边是城里的人想吃点好的吃不到,一边是偏远地区好的农产品又运不出来。习总书记 20 世纪 80 年代在正定做书记的时候曾经说过:"靠山吃山,靠水吃水,靠城就要吃城。"他是这么说的,也是这么做的,带着正定人民"为城里人服务,掏城里人腰包","投其所好、供其所需、取其所长、补其所短、应其所变"。数字化时代,应该可以做到让偏远地区的人民"不靠城也能够吃到城",不靠城也能"为城里人服务,掏城里人腰包",贫困不是好东西,贫困的地方真有好东西。困难之处在于打通生鲜供应链。

以盒马鲜生为例，为打通生鲜供应链，盒马在供需两端同时受力：一个是成为中国未来最大的生鲜零售连锁企业；一个就是做食品供应链，重点工程包括蔬菜基地郊区化、水果基地网络化、肉奶工厂订制化、粮蛋产地生态化。盒马的定位与房地产泡沫后 7-ELEVEN 的定位"自我主导开发活动的零售业者"非常类似，问题在于，当年的 7-ELEVEN 有一万多家店铺，而盒马2019 年刚刚调整了策略，从"舍命狂奔"转向了"稳扎稳打"。再者，盒马回到了 B2C 模式，而不是阿里总参谋长曾鸣先生提出的 S2b2C 模式。曾鸣先生指出，S2b2C 的模式要成立，前提当然是要比传统的 B2C 模式提供高得多的价值。在工业时代，大 B 统一品牌、统一服务、统一标准，所以，无论是内部管理、直营的方式还是通过加盟的方式输出标准化的服务和产品来服务 C，都是标准的 B2C 模式。当"大 B"2C 发展很好的时候，"小 b"2C 的空间是不大的，因为它没有品牌优势，没有能力，只能在很小的细分领域，或者是很小的小众市场才能有生存的机会。

所以，S2b2C 在整体效能上要超过"大 B"2C，才有发挥价值的空间，才能够形成一种爆炸性的增长。这就要求充分发挥小 b 的能动性。如果在非常标准化的领域，小 b 不能通过自己的服务产生差异化的价值，那么这个模式就不成立了。S 和小 b 的关系不是传统的加盟店的关系。从根本上来说，加盟提供的是一致体验，由标准化的产品和服务、统一的供应链系统保证一致体验，核心价值由品牌承载，加盟店不拥有品牌，它们的个性化和创意被加盟合同严格限制在极窄小的范围，比如肯德基和麦当劳。之所以严格限制个性化，原因非常简单：监管的成本太高，总店只能让加盟商标准化行事。所以，加盟商不是独立行事的小 b，而是附庸。C 是因品牌而来，不是因加盟商的个性化特质而来。而 S2b2C 中的小 b 是有独立意志和行事自由的个体，提供的是差异化的产品和服务，C 因它们的个体特质而来，即流量属于小b，而非 S 。S 只能赋能小 b，而不能控制它，所以，两者关系的核心是协同，不是管理。

小 b 是自组织，由多个小 b 形成的社群我们称之为"自组织社群"。自组织社群是建立在共同利益而非纯粹血缘关系之上的自我治理的组织，它使得有共同价值理念和利益的个人能够自我组织起来，有效地解决本社区和社群内的问题,应付它们共同面临的挑战。自组织社群与大供应(链)平台相连形成的 S2b2C 系统,叫作"自组织社群系统"。多个自组织社群系统协同共生,共创共享,形成价值共创型社会。

实际上,B2C 和 S2b2C 是适应扩张性增长和包容性增长的不同商业模式。不同的商业模式会有不同的管理模式,B2C 的管理模式是数字化管理,S2b2C 的管理模式是管理数字化。数字化管理以管理为目标,以数字化为手段;管理数字化以数字化为目标,将管理融入数字化之中。正如以社会发展为目标的包容性增长,将增长融入社会之中;而以增长为目标的扩张性增长,却将社会嵌入增长之中。数字化以人为本。数字化管理,是在不改变管理本质的情况下让管理尽可能地人性化一些,如果领导者没有认识到数字化的本质是人本化,以为数字化就是数字技术化,那么,数字化管理就会让管理变得更加没有人性;管理数字化,是要让管理人本化,在管理领域体现与无限小的无尽交流的全局秩序,进入无何有之乡,实现无为而治。要无为而治,从价值、模式、创新、品牌到战略,都必须合"道"。

我们的目标是用 S2b2C 模式解决特色农产品生鲜供应链的问题。原因在于,城里人想吃的各地具有特色的农产品本是非标准化的,很难用 B2C 模式管理起来。这样的农产品与客户建立信任关系的方式,不在于品牌的强势,而在于扎根社区的自组织的用心服务。7-ELEVEN 给我们的启发是,利用店铺现有的空间,从线下线上两个维度围绕居民的需求增加商品和服务,居民获得了多快好省的价值,店铺也提高了坪效。用 S2b2C 模式打通特色农产品生鲜供应链,实现多快好省的客户价值,核心是解决冷链问题,为自组织赋能。小 b 卖生鲜,不可能自建前置仓,更不可能自建冷链。

事实上,西方发达国家的冷链体系未必适用于我国的国情。而且,觉醒了的西方人已经意识到吃"道地"食品的必要性,正在变大规模种养殖为小规模种养殖。再者,工业化时代的冷链,最大的问题在于缺少"集装箱"。现代物流的特征就在于集装箱,但冷链物流恰恰缺少了集装箱,这无疑是一个悖论。越是存在悖论,越是要加强管理,所以冷链管理要比普通物流管理复杂得多。数字技术出现之后,很多人认为借助数字化管理,冷链中的老大难问题便不再是问题,这就好比认为中国足球队变为巴西二队就能提升中国足球水平一样。冷链管理需要的是管理数字化，而非数字化管理。我们应该以问题为导向，实事求是，在"道"上解决问题，而不能形而上学地照搬照抄国外正在想办法修正的老路。

山东日照华斯特林有限公司自主知识产权的斯特林外燃机，让冷链从此有了"集装箱"。任何一个密封性好的、600 升以内的箱子，装上一台斯特林制冷机，就可以成为移动冷箱。普通箱式货车装上移动冷箱之后，就成了冷藏车，并且"驰之以恒"——移动中可以精准温控，上下温差不会超过 0.2 摄氏度。也无须出库和入库，货车司机提取斯特林冷箱后，可以直接送到每一家门店。冷箱到店后就是一台立式冷柜，下一批货送到后，再将空箱带走。运送过程中，打开车厢门的时候也不会影响其他箱内的货物。到店后由居民自提，也可送货到家，由客户自行选择。复杂的冷链运营就此化繁为简，人的自主性发挥出来，管理就变得非常简单。我们把这种冷链运营模式叫作"自主式冷链"。

自主式冷链的核心特征是移动和分布，实现了多地共享、全年共用；核心价值在于解决了冷链断链，全程可追溯，可与区块链技术完美融合；竞争优势在于空运品质、普货价格；环保、节能则体现了其社会责任担当。以上海某中高端社区为例，6 月大樱桃季，斯特林冷链为它们送去山东日照五莲的大樱桃，之后，同一批的箱子会被运往宁波和无锡，送去杨梅和水蜜桃。到了吃大闸蟹的季节，再去江苏和安徽运送大闸蟹。等到冬季，浙江台州冷库中的海鲜，还是用同一批箱子运送。其中还有紫农的乳酸菌猪肉，目前它在电商平台上销售，五花肉价格只有 40 多元，但是 8 斤装的盒子，运费需要 30 多元，盒子、泡沫箱和冰袋的费用加在一块近 10 元。改用斯特林冷链，8 斤装的运费，不会超过 10 元，还拒绝了白色污染——干垃圾、湿垃圾，请问泡沫箱算什么垃圾？为了"吃点好的"，却为环境增加了负担，合适吗？

再比如，假设"健康生活从 YAN 开始"的创意能够落地，烟店老板就成了小 b，遍布全国的烟店被斯特林冷链赋能之后，可以形成面向小微农业订单的"新茶马古道"，解决云南特色农产品的销售问题。"茶马古道"起源于唐宋时期的"茶马互市"，藏区和川、滇边地出产的骡马、毛皮、药材等和川滇及内地出产的茶叶、布匹、盐和日用器皿等，在横断山区的高山深谷间南来

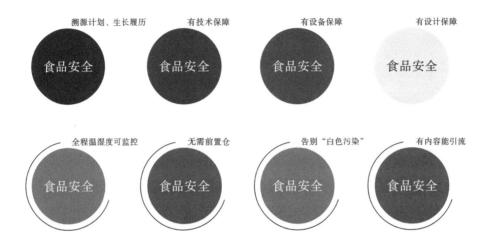

北往,流动不息,形成一条延续至今的"茶马古道"。"新茶马古道"是要将川滇山区里的"鲜货"运到北上广,再从这里集散到周边城市,返回时还可以带些沿海地区的产品(斯特林冷箱可以折叠,因此返程的时候既可以带生鲜,也可以运送普通货物),这叫"山海互市"。除了专线,还有零担,任何一辆货运卡车,甚至长途客车、高铁,配上斯特林冷箱,都可以运送生鲜农产品,最后通过社区配送中心进入家庭。

斯特林是一种闭循环活塞式热机。闭循环的意思是工作燃气一直保存在气缸内,而开循环则如内燃机和一些蒸汽机需要与大气交换气体。斯特林发动机一般被归为外燃机。斯特林发动机通过气体在冷热环境转换时的热胀冷缩做功。发动机内的工作气体处于封闭中,本身不参与任何形式的能量转换,因此可以用惰性气体来作为工质。以简单的双缸斯特林为例,斯特林发动机的工作过程可以分为如下几个阶段:右侧气缸受热,右侧活塞上升,接近于等温膨胀过程;工作气体进入左侧气缸,左侧活塞上升,右侧活塞下降,接近于等容放热过程;左侧气缸被冷却,左侧活塞下降,接近于等温压缩过程;工作气体进入右侧气缸,接近于等容吸热过程,完成一个循环。在理想情况下,等容放热量与等容吸热量相同,等温膨胀吸热量高于等温压缩放热量,输出机械能。

从斯特林的工作机制可以看出,它的能量转换率非常高,内燃机的转换率最高是30%，斯特林的转化率可以达到90%多。而且它"不挑食"，任何能够发热的物质都可以作为斯特林的热源。缺点在于，作为发动机，它的"爆发力"不如内燃机，因此不适合做汽车发动机；作为压缩机，冷量比不上传统压缩机，因此不适合用于冷库。一把钥匙开一把锁，它特别适合将冷链管理化整为零，实现冷链管理数字化。

斯特林和人文像是一对患难兄弟，工业化时代无人问津，数字化时代却会大显身手。之所以说是患难兄弟，还有一层原因。斯特林的工作机制是在外部燃烧赋能内部，通过工质做功产生热能（制冷是逆向）。打个比方，斯特林就像人和被窝构成的系统。人从被窝外吸气后在被窝内由人体"做功"，产生的能量维持了被窝的温度。内燃机是直接交换，正如工业化时代的典型特征就是直接买卖和交易，所以工业化时代的思维可以说是"内燃机思维"——"互联网思维"是伪命题，"内燃机思维"却真实不虚。数字化时代需要的人文思维，或许可以被称为"外燃机思维"或赋能思维。

斯特林能够在中国生根，因为一段奇缘。华斯特林创始人程一峰先生，是一位连续创业的"50后"企业家。第一次创业成功后，他移居加拿大，成为当地华商领袖。在两位外国专家的帮助下，进入节能和环保领域，开始了第二次创业。再次获得成功后，他卖掉了在欧洲上市的、作为中国合同能源管理第一股的企业。帮他进行资本运作的美国投行想要继续做他的业务，便建议他收购日本川崎重工的斯特林技术。斯特林虽然在工业上没有被大规模应用，但是在航天、潜艇、远距离狙击步枪、高温超导通信等领域有着重要应用，属于对华禁售的尖端科技。带着一颗报国的心，他买下了斯特林发动机的专利。而程总当时已经是加拿大籍，他以加拿大籍的身份买下了这项技术，再想办法将技术带回国内。除了航天和军事领域的应用，他心心念念的是要用斯特林解决民生问题。经过六年的不懈努力，他把斯特林机的成本做到了国外同类产品的十分之一。2018年，比尔·盖茨先生来华，在清华大学演讲中提到他在非洲的公益事业碰到一个大问题——疫苗运送需要冷链，但是非洲缺电，目前运用的被动式制冷方案，不仅不方便，而且，在长距离运输过程中更无法监测。程总听说后，和盖茨基金会在中国的合作伙伴澳柯玛公司共同研发了用太阳能发电的移动冰箱，现在已经在非洲投入使用。

有了斯特林赋能的冷链管理数字化,天底下再也没有难做的生鲜生意了。生鲜只是一部分,真正的目标是将社区店转型为"食防治养一体化"的"健康便利店",直接对标 7-ELEVEN 的新发展战略——他们自下而上历经四十多年的发展一步步走向价值共创,我们自上而下,一步进入数字化的价值共创。数字服务民生,是数字化管理民生,在中国是最容易实现的目标;数字改善民生,是民生管理数字化,是最终极的目标。治理能力的现代化归根结底体现在社会基层,任何在现代社会中成功的社会治理,都含有强大的基层社会共同体,即自组织的基因。以改善民生为目标的健康治理,除了须要技术为自组织赋能,还涉及流程再造——自组织在医院、社区和家庭之间协调,等于是医院把非核心业务流程"外包"了出来。

前文曾经介绍过美国双蓝,现在双蓝模式和系统已经由美康惠公司引入中国。美康惠创始人李子臣先生曾经担任双蓝副主席。作为健康管理领域的国际知名专家,李主席在双蓝期间负责美国联邦政府社会保障与社会保险业务创新与业务流程再造和双蓝遍及全美 485 个数据中心的战略规划与管理,以及双蓝与世界银行、世界卫生组织、联合国教科文组织以及各国政府卫生与医疗保健机构的双边或多边合作计划。2014 年 7 月,李克强总理在会见世界银行金镛行长和世界卫生组织陈冯富珍总干事时提出开展健康中国研究的建议,随后,由财政部、卫计委、人社部、世行和世卫组织组成联合研究小组,共同展开调研和研究工作。该项研究的成果《健康中国》报告中提出八项互相关联的建议(即八个"抓手"),使中国的健康体制能够应对人口和健康的挑战。这些建议聚焦改革的顶层设计,同时注重在基层实施的可操作性。"八个抓手"的建议来自联合研究小组对美康惠的调研。

美康惠系统具有可靠性、成熟性和可扩展性三大特点。要为不同病程与健康水平的人提供精准服务,可靠性至关重要。例如,心脏病患者的院前、院中、院后服务的内容、频次、具体时段等,都来不得半点马虎;成熟性体现在美康惠拥有自主知识产权的两套指数——健康风险指数和疾病严重指数,已经被亿级人群验证过,可有效实现医疗、医生、医药、医保、健康管理、社会、政府等资源与参保人需求相匹配以及大样本跟踪;可扩展性体现在实时管理几万人与实时管理数百万人所面临的挑战,存在着指数级的差异,而美康惠系统可以确保所有家庭医疗健康服务人员无缝协调患者在各方面的健康医疗事务。

比较美国、北欧和日本的医保体系，我们会发现，美国是市场化的医保和市场化的医疗，北欧相反，是全民医保和公立医院，日本则在当中，是全民医保和私立医院。无论哪种模式，都有非常完善的健康管理和分级诊疗体系。和北欧国家一样，中国也是全民医保和公立医院，差距在于健康管理和分级诊疗。美国、北欧和日本的健康管理和分级诊疗体系，都是经过上百年的沉淀和积累逐步形成的，还包括大量的投入。以美国为例，其法律规定商业医保的赔付率不得低于82%，保险公司为了挣钱，就必须在健康管理方面下功夫，因为健康管理的费用也算在赔付额之类。这样一来，通过健康管理，患者可以少生病或晚生病，保险公司可以从健康管理中获利，医院的医生也可以参与健康管理，收入不会减少。而用20%的钱管理了80%人的健康，再将剩下来的钱用于生病需要治疗的人，医院的收入也没有减少。在美国，市场化的健康管理服务就这样在法治的调控下建立起来。北欧和日本因为是全民医保，意味着同样的体系，是依靠政府长期投入实现的。

数字化给中国带来了后发先至的机会。假设美康惠有机会与华为合作，全国68万个乡村便有了5G时代的"赤脚医生"，借助远程协同，卫校毕业的家庭医疗健康服务人员可以配合远端的医生，一举解决农村的慢病防治和分级诊疗问题，以及中医药现代化和医保控费等问题。即将推出的长护险，也需要一个像美国双蓝一样的系统。不管什么保险，都是一个资金利用率的问题。利用率像硬币，正面是如何匹配资源，用最小的钱干最大的事，反面则是如何反欺诈。医疗保险有病才用，你可以设定水龙头，长护险几乎人人都会用。没有任何侥幸，必须认认真真地把细的流程和系统做起来，实现管理数字化。

那么美康惠如何与健康便利店关联起来呢？通过"广济福田"的玩法即可。以烟店为例，在平台上购买的商品和服务的积分可以攒福田，福田积分既可以兑换健康管理服务，如居家养老服务，也可以捐助出来为快递小哥兑换意外险和健康险。

美国已故的共和党领袖麦凯恩2008年同奥巴马竞选总统的时候，针对奥巴马提出的医改计划曾经说过"健康是一种责任，而非权利"。当时的他，极力反对全民医保。但是，2017年7月做完癌症手术的他，却是唯一一位在特朗普废除奥巴马医改法案的投票中投反对票的共和党参议员，以至于"记仇"的特朗普后来拒绝参加他的葬礼。对于健康究竟是责任还是权利，美国政府尚在纠结之中，在全民医保已经普及的中国，99%的人都享有了健康的权利，需要加强的是健康的责任意识。国家赋予了我们权利，但是我们每个人要对自己的健康负责，而且，不要总是想着占国家的便宜，而是要为国家分忧，自己健康了，就是在为国分忧。

美康惠的系统脱胎于双蓝，其最大的价值在于取美国之所长、补中国之所短，也就是说可以帮助国人对自己的健康负责。双蓝的逻辑是：天赋人权，健康是一种权利，因此，人应该拥有健康的权利。既然如此，为什么会有一部分人不能拥有健康的权利呢？因为权利与责任总是对等的，天赋人权的同时也赋予了责任，要享受权利，就要履行责任。买不起医保的这群人与其说不拥有健康的权利，不如说没有能力履行好对自己的责任。然而，能力越大，权利越多，责任也越大。已经拥有健康权利的人，有责任帮助这些没有能力履行责任的人。但这种帮助不应该是政府行为，政府可以为人们赋权，人们责任意识的提升，却有赖于个人与企业自发的社会行为。

实际上，这与我们所秉持的"天行健，君子以自强不息"是一致的。自强不息，就是自立利他，就是"每个人自由发展是一切人自由发展的条件"。君子自强是为己，为己的目标却是"不息"。如何"不息"呢？不是自强了就可以不息，而是以不息为目标的自强，自强了之后才能不息。这个作为目标的不息只能是利他。因此，在君子而言，为了自己健康，就要以他人健康为目标。他人不健康，自己也不会健康。他人在自己的努力下健康了，自己一定会更健康。

在美康惠的体系中，服务人员的培训至关重要，因为他们距离客户最近，他们的服务水平不仅代表美康惠，还代表为美康惠赋能的其他社群和社群系统，目前美康惠在依靠自身的力量解决人才培养的问题。2019年7月，他们从美国请来护理专业的老师培训从事居家养老服务的年轻人。这是一位六十多岁的女士，不仅课讲得好，而且会和年轻人一起上门，亲身垂范如何为老人打扫厨房和卫生间。她给年轻人的定位是 care giver（关爱给予者），尤其强调要为老人赋能——要让老人们生活得更有意义。在年轻人上门服务之前，为老人服务的是政府买单的家政服务，政府买单的两个小时的钟点，老人会盯着，一点儿也不能浪费政府给自己的福利。带着赋能心态上门的年轻人，一样是政府买单的服务，老人每次都会给年轻人带点东西回去，甚至还帮忙张罗着找对象。人同此心，情同此理，将心注入的年轻人，老人家能感受到。何况，老人家的期望并不高，他们就是希望能被当作正常人对待，不想成为社会和别人的累赘。而一个有上进心的年轻人的到来，还可以给他们带来成就年轻人的快乐。

在美国老师上的最后一堂课中，她再次强调要平衡好尊严和尊重——对人尊重并不意味着要降低自己的尊严，不能做到尊重自己，又如何能尊重他人呢？年轻人对老人最大的尊重，就是尊重自己，成为一个有上进心的人。否则，带着"伺候人"的心态，自己内心抗拒，被服务的老人内心更加抗拒。

合作资本

发展的根本动力是人，而不是抽象的经济要素、数字或者科技。美康惠的这些年轻员工，就是美康惠的根本动力。他们是自组织，而不再是被管理的员工。年轻人因理念的影响和老师的垂范而被激活，每天带着为老人赋能的心态上门，他们与客户之间的关系，也由服务与被服务转变为赋能与被赋能。而感受到了关怀的老人们，反过来也给年轻人以关心，整个系统内流动着一种能够"激活人"的共同价值观。

这样的自组织，是无比自律的。都说中国人缺少自律，确实，中国人开车排队的不守规矩是有目共睹的，但是面对疫情，在实施封城隔离措施的时候，很多西方人都不守规矩地从家往外跑，中国人却很自律，老老实实地在家待着。那么，究竟是中国人还是西方人更自律呢？答案是：从人的外部推动的时候，中国人肯定不如西方人自律；从人的内部推动的时候，中国人比世界上任何一个国家的人都要自律。

抗日战争时期的日本战俘水野靖夫回忆说,他被八路军带着转移时路过一个村子,他很自然地躺在稻草堆上休息,可八路军却把他拉起来,让他躺在地上,他以为是对他的虐待,因而十分不满。八路军告诉他,人躺过的草垛,牲口就不吃了,这对乡亲们不好。水野靖夫一听,所有八路军都和他一样躺在地上,大为吃惊和感触,随后也加入了八路军。水野靖夫加入八路军后,不仅教八路军炮兵开炮,还到抗日军政大学教八路军干部日语,以及怎样向日军喊话。回国后,他写了一本回忆录叫《反战士兵手记》,与其他参加八路军的日本老兵一起为中日友好努力。

就自组织而言,每一个自组织都有属于自己的一块"田"。他们就像在田里耕作的农民,因为有赖于泥土的生活,便会像植物一般在一个地方生下根,这些在一个地方生了根的人,会从容地去摸熟每个人的生活。例如,社区汽车修理店的师傅对于你的车子的情况,比你还要熟悉,他就是你的"车管家",给你带来安心。实际上,高精度定点清除在技术上并不算太难,对于无人机和导弹,皮卡车的相对速度几乎就是静止的,军用级 GPS 的定位精度也到了分米级,加上红外以及可视传感技术,几乎可以指哪儿打哪儿。难的倒是情报,特别是实时的情报和通信。这些自组织起到的作用就是提供实时的情报。过去,农民对于田间的农作物,就像母亲对于她的儿女一般——陌生人对婴孩的话是无法懂的,但是在做母亲的人听来都清清楚楚,还能听出没有用咿呀之语表达的意思。现在,自组织对于他耕作的田里的"作物",也是一样。

在数字化的生态系统内,由自组织形成的组织结构就像把一块石头丢在水面上所发生的一圈圈推出去的波纹。每个人都是他社会影响所推出去的圈子的中心,被圈子的波纹所推及的就发生联系,每个人在同一时间某一地点所动用的圈子是不一定相同的。传统的组织形态像是在田里捆柴,几根稻草束成一把,几把束成一扎,几扎束成一捆,几捆束成一挑,每一根柴在整个挑里都属于一定的捆、扎、把,每一根柴也都可以找到同把、同扎、同捆的柴,分扎清楚就不会乱。这样的组织是有一定界限的,谁是内部的人,谁是外部的人,不能模糊,一定得分清楚。内部的人是一伙,大家的关系是相同的,如果有组别和等级的分别,也是事先规定的。当然,捆柴和组织有一点不同,就是一个人可以参加好几个组织,有好几扎柴里都有某一根柴,当然是不可能的,除此之外,在传统的组织结构中,人和柴就没有什么不同的了。

在这样的富于伸缩性的网络里,自组织随时随地是以"己"作为中心的,但不是个人主义,而是"成人达己"主义。个人是相对于"捆柴型"组织而言,既然组织已经变为"波纹型",也就不存在个人了。"成人达己"主义主张推己及人。推己的前提是克己,做到"己欲立必先立人,己欲达必先达人""本立而道生",如此就可向外推了。这就是孔子设计的从己到家、由家到国、由国到天下的一条通路。在这种社会结构里,从己到天下是一圈一圈推出去的。所谓"诚意、正心、格物、致知、修身、齐家、治国、平天下",就是这样一个道理,推到最后,天下与个人又是合一的。孔子重视的这个"推"字,就是我们今天说的赋能。

微信的成功,很大程度上在于其设计和市场推广的策略适应了孔子为中国社会设计的这个初始结构,它的功能确实非常符合中国人的社交习惯。比如可以把用户进行分组后,再视远近亲疏、年龄、职业乃至性别分别给予相关待遇;只有互相加了好友的人才能看到彼此评论的这些功能,纵观全世界,也是没有几个能做到的。得其利必然也会得其弊,微信的缺点在于缺少统一的价值理念。自组织社群也会面对相同的挑战,这要求作为组织的领导者,不仅要能够在各种问题上掌握利益和道德的平衡,而且能够有效地倡导人们追求良知高于私利的倾向。人们总是过高地估计短期内一件事情的作用,而过低地估计某种方向性趋势所产生的长期影响。品质是人们愿意推动积极属性而用于献身的精神,但是品质的关键在于教育,尤其是在网络时代。网络的最大优点之一是信息以个人为基础迅速地传递给数量巨大的人们。但它是一个双刃剑,它的益处和害处都在于方便地为数量巨大的人们直接地提供信息。有了快速方便的信息来源,人们会认为没有必要读书,也没有必要思考这些概念,但思考能够帮助人们记住这些个别信息并将它们编织在一起。没有通过深思熟虑所得到的知识,就很难获得如何处理这些日益增长的数据的智慧,人们将变成数据的机器。知识可以成倍增长,但智慧是完全不同的,它需要思想,需要一种理念,一种基本立场以判断是非。正是在这一点上,组织的领导在给出指导和导向方面变得十分重要——Leaders always do better things for others without compromise on personal value(领导要为他人赋能,但不能妥协于个人价值观)。

有着这样的领导的组织,今天并不多见,革命战争年代却有很多。举个例子,抗美援朝的战场上,三十八军善于打穿插,四十二军擅长打包围,就是因为部队创建之初,一个靠打穿插获胜,一个靠打包围获胜,之后历任军首长和连队干部们都会用这样的故事给战士们以指导和导向。组织就这样练成了。

如果一定要为自组织找一个对标,稻盛和夫提出的阿米巴经营算是最为接近了。阿米巴(Amoeba)的主张是"心学×实学",我们的主张是"人文×科技"。阿米巴在拉丁语中是单个原生体的意思,属原生动物变形虫科,虫体赤裸而柔软,其身体可以向各个方向伸出伪足,使形体变化不定,故而得名"变形虫"。变形虫最大的特性是能够不断自我调整,随外界环境的变化而变化。强大的恐龙灭绝了,而弱小的阿米巴虫却在地球上生存了几十亿年。在阿米巴的经营模式下,让企业像变形虫的细胞分裂一样,将整个企业划分为一个个被称作"阿米巴"的小部门。这些小"阿米巴"灵活应对市场变化、决策反应快速、生命力强,富有团队牺牲精神。

阿米巴经营本质上是一套通过量化赋权,使企业各项机能紧密相连的经营管理体系。更重要的是,稻盛和夫曾指出:"经营不但是一种管理活动,更是一种哲学思考。阿米巴经营有效实施的前提在于'道'。这个'道'就是追求'作为人,何谓正确'的经营哲学。"所以,阿米巴经营从根本上来说,是一种以心为本的"人心经营",这里的以心为本,就是将心比心。

阿米巴经营体系,通过心学体系构建,统一企业经营哲学、价值观,打造企业可持续发展根基。在企业经营哲学指导下,把企业划分成若干个独立核算单元,通过内部交易激发企业内部活力,通过独立核算培养人才经营意识和能力。"心学×实学"就是心学和实学两者相互的渗透,心学需要实学把经营成果落地,否则就成了夸夸其谈、空中楼阁;实学需要心学的指导,否则把人心算坏,单一的利己思维会把企业引向歧途。

自组织社群和阿米巴经营的区别在于，自组织社群的实学是数字化，而非工业化，而心学也只是人文的一部分。稻盛不可能不知道孔子说的推己及人，但是在工业化的环境中，不可能让每个人都像水那样把自己推出去，所以他只能找来最为接近的阿米巴。然而，阿米巴毕竟不同于水：阿米巴是寄生的，需要以细菌为滋养体，假如体内菌群失衡，那么以失衡的菌群为滋养体的阿米巴便会致病。而水却是滋养菌群的，"种有凡，得水则为"，好水一定是善的，"利万物而不争"。孰高孰低，不言而喻。

事实上，阿米巴和日本人的国民性倒是很吻合。《菊与刀》是美国文化人类学家鲁思·本尼迪克特创作的文化人类学著作，书中指出了日本人两种矛盾的性格：好战而祥和，黩武而好美，傲慢而尚礼，呆板而善变，驯服而倔强，忠贞而叛逆，勇敢而懦弱，保守而喜新。阿米巴就是这样，没事的时候是祥和的，环境变化之后，它们会在人体内部开战。而中国人的国民性则像水，没事的时候"利万物而不争"，有事的时候既能排山倒海，也会力挽狂澜。

组织行为学中有一个著名的彼得原理，是一位叫劳伦斯·彼得的人于1969 年提出的。他发现人成长时有一种共通的法则：人在某个领域因表现出色受到认同时，会想往下一个舞台迈进。然而，做得出美味佳肴的主厨，未必能把餐厅经营得很好，一个优秀的业务人员，在当上业务部门负责人后，也未必具备带领部属的领导能力。在某个位置上交出非凡成绩的人往往会受到周遭的期待，希望他在下一个舞台上发光发热，但这反而会使他变得完全"无能"，这就是劳伦斯·彼得发现的法则。

自知现在挑战的是原本做不到的事时，多数人会拼命思考为什么做不到？用什么方法才能做到？相较之下，在别人的命令下改变自己所处的位置时，因为受到周遭期待，便以为自己做得到，在进展不顺利时，就很难产生突破难关的能量，此时只会带着过高的自尊心，不停烦恼"为什么不顺利""不该是这样的"。而主动挑战难题的人，既不用背负周围多余的期待，又因为是出于自己的选择，就会把"进展不顺利"当成意料之中的事。"一起开心地做喜欢的事"，这句话背后有一个前提，那就是坚持"不把责任推给别人，自己思考、主动挑战"，这是一种美学。无法主动承受风险的人，做起事情来既不开心，又难以有所成长，这样的人，变成彼得口中"无能者"的可能性就很高。自组织的优势就在于,在价值观影响下、被赋能的自组织,都是主动挑战难题的人。

组织为自组织持续赋能,它自身也需要被赋能,这要求组织也要将自身推出去,融入价值共创型社会。比如斯特林冷链,它为小 b 们赋能,它的背后,有其他的自组织社群系统为它赋能。同样,美康惠也不是孤军奋战,它的背后还有斯特林。这样的体系让小 b 受益,使得每个人都有能力成为"集成服务商",毕竟,除了精神的力量,年轻人更需要物质作为生存和发展的基础。当他们为老人赋能获得老人的认可和信任之后,他们向老人家推荐安全又安心、健康又环保的乳酸菌猪肉,老人不仅不会拒绝,还会向他们的子女和亲朋推荐。这就实现了善行和幸福的统一、让好人有好报,带来的是一个基于道德而追求共同利益的社会。

要实现这个目标,组织和自组织必须具备一定的能力。过去的组织管理讲胜任力,今天"胜任力"这个词,应该被丢进垃圾桶了,取而代之的是连接的能力,即连接力。这是因为,人们不再是被动地把自己当作商品在与岗位匹配的过程中将自己卖出去,而是主动地与其他的自组织连接以扩大自己的网络。过去,人们的才能体现在通过技术专长、新发明、专业知识和组织能力使得公司在快速发展的经济中获益并因此而获得奖励,由这些个人才能汇集而成的资本叫人力资本。数字化时代,个体通过连接将个人的才能在群体内变成一个网络,它能够为群体创造价值,并间接地为自己创造价值,由相互连接的个人才能汇集而成的资本叫合作资本。合作资本包含劳动、知识、技术、管理、和资本等生产要素。事实上,按生产要素分配是社会主义市场经济的客观要求,确立这一原则是对市场经济条件下各种生产要素所有权存在的合理性、合法性的确认,体现了国家对公民权利的尊重,对劳动、知识、人才创造的尊重,有利于让活动竞相迸发,让创造社会财富的源泉充分涌流,以造福于人民。合作资本的形成有赖于基于动态股权分配的管理数字化。相比较人力资本,合作资本更加符合人性。劳动与合作,都是人的天性,但合作都是主观自愿的,劳动中却存在现代社会制度所采取的强制手段。

1843 年,在《大陆上社会改革运动的进展》中,恩格斯做了如下论述:

"傅立叶第一个确立了社会哲学的伟大原理,这就是:因为每个人天生就爱好或者喜欢某种劳动,所以这些个人爱好的全部总和就必然会形成一种能满足整个社会需要的力量。从这个原理可以得出下面一个结论:如果每个人的爱好都能得到满足,每个人都能做愿意做的事情,那么,即使没有现代社会制度所采取的那种强制手段,也同样可以满足一切人的需要。这种论断尽管听起来是非常武断,可是经过傅立叶论证以后,就像哥伦布竖鸡蛋一样,成了无可辩驳的、几乎是不言而喻的道理。傅立叶证明,每个人生下来就有一种偏好某种劳动的习性:绝对懒惰是胡说,这种情形从来未曾有过,也不可能有;人类精神本来就有活动的要求,并且有促使肉体活动的要求;因此就没有必要像现今社会制度那样强迫人们劳动,只要给人们的活动天性以正确的指导就行了。接着他确立了劳动和享受的同一性,指出现代社会制度把这二者分裂开来,把劳动变成痛苦的事情,把欢乐变成大部分劳动者享受不到的东西,是极端不合理的。然后他又指出,在合理的制度下,当每个人都能根据自己的兴趣工作的时候,劳动就能恢复它的本来面目,成为一种享受。"

在当时,傅立叶的社会主义自然是空想社会主义,但是今天看来,这何尝不是"放空了自己想出来的社会主义"呢? 在工业化即将走向尽头的今天,在数字化带来包容性增长的今天,劳动恢复它的本来面目,成为一种享受,完全能够实现。原因再简单不过:如果劳动者的这点期望都不能够被满足,还叫包容性增长吗?

有这样一个故事:三个人从事同样一份工作,旁边有个人,他问其中一人:"你在做什么?"回答:"我在砌墙。"他问第二个人同样的问题,那人回答:"我在建一座神庙。"他又问第三个人,得到的回答是:"我在给神安一个家。"在正在到来的价值共创型社会之中,每一位劳动者既不是在"砌墙",也不是在"建庙",也不是在"给神安一个家",而是在给自己的心安一个家。

第七章

向内求的秀:2.0 营销

几十年前,管理大师彼得·德鲁克就提出了领先时代的观点:"由于企业的目标是创造顾客,所以企业有且只有两个基本职能:营销和创新。营销和创新能产生经济结果;其他一切都是成本。营销是企业独一无二的特定职能。"无论时代如何变迁,企业有且只有两个基本职能:营销和创新,变化的是履行基本职能的方式和方法。既然创新进入了2.0时代,营销自然也要进入2.0时代。

情境与合思维

早期的市场营销,所有的沟通都是单向的——从企业到顾客。随着产品选择和闲暇时间的增加,市场竞争更加激烈,顾客也更加挑剔,市场走向买方市场。相应地,市场营销开始聚焦于识别关键信息和能够在顾客心目中制造一系列难忘的情感影响的"大概念"。苹果公司的"不同凡想"广告就是1.0营销时代的经典之作,但在2.0时代就未必能永流传了。虽然大概念仍然是今天一流广告企业及其许多顾客的最高理想,但是值得注意的是,苹果公司自己在市场营销中已经不再使用大概念了,而是让市场营销回到以产品战略为核心。

20年前互联网窄条广告的出现,第一次在媒体内容和厂商之间建立了联系,第一次直接将顾客交到厂商手上。这意味着厂商第一次需要搞清楚如何应对这种更亲密、互动性更强的全新对话形式。之后再加上搜索引擎的助力,企业和顾客之间的壁垒就此消失,单向广告终结。

然而,无论是单向广告还是互联网广告,都是向外传播法则,这种"向外"的市场营销正在被扫进历史的垃圾堆里。因为市场营销处于变革的第一线,是转型的竞技场,2.0创新出来的产品和服务,有没有价值,厂商说了不算,就像足球俱乐部,创新的打法、培养的球员,受不受欢迎,比赛说了算。营销之于创新,起到的就是竞技场的作用。

今天众所周知的一个秘密是,关于市场营销,没有人知道应该怎样做。有一场创意活动带来销售额的暴增,就会有一场毫无结果。即使高度引人关注的病毒式营销活动,在带来销售数字增长的同时,也经常伴随着降价,而后者才是销量增长真正的催化剂。营销手段本来已经太多,立刻就能提高追踪能力和效果的新渠道更是层出不穷。数据分析、电子商务和社交媒体一如既往地颠覆了一切,渠道组合比以前更加复杂和相互交织。以至于某些大公司"创新"出一种营销企划方式:让 HR 发布招聘岗位,吸引行业竞争对手的员工来面试,在面试的过程中探听对手的"新招",再加以吸收和利用。

被互联网"惯坏了"的消费者现在的需求是"给我需要的一切,但是要在我需要的时间和地点"。这很像一个被惯坏了的孩子表现出来的行为,稍微不合心意,他们就会发脾气,没办法,谁让你惯着他呢?如果不想惯孩子还要让孩子顺着你的心意,你有两个选择:一是继续投其所好,但是改变策略,不再是一味地给,而是基于你对孩子的了解,"算"出他在特定的时间、特定的地方的特定心情,再投其所好;二是和孩子真正融为一体。两种方式都是从"向外求"转向了"向内求",但一个是机器路线,一个是人道路线。

机器路线的逻辑是:现在的用户移动设备装备了 GPS 和其他环境传感器,由智能互联网服务支持,能够自适应我们的位置、行为习惯和周边环境。这意味着人们有充分的理由期待企业只在他们需要的时候,提供他们需要的东西,没有混乱、中断或打扰。这要求数据能够实时自动过滤,适应你在哪里、在做什么、跟谁在一起、你的目的是什么、别人希望从你这里得到什么。因此,企业面临的挑战是如何消除杂乱的信息,只在正确的时刻传递相关的信息。这意味着企业需要和顾客建立情境联结,提供此时此刻顾客需要的信息,这样顾客才最有可能根据企业提供的信息采取行动。

比如滴滴打车,早高峰的时候,它能够算出你在什么时间、什么地点着急叫车,然后为你服务。这样的服务不可谓不贴心,因为真的可以帮我们解决大问题。然而,滴滴出了负面消息的时候,没见到有人会站出来替滴滴说句好话。那个时候人们的表现,很有点"不孝子女"的味道。然而,真的是我们"不孝"吗?孝,是施恩和报恩的过程,有什么样的施,就会有什么样的报。

情境确实就是一切。现在的人们,比如说在公交车站等车,或者开车驶过高速公路,即使刚好想到要买什么东西,也不会去寻找广告牌。相反,他会拿出手机搜索，即使是一个普通的三年级小学生都会这么做。既然是小学生都已经在做的事情，那厂商自然就会足够重视了。但是情境不仅是地理空间，还包括时间、情绪和环境。不只是我们身在何处，还包括我们的处境如何。情境既是环境的，更是情绪的，还有情感的。滴滴打车照顾到了环境和情绪，但是忽略掉了我们的情感，因为它对我们的了解，是机器算出来的。

像滴滴打车这样的企业，为了建立情境联结，会尽一切可能让自己具备以下能力：①识别最有可能与自己的品牌建立联系、购买自己的产品或服务、为自己工作、为自己宣传、为自己创造价值、与自己一同创新，以及帮助自己的企业成长的人；②学习和理解关于这些人的一切，他们如何看待世界和自己的企业，他们重视什么，他们最深切的希望和最崇高的理想，他们的消费力、社会影响，他们身处何处、身处何处如何影响他们的需要、感觉和行为，以及与他们建立联系的最好、最个性化、最不具攻击性和侵略性的方法；③将关于这些需求和愿望——包括明确的和潜在的发现应用于企业运营的方方面面，包括从企业战略到产品创新和定位，从治理政策到交流沟通，特别是企业创新，目标是确保人、社会和环境的需要成为下一轮产品、服务和运营程序的指导性规范；④建立和维护人与企业之间的联系，制造一种成功、持续的宣传和长期的信任关系，在对更广阔的世界产生积极影响的同时，为企业创造价值和利润。

以上这四条，摘自史蒂文·奥弗曼写的《良心经济学》，对于西方人来说，简单明了；对于中国人而言，却不甚了了。首先一点，美国人擅长市场营销（1.0市场营销），这是全世界人民都知道的，这是他们的文化，即使是1.0时代，他们的市场营销也已经迭代了好几代，从传统单向到互联网单向，从大概念到搜索引擎，全都是美国人率先搞起来的。进化到情境营销阶段，要既能够分析情，又能够分析境，意味着搞营销的人必须文理兼修、左右脑打通，而这样的人在美国的市场上大有人在，在中国的市场上却捉襟见肘。

不过，这并不妨碍中国人的"创造性实践"。最近，有一位富二代自爆谈了两个月的女朋友是来骗钱的，两个月骗了他将近80万，而且还是他硬塞给她的。他说他和她第一次见面在北京三里屯的一个咖啡厅里，他一个人坐在那儿，她就直接进来坐在他旁边，问他喝的什么，还对他笑了一下。他当时就被"撩"了，刚想和她聊聊，人家直接就转身走了。后来呢，他就莫名其妙地总是遇见她，吃日料有她，吃火锅有她，逛街也有她。就这样，没多久他就彻底沦陷了。他还见过她爹，老人家精神得很，快六十了还开的是大 G。现在才知道那根本不是她爹，就是一演员，而之所以沦陷之前总会"偶遇"，是因为他开的马丁车牌号被小姐姐背后的公司跟踪了。这女的其实是一位经过专业训练的"业务员"，她服务的公司跟踪，识别、学习和理解"可以帮助公司成长的人"，并将这些发现应用于公司运营的方方面面。例如偶遇，他们甚至会安排米其林餐厅服务员小哥哥和小姐姐配合演戏。也就是说，《良心经济学》里介绍的建立情境联结的四项能力，除了积极影响，这家公司都做到了。

这种"创造性实践"在中国大陆是有着优良传统的，以互联网公司的 Copy to China 最为著名，但线下企业历来也毫不逊色。例如美国人曾经发明了一种叫 Needs-based Selling(NBS)的技术，在保险销售的过程中传递"爱与责任"。Needs-based Selling 翻译成中文叫"需求导向销售"，但不够精确。英文 Need 和 Requirement 的区别，相当于中文想要和需要的区别。真正的 NBS 是这样的：即使是在地铁站遇见的陌生人，业务员也会主动上前"撩"。在获得你的好感之后，他会争取到一次上门拜访的机会。第一次登门拜访的目的是唤醒需求。例如，如果你告诉他已经为女儿买了套门面房将来过户给她，他会问你："你确定这套房将来一定会为你女儿所有吗？"这会引起你的不安，因为你会突然意识到确实存在一种可能性，让你的爱与责任落空，也会因此对自己欠妥的考虑而不满。有了不安和不满，你就会有欲求了，想要和他探讨究竟哪些方面可以做得更好。这个时候，他会拿出准备好的工具帮助你进行专业的分析，一旦达到预期，你就会下决心换一种方式来承载自己的爱与责任。而他的第一次拜访也就此结束。回去之后他会做一套定制化方案，再次登门拜访，这一次不再是感性，而完全是理性的交谈，交谈的结果便是客户采取行动——一方面签约付款，另一方面还会主动转介绍，将爱与责任传递给更多的人。

因为没有搞清楚想要和需要的区别，当 NBS 经由中国台湾传到大陆后，越是大牌的业务员和总监,对于 NBS 越是不屑一顾:玩需求,谁不会? 例如某保险公司的王牌销售,她只有几十位客户,却都是大客户,由于她所服务的公司是保险专家、理财顾问和生活助手,生活助手方面包括好医、好车和好房,总之,已经"贵"为全球 30 强的这家企业确实好忙。这使得我们这位王牌销售有足够的东西换着卖给她的几十位客户。她做客户的方式呢,在她看来,效率不可谓不高。陪客户做个 SPA 就可以成交一单,陪一个大客户去一趟 4S 店可以成交两单,为什么能成交两单呢? 因为她顺便带上了另外一个大客户的孩子,让她跟着自己学习销售技巧。美国人称这种行为为"儒家重商主义",根子在子贡那儿。也是从他开始,将重商主义和官僚权贵联系了起来。

库克说:"技术不会改变人性,它只会放大人性的善与恶。"商业中本就存在的恶如果借由技术被放大,后果不堪设想。所以,对于机器路线的"向内求"的情境营销模式,我们必须保持警惕。

不能够照搬美国模式,最重要的原因还在于思维逻辑的不同。美国的机器路线是典型的"按正确的方法做事"(do things right),而我们的思维是"做正确的事"(do the right thing),在没有搞明白正确的事之前,我们没有动力去琢磨"正确的方法"。为什么我们会有"做正确的事"的思维习惯呢? 这应该也是范蠡他们遗传下来的。范蠡经商,他首先想的是:"把'米价'的盐卖成'金价',这是正确的事情吗?"朱熹建社仓也是一样,农民本来已经够苦了,你王安石弄的青苗法,还要想办法从他们身上挣钱,这事违背了以人为本的祖训。明朝的汪直也是一样,火枪、火炮这玩意儿确实好,但是挑起战争赚钱,不是个正确的事,正确的事应该是用火枪、火炮帮助战乱的国家平息战乱,同时还能帮助自己的国民致富。

然而,传承中也会出现断代。范蠡贩盐不加价,传了几十代后变成了做生意"放低价";做正确的事也变成"务实"了。务实不是坏事,坏事的是务实还不认真。阳明心学之所以被称作"实学",在于他教别人如何通过致良知做正确的事。他和朱熹一样,教的都是"务实+认真",因为古人谈务实,必谈敦本,"敦本务实",就是抓住根本搞务实,也叫"守常以应变,返本以开新"。区别只是在于一个"用分的方法达到合的目的",一个"用合的方法达到分的目的"。朱熹是从分到合,王阳明是从合到分,合是务实,分是认真。分是合的条件,所谓"亲兄弟明算账",讲的就是这个道理。分未必一定能合,但是不会分,肯定就合不了。王阳明之所以擅于合,还是在于先前有朱熹的分。同样的道理,认真是务实的条件,认真未必能获得务实的结果,但不认真肯定得不到务实的结果。这就好比,钱是生活的条件,有钱未必会生活,但没钱肯定是活不好的。反过来,只讲认真不务实也不行,就好比只懂赚钱不会生活一样。钱与生活的关系,大家都明白;分与合,认真与务实的关系,大家就选择性地不明白了。

"用正确的方法做事"是分,"做正确的事"是合,但中国古人真正教给我们的是"用正确的方法做正确的事"。工业化的时代强调分工合作,而且是用科学的方法分,所以,人文思维无能为力。但是数字化时代,不仅要分,还要合,并且是要用合的手段达到分的目的,再用分的手段达到合的目的,前者需要的一定是人文思维,即定性;后者需要的是科学思维,即定量。

机器路线的"向内求"情境营销,总有一天会走向合;但人本路线的"向内求"情境营销,让我们从一开始就能够走向合,用合的手段达到分的目的,再用分的手段达到合的目的,就是"用正确的方法做正确的事"。

机器路线的"向内求"情境营销最大的不足之处在于,它没有能够创设一个"价值共创型社会"的大情境,这一方面应该受到了美国社会制度的制约,另一方面因为发展成熟的美国市场营销行业,没有空间建立一套全新的系统,而最重要的一个原因还是缺少"合思维"的基因。他们不懂天人合一、整体关联和动态平衡,也没有阴阳五行的具体方法,明白以终为始的道理,但是缺少以终为始构建生态闭环的方法。知道自组织,但不知道自组织之外的自组织系统,原来和自组织是合一的。举个例子,Facebook 也知道要包容多元化生活方式,包括同性恋和变性人等,为了体现包容性,Facebook 已经将人分成了 56 个性别了,没错,是 56 个性别。中国人的包容性,不是体现在分,而是体现在合,56 个民族,有一个共同的梦,包容的是每个民族和这个梦之间的差异。最根本的一点在于,美国人还没有认识到由人文光辉浇灌的情,可以作为本体存在。

数字化秀场

理解了"合思维"的重要性、"合与分"的关系,掌握人文版的"向内求"市场营销就不难了。基于"合思维",要解决企业营销难的问题,我们的切入点恰恰不是企业本身,而是社会问题。社会问题与产业发展,本来是"两个世界",而且与美国相比,都是我们的短板。单个比,我们没有赢的把握,然而,"两个世界"连接起来后,优势马上显现出来。

有人会说,市场营销是商业层面的事情,把它和社会问题扯上关系,恐怕不合适吧。事实上,在中国,市场营销本身就是一个社会问题,并且是一个非常大的社会问题。企业有且只有两个基本职能:营销和创新。营销的本质是价值传递,企业通过营销把创造的价值传递出去,再经由服务获取价值,价值创造、价值传递和价值获取是商业模式永恒的三要素,三个要素都依靠创新不断进化,但德鲁克偏偏把价值传递(营销)拎出来和创新一起讲,你说营销有多重要? 它就相当于足球队里的中场核心,既是发动机又是攻防转换的枢纽。然而,当前的中国企业,营销难是共性的问题,问题的原因不仅仅在于企业的基本功,也在于竞技场的无序化。

例如 Jessie Zhao,本以为乘着纽约时装周首秀的势头可以把 Jessie Zhao 品牌带回国内,中国人设计的品牌,也是在中国生产的,没有理由中国人不会接受啊! 然而,尝试了各种方法,都无功而返。可能有人认为 Jessie Zhao 这个产品做不起来,是因为太高大上,不接地气。而且,这是一个做时尚产品的,怎么能说它是一家任务锁定型的社会企业呢? 问题就在这里,有多少意识到了"人生,是自己设计出来的"呢? 欧洲的工业设计始于 19 世纪,工业革命后,艺术家觉得这帮搞工业的没有品位,不愿意购买他们生产的工业化产品。于是,有位生产水泥的企业说服他的艺术家朋友,两个人联手做出一个产品:带有图案的水泥地砖。我们现在用的瓷砖的前身,就是这种非常漂亮的水泥地砖,也就是说,工业设计始于一块水泥做的地砖。这是两百年前的事,就算是现在,我们的水泥企业都未必能做出这样的产品,因为这需要设计思维,需要技术和艺术的结合,更需要消费者有这样的审美品位。

有什么样的需求就会有什么样的供给,越是挑剔的客户就越是能促成高质量的产品。例如,意大利的女士皮鞋之所以全球公认第一,就在于意大利的女士被全球公认是最挑剔的。我们现在的文化,务实不认真,带来的结果就是有一大群不挑剔的客户。这就是 Jessie Zhao 在中国市场上遇到的最大的问题。而她的选择是直面问题,提出"人生,是自己设计出来的"。如果一个人有了设计自己的意识,他就一定会认真起来。认真的人多了,认同 Jessie Zhao 品牌理念的人也就多了。从这个意义上说,Jessie Zhao 难道不是在解决一个社会大问题吗? 但是,她的品牌理念,和她的产品一样,在中国,找不到"竞技场"。

她需要的是有人在她背后为 Jessie Zhao 赋能,帮助她创造情境。比如,与 K12 培训公司合作,通过教孩子从唐诗中学习设计,学习古人的认真劲儿,在帮助小孩、帮助妈妈的同时,把 Jessie Zhao 的品牌理念传播出去,而培训公司也创造了额外价值。但是 Jessie Zhao 毕竟是一个设计师,培训公司有其专业领域,他们在两个世界之中,需要有人来连接。而且,对于 Jessie Zhao 来说这是一个理想的场景,对于培训公司而言,却并不想把自己局限在只与 Jessie Zhao 一个品牌合作,他们的场景,与不同的品牌理念结合,还会生出不同的情,产生不同的境。这就要求,承担"连接两个世界"的那一方,他不能将自己只定位为广告公司、营销策划公司或者互联网平台公司。

类似的情况也困扰着巧家红糖。这么有底蕴的好产品,当地却面临着农民不愿意种甘蔗的尴尬局面。为什么呢? 因为互联网平台上 9.9 元的红糖可以包邮送到家! 而巧家红糖要保证品质,价格自然不能和 9.9 元的红糖相比。在互联网平台上没有价格优势,就不会有销量。更何况,甘蔗种在金沙江沿岸,加工是在江边山上的平地,农民收了甘蔗后要用肩膀扛着甘蔗走两小时山路,又没法多卖个三五块,比当年多收了三五斗的农民还不如,种植甘蔗的积极性自然受到影响。更麻烦的事情还在于,赚不到钱,年轻人就不愿意加入这个行业,传统工艺面临失传的危险。年长的老火头七十来岁,他的徒弟都六十了,再下面,就没有徒弟了。而老火头的功夫,是可以被人工智能学会的,问题在于销路不畅,农民又不愿意种,哪里有资金来搞数字技术的研发?

　　和前面两家企业相比,"等蜂来"不缺销量,却更加迫切希望将品牌的价值理念传播出去,因为它知道,真正决定企业能够走多远的是品牌,而不是一时的销量。品牌是价值创造,营销是价值传递,品牌价值创造出来了传递不出去,和产品生产出来卖不出去,是一样的痛,甚至更痛。

　　至于CITYBELLE,它并非没有"渠道",CITYBELLE的品牌是"创二代"创立的,一代在这一行已经打拼了20多年,美业渠道是其强项,然而,正如我们前面分析的,目前的美业场景给人带来的是情绪的生成,而不是情感的连接。

　　提到桑道红酒,它不仅需要一个不一样的竞技场,更需要酒行业的带头大哥能够做个表率,换一种活法,来影响人们换一种喝法。

　　总之,真正的市场由秀场,也就是前面说的竞技场和卖场组成,好的市场一定有好的秀场,而中国的市场是只有卖场没有秀场。经济学家吴敬琏是金锋教授NS乳酸菌的受益人,他切身体会到乳酸菌对人体的好处后,想为金教授做点什么,像曾经帮助过金教授的日本财经专家船井幸雄那样帮助金教授在国内打开市场。想了很多办法,最后不得不感叹:"好产品为什么在中国的市场上推得慢? 我们需要问题导向,从源头找出办法。"

　　NS乳酸菌和Jessie Zhao之所以能够墙外开花,分别在日本和美国市场打开局面,得益于船井幸雄为《乳酸菌革命》这本书做的背书和纽约时装周的邀约。纽约时装周给了Jessie Zhao同台竞技展示品牌理念的机会,而"船井幸雄注目"这几个字本身就是一场秀,给了金教授一次与日本同行PK的机会。吴敬琏在中国几乎是家喻户晓的经济学家,为什么就找不到一个平台让他替金峰教授"秀"一下呢? 吴老的难处在于,他如果上一个养生节目或者跑到一个直播平台上替金锋教授做宣传,人们会以为这是养生节目和直播平台的新套路呢!

　　秀场是一个帮品牌制造情境、让人触景生情的公共服务平台,它不是卖场,因为它不是靠差价赚钱,而是凭服务获利,品牌的价值越大,秀场的获利能力越强。同时,制度设计上要求有影响力的秀场要承担社会责任,给予初创品牌平等展示自己的机会,以避免赢家通吃的情况发生。作为秀场的组成部分,媒体接受群众的监督,有任何猫腻,都会影响到其自身的专业信誉度和美誉度。

夏纳影展,就是最典型的秀场之一。电影诞生于美国,起初只在美国国内上映,在国外也出现电影院后,各大电影公司就分别前往世界各国开设分公司。问题是,各家电影公司各自卖出海外版权,是一件效率很低的事,对电影公司来说,版权卖得越贵,收入就越高,于是好莱坞那群电影人就想出来了一套"不用投入太多成本,就能有效卖出电影版权"的机制。这套机制的集大成者,正是始于1946年的夏纳电影节。其推销方法是"在一段期间内,将世界各地的电影采购人员集中到一个地方,全力宣传电影,让采购者出价竞争,以提高版权售价"。在此期间,世界各地的电影公司采购人员(手握预算的人)可以和明星们一起住进豪华别墅,不但可以和明星共进晚餐,还可以享受游艇上的豪华餐点,以及每晚在沙滩帐篷里的舞会派对,度过极尽享乐的一个星期。当然,夏纳电影节无疑是明星们放松自己的大好机会,能够近距离看到世界知名演员毫无形象、尽情玩乐的样子,也是夏纳影展的一大魅力。此外,明星们在夏纳影展结束后,还会搭上电影公司准备的豪华私人帆船前往摩纳哥,从饭店阳台上欣赏F1的摩纳哥赛事。这一切的设计,都是为了将全世界的电影采购集中到夏纳。好莱坞的电影公司,利用电影明星吸引全世界的采购,为了吸引电影明星前来,又企划了夏纳影展。一如犹太人创造了证券市场,好莱坞的电影人们,也在内容产业领域中创造了一个新市场。夏纳影展有很多值得企划公司学习的地方,例如,每位参展者去之前就拿到了参加者名册,到了饭店后也有免费报纸提供给宾客,报上会刊登每天抵达的嘉宾特集,巧妙地刺激了参加者的自尊心,这种方法真是非常厉害。

这样的制度设计和专业性,对于当下的中国而言,太难了。尤其是诸如夏纳电影节、纽约时装周、巴黎时装周、米兰时装周和伦敦时装周,它们自身的品牌影响力,无一不是时间沉淀的结果。好在,数字化时代让我们有机会绕开伴随工业化一路走来的秀场,直接发力做数字化的秀场。数字化的秀场内,无论你是做策划的、做传播的还是做产品的,都接受用户的监督,谁作恶,谁就不会再有市场。工业化时代的秀场,比如纽约时装周,媒体得现场坐在那儿看了品牌的展示后才开始写文章。而数字化秀场的媒体，他们不是用眼睛看产品，而是用心看产品。用眼睛看毕竟还是会看走眼，用心看会走心。走心之后再动笔，别人也才能走心。以点心为例，做点心的人用心，好看好吃还不添加任何防腐剂，媒体人员要确定不加防腐剂，他不仅要去现场看，还要用心去体验点心，感受来自大自然的味道，尤其是要用心感受企业家的心，他如果没有点心，就做不出好的点心。因为点心，本来就是"点点心意"。这叫"我用心做点心，你走心秀点心，他动心买点心，她开心收点心"，一条"点心价值链"就这样形成了。

数字经济时代的零售和商业，凡是目的化的东西，大家都会想到互联网平台；非目的化的，则需要体验。为满足消费者体验性的需求，工业时代定义的各种功能性场所，会发生各种组合性的重构，内容升级将成为差异化竞争的主要手段，市场活动的创意及品质更显重要。以"娱乐、互动、体验"为主诉求的场景革命，将商业环境极大地融入娱乐、艺术和人文的主题，将商业嫁接更多跨界的元素，给予消费者人性化的关怀，丰富多元化的体验，形成新的商业空间和氛围。在这样的场景下贩卖的不再是简单的商品，而是一种情感，一种体验。但是线下场景的改造对于中国大多数的零售和服务性企业而言，挑战太大了。数字化秀场可以"线上造景"，用线上的景为线下的场景赋能，再让消费者触景生情，形成情境。

明白了景、情和境之间的关系后，数字化秀场的价值也就清楚了——线上创意造景，线下以诚相待，线下日久生情，线上触景生情。"人生，是自己设计出来的""理性护肤""送给最牵挂的人""等风来""桑道"等品牌理念都需要线上造景来传递品牌理念，并且这些"景"要始终和它们的品牌理念保持一致，比如"卖想要的"就不能和"卖需要的"混在一起。这要求数字化的秀场自身要有一个更为宏大的价值观来融合所有的品牌理念，这是挑战，也是机遇。道理其实很简单，就像《复仇者联盟》，它之所以能够把漫威系列的各大主人公融合起来再讲出一个统一的故事，在于它有一个更为宏大的价值体系。

比如"大都会"手机App，作为地铁支付平台，拥有令人称羡的流量，然而，人们除了早晚各免费用一次大都会之外，不会再点开这个App。事实上，只要"大都会"能够为自己注入一个以人为本的品牌理念,马上就可以成为一个数字化秀场。比如,"大都会,大家都会",大家都会什么呢? 可不可以大家都会一点设计,会一点美学,会一点新工科,会一点新农科,会一点新商业呢?

再说秀友平台,作为川渝地区的企业,可以为"跑遍四川"赋能。"跑遍四川"是四川省体育局在全国首创的省级跑步品牌,四川省 21 个市(州)共同行动,共同带动四川全民健身和体育产业的发展。2021 年的"跑遍四川"活动要向建党 100 周年献礼,将体育运动与党建相结合,无疑是一个非常有意义的活动,如果再能用党建为企业赋能,就是一个创举。因为与党建结合之后的"跑",不再仅仅是一项体育活动了,而是初心的体现——当年的共产党可是跑遍全国、深入群众、救民于水火啊! 所以,找回初心的"跑遍四川",就有了品牌理念和品牌精神。既然英国皇室可以成为日本瓷器走向市场的"炮架子","跑遍四川"为什么不可以成为四川品牌走向全国的"炮架子"呢? 等风来、桑道桑葚红酒、CITYBELLE 等都是四川本土的品牌,都需要一个价值观一致的平台来宣传它们的初心。

4S 营销

实际上,范蠡通过均衡盐价构建起来的就是一个有着价值理念的秀场,而不仅仅是卖场。当时的范蠡辞相经商,改名朱公,既没有影响力,也没有渠道和客户,而且卖的还是鱼。他没有办法按照 4P(产品 Product,地点 Place,推广 Promotion,价格 Price)理论先准备好产品,再找地方做推广,而是和现在的企业一样很需要流量。那么通过 4C(客户 Customer,成本 Cost,便捷 Convenience,沟通 Communication)来获客呢? 当时没有互联网,没有电话,根本没有办法搞戴尔公司的那套呼叫中心加客服的方式。4R(关联 Relevancy,反应 Reaction,关系 Relationship,回报 Reward)是现在互联网企业常用的方式,即搞个应用和用户关联上,试试反应,不断迭代,然后从一部分用户中发展出种子用户(粉丝),再通过种子用户和更多的用户建立关系,最后通过用户带来客户，产生回报。但范蠡要依靠代理商卖鱼，而4R理论的缺陷在于，过于强调互联网的传播，忽视了线下服务商的重要性。

范蠡的做法可以被总结为4S（Scenario 情境、Substance 内容、Super User 超级用户、Space 空间）：先通过情境影响一部分人，再通过有内容的产品发展既出钱又出力的人成为超级用户，有了超级用户，就会有更大的发展空间。4S的前提，一定是有一个以人为本的理念先行。只有这样，才能给人们以意义，多样化的人们才会发挥各自优势参与进来，并且会像小孩学步一样，再苦再累，只要有成长，就会很满足。

数字化秀场起到的作用也是一样，它不再像戛纳电影节那样设计套路从外部推动，而是从人的内部推动发展。数字化秀场内的秀，是按照4S设计的向内求的秀。4S实际上就对应于"起承转合"。4P营销被称为漏斗式营销，4S营销则是波纹式营销。漏斗式营销把人拉过来搞活动，产生的销售线索、销售机会、潜在客户和成交客户像漏斗一样地一层层地漏下来，这种营销，也可以被称为"拉销"。波纹式营销才是"推销"，但是此推非彼推，它不是推着客户成交，而是让客户推着自己来成交。就像我们读唐诗，都是在诗人设计的情境中，推着自己参与其中，诗人们从来不拉你、也不推你，他的工作就是找准中心思想，然后用情境将你代入，因为他们明白一个道理：形而上决定形而下。形而下层面，究竟是"拉"还是"推"更费力呢？答案是视情况而定：上坡的时候得拉车，下坡的时候得推车。从形而下的外部推动事物发展，就是这样，始终有作用力和反作用力。从形而上的内部的矛盾性推动发展，就没有这些问题了。不过，这要求我们具备一定的形而上的能力，而不是形而上学的能力，正是因为这样的能力是稀缺的，才使得今天的资本市场上，越有形估值越低。

接下来，我们再通过一个具体的案例说明如何在数字化秀场中运用4S营销。这个案例，就是盐。中国的盐业改革已经艰难破局，自汉朝盐铁论之后的官办盐业终于可以成为历史，这意味着数字化时代，盐又可以发挥范蠡曾经发挥过的作用了。之前已经介绍过烟店卖盐，接下来我们将会看到通过情境的设计，烟店还可以赚猪肉的钱。这个情境叫作"要想甜，加点盐"。

烧过菜的人都有这个生活常识：要想甜，加点盐。没有经验也没有关系,简单做个实验,给糖水里加少许盐后,你会发现糖水更加甜。究其原因,是因为人的味觉有一个特殊的地方,能用一种味觉来增强另一种味觉。比如甜点师在制作甜点时,就会在放好了白糖后,加入一些盐,这样做一可以节约糖的用量,二可以增加甜点的甜度。有些人在吃荔枝、菠萝或杨梅等水果时,会将这些水果泡在淡盐水中,这样既可以防止上火,也可以增加水果的甜味。卖盐的不要只考虑卖盐,以用户为中心,通过盐提醒用户少吃点糖,体现了人文关怀,同时也让盐和健康形成了关联。这就是 Substance,内容。内容的质量高,超级用户 Super User 就会帮你转。经过数据采集和分析后,再向用户精准推送他想要的产品,例如 NS 共生菌猪肉。

围绕"要想甜,加点盐",还可以开发出一系列的内容,因为这句话,还承载着一部厚厚的人文发展史。朱熹说"天不生仲尼,万古如长夜",范蠡的作用肯定不如孔子大,但他的实践就仿佛是给人文加了一点盐。直接谈文化,对于当下的国人而言,显然不够接地气,那么就来个"听老马讲那过去的事情"吧,让洋同胞马可波罗讲他如何从中国学会用盐引流,所谓的互联网思维,他那个时候就已经玩得驾轻就熟了,他可以从威尼斯商人一路讲到盖茨和乔布斯。就像迪士尼,故事越多,Space 空间越大。

姜太公还说过一句话,"中河失船,一壶千金",意思是说,船在河中出事了,一只原本不值钱的壶值千金。"中河失船"就是情境,4S 营销的目的是制造"中河失船"的情境,达到"一壶千金"的效果。无论是"绝利一源,用师十倍"还是"中河失船,一壶千金",姜太公分享的人文技术都跟科学技术一样,本无善恶,是创造者来决定技术能否体现出人性。"技术可以用来摧毁事物,但同时也可以给人类带来无与伦比的礼物。"

新服务价值链

商业模式的三要素是价值创造、价值传递和价值获取。在 1.0 创新年代,这里的价值只包括商业价值,谁创造的商业价值大,谁有能力把商业价值传递给更多的人并且能够获取更大的商业价值回报,谁就能够创造性地将竞争对手毁灭。这是重物质的工业经济时代 1.0 创新的基本逻辑。

　　数字经济时代,商业模式的三要素没有改变,仍然是价值创造、价值传递和价值获取,变化的是内涵:商业价值之外,加入了精神价值。商业价值的创造通过产品和服务的创新,精神价值的创造通过品牌创新;商业价值的传递,靠"向外求"的营销,精神价值的传递,则需要"向内求"的营销。至于价值获取,1.0 创新时代,人们获取商业价值的方式是"把自己脑袋里的东西装进别人脑袋里,把别人口袋里的东西装进自己口袋里";2.0 创新时代,别人脑袋里已经装了太多的东西,更何况还有一个远远比你的大脑强大的大脑在那儿呢! 你别无选择,只能"向内求",让自己的心与他人融为一体。这样的过程就是爱,付出的过程就是获取的过程。

　　1.0 创新时代,为了帮助人们更好地获取商业价值,哈佛商学院 Heskett 等学者提出了服务价值链;2.0 创新时代,服务价值链不变,变化的是价值内涵和实现方式。为区别起见,我们把加入了精神价值的、基于数字化的服务价值链,叫作"新服务价值链"。之所以要研究"新服务价值链",是因为眼下的消费升级,升级的不仅是价格,还包括在同等价格的情况下的精神价值。

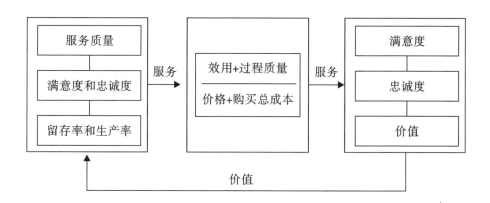

　　微软公司创始人比尔·盖茨先生曾经有句名言:"微软挣一块钱,微软的合作伙伴挣八块钱。"很多人听了这句话,说:"比尔·盖茨真牛,产品只卖一折多,还把自己做成了世界首富。"这是以卖方为中心的算法,盖茨的算法是以买方为中心。他的意思是,微软的合作伙伴们,只要你们有本事从客户的口袋里掏出九块钱,只有一块钱和微软的产品有关系,其他八块钱,可以是其他软件公司的产品,可以是硬件公司的产品,也可以是你自己公司的服务或者解决方案。只要你们有本事以买家为中心,挖出他们的需求,你自己满足不了,微软来帮助你们满足他们的需求,微软也满足不了的话,微软会为帮助你对接其他公司的产品和服务。总之,做你擅长的,一心一意把客户的需求挖出来,然后我们再一起满足客户的需求,把他们口袋里的钱尽可能多地掏出来。掏出来之后,大家各赚各的。微软为你们服务,但是请放心,微软不会占你们的便宜,微软只赚微软应该赚的。

微软成就的是一条典型的服务价值链,老子说过,"虚其心,弱其志,实其腹,强其骨",用来形容当时的微软再合适不过:只有我微软能够干出Windows,把大家联合起来,你们都不要有什么妄想,跟着干就行了。我保证跟着微软干的人不仅吃饱,还会吃好,大家都可以又强又壮。由于当时的市场几乎无限大,只要有人听微软的话愿意跟着干,承诺就一定能够兑现。承诺兑现之后合作伙伴就会满意,满意了之后会更加带劲地干,给客户提供更好的服务,更好的服务会带来更多的收益,对微软的忠诚度也因此会更高,忠诚度高,留存率和生产率自然会高。并且,尝到甜头的合作伙伴,在微软的支持下,会主动改进服务和形象,提高产品和服务总价值;也会通过降低顾客总成本,如销售和服务成本,购买服务的时间、精力与体力消耗等,提高产品和服务总价值。顾客获得了更多的价值之后,顾客的满意度就会提升。

举个例子,当年微软刚进入中国的时候开发外资企业客户,外资企业普遍有版权意识,微软做这个市场的方式很简单:设立呼叫中心给外资企业打电话,说要给他们发律师函、打盗版。电话打完之后,微软的合作伙伴会收到消息,因为呼叫中心本来就是微软为合作伙伴设立的,电话是帮助合作伙伴打的。合作伙伴接到消息后,会代表微软登门拜访企业。盘点了企业有多少台电脑之后,比如说有 200 台,就开始"管理期望值"了。"按照法律规定啊,200 台电脑的 Windows 和 Office 授权使用费,都应该交给微软,但是呢,我们这家公司和微软关系不错,可以帮你们和微软说一说,少出点,意思意思就行了。"客户一听有这等好事,对微软的这家合作伙伴的满意度马上提升了。事情办成了之后,合作伙伴再次拜访客户,说:"现在啊,病毒很猖狂,弄得不好就会让整个系统瘫痪,我们有个客户,他们的信息总监刚为这事被公司解雇了。"客户听了后感同深受。我们这位合作伙伴立刻跟进:"这样吧,我帮你做套安全软件的方案,帮你解除后顾之忧。放心,这套安全软件也是品牌厂商的产品,信誉绝对没问题。真要出了什么事,他们兜着。大品牌厂家都搞不定的事嘛,怎么能怪到你头上。就当是买个保险吧,不是为你买,而是为你的老板买。"客户欣然接受,立刻开始做预算。于他而言,本来这笔预算是用来买200套微软正版软件授权的,现在一笔钱办了两件事,老板肯定开心,立功啦! 这样一来二往,我们这位合作伙伴和客户成了铁哥们,客户满意度上升为客户忠诚度。而他的铁哥们不仅听他的,还会帮他介绍客户,也会从他这儿采购其他的软件、硬件和服务。这样经过了三五年,有一天,我们这位合作伙伴和他的铁哥们又讲了一个故事:"现在的安全问题越来越让人担心,你买的那些防病毒软件啊,因为盗版的原因,不太管用。就好比你用个超级豪华的大铁门锁了一个茅草屋啊!"铁哥们一听,有道理,是应该把茅草屋改造改造了,于是做好预算,把所有应该买的微软正版软件授权都买了。

顾客满意度是一个人所感觉的愉快或失望的程度,是来自其对产品和服务的期望。若产品和服务不符合顾客期望,顾客会感到不满意;若产品和服务符合顾客期望,顾客将感到满意;若产品和服务超过顾客期望,顾客将感到非常满意。高度满意或愉快的顾客,可创造一份情感,而不只是理性的偏好。情感产生之后就会获得更高的顾客忠诚度。只有满意的顾客才可能"忠诚"于企业。满意的顾客将会更长时间地支持企业,会与企业建立良好的关系,显示出更低的价格敏感性,向其他人推荐企业的产品或服务。顾客满意是以顾客忠诚为支点的,如果顾客满意不能导致顾客忠诚,那么顾客满意也就失去了意义。顾客满意不一定会令顾客重复购买,重复购买也并不意味着顾客对该品牌有忠诚度。企业必须提供超越顾客期望的产品和服务,让顾客感到非常满意,才能强化其忠诚感,才能重复购买,才能与企业保持长期互动关系。

顾客满意度产生顾客忠诚度,而顾客忠诚度推动盈利和增长。忠诚顾客每增加5%,所产生的利润增幅就可达到25%~85%,争取一位新顾客的成本是保留一位现有顾客成本的5倍。而且,顾客忠诚度还可以降低交易费用、沟通成本和减少企业浪费,为顾客服务的成本减少了,定会增加企业盈利,也为企业的增长奠定了基础,因为会带来更多的购买量:忠诚顾客会增加其购买量和服务项目,而这种增加更多地来自对原有服务的满意而非广告或降价。因此,忠诚顾客的多少在很大程度上决定了市场份额的大小。并且,实践证明,如果顾客注意并看重一家企业的服务,会为那些服务支付额外费用。在许多行业中,老顾客比新顾客更愿意以较高的价格来接受企业的优质服务,最重要的是还会带来口碑传播。经常接受企业服务而感到满意的顾客会成为企业的"义务"市场推广员,也就是我们通常说的"粉丝",提高回头率,通过良好的口碑传播为企业带来新顾客,从而节约了成本、增加了收益,还会为企业带来一些潜在的不可量化的利益。

销量取决于顾客忠诚度,顾客忠诚度取决于顾客满意度,顾客满意度取决于顾客总价值,顾客总价值基于顾客价值等式,即(效用+过程质量)/(价格+购买总成本)。

微软版的"服务价值链"让我们对 1.0 创新时代的服务价值链有了较为直观和系统的认识,下面我们再来看看苹果公司的服务价值链。显然,同样是基于顾客总价值提升顾客满意度和顾客忠诚度,苹果和微软的做法并不一样。这不是因为苹果做的是消费者市场,微软做的是企业级市场,而是因为两者从一开始走的路线就不一样——苹果创始人乔布斯追求的是为人们创造精神价值。用顾客价值等式分析不难发现,苹果没有在顾客购买成本上下过任何功夫,一方面,苹果手机卖得比其他厂家的手机都要贵;另一方面,顾客购买的时间不是减少而是延长——人们总是会在苹果店前排队买苹果手机。苹果重视的不是减小顾客价值等式的"分母",而是做大"分子","分子"中除了重视过程质量——让你在苹果手机发布会和苹果店里有很好的体验,最为重要的是增加"效用",这个效用,不是物质的,而是精神的,既有苹果的品牌理念、品牌精神对我们的影响,也有被苹果品牌理念、品牌精神感召的苹果的合作伙伴创造出来的情境对我们的影响。我们是因为理念和精神而对苹果品牌忠诚。而苹果公司、苹果公司的员工和苹果公司的合作伙伴所获取的,除了商业价值,也有精神价值——因为顾客对苹果的爱,会让他们更加有能量!从这个角度分析,就不难理解为什么苹果坚持向微信、知乎打赏要求 32% 的分成,因为苹果的商业模式和谷歌不一样,安卓提供的是技术服务,赚的是广告商的钱,他打造的还是微软式的、不带有精神属性的服务价值链;而苹果的商业模式是通过品牌赋能获取商业价值。同样是通过服务为顾客创造价值,并且都创造了巨大的商业价值,微软的做法是帮助合作伙伴成为"集成服务商",通过集成服务为顾客增加效用、提升过程质量和降低购买总成本,以此提升顾客总价值、获得顾客的满意度和忠诚度,提升企业的价值;苹果的做法则是"意义服务",通过意义让客户越付出越满意,付出也变成了效用的一部分。

我们古代的商人如范蠡,他的做法和微软类似,他把盐商变为集成服务商,不仅卖盐还卖咸鱼,实际上顾客价值等式是他首创,只不过只有实践没有成为理论罢了。在他之后一千多年"风继南阳"的徽商,之所以有"无徽不成镇"之称,就在于徽商是"集成服务商",他们用盐引流,只要是生活中用得着的,徽商基本上都可以提供集成服务。比如明清时期的无锡素有"布码头"之称,就是因为那个时候,环太湖一带手工织的布由徽商收了后卖往全国各地,无锡惠山脚下有大批当年徽商建的房子和祠堂,至今还保留完好。还有一个例子,茅台酒最早是几个徽商酿的,因为他们贩盐之后,总要带点东西回去,既然汉武帝喝了赤水河酿的酒"甘美之",那就在这儿酿酒带回去卖吧!最著名的还是文房四宝,也是由徽商集成在一块儿的,和微软把Word、Excel、PowerPoint 和 Outlook 集成在一起推出的 Office 有异曲同工之妙。

而据最近的考证,《金瓶梅》也是徽州人写的,估计是因为聪明的作者看到了借徽商的通路卖书的机会。

除了集成服务,也有意义服务。买咸鱼的人间接帮助穷人用"米价"买到了原先用"金价"才能买到的盐,会因此觉得活着更有意义一些。徽商也有徽商精神的,一方面,他们走到哪儿都要给朱熹修祠堂、祭拜朱熹;另一方面,徽商讲义利结合,义字当先。徽商提倡的"读书好营商好效好便好",这里的效,是效仿的意思。原黄山市副市长张脉贤在他的文集中记下了这样一件趣事。20 世纪 90 年代初的一天,他带客人在西递村参观,看见一家店铺的女主人在找顾客钱时缺 2 元。客人说:"算了,算了!"女主人倒讲了一番动人的话:"我出的价,你接受了的,这是我应得的。这2元是我不应得的。我祖上胡贯三老人讲过:不应得之财不可取,取了就是不义之财,取不义之财就是不肖子孙。"她硬是跑到邻居换回零钱给了客人。这样的行为所增添的效用虽不及"均衡盐价"大,却也因为一个"效"字而具有了意义,提升了顾客总价值。

到了今天,在中国,能够提供"意义服务"的商人,少之又少;但是"集成服务"的基因,却更加强大了,以至于西方需要学院派经过理论分析才能搞清楚的服务价值链,中国人无师自通,只要是经商的,都会自觉地建个属于自己的服务价值链。例如改革开放初期树立的典型"傻子瓜子",他卖瓜子有个习惯,称完瓜子后总会给你添上一把,实际上,在称的过程中通过杆秤运用的小技巧,这一把的量已经被扣了下来。再比如武汉一家特别有名的热干面店,它的特点不在于口感有多好,而在于两个小技巧:每天只营业到下午两点和辅料自配。前者制造了稀缺性,而稀缺性造成的排队效应,又制造了从众性;后者通过消费者自身的参与产生了一致性。为什么让人参与可以产生一致性呢? 因为人更容易支持自己参与过的事情。稀缺性、从众性和一致性,都是人的心理需求,被满足了之后,获得感即效用,就会增强,顾客总价值增大,满意度和忠诚度就会提高。这两个例子正是庄子说的"喜怒为用,名实未亏"的真实写照。庄子并不是要否定"喜怒为用",他反对的是把人当猴耍。人和猴子毕竟不一样,人活着,是要有意义的。

几年前,IBM 为了在商业领域推广它的沃森机器人,推出了一个"创意广告",广告中,作为主角的计算机说它每秒能阅读8亿页,识别出了歌手鲍勃·迪伦作品的关键主题,比如"时间流逝"和"爱情消逝"。IBM 是要通过广告传递这样一个信息:与传统编程的计算机不同,像沃森这样的认知系统能够理解、推理和学习,它会让银行、保险、医疗保健和零售等行业均可受益。在那些数据量庞大、难以发现关联的领域,沃森的能力"超越了"人类的大脑。"如果你接受这种认知计算的思想,你可以在思想上超越癌症、超越风险、超出怀疑、超越竞争对手。"然而,随便问问任何一位20世纪60年代长大的美国孩子,没人会说鲍勃·迪伦那些歌的主题是"爱情消逝"。他是一名为抗争而歌唱的歌手,也歌唱生命中的艰难困苦,他是反战运动的一部分。爱情消逝? 这是一台愚蠢的计算机数数的结果。沃森怎样才能看出来,鲍勃·迪伦很多歌曲是反战运动的一部分? 他说了很多次"反战"吗? 他在歌里从来没说过。沃森战略失败后,IBM从此一蹶不振。时代变了,靠一句"智慧地球"就卖遍全球的年代,过去了。

新的时代,是追求意义的时代。新时代,范蠡发明的"集成+意义"("集成+")的服务价值链,正在回归。对于今天的实体企业而言,"集成+"服务价值链的价值在于让实体企业"转型不转行,留量变流量",让用心做服务的人拥有属于自己的流量,建立自域流量,实现存量质变。说得再火爆一点,能够"打土豪、分流量"。土豪们的逻辑是"你的是我的,我的也是我的",商圣和首富的逻辑是"你的是你的,我的也是你的"——你的流量是你自己的,我的供应链也是你的。"集成+"服务价值链的核心在于"创造意义"。人之为人,在于意义。没有物质活不了,没有精神活不好。所谓消费升级,是精神消费的升级,是价格不变的情况下通过意义服务创造精神价值。例如来自浙江衢州开化的"四库全酥",原本是当地特产冻米糖,因为开化出产的纸曾经被作为四库全书的用纸,一个巧妙的创意用四库全书为冻米糖做了"炮架子",让糖具有了不一样的意义。2020年9月习总书记湖南之行的一个重要议题,是围绕谋划"十四五"展开调研。习近平专程看了诞生刚两年多的马栏山视频文创产业园。在这里,总书记提出,文化产业"既是一个迅速发展的产业,也是一个巨大的人才蓄水池,必须格外重视"。星巴克打造的也是"集成+"服务价值链,它的"咖啡闹钟"是基于"将心注入"的品牌理念创造的情景,用情境引流到线上后,再一步步地转向线上轻奢品销售,线上和线下业务合在一起就成为集成服务,顾客价值增大,顾客满意度和忠诚度提升,收益跟着提升。虽然都是"集成+"服务价值链,和星巴克B2C模式的服务价值链相比,我们做的是S2b2C模式。也就是说,我们定义的新服务价值链是S2b2C模式的"集成+"服务价值链。例如衢州通过文创建立了自域流量后,会需要产品供应链,这个供应链,不再是一家独大的B,而是百花齐放的S。

再举一个例子,GDC(Global Dancing Challenge)是一个中国人创办的全球芭蕾舞大赛品牌,每年在加拿大举办一次芭蕾舞大赛的总决赛,参赛选手由各分站赛选拔。中国有六个分站赛区，由全国 3 000 多家芭蕾舞培训学校推荐选手参赛。有一位摄影师将他拍摄的 GDC 分站赛的舞蹈照片上传到微博，收获 100 多万的粉丝。2019 年美国芭蕾舞大赛的冠军来自印度尼西亚的一户并不富有的人家，很快，这个小姑娘就受邀为 COACH 代言，在 COACH 品牌店门口跳芭蕾的短视频在网上热传。这些都意味着 GDC 大赛有通过高质量内容建立自域流量的可能性。然而，摆在面前的问题却是没有合适的平台合作。一方面，GDC 与抖音、快手的风格显然不搭；另一方面，这些互联网平台的逻辑是"你的是我的"，而 GDC 并不想成为"长工"。自己开发和运营一个平台呢？费用的问题暂且不论，团队是一个难以逾越的障碍。所以，必须走 S2b2C 的模式。

微软和苹果为了成就各自的服务价值链，分别开发了一套操作系统。新服务价值链，也需要开发一套操作系统，这是一个数字化秀场系统。所谓操作系统，是让大家的资源能够被共用的系统。技术上，我们肯定比不上微软和苹果的操作系统，数字化秀场系统的特点在于"脱虚向实"，为线下场景（包括社群和各类"连接器"）赋能。微数字化秀场和开放银行一样，作为触点的场景"脱虚向实"，共用的资源也"脱虚向实"。而开放银行打造的正是新服务价值链，因为银行的主业还是金融业务，只是为了让银行融入生活，银行才需要对外合作，因此其供应链必然是 S，而不是 B。数字化秀场系统的开发商是一家叫"秀商时代"的企业，其系统名字叫"秀友"，寓意"秀'气'的朋友来相会"。

中国工业+农业的 GDP＝美国+日本+德国，而美国+日本+欧盟的 GDP 却接近中国的 3 倍，由此可见服务业在美日德等国家占的比重有多大。新服务价值链有助于我们在服务业上赶上。要实现新服务价值链，除了操作系统，还需要为创新和营销赋能，因为只有通过持续创新和创造，才能提升和维持员工和合作伙伴的满意度和忠诚度，而顾客总价值最终是要靠他们去创造。营销方面的关键在于情境的设计还有和服务能力相关的教育和培训，创新的核心是品牌创新。而无论是服务、营销还是品牌，都需要基于共同价值观，这个共同价值观，唯有以良知文化为基础。

事实上，文化才是最大的操作系统。因为操作系统的本质是让资源能够被共用,从而使得人们为了共同的目标和相互的利益而在一起生存。文化是人们统一的认知,其最高含义是人们为了共同的目标和相互的利益一起工作并让资源共用,而不是仅仅追求个人的利益最大化。让良知文化回归,是一件任重道远的事情,但是对于今天的企业来说,除此之外,别无选择。

猎人们狩猎,在密集的森林里由于有障碍物,他们会选择靠近鹿并用散弹枪围猎鹿,散弹枪有许多小的子弹,能够扩大命中率。而在树木稀少的地方就必须远距离狩猎,距离远意味着属于猎人的时间轴被压缩,猎人需要用来福枪替换掉散弹枪。在数字技术带来的消费者主权时代,厂家和消费者之间已经没有了障碍物,并且产品生命周期和争夺用户的时间窗口期都在以前所未有的速度缩短,然而,大多数的实体企业还在用散弹枪围猎鹿。互联网企业适应趋势,他们用的是来复枪,来复枪内装的子弹是 AI、大数据等数字技术。如果不想让所有的鹿都成为互联网企业的猎物,实体企业必须换枪。但实体企业的来复枪内装的子弹,除了技术,还应当有人文,否则就没有任何可能在与互联网企业的竞争中胜出。眼下,从扩张性增长转向包容性增长,互联网企业还得换枪,这一次实体企业换得快的话,猎物将属于实体企业。方向大于力量,趋势大于优势,结构优于总量。方向不对,努力倒退;趋势不对,努力白费;结构一对,努力翻倍。

有一家做智能锁芯片的企业,芯片出货量是每月 30 多万单,现在完全是用散弹枪的方式在做市场。换作来复枪,按照数字化的思路做,每月新增 30 多万的智能锁用户,而且都是高频的活跃用户,这会产生多大的价值呢? 然而,很多人都知道"留量变流量"后会产生很大的商业价值,然而按照传统扩张式增长的方式,肯定做不起来,必须要用关注差异的包容性增长的方式做。差异在于,我们每个人都需要安心和安全,但是现在因为食品安全的问题,我们很不安心。智能锁的卖点既然是让人们更安心、更安全,可不可以说到做到真正满足人们想要的安心和安全了呢? 用锁去连接健康服务,让智能锁既能锁门也能锁健康,带来的顾客总价值是不是就大大提升了呢? 系统是现成的,需要的是一颗为人民服务的心。

第八章

本质即未来：2.0 职教

至此,我们已经将包容性增长时代的价值之源、模式结构、创新规律、品牌管理、战略思维、组织关系和市场营销做了梳理。不难发现,在全球社会的新指针下,商业逻辑发生了根本性变化。由于新商业法则是中国人非常熟悉的对立统一的法则,所以中国企业迎来了从跟跑转向并跑,甚至领跑的大好机遇。然而,要把握好这个机遇,教育尤其是职业教育,将承担前所未有的重任。这不仅因为人才是第一要务,也不仅因为文化传承和思维模式的改变离不开教育,还因为以下三方面的因素。

一、全世界的职业教育都要为适应新的增长方式而改变,等于说,原本处于跟跑位置的中国职业教育现在和全世界的同行们站在了同一起跑线上,中国的职业教育工作者应当有使命担当,不仅要"国际可交流",更要为适应包容性增长的职业教育提供中国方案、中国智慧,有朝一日取德国而代之,领跑全球职业教育。

二、中国的职业教育一直在跟跑产业,导致职业教育滞后于产业发展,产和教两张皮已经成了老大难的问题。数字化的到来,使得职业教育有机会从跟跑产业转向与产业并跑,甚至领跑产业。道理也是一样,在新的增长方式面前,企业和产业,都是一张白纸。

三、现在的年轻人在学习方面有三大挑战:一是碎片化时间的学习加上知识的碎片化,合称碎片化学习。利用互联网的碎片化学习,是学习方式的进步,然而,过度依赖于互联网的碎片化学习,会让学习者越学越忙、越学越盲,毫不夸张地说,就像是抱着消防栓喝水,看似水很多,一滴也喝不到。二是外部快速的变化带来工作岗位的频繁变动,要求学习者不断学习以适应于变化,然而生有涯、学无涯,如果学习者越学越盲,即使天天都在学习,又如何能够赶得上变化呢? 三是对机器替代人的焦虑,即使在一个稳定的岗位上掌握了一技之能,说不定哪一天也会被机器所取代。在人和机器的竞争中,人只有具备了做机器做不了的事情的能力,才可以确保无忧。职业教育需要让学生在碎片化学习的同时始终有明确的方向感,在面临变化的时候具有高级感,在机器面前拥有优越感。

素质改变命运

作为现代大学之源的"洪堡精神",以自由为灵魂、以科研为核心,其基础却是人文精神。这意味着,真正的大学精神,不仅是科学技术的进展和应用,也是人类精神文化的家园。洪堡认为,传授高深知识是大学的基础,但这种知识不是实用的、专门化的知识,而是一种"纯科学知识",即一种脱离社会需要,超越社会现实的理念性知识。他极力主张的科学研究也不是实用性科学研究,其目的完全是为了心性和品格的陶冶,为了个人和思想的完善。洪堡精神对现代大学的发展产生了深远的影响。

在美国有这样一句话:先有哈佛,再有美国。因为 1776 年美国独立建国的时候,哈佛大学已经成立 140 年了。当时,几乎所有的美国独立运动的先驱都毕业于哈佛大学。其实,哈佛在最初建校的 200 年里,并没有这么厉害。由于哈佛是由最早在美国殖民的一批清教徒创立,所以在很长的一段时间里,哈佛的领导者都由神职人员担任,课程设置也带有浓厚的基督教色彩,和现实社会严重脱节,学生没有选择的权利,更别说学习的热情了。1869年,35 岁的化学家查尔斯·艾略特担任哈佛大学第 21 任校长。一上任,他就提出,哈佛的教育必须"覆盖全人类的知识"。艾略特将哈佛大学从原先狭隘的宗教信仰中解放出来,并效法洪堡,课程从 70 多门急速增加到 400 多门,学生可以自由选修政治、文学、艺术、哲学、经济、历史等各个领域的课程;教师从 49 名增加到了 278 名,他们鼓励质疑和争辩,来激发学生的学习动力;他还出版了"哈佛经典"系列,囊括了人类历史上各个学科领域最重要的著作,代表了"一个现代文明人所必须知道的那些知识和素养"。哈佛大学从此走上了气象宏伟的通识教育。正是这种博大的通识教育,改变了哈佛,也改变了整个美国教育,有人认为艾略特上任的 1869 年,"同样可以看作现代美国的出发点"。那么,哈佛通识教育的核心究竟是什么?1945 年发布的《哈佛通识教育红皮书》中说,哈佛通识教育旨在培养"全人"(whole man)。什么是全人?就是"好人(good man)+正直的公民(good citizen)+有用之人(useful man)"的总和。

哈佛通识课分为 8 个类别,横跨自然科学、人文科学和社会科学,共 600 多门课供学生选择。清华大学教授刘瑜在哈佛做博士后的时候,就曾被多达 i 000 多页的课表吓了一跳。她在后来的文章中解释真正的人文教育的含义:真正的人文教育,是引领一群孩童,突破由事务主义引起的短视,来到星空之下,整个世界,政治、经济、文化、历史、数学、物理、生物、心理,像星星一样在深蓝的天空中闪耀,大人们手把手地告诉儿童,那个星叫什么星,它离我们有多远,它又为什么在那里。

法国著名作家蒙田讲过一个故事,有人问苏格拉底是哪里人,苏格拉底不说"雅典人",而回答自己是"世界人"。蒙田感叹苏格拉底终究是苏格拉底,视宇宙为自己的故乡,把自己的知识投向整个人类,与全人类交往,"不像我们只注意眼皮底下的事"。通识教育的目的就是培养苏格拉底式的"世界人"——他关注周遭,更关注远方;他关注切近,更关注历史;他关注实际,更关注价值。

然而,金融危机之前,哈佛大学的前院长哈瑞·刘易斯(Harry Lewis)在他的新书《失去灵魂的卓越》(excellence without a soul)中对哈佛本科教育做出了批判。刘易斯认为:"如今这所大学的办学思想中已经找不到社会责任感的存在,而古老的通识教育理想也已经有名无实,哈佛教育不再致力于解放人的思想和精神,而是重视市场名利。它所培养的学生,尽管成绩优异,毕业后也可成为商界、政界名流,但却找不到责任感、价值观的灵魂。""哈佛是这个星球上所有的高中生最好的归宿。"但是刘易斯认为,尽管不论从声誉还是研究成果、捐赠数目来看,过去的这 10 年以来都是逐年增长,可是在教育的内核——对人的培养上来说,哈佛却逐渐迷失了自我。"学生与大学的关系,正逐渐演变为消费者与出售昂贵商品和服务的卖主之间的关系。""为了取悦学生,以便在所有重要的大学排名中名列前茅,大学用'糖果'哄骗学生,而不是采取严格的措施锻炼学生的品性。大学把学生当成雏鸟加以呵护,而不是鼓励其挣脱巢穴的羁绊。"学生只是从那些迫不及待想录用他们的公司那里,了解关于商业如何创造就业的知识。刘易斯批评说:"如果哈佛毕业生把咨询服务业和金融业作为通向美好生活的首选,那么就说明我们的教育制度存在问题了。"

金融危机之后,哈佛进行了反思。在2017年哈佛大学新生开学典礼上,校长德鲁·吉尔平·福斯特在对新生的致辞中说了这样一段话:"让我们都尽己所能,努力使哈佛成为一个人人相互尊重的地方,从而让我们所有人都能做最好的自己。面对着全美各地不断涌现出的仇恨和暴力事件,我们需要坚持一种不同的共处方式。在这样一个破裂和分化的时刻,让我们成为团结的榜样。我们从未像现在这样需要哈佛的承诺。欢迎你们来到哈佛。"最近,由哈佛大学教育学院牵头,美国300多所著名院校招生主任联名发布2021年招生指引,目的是告诉2021年季申请的学生和家长,什么是录取时重要的,什么是不重要的。首先,最值得注意的是,新指引把自我照顾和照顾他人,提到了前所未有的重要位置。学术表现——尤其是分数——在录取的地位大大降低了。招生官强调,学生要呈现自己在面对疫情困境时,遇到了哪些学业上的困难,是如何努力的。更强调学生在特定的家庭生活背景下的学术表现;对家庭、社区和他人的贡献;强调学生的努力过程,而不是结果。这份指引的核心理念包括:公平(equity)、平衡(balance)、自我照顾(self-care)、照顾他人(care for others)、有意义的学习(meaningful learning)。反思后的哈佛,找回了坚守卓越的灵魂。

反观国内的教育,从幼儿园到大学,似乎让每个人在每个时刻都处于竞争之中。国家在国与国之间竞争的角度理解教育,学校在校与校之间竞争的角度理解教育,个人的教育更是陷入了一个全面的竞争状态。竞争意味着什么?每个人都必须在一个标准系统里和其他每一个人做出区分。而如果只为了"赢"来确定教育目标,任何时候的成绩名次都会是你的"瘾"——教育就成了让年轻人吸鸦片和大麻,最后的结果是年轻人夭折。以下是一位教育工作者的心声。

我培训过的学员少说应该也有15万,我曾经教过考研全市第一的学生,每年听我的课而通过四六级的人数,那是不计其数。同学们都很信任我,爱戴我,叫我小董老师,我自己也特别喜欢这个称谓,然而,作为一名老师,我有的时候总有一些困惑。

我讲的大都是考试类的课程,大学英语四六级啊,考研英语啊,等等。有一次我在讲四级翻译的时候,讲到林语堂先生如何翻译贾岛的"松下问童子,言师采药去",讲到许渊冲先生如何翻译李清照的"寻寻觅觅,冷冷清清,凄凄惨惨戚戚",讲到王佐良先生将青春翻译成"年岁有加,并非垂老,理想丢弃,方堕暮年"。我不禁手舞足蹈,作为老师的那种自豪感爆棚。就在这个时候,底下有一个女生,直接质问我说,这东西有什么用啊? 能提分吗?你就是在浪费我们的时间。

我自认也算伶牙俐齿,但是在那一刻,我竟无言以对。是啊,她说得对,不能提分。但是亲爱的同学,我并没有在浪费你的时间,因为刚刚那一刻我不是在教你怎么考试。我是在做教育,作为一名老师、一名教育工作者,我希望我在课堂上所传授的不仅仅是实用的知识,因为如果单纯只是拼知识,我们已经输了。

1997 年,由美国 IBM 公司所开发出来的电脑深蓝,挑战世界排名第一的国际象棋大师卡斯帕罗夫,号称为人类尊严而战的卡斯帕罗夫,以 1 胜 2 负 3 平的战绩败下阵来,当时就有人说国际象棋太简单,围棋博大精深,变化无穷,你让计算机下围棋试试。20 年后,由 Google 所开发出来的人工智能程序 AlphaGo 以 4∶1 的战绩完胜世界围棋冠军李世石九段。

我们现在已经听到了,有的家长有这样的言论,说你看现在语文啊,历史啊,这网上信息都有,根本就不用背;数学、物理有人工智能根本也不用算;翻译软件越来越高级,外语也根本不用学。教育,还有啥用? 教育,还有啥优势? 教育,到底还有啥用?

网上前段时间流行过一个段子,说我们之所以要多读书多接受教育,就是因为当看到湖面上有一群鸟飞过的时候,我们能吟诵出"落霞与孤鹜齐飞,秋水共长天一色",而不是在那说"我去,这么多鸟"。当我们去戈壁旅游,骑着骏马奔腾之时,心中默念着"大漠孤烟直,长河落日圆",而不是说"妈呀,沙子真多,快回去吧"。当然这是一种调侃,但是不自觉间就道出了教育的核心含义。

教育不仅仅是传授给人知识,更是提高个人的修为,增强我们对于生命的感受力,从而更好地认知自己,并且不断地提升自己,我认为这是教育的核心目的,也是指引我们前行的希望的明灯。西方的先贤们早就提出过哲学的三大终极问题,我从哪儿来?我是谁?我要去哪儿?我们之所以不知道自己要做什么,就是因为我们不知道自己是谁。这是教育的巨大缺失与悲哀。

自古以来,强大的民族,都是重视教育的民族。以色列小学就开设宗教课,在德国,中学生哲学是必修课。我们去日本访问的时候,我们看到日本的大学生除了要有繁重的学业之外,还要去参加茶道培训、艺术鉴赏这样的活动,我们同行的一位老师当时就问了一个特别经典的问题:这有啥用啊?日本的老师非常淡然地说,这些活动是教育的重要组成部分,是修心,才能更好地让同学们了解自己。是啊,不了解自己,我们怎么可能知道我们将来要做什么,如果个人都不知道自己要做什么,国家与民族,就更不知道自己要做什么,那怎么会有在战火中依然强大的以色列,怎么会有在二战的废墟之上崛起的德国和日本?

我们的国家,我们的民族更是如此啊。我们中国被称为文明古国,就是因为我们重视教育,我们尊师重道,对于教育的执念,即便在最困苦的岁月,最艰难的日子里,总有人不抛弃,总有人把教育重新拾起。教育是什么?教育是社会良心的底线,是人类灵魂的净土,是立国之本,强国之基。教育有啥用?教育就是帮助我们认知自己,帮助这个民族认知自己,我们才有可能掌握个人的命运,并且创造这个国家的未来。

卢梭说得好,人类正因为从孩子长起,所以人类才有救。我们千万不要让孩子过早地进入成人的状态,用每时每刻的竞争和焦虑不安的心理来扼杀教育,扼杀我们的未来。所以要留住孩子们单纯朴素的心,让他有能力去喜欢他喜欢的事情、去追寻他所敬仰的人。这才是教育的最终目标。一个人真正的成功,在于他能够看清楚自己并与世界和解,能够在前辈和后代之间,扩展出连续的生命,而不是每一次的竞争中,"赢"得只剩下了孤家寡人,只剩下疲惫的身体和残破的心灵。"安静而有节制的生活,比始终在不安困扰下追求成功带来更多的喜悦","有志者,事竟成",20世纪20年代,爱因斯坦在日本讲学期间将这两句话写下来送给宾馆服务生以作为没有零钱给小费的补偿,实际上,完全可以作为教育的试金石。

想要"赢"的当然不只有学生和家长。即使是音乐家、美术家和导演之间产生的一场纷扰,呈现的也不过是如此局面:只有思想,没有逻辑;只有互怼,没有建设;只有立场,没有论证……

所幸的是,每个人在每个时刻都处于竞争之中的状态在高等职业院校并不存在,因为这里的学生是在前面的竞争中被"淘汰"下来的。而《国家职业教育改革实施方案》明确规定职业教育作为一种教育类型,本质是实践性的,深深扎根于职业实践进行人才培养的教育,其人才培养的逻辑起点是工作实践领域的职业能力要求。也就是说,高职院校和研究型大学的区别并不在于层次的高低,而在于类型的不同,因此作为基础的、以陶冶人的心性和品格为目标的人文课程必然要在高职院校内普及,否则就是教育歧视。而在一个还没有竞争"上瘾"的环境中普及人文课程,困难会小得多。

事实上,中国教育对于促进社会流动越来越无能为力,对贫困地区和贫困家庭的孩子而言,他们比前辈更难以通过知识来改变命运。一项对全国37所不同层次高校的调查显示,城乡之间获得高等教育的机会整体差距为5.8倍,在全国重点院校中则达到8.8倍,即便在地方高校中也有3.4倍。麦可思发布的《2009年中国大学生就业报告》也发现:就读211院校与非211本科、高职高职专的比例,专业人员的子女是1.5∶1.13∶1,管理阶层家庭的子女是1.67∶1.33∶1,农民和农民工的子女是0.82∶0.92∶1,农民和农民工的子女就读高职高专比例明显高于其就读于211院校的比例。农民与农民工子女的基础教育条件差,录取的偏高分数和质量低的基础教育可能造成了农民与农民工子女在享有高等教育质量上的弱势地位。2020年夏天被4亿人热议的留守女孩考取北大考古专业的新闻,就是明证,女孩的眼泪里,藏着2.9亿农民工的痛。另外一个例子就是滴滴服务号上宣布的"高考橙果"。因此,在职业院校中普及人文课程,会是解决教育公平性问题的重要突破口,给这些年轻人一点阳光,他们就会灿烂,而人文就是那道光。因此,从解决教育公平性问题的角度出发,职业教育的转型和提质刻不容缓。知识改变命运的时代确实已经过去了,素质改变命运的时代正在到来。

人文之于教育,其最根本的作用在于能够让学习者看清楚自己本来的样子,进入"意义学习",从而让学习者"整个人"都参与学习。人本主义心理学家罗杰斯在他的《自由学习》一书中指出,学习分为两类,它们分别处于意义连续体的两端。一类学习类似于心理学上的无意义音节的学习。学习者要记住这些无意义音节是一项困难的任务,因为它们是没有生气、枯燥乏味、无关紧要、很快就会忘记的东西。所以,它们一方面不容易学习,另一方面又容易遗忘。在罗杰斯看来,我们常常没有看到,学生在课堂里学习的内容,有许多内容对学生来说也具有这种无意义的性质。几乎每个学生都会发现,他们课程中有很大一部分内容对自己是无个人意义的。因此,学校教育成了徒使学生学习却没有个人意义的材料。这类学习只涉及心智,是一种"在颈部以上"发生的学习。它不涉及感情或个人意义,与完整的人无关。在罗杰斯看来,"现代教育的悲剧之一,就是认为唯有认知学习是重要的"。另一类是意义学习。所谓意义学习,不是指那种仅仅涉及事实累积的学习,而是指一种使个体的行为、态度、个性以及在未来选择行动方针时发生重大变化的学习。这不仅是一种增长知识的学习,而且是一种与每个人各部分经验都融合在一起的学习。例如,当一个刚学步的小孩的手碰到取暖器时,他就学会了"烫"这个词的意义,他同时也学会了以后对所有类似的取暖器要当心,会以一种不会马上就遗忘的、有意义的和投入的方式保留所学到的内容。又如,如果一个五岁小孩迁居到另一个国家,让他每天与新的小伙伴们一起自由地玩耍,完全不进行任何语言教学,他在几个月内就会掌握一种新的语言,而且还会习得当地的口音。因为他是用一种对自己有意义的方式学习的,所以学习速度极快。倘若请一个教师去教他,在教学中使用对教师有意义的材料,那么学习速度将会极其缓慢,甚至停滞不前。

罗杰斯认为,这种情况值得我们深思。为什么让儿童自己去学习时,速度很快且不易遗忘,并具有高度的实际意义,而当用一种只涉及理智的方式"教"他们时,情况就糟了呢?关键在于后者不涉及个人意义,只是与学习者的某个部分(如大脑)有关,与完整的人无关,因而他不会全身心地投入这种学习。由此可见,罗杰斯的意义学习,与奥苏贝尔的意义学习的内涵是不同的,前者关注学习内容与个人之间的关系,而后者是强调新旧知识之间的联系。按照罗杰斯的观点,奥苏贝尔的意义学习只是一种在"颈部以上发生的学习"。举例来说,怎样才能让几百万人口每天用肥皂洗手? 我们可以在所有洗手间中派一名警察或安装监控,惩罚那些不洗手的人。但我们也可以和小学生们解释病毒是什么,细菌是什么,并解释肥皂可以去除或消灭病原体,之后信任民众,让他们形成自己的观点。前者是"颈部以上发生的学习",后者是意义学习。

罗杰斯指出,在教育史上,人们往往把学习看作是一种前后有序的认知活动,是一种左半脑的活动。左半脑一般是以逻辑的、线性的方式发挥功用的。它是按直线一步一步地思考问题,注重构成整体的部分和细节;它只接受确切的和清楚的内容;它处理的是观念和概念;它是与生活中的阳刚方面联系在一起的。使学生左半脑得到发展,几乎成了现在学校唯一公认的功能。但在罗杰斯看来,倘若要使整个人都参与学习,就要充分利用右半脑。右半脑是以另一种方式发挥功用的:它是以直觉的方式思维的;它要在理解细节之前先掌握实质;它考虑到整体形式;它是以隐喻方式运演的;它注重的是审美而不是逻辑;它能做出创造性的跳跃。艺术家与富有创造性的科学家即采用这种方式。它是与生活中的阴柔方面联系在一起的。

如何使学生的左右脑共同发挥功用呢? 罗杰斯认为,意义学习是最好的办法。"意义学习把逻辑与直觉、理智与情感、概念与经验、观念与意义等结合在一起。当我们以这种方式学习时,我们就成了一个完整的人,即成了能够充分利用我们自己所有阳刚和阴柔方面的能力来学习的人。"罗杰斯认为,意义学习主要包括四个要素:第一,学习具有个人参与的性质,即整个人(包括情感和认知两方面)都投入学习活动;第二,学习是自我发起的——即便在推动力或刺激来自外界时,但要求发现、获得、掌握和领会的感觉是来自内部的;第三,学习是渗透性的,也就是说,它会使学生的行为、态度乃至个性都发生变化;第四,学习是由学生自我评价的,因为学生最清楚这种学习是否满足自己的需要,是否有助于得到他想要知道的东西,是否明了自己原来不甚清楚的某些方面。在罗杰斯看来,自我评价是使学生自我发起的学习成为一种负责的学习的一个重要手段。当学生必须对确定哪些准则是重要的、学习的目标是什么,以及在何种程度上达到了目标负起责任时,他也就真正学会了对自己及自己的发展方向负责。

最后，罗杰斯对行为主义者只注重行为的结果而不探讨行为的起因，提出了批评。他认为，人的行为是同自我概念联系在一起的，每个人都是按照一种与他自我概念相吻合的方式行事的。因此，我们每个人都往往只看到与我们看待自己的方式相一致的那些事物。因而，罗杰斯认为，人是他自己行为的决定因素，人不从属于他的环境，而是可以对他生活的性质做出自由选择的。这是一种自由选择论，与行为主义的环境决定论产生了尖锐的冲突。

那么，意义学习如何实现呢？

一方面，人类生来就有学习的潜能，人生来就对世界充满好奇心，但这种好奇心往往因他们在学校教育中的经验而变得迟钝了。

罗杰斯认为，在合适的条件下，每个人所具有的学习、发现、丰富知识与经验的潜能和愿望是能够释放出来的。这种心理倾向是可以信任的。在此基础上，当学生觉察到学习内容与他自己目的有关时，意义学习便发生了。当对自我的威胁很小时，学生就会用一种辨别的方式来知觉经验，学习就会取得进展。而大多数意义学习是从做中学的。在罗杰斯看来，促进学习的最有效的方式之一，是让学生直接体验到面临实际问题、社会问题、伦理和哲学问题、个人问题和研究的问题等。这可以通过设计各种场景，让学生扮演各种角色，以便让学生对各种角色有切身的体会；也可以通过安排一些短期强化课程，让他们到第一线去，直接面临教师、医生、农民和咨询人员所面临的问题。这些做法都是极为有效的，因为学生现在是在处理他们正在体验到的问题。

另一方面，当学生负责任地参与学习过程时，就会促进学习。罗杰斯认为，当学生自己选择学习方向、参与发现自己的学习资源、阐述自己的问题、决定自己的行动路线、自己承担选择的后果时，就能最大限度地从事意义学习。证据表明，这类参与学习比消极被动的学习有效得多。其中涉及学习者整个人（包括情感与理智）的自我发起的学习，是最持久、最深刻的。罗杰斯反复强调，学习不应该只发生在"颈部以上"，只有全身心投入地学习，才会对学生产生深刻的影响。当学生尝试着发现自己得出的新观念、学习一种难度较高的技能，或从事艺术创作活动时，就会产生这类学习。在这些创造性的学习中,学生是不由自主地投入学习。在这些学习情境中的一个要素是,学习者认识到这是他自己的学习,他可以一直学下去,也可以中途而止,无须权威人士来决定。当学生以自我批判和自我评价为主要依据,把他人评价放在次要地位时,独立性、创造性和自主性就会得到促进。在现代社会中最有用的学习是了解学习过程、对经验始终持开放态度,并把它们结合进自己的变化过程中去。罗杰斯指出,静止地学习信息,在以往的时代里可能是合适的,但如果我们要使当代文化得以维系下去,就必须使个体能够顺应变化,因为变化是我们当代生活中最重要的事实。这也就是说,采用以往的学习方式,无法使学生面对当前的处境。我们现在可以预期,对于不断变化的社会来说,采用新的、富有挑战性的学习始终是必需的。

总之,每个人生来就有学习的动力,并能确定自己的学习需求。过去学生做不到这一点,是由于受到学校和社会的束缚。数字化时代,条件具备了,教师应当转向其基本任务,即"要允许学生学习,满足他们自己的好奇心"。换言之,教师的任务不是教学生知识(这是行为主义所强调的),也不是教学生怎样学(这是认知学派所关注的),而是要为学生提供学习的手段,由学生自己决定如何学习。传统教育的主要特征是:教师是知识的拥有者,学生是被动的接受者;教师是权力的拥有者,学生是服从者;教师可以通过各种方式(如讲演、考试、分数甚至嘲弄)支配学生的学习。因此,罗杰斯提出要废除传统意义上教师的角色,以促进者取而代之。促进者的任务是:提供各种学习的资源,提供一种促进学习的气氛,使学生知道如何学习。简言之,罗杰斯主张:废除以教师为中心,提倡以学生为中心。以学生为中心的关键在于使学习具有个人意义。

数字化的根本目标是实现大规模个性化制造,这里的个性化,就在于让产品具有个人意义。既然产品都可以具有个人意义,学习更应该具有个人意义。因此,运用人本主义学习论指导职业教育并形成2.0职教的理论体系,很有必要。罗杰斯列举的10种在他看来有助于促进学生学习的方法,可以被移植到2.0职业教育中来。

一、构建真实的问题情境。在罗杰斯看来,倘若要使学生全身心地投入学习活动,那就必须让学生面临对他们个人有意义的或有关的问题。但在我们的学校教育中,正在力图把学生与生活中所有的现实问题隔绝开来,这种隔绝对意义学习构成了一种障碍。然而,如果我们希望让学生成为一个自由的和负责的个体的话,就得让他们直接面对各种现实问题。对任何教师来说,明智的做法是要发现那些对学生来说是现实的,同时又与所教课程相干的问题。由于学生太脱离实际问题了,所以必须让他们经历将来会成为他们真正问题的情境。罗杰斯坚信,构建一种让每个学生都面临非常真实的问题情境是可能的。他的这种坚信,随着数字化的到来,已经成为现实。在5G时代,职业院校都不用自己来搭建情境,直接与企业相连即可。

二、提供学习的资源。罗杰斯认为,关注促进学习而不是教学功能的教师,在组织安排自己的时间、精力方面,不同于传统的教师所采用的方式。学习促进者不是把大量时间放在组织教案和讲解上,而是放在为学生提供学习所需要的各种资源上,把精力集中在简化学生在利用资源时必须经历的实际步骤上。罗杰斯认为,仅仅告诉学生在图书馆可以借到某一本书是不够的。如果学生通过分类目录查到这本书,结果却已被人借走了,许多学生不会有耐心或兴趣等到这本书还回来时再去借。如果教师在教室里搞一个出借书籍和材料的书架,那么,学生的阅读量,以及他们为解决个人需要而利用图书馆的时量,就会迅速增加。在提及学习资源时,有些人往往只想到书籍、杂志和实验室设备等。罗杰斯认为,我们还应该想到人力资源——可能有助于学生学习和学生感兴趣的人。社区中常常有一些人,可以解答学生关心的某些问题。当然,教师是最重要的资源。教师可以在不施加任何压力的情况下给学生以帮助,例如,教师可以向学生介绍自己所拥有的知识、经验、特定的技能和能力,以便学生在需要时可以求得帮助。在罗杰斯看来,如果我们不是把时间花在计划规定的课程、讲解和考试上,而是放在富有想象地提供大量的学习资源上,那就能提供各种新的学习方式,使学生处于一种他们可以选择的、最能满足他们需求的学习环境。同样,在数字化的今天,多元化、差异化的人们参与进来共同为学生提供学习资源,根本不是难事。

三、使用合约。罗杰斯认为,一种有助于学生在自由学习氛围内保证学有所得、并对学习承担责任的方式,是使用学生合约。合约允许学生在课程规定的范围内制定目标、计划,做他们自己想做的事情,并确定最终评价的准则。合约有助于解决教师和学生双方可能存在心里的疑问,如果教师对学生是否会成为负责任的学习者犹豫不决,如果一些学生难以相信自己不受推动也能学习,那么制定合约所花的时间,将对双方都很有帮助。事实上,每门课程的最初若干节课,可用来制定合约。在传统的教学中,学习成绩的标准是由教师单方面决定的,学生对此无发言权。而在使用学生合约时,学生有机会参与确定评价的准则。想要得到较高等第的学生,需要为自己制订能表明得 A 是合理的个人工作计划,一旦工作完成后,就可以得到合约上的等第。所以,合约可用来提供有助于学生达到认知目标的各种活动、动机和强化。罗杰斯认为,在任何学科、任何年级都可以使用合约。然而,与其他许多课堂教学方法一样,合约是学习的一种辅助手段,而不是唯一的教学方法。就一般而言,合约包括这样六个要素:①决定合约的期限;②为合约拟定一个一般的格式;③收集资料和信息;④在学生学习过程中给学生一定的反馈;⑤在合约中表明将如何评价学生;⑥从一个学生开始,如果成功的话,再推广到其他学生身上去。职业教育区别于普通教育的教学评价体系,使得在职业教育中使用合约尤为可行。普通教育是常模参照,即根据每次测试的结果总和来划定,是事后协商的标准,被测者事先并不知道测试的内容和方式。常模测试,比如高考,目的是花中选花,即不管被测者多么优秀,但只能根据一定的百分比来决定是否通过。职业教育的标准测试是用一套固定的标准来比较被测的成绩,是将被测的能力展示的结果与能力标准进行比较,即被测得学习成果并不是与他人做比较,而是与能力标准做比较。

　　四、利用社区。社区研究项目的类型是多种多样的。例如,有几个学生决定研究洛杉矶的烟雾问题,最终他们制订了一个非常好的计划,得到了联邦政府的资助。如果有的学生对与人打交道感兴趣,那么,他们可以在教师的帮助下,去当在社区中工作的心理学家、心理治疗家或社会工作者的徒弟,或加入交朋友小组和同伴小组。这样,他们就可以体验性地学习心理学。所有这些方式都表明:如果真正给予学生以自由,他们常常能得到由他们自己设计的、令人兴奋的学习经验,并能从中大有收获。他们可以成为知识的探索者,而不是被动的知识接受者;他们可能会深入学习的过程,发现只有探险者才会发现的东西。而在互联网和数字化时代,不仅有线下的社区,还有线上的社区。

五、同伴教学。罗杰斯认为,同伴教学是促进学习的一种有效的方式,而且,它对双方学生都有好处。他的这种观点是建立在实验的基础上的。在一项实验中,教师仔细挑选了76名六年级学生作为同样数目的二、三年级学生的个别指导者。他们是根据个性、成绩、责任心和热情来选择六年级学生的。学生来自市内、郊区和农村的学校,科目是数学。在实验前,先对六年级学生进行3次30分钟的训练,使他们对如何促进被指导者的学习有所准备。同时还分别给个别指导者和被指导者的家长寄去一封信,解释这个研究项目,以求得他们的支持。然后根据观察和教师的建议,让指导者与被指导者一一配对,进行为期两周、共有6节30分钟的指导课。这项非常简洁的实验结果表明,大多数被指导者的数学技能有所提高,只有约12%的人没有表现出或只表现出极小的进展。更为重要的结果是,被指导者"表现出更强的自信、更强的学习动机,以及改善了对数学的态度"。与此同时,个别指导者主要抱怨的是没有足够的时间从事指导工作。"他们在自我确信和承担责任的意愿方面有所增强。"他们中的一些人学习更努力了,以期扩大和提高自己的数学知识。在互联网上,可以找到的同伴更多。

六、分组学习。尽管罗杰斯竭力推崇自由学习,但他也认识到,如果把自由强加给那些不想要这种自由的人,同样是不合情理的。因此,当我们让学生自由学习,并对此承担起责任来时,也应该为那些不想要这种自由、宁可要得到指教或指导的学生做出安排。一个简单而又有效的办法,是把学生分成两组:自我指导组和传统学习组;学生可以自由地选择、自由地进出。罗杰斯承认,这种简单的解决办法不是始终可行的。但他坚持认为,如果学生是自由的,那他们就应该有被动学习的自由,以及自我发起学习的自由。他认为,也许程序教学可以作为一种备择方案。那些喜欢根据事先仔细设计好的步骤学习的学生,可以采用程序学习的方式,而那些喜欢自己确定方向、自我发起学习的学生,可以采用自由学习的方式。在职业教育的过程中,一定是自由学习和分组学习相结合的。

　　七、探究训练。罗杰斯认为,近年来已引起人们日益重视的一种参与性和体验性学习是科学探究。许多学者和全国性学术团体都在努力帮助学生成为探究者,使学生在科学领域里有所发现。这已成为一场运动。这场运动的动力来自一种紧迫的需要:使学生体验到科学是一个不断变化的领域,而不是存在于封闭的、只包括已发现的事实的书籍之中的。变化是当代社会的特征。因此,只是拥有有关科学的知识体系对学生来说已经不是学习目的,当今的目的是使学生不再把科学看作绝对的、完全的和永久的东西。为了达到这个目的,许多教师为学生制订了探究的步骤,形成了探究的环境,为学生探究活动提供方便,尽可能使学生达到自主的发现,从而使学生在简单层次上成了科学家:寻找真正的问题答案,自己品尝科学家研究的艰辛和欢乐。罗杰斯承认,学生可能学不到许多科学的"事实",但他们会形成一种"科学是永无止境"的探究精神,并认识到在任何真正科学里都没有封闭性的结论。很显然,如果教师要鼓励学生从事这种科学探究的话,他们自己必须有这方面的体验。因此,有必要首先为教师提供这方面的学习体验。这就对当今的师范教育提出了挑战。在罗杰斯看来,我们继续在要求教师用 19 世纪的工具去处理 21 世纪的教育。用他的话来说:"我们并不期望一位木工用锤子建造一幢房子,为什么我们期望教师用唯一的一种方式去教儿童呢?"由于职业教育侧重于应用,应用型探究的教师,培养起来要容易得多。

　　八、程序教学。罗杰斯认为,我们可以用各种各样的方式来使用程序教学,以便充分发挥它的潜在效用。在程序教学的发展过程中,有一种倾向是编制较短小的程序,而不是编制涵盖整个知识领域的教程。在罗杰斯看来,编制这些较短小的程序,可能是学生采用教学机器时最有成效的方式。因为在学习时,学生常常会碰到一些知识间隙需弥补,这时,程序教学灵活性的优点就很明显地表现出来了。一个需要知道怎样使用显微镜的学生,可以找到一种涵盖这种知识的程序。一个打算花几个月时间学习法语的学生,可以用程序教学的方法学习语言。需要代数知识的学生,无论是为了解决有趣的问题还是为了应付考试,都可以发现适合于自己的代数教学的程序。罗杰斯认为,一种编制合理、使用恰当的程序,可以有助于学生直接体验到满足感、掌握知识内容、理解学习过程,以及增强自信心,感到任何内容都是可以学会的。在罗杰斯看来,强调即时强化和奖励,而不是惩罚和评价,这是程序教学的有利因素。但是罗杰斯反复强调,程序教学如果使用不当,有很大的潜在危险。例如,倘若它成了思维的替代物,或成了强调事实性知识比创造性更重要的例子,那就会构成真正的危险。罗杰斯说的程序教学,就是我们现在非常熟悉的在线课程。

九、交朋友小组。交朋友小组是形成一种有利于意义学习气氛的重要方式。这种小组活动的目的,是要使每个参与者面临一种与人坦诚交流的情境,从而有助于解除各种戒备心理,以便在人与人之间形成一种自由的、直接的和自发的沟通。交朋友小组,常与实验室小组、敏感性训练课等作为同义词。这种方法在培养专业人员、企业管理人员和政府行政人员的过程中已经大量使用,但相对来说,只有少数教师有这方面的体验。而这种方法有助于使教育达到较新的目的。罗杰斯对交朋友小组有较深入的研究,并出版过专门的论著。但他承认,很难对这类小组经验的性质做出简洁的描述,因为各小组之间、各小组领导组织方式之间有很大的不同。就一般而言,交朋友小组在开始时很少有一种他人强加的结构,交流的情境和目的要由小组成员来决定。组织者的职能是要促进大家自由地表达自己的想法。刚开始时,大家可能会由于不习惯而感到有些别扭。但随之而来,小组成员自由表达自己的内心想法、自发沟通的机会会日趋增多。当个体不再戒备他人时,"伪装"就没有必要了,个体就会揭示一直隐藏在自己内心的各种感情和想法,并接受小组其他成员的即时反馈——包括积极的和消极的,这时基本的"遭遇"就发生了,或者说,大家交上了朋友了。这种人际关系会进一步促进每个个体更自由地表达自己。罗杰斯认为,这是一种给人以深刻印象的个人经验,它会导致人与人之间更直接的交往,大大增加对自我的理解,使个体更真实和更独立,以及增加对他人的理解和接受的程度。在5G时代,这种交朋友小组可以扩展到线上。

十、自我评价。学习者的自我评价,是使自我发起的学习成为一种负责的学习的主要手段之一。罗杰斯认为,只有当学习者自己决定评价的准则、学习的目的,以及达到目的的程度等,真正负起责任时,他才是在真正地学习,才会对自己学习的方向真正地负责。所以,自我评价在促进学习中是极为重要的。当然,自我评价的方式可以是多种多样的。在罗杰斯看来,用何种方式自我评价并不重要,重要的是学习者感觉到自己有责任去追求特定的学习目标。例如,一个学生可能选择了一种非常刻板的目标,诸如只是收集一定数量的、可测试的信息;另一个学生则可能想通过学习一门课程,对各种刺激形成一种更加开放的态度,以便自己能更自由地对现有的各种资源做出反应。显然,这两个学生的准则是非常不同的,但在罗杰斯看来,他俩都是在负责地学习。因为各人的情况不同,应该允许他们有选择的自由,只要他们能对自己的选择负起责任来就行了。通过引入能力模型框架,学习者能够对照其中的能力标准做自我评价。

罗杰斯主张的开放的、以个人为中心的教育方法也得到了一些实验研究的支持。有人曾对102项这类研究做了分析,结论是:"开放教育,如果实施恰当的话,始终有助于达到创造性、自我概念、对学校的态度、好奇心和独立性等方面的目标。"与倾向于实验的行为主义学习理论不同,注重于经验的人本主义心理学家一般不专门探讨传统学习理论中的一些基本问题。他们对学习的看法大多是从人的自我实现和个人意义这类角度提出来的。在这方面,要数罗杰斯的论点最突出。而他的论点,无疑是与数字化时代的职业教育相吻合的,因为职业教育就是注重于经验的教育。

此外,罗杰斯的一些陈述也很有启迪意义。例如,罗杰斯认为生长和发展是一种不断趋向自主、不断摆脱外部控制的过程。因此,唯有当学生得到尊重时,他们才能更好地趋向于自我实现,从而能比较自觉地获得与现实相一致的经验。再如,人们往往认为,只要把教材编好、教学方法得当,学生就会很好地学习。但在罗杰斯看来,意义不是内在于教材之中的,而是个人赋予教材以意义的。所以,怎样呈现教材并不重要,重要的是要引导学生从教材中获取个人意义。又如,罗杰斯认为,信息对学习者是否具有个人意义,是信息保持的决定因素。学生学习的那么多信息为什么很快就被遗忘了,因为它们与学生的自我无关。因此,教师与其让学生花那么多时间去死记硬背,还不如让学生花些时间去寻找知识的个人意义,这样的知识会成为他个人经验的一部分,令他终身不忘。总之,罗杰斯人本主义学习理论的特点,在于他试图把认知与情感合二为一,以便培养出完整的人。他使人们重新认识到情感在教育中的重要性。

苏州有一家企业叫洛卡家居,他们拥有国际领先的木门制造流水线、堪称完美的洛卡家居6S全制造链精控管理和一群对现代家居风格有着深刻理解和炙热追求的年轻人。企业以对世界家居前沿流行趋势的深刻洞察,结合中国家居消费者的风格偏好和东方人对美学时尚的独特理解,融合全球设计智慧,荟萃意大利唯美艺术设计思维与德国精密严谨工艺理念,以美化中国家庭、提升生活品质为品牌的终极追求,用世界级品质与现代家居美学视野,承载人们对优雅品质生活的完美想象。用他们的话说,洛卡家居,就是为生活而美。正是因为有着这样的理念和信念,洛卡的年轻人们找到了人生的意义,他们在做中学,发现美、创造美。这家企业的实践,是罗杰斯人本主义学习理论应用于职业教育的最好实证。

江苏的企业搞职业教育,是有传统的,在近代中国工业化进程中,南通人张謇,我们介绍的秀强玻璃,其前身就是由张謇先生创办的。张謇一直主张"实业为父、教育为母""实业与教育迭为用"。多年的儒家传统文化陶冶,使张謇对教育有一种天性的关注,结合资本主义国家发展的历史,张謇于1895年便得出"夫立国由于人才,人才出于立学"的结论,从一开始就认为办企业必须有人才,要有人才就必须兴办教育。他尤其重视职业教育,"让贩夫走卒都有一技之长",都能凭借自己的技能养活自己,为此在南通建立了数十所职业学校,由此彻底改变了南通的人才结构,奠定了南通现代化和工业化的基础。张謇在南通的教育、公益等社会建设工作是有系统、有目标的,是和实业发展结合在一起的,其投入社会建设的资金不仅不是企业经营的负累,反而是企业在地化发展的核心竞争力,大生公司在一定程度上实现了"社会—经济"的有效融合和共建。

工业化时代,企业所在其中的市场和社会处于越来越分立乃至对立的状态,企业是人伦之外的组织,先实现利润最大化,再做公益。张謇的厚生主义企业观可以成为回应这一状态的一种理念基础,在厚生主义经济体系中,张謇倡导"一个人办一个县的事,要有一个省的眼光;办一省事,要有一国之眼光;办一国事,要有世界之眼光",企业本身就是人伦的共同体,企业的设立与经营内置伦理目标服务于员工、社区、地方和国家。

德国工业化的发展经验告诉我们,"德国奇迹"建立在德国职业教育的基础之上,职业教育的成功在于产教融合,而产教之所以能融合,在于德国的产与教都以德国人引以为豪的文化为底色,也就是说是文化成就了德国的产教融合。相对于其他的西欧资本主义国家,德国的工业化起步较晚,政治上也是"晚生"。翻开18、19世纪的德国史,一个非常突出的印象是在政治、经济相对落后的德国,精神文化领域发达而健壮。正如一位西方学者所言:"德国的荣耀,并不是军事上的征服,而是精神文化的建树。"德国人不由自主地要将文明与文化区分开来。在德语用法中,"文明"指的是有真正用途的事物,但无论如何,这种用途的价值只能屈居第二,它只是由人类的外部表现和人类生存状态的表象组成的。最令德国人引以为豪的,用以阐释他们自身成就与自身存在状态的词汇,则是"文化"。

中国的传统文化不适应工业化,但是数字经济时代2.0创新的三大标准,体现的却是中国传统文化的根本:以人为本的精神、天人合一的思想和整体关联、动态平衡的思维。数字化需要文化,文化也需要数字化。数字化时代,一定会出现中国奇迹。

高级感很重要

第一项技术叫作"感到、感受和发现"。感到、感受、发现是三个非常神奇的词,作为情感调整技术,它们非常有用,也很容易被记住,这种技术能够很好地帮你掌控快要失控的情况,你可以保持镇定,然后让人们按照你的模式来调整思维方式。想象一下这种情况。你不得不倾听一位客户的抱怨,而你又对此无能为力,你可以很容易地说:"很抱歉,这是公司政策规定的,我无能为力。"你要知道不管你是怎么惹恼了客户,如果拿公司政策规定来搪塞,客户肯定会表示不满。

为什么感到、感受、发现会如此有用,原因就在这里。第一,"感到"这个词可以做到两件事:看来你是从历史的角度来评论这种情况;这表明你具有经历过这种情况的经验。第二,谁都喜欢一个与自己有相同感受的人,这是一个非常好的、即时与客户的感受发生连接并调整的方式,同时还能表现出你对客户的同情之心,接下来就是要学会如何在一句话中使用这个词,"我很抱歉让你有这样的感受",或者"我可以理解你的感受"。第三,当人们说有所发现的时候,通常意味着他们已经做了大量的工作和研究,而且已经获得了一定的研究成果,比如我们已经发现了一个事实,提出了一个解决方案或答案,当你与客户一起分享你的发现的时候,你既可以充分展示出你的专业知识,也可以在感情上表示同情,这不是两全其美吗?

所以,感受、感到、发现是一个非常有用的方法,可以帮助你打破与客户之间的障碍和隔阂,按照你的模式来调整客户的思维方式,下面举几个例子来说明在实践中如何具体运用它。

【例一】

客户:"你的意思是说,你们要花整整两周时间才能交货,我觉得这太荒谬了。"

你:"我能明白你的感受,两个星期看上去的确有点长,我在这里工作之前也有同样的感觉。但是你知道我发现了什么吗?因为我们所有的产品都是直接从制造商那里订购的,所以我们总是能够确保交付给客户的是最新的型号。而且我还发现,如果我们囤积大量的产品,就无法用最低的价格向客户提供最新型号的产品,我们发现大多数客户都愿意用最优惠的价格来购买最新型号的产品。

【例二】

客户:"这是我第三次不得不打电话给你们反映同一个问题了,在每次通话中我都能遇到一个新的客服代表,一遍又一遍地重复这个问题。"

你:"我能理解你的心情,你一定感到非常沮丧,如果换作我,把这个问题重复解释了三遍,我相信我也会有同样的感受,但是我发现如果我直接从客户那里听到问题发生的细节,我就能更清楚地理解问题,可以更快地解决问题,这比对着电脑屏幕上读一些问题说明要快得多。

如果有客户已经超出了已经非常慷慨的退货政策的时间范围,但是产品还没有损坏,却要求来退货,你该怎么办呢?

客户:"我要把这个产品退了。"

你:"非常抱歉,你的产品已经超出了我们16天的客户满意保障政策的期限,我们不能给你退货。"

客户:"太糟糕了,才刚刚到18天,过了两天有什么不一样吗?"

你:"我能理解你的心情,你可能会为此感到不快,其他客户也会有同样的感受,但我们发现我们的客户满意保障政策在这个商场里已经是最优惠的了,而且我们还发现,绝大多数客户都能在16天内来商店退货,对这项政策他们觉得很满意。"

最后,如果你不确定这会对你有用,那么我非常明白你为什么会这样想。事实上,在我真正尝试这样做之前,我也有同样的感受,但是一旦我测试了这个理念,我发现它运行得非常出色。

感到、感受、发现这项技术训练的是同理心,提升的是共情能力。共情是罗杰斯所阐述的概念,指的是一种能深入他人主观世界、了解其感受的能力。培养共情能力需要先倾听自己的感觉,假如无法触及自己的感受,而要想体会别人的感受,就太难了,因为这个领域对你来说还是一片空白呢! 因此,首先你必须能把自己调整到可以发掘自己的感受,能体会这些感受,还要能够选择合适的方式将感受表达出来。一旦你自己的感受与表达方式不再干扰你倾听别人后,你才能发现线索开始练习体会他人的感觉。最后,你一听到别人的感觉就会发出某种反应,并能让对方认为你听进去了,且能体会他的感觉。因此,倾听自己以找出自己的感受、表达他们、与体会他人的感觉并与之起共鸣,是共情发生的四个过程。这要求在技术训练的同时要有意识训练。足球运动员要训练与球队融为一体的意识,对于服务人员来说,必须训练自己与所有人融为一体的意识,这要求对"做"与"是"有严格的区分。如果把重心放在洞察人们的主观期望和客观条件的差异上,就"是"高级的。但如果表面上很周到,考虑的却是自己的利益,那么"做"得很周到,却"是"自私的。"是"是自然而然的一种流露,而"做"却有做秀的成分,是以自我为中心的。

同理心和共情能力的培养在西方发达国家已经很常见。然而,西方国家的培训和教育,多数是在"做"上下功夫。我们把他们的课程"拿来",结合人文中独到的"心法",就可以从"做"和"是",也就是技术和意识两方面入手,学生们学起来既轻松有趣,又受到了文化的熏陶。

再以奇妙的期望值管理公式为例:满意度=体验值-期望值(satisfaction=experience-expectation)。服务人员经常会面对"tough customer"(即挑剔的客户),你怎么做,他都会挑你的刺。没有经受过训练,又想把工作做好的年轻人,就会非常努力地想办法提升客户的体验值。然而,满意度的提升从来都不是从提升体验值开始,而是从降低期望值开始,期望值越低,同等程度的体验,满意度越高。

最会管理期望值的莫过于佛家,一句"人生来是苦的",就把你对人生的期望值清零。儒家就不一样,"学而时习之"是快乐,"有朋自远方来"是快乐,"人不知而不愠"还是快乐,总之,人生本来就是快乐,让人们对人生设立了一个很高的期望值。最不会管理期望值的是某些"老中医",把自己抬得高高的,给人以极高的期望,然而,又时灵时不灵,期望值越高,失望越大。人们对中医的信心,就是在这样的过程中被消耗掉了。

期望值管理方面的"术"很多,这里就不介绍了,关键还是在于技术训练之外的意识训练。这是因为,很多人在训练管理对方期望值的时候,会发现改变不了对方,发现不管用之后,就不愿意再继续练。这个时候就需要"心法"了。首先要问自己:"客户和我之间共同的目标是什么?"答:"融洽、愉快地相处。""为什么做了那么多却还是不能够融洽、愉快地相处呢?"答:"因为客户太挑剔啊!""换作领导来处理,会如何呢?"答:"领导比我会说话,应该能搞定。""那就和领导学学如何好好说话。"学了之后"习之",又被客户骂了一通。没关系,这不刚好有个老朋友来了,和他喝喝茶、聊聊天,不是很快乐吗? 聊完之后再学习,学了之后再"习之",还是不管用。也没有关系,"人不知而不愠,不亦君子乎?"如果你认为你做到了,只是没得到对方的认可,而你不生气,那么你已经是君子啦! 是君子了,还有什么可担心的呢? 如果你认为你做到了,却因为没有被对方认可而生气,那么你就还不是君子,就应该继续学习。如果你认为自己做得还不够好,那就更应该继续学习啦!

孔子就是用这样的方法教会人们:与其管理他人的期望值,不如管理好对于个人意义的自我期望。

"我们不完美,手机不完美,我们都知道这一点,但我们想让用户满意。"这是乔布斯面对"天线门"说的话,用感到、感受和发现写出来,就是"我理解你们的心情,大家感到我们不完美,手机不完美,我们都能感受到这一点,但是我们发现,我们想让用户满意"。用期望值管理来解释,"我们不完美,手机不完美",就是在将期望值清零;"我们都知道这一点。但我们想让用户满意",是通过共情提升体验。期望值下降,体验值上升,满意度立刻就上去了。可以说,乔布斯对这些技术的运用已臻化境。这既在于他对于技术方法的熟练掌握,更在于他在意识层面的训练,尤其是致良知——他一辈子只做了一件事,让不完美更加完美。缺少连接的世界是不完美的,他两次对于人机交互技术的推动,帮助人们实现了更加方便的连接,尽管并不完美,但他发现,他可以让我们满意。

不可能每个人都能成为乔布斯,但是可以把乔布斯的经历做成人文案例和学生们分享,给学生们以激励与启迪。播下去的种子,总是会发芽的。更何况,期望值管理和共情能力,应当是每一位服务人员的基本功,因为他们的职责不在于创新和创意,而在于维护品牌的一致性,维护了品牌的一致性就维护了品牌的高级感。例如乔布斯,他的一句话,就维护了苹果品牌的高级感。而且,知识和技能更新如此之快的年代,决定年轻人就业力的,就是这样的基本功。

如果觉得高级感这个词过于抽象,那么说直白点,高级感等于"永远不要说道歉"。这话看似毫无道理,实则充满哲理。因为作为个体的我们谁都不能保证在人生的舞台或者赛场上一辈子不犯错,尤其是一线的服务人员,不可能不犯错,但是作为服务人员的你代表的不是个体的你,而是品牌形象,你的言行会影响到品牌的一致性。比如说外交部的新闻发言人,他作为个体,不可能一直不出错,但是出了错,随便道歉就一定会影响到国家形象。所以看一位发言人是否有高级感,不是看他出不出错,而是看他出错后的表现。而这是需要训练的。服务人员和职业运动员一样,都是训练出来的,因为他们有一个共同的特征——"职业化"。什么是职业化? 台上一分钟,台下十年功,就是职业化。既然是训练,就需要有技术的分解,一项一项地练,并且是技术结合意识一起练。

过去中国的优秀品牌乏善可陈,导致人们对品牌的一致性普遍不重视,不重视品牌的一致性,就不会重视服务人员的一致性。比如某大型家纺企业,在其认知中,服务和业务人员满大街都是,工厂里的技工很难培养。重视技工的技能并没有错,但是忽视一线服务和业务人员的成长,却是大错特错,因为他们代表企业的品牌形象,品牌上不去,想"多卖个三五块"和过去农民想"多收个三五斗"是一样难!因为大家都不得不靠所谓的"亮剑"和"战狼"精神在市场中搏杀。

当然,有些聪明的中国企业家已经意识到了不能再靠亮剑和战狼了。还是以上述那家企业为例,他们以"明德"的名义跨界做上了学前教育,力图以此为品牌添加"社会责任"的标签,以便于线上传播。如果真有心投身于教育事业的话,最应该做的是培训一线人员的高级感。否则,品牌故事讲得再好,落地服务掉链子、出现不一致,就会给人感觉是在"吹牛皮"。但培训服务人员,毕竟是"里子"工程,而企业急于要的是"面子",也没有意识到培养员工的高级感才是企业应尽的社会责任。但是正所谓,一屋不扫,何以扫天下?

关于高级感,孙杨吃的亏就非常值得我们大家一起反思:运动技能世界超一流,但是人文技能的训练却几乎为零。相比之下,姚明是幸运的,天生高情商。然而,不是每个人都有他那样的情商,后天的"情商"训练和专业技能训练同等重要。

姚明也曾经受到过羞辱和委屈。2002年,篮球运动员巴克利曾在节目中放言:"姚明就是个菜鸟,只要他单场得到19分以上,我就当众亲驴屁股!"这种对姚明的不屑与侮辱的言论,通过电视扩散到全世界,引起了轩然大波。但姚明听到这种羞辱后并没有愤怒,当记者问及此事时,姚明幽默地回应道:"那我就天天都拿18分吧!"言外之意就是在为巴克利着想。此回应,引得现场一片笑声。而事后,姚明努力训练,没过多久,就轻松拿下了20+。而此时的巴克利,不得不兑现自己的诺言——当众亲吻驴屁股!而巴克利亲吻驴屁股后不久,姚明就再次被问及此事,此时姚明的回应是:"巴克利就是在开一个玩笑而已……我是很喜欢巴克利的,他为了总冠军那时候去了休斯敦火箭队,只拿100万美金的薪水,当然100万也很多了,但相对于他的身价来说,他愿意牺牲,做出牺牲来换取他的目标,这点是我非常喜欢的,我认为他是非常值得尊重的。"

一句"那我就天天都拿18分吧",既体现了同理心,又降低了人们对自己的期望值。姚明肯定也没有接受过人文素养的培训,我们只能笼统地说是因为他情商高,但是仔细分析下来,你会发现他有"心法",这个心法,就是不分彼此、融为一体,"用合的方法达到分的目的"。

实际上,高级感应当是中国人的强项,因为高级感的核心是一致性,我们古人称之为"诚"。然而,这样的价值理念却正在被新的"文化现象""以文化之"。肯定有人会不以为然,《环球时报》的胡大主编在演讲中就曾激情四射地说过这样的话:"我认为我们应该唱着歌,跳着舞,玩着抖音,上着拼多多和淘宝,用一波一波释放出来的活力,来瓦解美国对华战略的冲击波。咱们中国人多呀,是美国的4倍还要多啊,光是咱们不断扩大的消费市场,对美国农民就是挡不住的诱惑呀。老胡要说我们能把美国逼回农业国去。"究竟把谁逼回农业国去,我们暂且不论,我们就说说高级感。在抖音、小红书、淘宝们曾经共同打造的那条"繁荣"的价值链上,不能说淘宝客服不努力,但是只有物质层面的服务,没有精神层面的连接,就不会有成长。正如产品,只提供功能性的价值,没有精神层面的价值,就不会有品牌的成长。再想一想,同样是客服,同一个年龄阶段,凭什么我们的年轻人就不能和国外小众品牌的客服一样,挣"高级"的钱呢? 一句"没有996,就不会有成功",是交代不过去的。何况,人活着,不是为了成功,而是为了成长。成功是需要,成长才是想要。成功的需要,是因为需要自己也需要,成长的想要是内生的,发自内心。更有甚者,有人提出"生死看淡,不服就干""业绩就是尊严,其他都是扯淡",这些说法不是不可以,就像996,不是不可以,只要能够给年轻人成长空间,让年轻人感受到工作具有个人意义,你不说这些,他都会拼命地干。共产党当年打江山,有哪位首长冲着战士们说过"生死看淡,不服就干"?

全球发达国家的职业教育都有能力标准,能力不等于知识+技能,还有素养,高级感的养成,就在于素养的培养。如果说知识和技能是显性知识,那么素养就是隐性知识。例如,德国职业教育中将职业行动能力分为专业能力和个人能力,个人能力又分为自主性和社会性,自主性指"作为个体思考和评价自身在职业、家庭以及社会生活中的发展机会,发挥自己的禀赋,制订并不断拓展人生计划的能力和意愿";社会性指的是"与他人理性、富有责任意识地讨论、交流和相处的能力和意愿"。又如澳大利亚政府将职业教育视为经济发展的助推器,认为职业教育与培训是提高国家综合竞争能力的重要手段,明确提出澳大利亚发展职业教育与培训的根本目的是为澳大利亚人服务,使之具有世界一流水平的知识、技能和素养,为澳大利亚的经济发展服务,使之具有包容性和可持续性发展能力。经过20年的努力,澳大利亚的职业教育体系逐渐成熟,形成了行业引领、以能力标准为本位的、统一的国家资格框架、满足客户需求的课程体系、经费投入政府主导、教师准入和培训制度等鲜明的特色,现在被公认为是一个较先进的职业教育体系。这是与贯穿其中的以能力为本位的质量评价密不可分的,职业教育与培训体系确立之初就非常注重学习成果的鉴定即职业能力的评价,其评价理念、模式、方式方法对我国职业教育改革具有一定的借鉴意义。尤其是特别强调学习和文化理解以及适应能力等个人品质特征方面的能力,旨在为个人终身学习奠定基础,实现了对人的全面发展的关注。比如人际交往与合作共事的能力和组织、规划、独立解决问题与创新能力等都为职业教育的重要组成部分。

我们一方面需要借鉴国际经验,另一方面也要认识到无论是德国、美国还是澳大利亚,它们的体系都是从工业化走过来的,我们则是一张白纸,在包容性增长的数字化时代,完全可以立足于我们自身的优势资源博采众长,形成中国自己的职业教育能力模型标准。尤其是在人文素养的教学过程中,可以结合中国历史上的人文故事给学生们以启发和熏陶,让学习者在方法之外掌握心法。年轻人都有着姚明那样的情商,哪一家企业会不喜欢呢?

终身学习服务

人本主义的职业教育,除了产教融合的职业院校内的学习,还包括面向人人的终身学习。要形成面向包容性增长、聚焦产教融合的终身学习氛围,需要借助"开合枢"构建数字化的终身学习自组织社群系统,同时也要运用新品牌管理和2.0的市场营销手段将这套系统推向市场。

建立自组织社群系统须理念先行。在职业教育领域,除了我们已经介绍的张謇先生,还有一位更令人尊敬的前辈可以作为精神引领的榜样,他是同济大学的前身同济德文医学堂的创办者宝隆医生。19世纪80年代,宝隆在德国海军服役期间随军舰到访上海,目睹老城里卫生条件不佳,流行病和瘟疫肆虐,穷人缺医少药深受疾病之苦。宝隆深受触动,他后来写信给常驻上海的德国医生策德里乌斯,表达了自己的强烈愿望:用自己所有的力量和知识为中国的穷人办一家医院。这位精力充沛的德国医生是个行动派。为了实现自己的想法,他开始认真地做准备工作,先回国进修学习,到两家医院工作提升外科医术,同时也为筹建医院积攒资金。

1895年,宝隆再次来到上海,先担任策德里乌斯的助理。1899年,策德里乌斯去世后,宝隆接替了他的工作。同年,他与另一位德国医生冯沙伯成立了上海德医公会,随后在白克路静安寺路(今凤阳路南京西路)买了一块地,开办了收治中国穷人的"同济医院"。同济近似上海话里"德国"的发音"deutsche",也有"同舟共济"的寓意。根据1909年4月3日英文《北华捷报》报道,这家成立于1900年的医院开始只有几座从德国军方购买的白铁皮房子,十分简陋。到了1901年,医院用来自中德人士的捐款建起一座红砖建筑。一份1909年关于医院的新闻报道写道:"一楼有一间药房、几个储藏室、门诊室、仪器室和手术室。主要的手术室有三张手术台,并配有消毒器、器械箱、洗手池,实际上配备了现代无菌手术所需的所有条件。手术室外面有一个设备充沛的仪器室,外面是一个装有电灯浴的小房间,用于治疗风湿病人。此外,还有其他电气设备。大楼另一端的主药房与门诊室相连,德国医生每晚在这里慈善义诊50到70位病人。楼上有12间供中国付费病人使用的房间,男女病人各6间。"

同济医院对病人"区别对待"——穷苦华人可享受免费治疗,而德国公司的中方雇员看病需要支付费用。医院得到时任德国总领事克奈佩、上海道台和一些华商的捐助,包括叶澄衷、朱葆三和虞洽卿。

在上海,宝隆实现了自己的另一个心愿:在同济医院的基础上建一所培养中国医生的同济德文医学堂。1907年10月1日,这家得到中德两国政府支持的医学堂举行了开学典礼,宝隆担任首任校长,德国领事和上海道台都出席了仪式。由于医院用地有限,1908年,医学堂在今复兴中路购地,邀请德国建筑师Carl Baedecker设计新校区,1912年又增建了工学堂。在动荡岁月里,这所学堂历经多次起伏变迁,最终发展为一所综合性的大学,就是今天的同济大学。

就精神层面而言,美康惠创始人李子臣先生很像当年的宝隆医生,甚至有过之而无不及。他放弃在美国的优越工作和生活以及多年来积累的社会身份和地位,回到国内从事医养康服务,他在宁海所做的,是为了摸索出一条针对有需求却没有支付能力的人群的健康服务之路。与此同时,为了克服人才培养的壁垒,他邀请懂职业教育、在美国职教领域有着良好人脉的好友来助力。与宝隆医生不同的是,今天的需求不再是建立一所学校,而是搭建一个终身学习平台,一方面满足年轻人持续学习的需求,另一方面还要为学校赋能,帮助学校解决与产业脱节的问题。

健康服务领域的终身学习就像学游泳,和游泳相关的工作分为八个等级,每个等级的能力标准清清楚楚,学习者对照标准设定自己的学习目标,学习了之后学分银行的账户里增加了学分,同时拿到了学习成果认证,不同的认证对应不同的岗位,如救护员或者游泳教练等。当健康领域的人才培养问题解决之后,其他产业也可以效仿。也就是说,终身学习平台建立起来之后,产教融合的问题即迎刃而解。

理念和目标有了之后,接下来要运用"开合枢"设计自组织社群系统。首先是开源。要开源,就要体差异;要体差异,就要将自己融入学习者之中,学习的目的自然是高质量的就业,学习者最大的焦虑自然是就业。影响就业的因素有很多,并且因人而异,最可能的共性因素会是什么呢?就当前而言,应该是机器取代人,因为活成机器的人在人创造的机器面前,没有任何竞争力。人为什么会活成了机器呢? 因为教育出了问题。机器的优势在于强大的逻辑运算能力,但那是冷冰冰的逻辑,人的优势在于智慧、在于爱、在于可以感受生命活出意义。所以,人要掌握智慧、学会感受生命、学会爱,才能有高质量的就业机会,而感受生命、学会爱,属于感性素质。就年轻人的感性素质而言,现实情况如何呢?

人的感性素质由审美趣味、审美标准和审美偏好构成,形成的关键期在童年。人类有一个非常伟大的本能叫适应。从小生活在垃圾堆里的人,他的感官对脏乱差会产生适应感,从小生活在一个优美高雅的环境的孩子,他的感官对脏乱差有厌恶感。20世纪70年代出生的人看《大闹天宫》《哪吒闹海》《小蝌蚪找妈妈》《九色鹿》和《三个和尚》,以及进口的《米老鼠》《唐老鸭》《花仙子》《蓝精灵》《鼹鼠》的故事和《聪明的一休》,现在的年轻人从小看的是什么呢? 是一些桥段恶俗、包含大量错误价值观的动画片!

当孩子在这些动画片前特别高兴的时候,家长的脑子应该马上绷一根弦儿:如此拙劣的审美趣味、恶俗的东西会一并打包进孩子幼小的心灵,将来他就会以这样的趣味对待他未来的艺术。但是家长防不胜防啊。中央音乐学院周海宏院长说了这么一个故事:"那天,我坐在火车站等车的时候,电视上演喜剧演员选秀节目,所有的人尽一切恶俗之能事去取悦观众。我就在想,当年马三立、侯宝林的相声那么可笑,却一点都不恶心,但这实在太恶心了,我没法坐在那里,就端个盘子到旁边去了,但旁边有两个十一二岁的小女孩,在那津津有味地看那个电视,旁边的父母浑然不觉。我当时就想可能爸爸妈妈关于孩子未来什么高贵啊,高雅贵族啊,有无数的期待,也可能花了大量的钱送孩子去这个学校、那个幼儿园,但是这样的传媒污染了我们的孩子,你的所有的人生理想,其实已经毁于一旦。"

"没有审美力是绝症,知识也救不了。"缺什么就要补什么,亡羊补牢,为时未晚。由美康惠牵头的终身学习平台,从聚焦于年轻人感性素质的提升切入,帮助年轻人进入"意义学习"和创造高质量就业机会,实现素质改变命运。其核心是为职业学校和毕业后的年轻人提供一套在线通识课程和评价体系,给年轻人以方向。

有"开"就会有"合"。这是一个数字中台,起协同作用。"中台"这个概念主要指通过制定标准和机制,把不确定的业务规则和流程通过工业化和市场化的手段确定下来,以减少人与人之间的沟通成本,同时还能最大限度地提升协作效率。数字中台的概念由阿里巴巴在国内率先提出。终身学习的数字中台由业务中台和数据中台组成。通过数据分析可以看出来什么样的工作需要什么样的技能,什么样的技能适合什么样的工作,哪里存在着供需方技能的不匹配,这些内容可以实时更新,同时也意味着所有的培训资料和课程都可以灵活调整。当然,这还只是愿景。对于当下的中国,终身学习服务的数字中台最现实的一个作用在于对"软技能",即素质,进行追踪与评价。例如,职业院校都会开设思想品德类的课程,校团委也会经常组织人文和通识课程相关的活动,但是这些课程和活动的效果究竟如何,完全没有量化的依据,老师们不知道为什么而教,学生们不知道为什么而学。借助数字中台,可以把学生们平时在素质学习方面的过程和成果记录下来,这个记录与项目实践、能力评估相关联,并与就业机会挂钩,学生们"意义学习"的动力就会被激发出来,教师的成就感和责任感也会被激发出来。

与此同时,高等职业教育的教师评价体系也可以在这个过程中建立起来。高校教师作为典型的知识分子群体、社会的精神和意识形态引领群体,精神层面的追求重于物质层面。对于高校教师来说,尊重和认可是每个人基本的内在心理需求,比物质奖励更加重要。尊师重教在我国一直是传统美德,如果我们丢传统美德而一味学习西方的教学评价方法,忽视了我国的社会文化背景,未必会更加有效。古人云"师道尊严""一日为师,终生为师"是不无道理的,当我们把教师尊为圣人的时候,师者岂有不费心尽力育人唯恐误人子弟之心? 有,但是不多。然而,也不能因此就过度关注对教师的教学质量评价,花费大量的时间和人力去研究每位教师的教学应该打多少分,排名第几位。学校应该在政策制定、制度建设方面加大对教学的投入和倾斜,尽量减少教师的后顾之忧,给予教师更大的动力在教学上投入时间和精力,激发教师作为知识分子本身所具有的自尊和责任,相信每位大学教师都有着强烈的内在心理需求。激发和保护教师作为高校教师被尊重和自我实现的需求,才是足以激励每位教师自我前进的最大动力。数字化时代的人本主义的职业教育,可以让企业对学生的评价和学生的自我评价作为对教师的教学评价,并且,学生毕业后的表现也可以借由通证和教师关联,让"一日为师,终生为师"从此不再是空谈。

最后是"枢",由线下服务人员来提供集成服务,以满足个性化的学习需求。除了服务的集成,还有数据的集成,以确保征得学习者同意的上移的数据的清晰度。仅靠机器的算法不可能分析出人的全面需求,尤其是学习方面的需求,这是人的服务不可能被替代的根本原因。即使是像共享单车这样的服务,也离不开人的服务。所谓的去中间化的"互联网思维",曾经以为线上运营无所不能。回头看,如果当初是一位觉醒了的产业人牵头做共享单车,用共享的单车来承载他自行车的品牌理念,并注重线下人的服务,采用社会服务和制造业融合发展的思路,把共享单车做成具有公共精神的服务平台,情况会如何呢? 至少可以一石三鸟:既有益于绿色出行,又增加服务业的就业机会,还带动产业发展。国外的自行车企业,几乎都拥有了自己的轻奢品牌,我们的自行车企业却被共享单车折腾得奄奄一息。

搞教育的,更加不能迷信"互联网思维",而是应该扎扎实实地把线下服务做起来。在德国,几乎每个社区都有跨企业培训中心,顾名思义,就是跨了多家企业在社区内为学习者服务。为顺应数字化和工业4.0的发展,部分德国跨企业培训中心已经升格为"4.0能力中心"。我们可以借鉴、吸收德国的经验,直接导入"4.0能力中心"。

德国4.0能力中心带给我们的经验是:能力也应当建立标准。它的做法是由行业协会牵头为各行各业建立能力框架。这是因为,职业教育和普通教育在教学评价上有本质的不同。普通教育是常模参照,即根据每次测试的结果总和来划定,是事后协商的标准,被测者事先并不知道测试的内容和方式。常模测试的目的是花中选花,即不管被测者多么优秀,但只能根据一定的百分比来决定是否通过。这就是我们每个中国人都熟悉的高考。标准测试是用一套固定的标准来比较被测的成绩,是将被测的能力展示的结果与能力标准进行比较的鉴定,即被测的学习成果并不是与他人做比较,而是与能力标准做比较。其目的是对照非协商标准来测试学习者的能力。驾考就是典型的标准测试。

由于过去几十年中国一直处于"跟随模式",各行各业的职业教育都存在能力框架缺位的问题,制约着产业和教育的连接。也让年轻人看不到成长的方向。即使在中国发展得很好的行业,能力框架模型也缺位。比如快递。最近,杭州将一个叫李庆恒的年轻的快递员作为 D 类高层次人才引进,小伙子不仅可以优先摇号选房,还可以享受100 万购房补贴和 3 万块车牌补贴,以及在医疗保健、子女上学等方面享受照顾。全国有 300 多万快递从业人员(据中国邮政快递报社 2019 统计),凭什么是 95 后的李庆恒? 连他自己都倍感惊讶:"快递小哥平时送送快递,怎么可能跟人才搭边呢?"

从事快递业的 5 年里,李庆恒每天都在"自讨苦吃"。刚入职的时候,他是在客服岗。这个职务相对轻松,不需要参与配送环节,只要沟通客户,记录异常,提交反馈之类。但他却想,不去一线经历,怎么更好地服务客户? 于是他主动申请支援一线,早上五六点到岗,晚上 10 点才回家休息,卸货、分拣、扫描、装车……有一次,一个客户下单了一批演出服。可是商家发货太晚,李庆恒接到客户催单电话时,已经是演出前一天晚上了。从杭州发往重庆的快件,还停留在杭州转运中心,正常情况最快也要 2 天。作为客服,李庆恒本不用负这个责任。但为了帮客户赶上第二天早上 8 点的演出,他跑到转运中心,硬是花了一个多小时从众多快递中找到这个包裹。之后,马上联系机场第三方货运站将包裹空运至重庆。航班起飞了,他还不放心,又联系重庆转运中心人员,拜托对方尽快送达。最后,本还需要 2 天时间的包裹,竟在当天晚上就到了客户手里。

后来转到分拣员岗位,李庆恒每天晚上都要把收来的快递赶在清晨之前分好,保证第二天以最快的速度发出去。久而久之,他开始练起一项提高效率的"绝活":一秒快速分拣。只要看到快递单上的地址,就能马上背出对应的城市、区号、邮编以及航空代码。为了将这些信息烂熟于心,他没少下功夫,以至于有些"走火入魔"。在大街上看到汽车车牌,就会在心里默念:"浙 A,杭州,邮编 310000 ,区号 0571,机场代码 HGH 。"不止如此,他还能从数百件物品中,一眼就把固体胶、U 盘、打火机、人民币、乒乓球等航空禁寄物品"扫描"出来。能在 12 分钟内,做出 19 件快递的派送路线设计,用最少的时间、最短的路线,确保快递准时准确送达。"一万小时定律"说:要成为某个领域的专家,需要钻研一万小时。按每天工作 8 小时,每周 5 天算,成为高手,至少需要 5 年。李庆恒就这样在快递行业钻研了 5 年,获得了浙江省快递职业技能竞赛第一名,又被省社保厅授予"浙江省技术能手"称号。高层次人才资格的认定,就是来自他过硬的业务能力。

问题在于,业务能力分为知识、技能和素质,李庆恒在客服岗体现出来的能力更多的是素质方面,转做快递后,练就的是技能。官方认可他的,却只是他的技能,而这样的技能,在机器换人时代,恰恰可以轻而易举地被机器所替代。反之,他在客服岗上所体现出来的素质,才是可以被复制的能力,这样的能力,在德国的 4.0 职业教育中被称为自主性和社会性,即"作为个体思考和评价自身在职业、家庭以及社会生活中的发展机会,发挥自己的禀赋,制定并不断拓展人生计划的能力和意愿"和"与他人理性、富有责任意识地讨论、交流和相处的能力和意愿",是数字化时代尤为难能可贵的"软技能",各行各业都需要,每一个年轻人都想要。就李庆恒个人而言,凭借他体现出来的自主性和社会性,离开快递行业转做其他任何服务性行业,都会很快胜任。因为软是绝对的,硬是相对的。把绝对的做成相对的,容易;把相对的做成绝对的,难。软技能变为硬技能,容易;硬技能变为软技能,难。换句话说,在这样的时代,让饭碗变铁的不是硬技能,而是软技能,这是个"吃软饭"的时代。

4.0 能力中心最主要的职责就是将包括软技能在内的各个行业、各个岗位的能力框架建立起来。只有这样,才能确保产业端和教育端都能够拥有清晰的关于能力的定性的标准和定量的数据,让专业群能够真正对接上岗位群,让年轻人看清楚成长的方向。有利的一面在于,中国的产业区域集中度高,一旦某一个行业做出标杆后,就能以区域为单位组织实施,而无须像德国那样由行业协会来协调。那样做的话,好是好,就是慢,只有德国人的那股认真劲,才能由行业协会牵头制定能力框架。

有了能力标准之后,学习者可以进行自我评估,在教师和系统的帮助下,将自己的能力和企业的需求做对比,有差距的方面通过学习来弥补。4.0 能力中心提供实时、统一和在线的服务。这项服务很像被微软收购后的领英即将推出的服务。在被微软收购前,领英收购了在线教育公司

Lynda.com，这使得领英得以更多方面地展示候选人，比如加入能力展示。以前，人们倾向于用一些传统的指标考核，比如学历。但是如果能够看到人们的能力，无论这些能力来自大学、短期培训机构还是初高中，都将会更好地发挥基础性的作用。不过，4.0 能力中心和领英的不同在于，除了线上的服务，它还有线下人的服务。

最后还有一个问题：偏远山区里的劳动者和职业院校的学生，受制于师资和网络条件，如何参与并受益于终身学习服务生态圈呢？上海有一位"织网匠"叫余建国，1993 年他推动的上海有机氟材料研究所就已经改制上市，之后他在政府的安排下走上了与空天紧密相关的职业岗位，在上海浦东金桥开发区的中央地球站，他不为名、不为利，用了超过 25 年的时间坚持做一件事：为卫星通信应用的发展织网。其突破性发展是帮助国家民政部织就了覆盖全国 2500 个县的全国民政系统视频会议网，至今已运行了 20 多年。民政部视频会议网在汶川地震时作为地震现场的应急救援指挥上了一线，成为国家减灾中心应急救援指挥专网，他因此担任了汶川地震应急救灾指挥专网的总指挥。汶川地震以来的 12 年，此专网不仅为民政部全国性会议的视频会议专用，还为国家应急救灾通信做值班专网，在参与应急救灾外充当国家级的应急通信救灾的全国性大型演习指挥网，先后参与了青海玉树、云南鲁甸、江苏龙卷风等国家级大型救灾指挥专网应用。这张网，也为去钓鱼岛、黄岩岛的海事巡逻执法船提供卫星在海上的通信保障应用网络。2017 年，他被中国宇航学会聘为卫星应用专业委员会委员，他的"织网匠"得到了我国卫星业界的充分肯定和认可。当年他又织就了四川、云南地区 800 所中小学 20 万学生上课的东方闻道远程教育网。2020 年，他为上海东方医院织就的国际医疗应急救援车队网络，参加了武汉抗疫战的救援活动。27 年来，他织天网、织天地复合网，成了一个标准的"织网匠"。"织天网"是他的专业方向，接下来他的 2.0 版将织"天地融合网"。一个天地融合的智慧网络织网工程已启动，力争 2020 年底前织就具有中国特色的天地融合网。有了这张天地融合网之后，为偏远地区远程输送职业教育服务，就不再是件难事了。当地只要有一个卫星接收器，上海的老师和企业教练就可以远程授课，学生们可以坐在教室里对着大屏听课，这比用手机上网课效果要好得多。还可以借助混合现实的技术来掌握技能，比如培训康养师，学生在学校模拟场景中操作过程和熟练程度的数据可以传到老师和教练那里，远端的老师和教练再根据数据给学生反馈，还可以通过数据让学生互相之间做比较。

教育连接未来

2019 年的世界互联网大会上，马云与特斯拉的创始人马斯克聊了一会儿。关于人工智能，马斯克非常忧虑，担心人创造的机器将超过人，人只剩下人与人互动的工作。马云的观点是不用担心 AI 威胁，机器虽然强大，但人类有智慧，计算机下棋的本事，就跟汽车跑得快类似，人不用去比。机器下棋不是真的聪明，人更有智慧。围棋是人类发明的，人和自己比，不和机器比。真正的问题在于教育和人口。

教育要改，人要去学唱歌跳舞艺术，和机器区别发展。机器是工具、没灵魂，人还是特别的。改革教育，让孩子适应以后每周三天、每天四小时的工作模式。如果改变，就不用担心。而马斯克表示要学对未来有用的，现在很多是没用的，得改。脑机公司厉害了，可以直接输入知识学会开飞机。现在的教育方式，输入太慢。

关于人口，两人的观点一致，担心现在人不生小孩会是个大问题。但马云再次强调机器是人发明的，不会比人更聪明，人类必须而且能够保证机器是工具。阿里巴巴有逻辑的业务靠 AI，AI 还可以搞金融，防备坏人。但人类特有的是爱，是感情，不是冰冷逻辑支配的；没有了爱，人会变成为工具，和机器去竞争，甚至成为机器的工具。因此，马云认为，人类需要众多基数产生优秀的人，必须要多生孩子。

关于火星计划，两人的碰撞更加激烈。马云明确表示对火星没兴趣，去了火星也回不来，70 亿地球人才是现实，应该让包括 AI 在内的技术帮助地球人生活得更好、认识人类自身。而马斯克则认为地球肯定会没戏，人类得飞出去。45 亿年来第一次有机会，得赶紧行动抓住机会窗口，不要错过了。

最后马云总结，人应该更有智慧，了解自身，爱护地球，靠地球可持续发展。AI帮人类实现这个目标，但不要唯技术论，要有人类一起好好生活的梦想。技术上更长寿不一定好，核心是人类要一起走向和谐快乐。人类可以靠大爱的梦想过得更快乐，比指望科幻技术现实。

就在二马聊天的同时，盖茨先生在英国剑桥大学的演讲中向霍金致敬，并提到霍金在他上一本书中问的一个问题："我们如何塑造未来？"盖茨认为投资全球健康是我们能做到的最好方式之一。"如果我们选择把创新放在首位，那么未来就是可以被我们塑造的。"要解决健康问题，他认为唯有创新——是2.0创新，而非制造出众多社会问题的1.0创新。例如，在"创造性毁灭"的工业化时代，很多微生物消失了，而哮喘、过敏、肥胖、自身免疫性疾病，以及其他很多种慢性疾病，都是由微生物群落失衡引发的。我们都知道，现代医学对于这些疾病无能为力，这就说明在健康方面人类已经很"穷"。

盖茨在非洲扶贫过程中发现，通过改变肠道微生物群可以解决营养不良问题，而营养过剩和营养不足是一枚硬币的两面，找出如何改进其中一个的方法也有助于改进另一个。所以他预测在接下来的20年里，地球上每个国家都将把医疗保健的重点从仅仅是拯救生命扩展到改善生活，个性化的营养治疗将成为趋势，而治疗的目标是让消失的微生物差异化地回到人体内。在20年内，他相信世界上每个国家都将能不只关注生存，还关注生活的健康和质量。随着可预防的疾病变得越来越不常见，慢性病会变得越来越普遍。创新会缩小每个人健康和不健康之间的差距。它越小，世界就越美好。

健康方面如此，教育方面更是如此。教育让人们掌握了科技并发明了新的技术，"技术本身无所谓善恶，是技术的创造者来决定技术能否体现出人性。技术可以用来摧毁事物，但同时也可以给人类带来无与伦比的礼物"。如果技术的创造者不能够让技术体现出人性，那么它作起恶来，一点不比瘟疫弱。或者它会用另外一种方式来摧毁事物：让另外一部分"微生物"消失，由此导致的不平衡不再是为人体而是为社会带来"慢性疾病"，到时候，再先进的科技在这些"慢性疾病"面前，也将和现在的医学在慢性疾病面前的表现一样,无能为力。

归根到底,还是因为工业化时代"自下而上"的发展方式,这是由科学的特点决定的。科学的优点在于逻辑、实证和定量,缺点也正在于此,因为它没办法做到"自上而下"。正如西医,"自下而上"可以治愈一些疾病,认识到抗生素可以杀菌,是科学和医学的一大进步,但是没能够"自上而下"地预见到消灭坏菌的同时也会消灭好菌,更没有从一开始就认识到大多数的细菌和人体是共生的。如果几十年前的科学就能够具有人文定性的意识,将"自下而上"和"自上而下"相结合,也就是钱学森说的研究开放复杂巨系统需要从定性到定量的综合集成法,又何以会让与人类共生了几十万年的微生物大批量地消失呢? 医学如此,工业、经济和社会,又何尝不是如此呢? 但这并不意味着科学有问题,有问题的不是科学,而是教育。

人们需要一套原则,这套原则是罗盘而不是风向标。作为判断人生是否令人满意的指南,它们告诉我们什么时候应该行动,以及如何排列人生价值的次序。像这样的原则必须一代代地传下去,否则我们就离我们过去的野蛮人不远了。我们把它定义为历史上的文化、道德上的观念、金科玉律、大智慧,以及每个社会认为重要的特性,这些都在发展中不断进化。然而在现代,随着媒体和每日改变着的价值观的出现,实利主义和名人以轰炸式的影响争取人们对它们的注意,这样就使得这些重要的价值理念相形见绌。当人们为利益而争斗的时候,问题变得更加复杂。我们在应该被称作本质的地方感到一片空白。我们的注意力和焦点散布在各处,引起了理念的缺乏,这一点已经日益被觉察到。这使我们都发现生活是那么肤浅,以至于我们想要用更具思想性的、能够更好地利用时间的生活方式代替它。

教育连接未来,然而世界在快速前进,人们却感到自己的未来完全无法确定。这再次说明,教育出了问题,需要改变。在不断推进均一化和效率化谋求扩张式增长的年代,教育也走向了均一化和效率化;在自下而上发展的工业化时代,教育也习惯性地自下而上。现在,教育应该在那个被称作本质的地方有所作为,让本质来有效填补价值理念的空白。本质就是罗盘,它会为每一个个体在人生方向上指出差异。

这个本质,是一种叫作"诚"的品质,包括诚实、同情和理解等。孟子说

"反身而诚,乐莫大焉",意思是人要自我反省,通过反省与合乎天道的道德观念相一致,才是最大的快乐。而"明善是诚身的工夫"。关于人性的善恶,究竟是"本善"还是"本恶",并不重要,因为世上本没有好人和坏人,只有做了好事的人和做了坏事的人,是人性中的不同动机促使人向恶("心魔")和为善("善良的天使")。至于哪些动机会发挥作用,使人倾向于暴力或倾向于利他与合作,往往取决于环境因素的触发。人类"心魔"包括捕食或工具性暴力、支配欲、复仇心、虐待狂、意识形态。人类的"善良天使"则包括移情(对他人的痛苦感同身受)、自制、道德感、理性,即孟子所说"人之所以为人者"的四端:恻隐之心、羞恶之心、辞让之心、是非之心,恻隐之心导向仁,羞恶之心导向义,辞让之心导向礼,是非之心导向智。

哪些力量有利于人类的和平动机并驱使暴力成倍下降呢?①利维坦:国家和司法垄断了武力的使用,可以化解掠夺性的攻击,抑制复仇的冲动,避免各方自以为是的自利式偏见。②商业:商业是各方都可以是赢家的正和游戏,技术进步使产品交换和思想交流可以跨越的距离越来越远,参与的人群越来越大,他人的生命也因此更有价值。③女性化:既然暴力主要是男性的消遣,提高妇女赋权的文化总是更少鼓吹暴力。④世界主义:包含识字率、流动性和大众媒体,都有助于人们换位思考,扩大同情的范围。⑤理性:理性使人们认识到暴力循环的有害无益,克制将一己之私置于他人利益之上的特权,并且重新审视暴力,将其看作一个需要解决的问题,而不是一场争夺胜负的竞赛。

在不具备上述力量的情况下,就只能依靠教育来提升人类的和平动机了,这样的教育,并非理性的灌输,而是从感性开始的"以文化之"。当感性经验形成自我概念的差异构成了主观的矛盾运动时,本能的、固有的"诚"会调节频率,让矛盾运动的频率与固有频率形成共振。共振之后,人的意识提升,思想发展了,便会行动,行动中达到思想中预期的结果,认识便被证实,生命也会因此得以扬升。这是一种与科学理性教学相辅相成的人文理性教学方式,也是人本主义学习理论的科学和哲学基础。

科学理性教学,目的是让理性成为感性的缰绳。然而,人的大脑会把旧认知当作"自己人"。对大脑来说,它就是"我"的一部分,我为什么要否定自己呢？所以,大多数的情况下,大脑会选择对新认知进行扭曲,要么选择性地吸收对自己有利的新认知,要么把新认知朝着对自己有利的方向理解,无论它是不是曲解。所以,教育的职责在于既要让理性成为感性的缰绳,也要让学习者学会多主动探索,多深度思考,不要满足于推送来的浅薄内容和浮夸资讯。而感性是使我们更接近"自然"的原初动力,追求理性,不能说要让人变为机器人,把一切事物冷冰冰地量化、权衡利益,而是让我们的心智成长得更加完善、更加全面,能够抵抗我们本能里面对现实的扭曲,看到真相。人文理性教育,不再是给感性套一个缰绳,而是让感性在品质的作用下按照本性去主动探索,在探索的过程中提升有关生命本身的感受的意识。简单讲,就是让我们在通过理性观世界的同时,还能够通过感性观自在。

意识始于本体终于本体,在运动中得到扬升。康德将本体定义为与现象对立的不可认识的"自在之物",但辩证唯物主义否认现象和本体之间有不可逾越的界限,认为只有尚未认识的东西,没有不可认识的东西。我们坚持的是唯物辩证主义。再者,无论是弗洛伊德的个体无意识、荣格的集体无意识还是弗洛姆的社会无意识,都体现了生命的本体意义。如果我们将本体的我(本我)和客体的我(自我)定义为互为同根的关系,感觉、行为和认知是"开合枢",意识便在这个系统中流动和扬升。

德国门兴格拉德巴赫的足球俱乐部,以"青训"著名。他们的青训最大的特点在于有一个"小马驹"的形象。实践中,"小马驹"的形象和故事可以渲染出差异,开启孩子们对"勇气""尊重""宽容""激情""团队精神""自主学习"等品质的意识。孩子们在训练中达到了思想中预期的结果后,他们的认识被证实,能级提升。再进入下一个循环。

实际上,"诚"这种教化方式在中国的历史要悠久得多,我们以一首乐府诗为例,诗中的两句话众所周知,全文如下。

青青园中葵,朝露待日晞。

阳春布德泽,万物升光辉。

常恐秋节至,焜黄华叶衰。

百川东到海,何时复西归?

少壮不努力,老大徒伤悲。

这是一首说理的诗,却从园中葵起调,从美起步。园中葵在春天的早晨亭亭玉立,青青的叶片上滚动着露珠,在朝阳下闪着亮光,像一位充满青春活力的少年。诗人由园中葵的蓬勃生长推而广之,写到整个自然界,由于有春天的阳光、雨露,万物都在闪耀着生命的光辉,到处是生机盎然、欣欣向荣的景象。这四句,字面上是对春天的礼赞,实际上是借物比人,是对人生最宝贵的东西——青春的赞歌。人生充满青春活力的时代,正如一年四季中的春天一样美好。自然界的时序不停交换,转眼春去秋来,园中葵及万物经历了春生、夏长,到了秋天,它们成熟了,昔日熠熠生辉的叶子变得焦黄枯萎,丧失了活力。人生也是如此,由青春勃发而长大,而老死,也要经历一个新陈代谢的过程。这是一个不可移易的自然法则。诗人用"常恐秋节至"表达对"青春"稍纵即逝的珍惜,其中一个"恐"字,表现出人们对自然法则的无能为力,青春凋谢的不可避免,唤醒了人们珍惜光阴、不负韶华的意识。接着又从时序的更替联想到宇宙的无尽时间和无垠空间,时光像东逝的江河,一去不复返。由时间尺度来衡量人的生命也是老死以后不能复生。在这永恒的自然面前,人生就像叶上的朝露一见太阳就被晒干了,就像青青葵叶一遇秋风就枯黄凋谢了。诗歌由对宇宙的探寻转入对人生价值的思考,终于推出"少壮不努力,老大徒伤悲"这一振聩发聋的结论,结束全诗。这个推理的过程,字面上没有写出来,却让读者循着诗人思维的轨迹,用自己的人生体验来补足:自然界的万物有一个春华秋实的过程,人生也有一个少年努力、老有所成的过程。自然界的万物只要有阳光雨露,秋天自能结实,人却不同;没有自身努力是不能成功的。万物经秋变衰,但却实现了生命的价值,因而不足伤;人则不然,因"少壮不努力"而老无所成,就等于空走世间一趟。调动读者思考,无疑比代替读者思考高明。正由于此,使这首诗避免了容易引人生厌的人生说教,使最后的警句显得浑厚有力,深沉含蓄,如洪钟长鸣一般,深深地打动了读者的心。句末中的"徒"字意味深长:一是说老大无成,人生等于虚度了;二是说老年时才醒悟将于事无补,徒叹奈何,意在强调必须及时努力。

再如一首台湾儿歌《蜗牛和黄鹂鸟》:"阿门阿前一棵葡萄树,阿嫩阿嫩绿地刚发芽,蜗牛背着那重重的壳呀,一步一步地往上爬,阿树阿上两只黄鹂鸟,阿嘻阿嘻哈哈在笑它,葡萄成熟还早得很哪,现在上来干什么。阿黄阿黄鹂儿不要笑,等我爬上它就成熟了。"这是一首讲理的儿歌,唱着唱着,就成了全民的潜意识。

台湾同胞不仅在教育中传承了古法,还将这种古法应用到了市场营销人员的培训中。

例如,优秀的寿险业务员卖的不是保险产品,而是爱与责任。这样的业务员是有"功夫"的。功夫的养成,既在于自身的勤学苦练,也在于老师的言传身教。新入职员工的培训现场,年近七十的公司董事长亲自授课。他设计了这样一个场景:架了一个宽不过 1 米、长 30 米、最高可达 10 米的"桥"。1 米高度的时候,他拿出 100 块给敢于上桥的人,大家纷纷举手;3 米高的时候,还是很多人愿意一试;6 米高的时候,人数减半;10 米的高度,即使出 500 块,愿意试一试的人也很少了。之后呢,他放了一段视频,视频中一栋高楼起火,失火的是 28 层楼的一户人家,里面有孩子,消防员从对面的大楼架了一个桥。桥刚架好,消防员正准备救人的时候,孩子的父亲已经从桥上冲了过去。这就是用爱的力量引起共鸣、唤醒人们的爱与责任的意识。

除了市场营销,商业路演中往往也会用到"古人的教育方法"。"打工皇帝"唐骏先生最经典的职场经历是盛大网络时期在纳斯达克的第一次路演,因为是中国互联网企业登录纳斯达克的第一股,当时的投资人对于中国的互联网发展零认知,存在固有的偏见,如果用传统教育的方式教育美国投资人,只会无功而返。唐总的方式是改变教育的方式,他从意识切入。路演开始,他反其道而行:"各位,请问你们相信谁?"在座的投资人都本能地摇摇头。唐总说:"你们错了,你们肯定相信一个人,这个人叫比尔·盖茨。"投资人都从微软公司挣过钱,如果不相信盖茨,当初就不会投资微软,于是又本能地点了点头。台上的唐总要的就是这个"差异",有了这个"差异"后,投资人们大脑中的旧认知就开始松动了。接下来唐总继续问:"你们知道盖茨先生相信谁呢?他相信我唐骏。"同时将盖茨授予唐总董事长奖的照片亮了出来。"那么我唐骏相信谁呢?我相信盛大。如果我不相信盛大,我不会放弃微软的高管职位和待遇。"逻辑上没有任何问题，投资人的新认知在唐总的引导下逐渐建立了起来。"既然你们相信盖茨，盖茨相信我，我相信盛大，那么，你们是不是应该相信盛大呢？"投资人继续点头——我们应该相信盛大。"那么，盛大为什么值得各位相信呢？因为盛大的模式是线上迪士尼。线下的迪士尼空间有限，线上的迪士尼空间无限。"至此，盛大网络值得投资的认识被证实了。接下来，就是科学理性层面的事情了——盛大过去三年和未来三年的财报过一遍。最后就是行动了。唐总其实是一位教育家，他开启人们意识的能力，除了用于商业路演和谈判，更多的时候用在了帮助年轻人的成长上，很多年轻人在他的启发下进入了"意义学习"，像他一样，用素质改变了人生。

然而意识如火，火带来光明，也会造成破坏，意识既具有照亮自我的功能，也具有毁坏自我的力量，既为人们带来光明的恩赐，也为人们带来破坏的威胁。在西方，人们都很熟悉这样一个故事：众神创造了各种动物后，委托普罗米修斯和爱比米修斯给每种动物分配适当的性能。爱比米修斯具体负责，他让弱小的动物行动迅捷，使一些动物拥有尖齿利爪，给某种动物以力量却不给速度……普罗米修斯来检查工作时却发现爱比米修斯遗忘了人类，人类没有获得任何赖以生存的性能。于是，普罗米修斯就从赫菲斯托斯和雅典娜那里盗取了创造技术（工具）的能力和火——因为没有火（意识）就无法获得和使用这种能力——送给人类。他也因此惹怒了众神首领宙斯，被锁悬崖受尽苦难。

西方人以普罗米修斯的神话故事为警示，中国的先哲们一定也意识到了这种矛盾的力量。然而，他们的选择是"使由之"，再"以文化之"，让人们在"由"的过程中用"诚"的意志力调节主观矛盾运动，以此推动意识的提升和思想的发展。作为儒学精髓的《中庸》里有大量关于"诚"的论述，如"诚者，天之道也；诚之者，人之道也""诚者物之终始，不诚无物。是故君子诚之为贵""诚之者，择善而固执者""自诚明，谓之性，自明诚，谓之教，诚则明矣，明则诚矣""唯天下至诚，为能尽其性。能尽其性，则能尽人之性，能尽人之性，则能尽物之性"。《中庸》明确提出："天地之道，可一言而尽也。其为物不贰，则其生物不测。"所谓"不贰"就是始终如一，这是诚的本质；所谓"不测",是指诚之生物具有变化莫测的特点。

富人教育穷人的时候,会想当然地认为穷人之所以穷,要么因为懒惰,要么因为忙碌的方法不对,总之,缺少创富的意识。殊不知,根深蒂固的穷人心态才是造就贫穷的根源。在长期资源缺乏中,穷人潜意识已经形成了"管窥之见",即过分专注于局部事件。作家乔治·奥威尔在《1984》中认为,"贫穷"的本质就是消灭未来。也就是说,因为资源匮乏,穷人视野被遮蔽,只顾得当下的利益,缺乏对未来广阔可能性的认知。

穷人如此,"穷"人又何尝不是如此呢? 在病毒面前因为力所不及而弓着身子躲在家里听天由命并不可耻。相反,应以为耻因而也是不道义的事情是,明明我们力所能及,可以进行努力,只要有意志就能够自救,但却公然拒绝这种努力,眼看着自我毁灭。这种状况之下的软弱无力无异于自杀行为,实际上等于自取灭亡。今天,对人类的生存构成的各种威胁起因于我们人类自己,起因于人的贪欲性和侵略性,是自我中心主义的产物。因此,根治这些罪恶的办法必须从克服自我中心主义去寻找。根据以往的经验,克服自我中心主义是带有困难和痛苦的一个课题。但经验同样也告诉我们,人类中已有一些人达到了这个目的。当然,他们也并非是完全地实现了这个目标,但无论怎样,他们使自身的生存方式发生了巨大的变革,进而又使得许多人的行动也将发生变化。像这样,已有一部分品格高尚的人革命性地克服了自我中心主义,这件事说明无论什么人,都能够在某种程度上做到这一点。因为品格高尚的人归根结底还是人,他们做到的事情并没有完全超过一般人的能力。

古希腊抒情诗人阿尔基罗库斯有句古老的格言:狐狸知道很多事,刺猬却只知道一件大事。对于人类而言,这件大事,就是良知。明白世界不仅是祖宗所遗留给我们的礼物,也是千秋万代的子孙托付给我们的财富,这就是有良知。

参 考 文 献

[1]陈培永,周峰.解放的图景:马克思《论犹太人问题》如是读[M].广州:广东人民出版社,2016.

[2]修昔底德.伯罗奔尼撒战争史[M].徐松岩,译.上海:上海人民出版社,2012.

[3]楼宇烈.体悟力:楼宇烈的北大哲学课[M].北京:中华书局,2020.

[4]黑格尔.小逻辑[M].贺麟,译.上海:上海人民出版社,2009.

[5]徐培华.市场经济的义利观[M].昆明:云南人民出版社,2008.

[6]杜威.评价理论[M].冯平,译.上海:上海译文出版社,2007.

[7]马克·科尔兰斯基.万用之物:盐的故事[M].夏业良,译.北京:中信出版集团,2017.

[8]尤瓦尔·赫拉利.人类简史[M].林俊宏,译.北京:中信出版集团,2014.

[9]增田宗昭.风格是一种商机[M].邱香凝,译.香港:天下文化出版社,2018.

[10]杨明洁.做设计:杨明洁的设计结构[M].南宁:广西师范大学出版社,2019.

[11]李泽厚.批判哲学的批判:康德述评[M].北京:三联书店,2007.

[12]史蒂文·奥弗曼.良心经济学[M].唐奇,译.北京:中国人民大学出版社,2018.

[13]李泽厚.美学三书[M].合肥:安徽文艺出版社,1999.

[14]卡尔·波兰尼.大转型[M].冯钢,刘阳,译.北京:当代世界出版社,2020.

[15]费孝通.乡土中国[M].北京:北京大学出版社,2012.

[16]铃木大拙,弗洛姆.禅与心理分析[M].孟祥森,译.海口:海南出版社,2012.

[17]罗杰斯.自由学习[M].王烨晖,译.北京:人民邮电出版社,2015.

[18]诺贝特·埃利亚斯.文明的进程[M].王佩莉,袁志英,译.上海:上海译文出版社,2013.

[19]迈克尔·赫佩尔.服务的艺术[M].俞强,译.北京:人民邮电出版社,2017.

[20]沃尔夫·勒佩尼斯.德国历史中的文化诱惑[M].刘春芳,高新,译.北京:译林出版社,2010.

[21]迪佩尔.良知的独白[M].华孚德研究发展中心,译.北京:中共中央党校出版社,2004.

[22]布拉德·史密斯.工具还是武器[M].杨静娴,赵磊,译.北京:中信出版集团,2020.